Kaiserlich Deutsches Archäologisches Institut

Mitteilungen des Kaiserlich Deutschen Archäologischen Instituts

Römische Abteilung

Kaiserlich Deutsches Archäologisches Institut

Mitteilungen des Kaiserlich Deutschen Archäologischen Instituts
Römische Abteilung

ISBN/EAN: 9783741166983

Hergestellt in Europa, USA, Kanada, Australien, Japan

Cover: Foto ©Lupo / pixelio.de

Manufactured and distributed by brebook publishing software
(www.brebook.com)

Kaiserlich Deutsches Archäologisches Institut

Mitteilungen des Kaiserlich Deutschen Archäologischen Instituts

MITTEILUNGEN

DES KAISERLICH DEUTSCHEN

ARCHAEOLOGISCHEN INSTITUTS

ROEMISCHE ABTEILUNG

BAND XVIII.

—

BULLETTINO

DELL' IMPERIALE

ISTITUTO ARCHEOLOGICO GERMANICO

SEZIONE ROMANA

VOL. XVIII.

ROM

LOESCHER & C.°

(BRETSCHNEIDER & REGENBERG)

1903

INHALT.

W. Amelung, *Der Asklepios des Phyromachos zu Pergamon* S. 1-16.

R. Delbrueck, *Baugeschichtliches aus Mittelitalien* S. 141-163.

K. Hadaczek, *Der trunkene Silen* S. 58-62.

Ch. Huelsen, *Porticus Divorum und Serapeum im Marsfelde* (Taf. I. II) S. 17-57.

— *Ein neues A B C - Denkmal* S. 73-86.

— *Zum Gedächtnis Theodor Mommsens* S. 177-184.

— *Neue Inschriften* S. 334-340.

F. Littio und Ch. Huelsen, *Hercules-Altar aus Elba* S. 63-67.

A. Mau, *Tafelbild oder Prospekt* S. 222-273.

N. Persichetti, *La via Salaria nel circondario di Ascoli Piceno* (Taf. III) S. 274-311.

E. Petersen, *Tropaeum-Adamklissi* S. 68-72.

— *Antike Architekturmalerei* S. 87-140.

— *Pigna-Brunnen* S. 312-328.

— *Funde* S. 164-176. 320-333.

J. Six, *Ikonographische Studien* (XV a. Alexander. XV b. Alexander mit Ammonshörnern. XVII. Demetrius I. Poliorketes, König von Macedonien. XVIII. Ptolemaios II Philadelphos) S. 207-221.

J. Strzygowski, *Der Pinienzapfen als Wasserspeier* S. 185-206.

Sitzungen und Ernennungen S. 341-342.

Register S. 342-344.

DER ASKLEPIOS DES PHYROMACHOS
ZU PERGAMON.

—

Bei den letzten Ausgrabungen in den Caracalla-Thermen kam unter Anderem ein colossaler Asklepios-Kopf zu Tage, der alsbald von Savignoni in den *Notizie degli scavi* (1901 S. 248 ff.) und nicht lange danach auch in unseren Mitteilungen (1901 S. 372 ff. Taf. XIV) veröffentlicht wurde.

Der Kopf — er ist jetzt im Thermenmuseum aufgestellt — hat ein sehr eigenartiges Gepräge, zu dem vor Allem die langen, mässig gewellten Haare beitragen, die vorn gescheitelt Stirn und Schläfen schlicht umrahmen; unten laden die Locken jederseits in mächtigen Voluten aus, die leider abgebrochen sind, die man aber ergänzen sollte, da es ohne grosse Mühe geschehen kann und die energische Ausladung nach unten den eigentümlichen Eindruck des Kopfes wesentlich steigern müsste. Oben lagert über den Wellen des Haares ruhig und breit der flache Bogen der starken turbanartigen Binde, an der der Dargestellte als Asklepios kenntlich ist. Wie die Haare sind auch die Locken des Bartes ganz symmetrisch angeordnet, aber im Gegensatz zu jenen kurz und kraus gelockt. Modellierung und Ausdruck der Gesichtszüge sind sehr einfach und ruhig; freundlich sind die Lippen geöffnet, zwischen denen die obere Reihe der Zähne deutlich sichtbar wird; aber die Hauptträger des Ausdrucks, die Augen fehlen. Noch ist zu bemerken, dass der Kopf etwas nach seiner Rechten gewendet auf der Statue, deren einziger Ueberrest er ist, gesessen hat: die Bartlocken sind an der rechten Wange nur eben angelegt, während sie an der linken sorgfältig ausgeführt sind; die rechte Wange war also dem Beschauer, wenn er grade vor das Bild trat, verborgen. Weiteres später.

Können wir uns eine Vorstellung von dem Aussehen jener Statue machen? Savignoni hat auf zwei Statuetten hingewiesen,

1

die eine hier im Magazzino archeologico (abgeb. in den Mitteil. S. 376), die andere zu Paris im Musée Guimet (S. Reinach, *Ré-*

Fig. 1.

pertoire de la statuaire II S. 33 Nr. 3), beide mit einander über-einstimmend und mit einem Kopf versehen, der alle charakteri-stischen Züge des Colossalkopfes wiedergiebt. Zu diesen beiden Repliken kann ich fünf weitere fügen, alle in Statuettengrösse; die vollständigste ist bei Vollgraff's Ausgrabungen in Argos zu

Tage gekommen (Abb. 1; Vollgraff hat mir ihre Veröffentlichung
freundlichst gestattet, die Statuette ist in feinem weißen Insel-

Fig. 2.

marmor gearbeitet; über die Ausgrabungen vgl. vorläufig Archäol.
Anzeiger 1903 S. 44 f.). Eine weitere Replik befindet sich im Louvre (*Salle du sarc. d'Adonis* Nr. 345; Fröhner, *Notice de la sculp-
ture antique* Nr. 400; Clarac 294, 1164; Abb. 2): ihr ist diesmal
auch der kleine Telesphoros beigegeben; statt des modernen Kopfes

könnte man sie mit einer in der Grösse entsprechenden Copie des
ursprünglichen Kopfes ausstatten, die in Villa Albani einer Zeus-
statuette aufgesetzt ist: die Statuette steht vor dem Casino auf
der Balustrade des Blumengartens rechts. Weiter ist eine kleinere
Statuette in St. Petersburg zu nennen (Kieseritzky, Eremitage
Nr. 277 D). Endlich können hier noch zwei in Rom befindliche
kopflose Statuetten angeschlossen werden, eine im Thermenmuseum
(*Guida* S. 11 Nr. 28, aus dem Haus der Vestalinnen), die andere
im Kircherianum (Kopf, Füsse u. r. Arm sind hier ergänzt). Schliesslich muss noch irgendwo der Kopf einer kleinen Bronzestatuette
des gleichen Typus existieren; seit Jahren bin ich im Besitz des
hierneben abgebildeten, bronzierten Abgusses (Abb. 3); doch ist

Fig. 3.

mir entfallen, wie und wo ich zu diesem Besitze gelangt bin; mittels der Abbildung wird es gelingen, den Aufbewahrungsort des
Originales zu bestimmen und weitere Nachrichten darüber zu erhalten (erwähnt von Savignoni a. a. O. S. 375 Anm. 2).

All die genannten Statuetten stimmen in den wesentlichen Zügen mit einander überein, so dass wir uns nach ihnen eine vollständige Vorstellung des gemeinsamen Originales bilden können. Der
Gott steht aufrecht und in das weite Himation gehüllt, ganz ähnlich,
wie ihn die schönste seiner uns erhaltenen Statuen in Florenz darstellt (Amelung, Führer Nr. 94). Der Kopf ist leicht nach der rechten Schulter gewendet; der rechte Arm hängt über den unter die
Achsel gestemmten Wanderstab herab, und die Hand hält einen
eiförmigen Gegenstand, eine Speise, zu der sich die um den Stab
geringelte Schlange emporhebt. Die Füsse sind bloss, während die
Florentiner Figur grosse, schwere Sandalen trägt und auch in diesem Zuge den Gott als den allezeit hilfbereiten, zur Wanderschaft

gerüsteten darstellt. Und noch in einer anderen Beziehung unterscheiden sich beide Typen charakteristisch von einander. Während
dort das Gewand den Körper mit grossen Flächen bedeckt, die
nur von wenigen, scharfkantigen Falten unterbrochen sind, schmiegt
sich das Himation bei dem neuen Typus weicher dem Körper an
und ist lebhafter gefaltet. Vor Allem ist bei der Mehrzahl der
Repliken der untere Rand vor dem rechten Schienbein nach aussen
umgeschlagen; dadurch wird die vom Knie niederhängende, so hart
wirkende Steilfalte an das Bein gepresst und ein ganzes Bündel
kleiner und grosser Falten zieht sich nach unten convergierend von
der linken Hüfte zum rechten Fuss. Die Statuette aus Argos und
die im Thermenmuseum geben zwar die anliegende Steilfalte und
jenes Faltenbündel, unterdrücken aber den Umschlag des Randes;
dass dies nicht das Ursprüngliche sein kann, ist ohne weiteres klar,
denn jene Abweichungen vom Florentiner Typus können sich ohne
den Umschlag gar nicht bilden (bei der Replik im Louvre ist der
Umschlag nicht rings herum ausgeführt).

Zunächst wollen wir aus dieser Vergleichung nur den einen
Schluss ziehen, dass die Statuetten augenscheinlich ein gemeinsa-
mes Original wiedergeben, ein Original, das einige charakteristische
Züge von anderen Darstellungen der gleichen Art unterschied; wir
müssen uns demnach auch die Statue, zu der der Colossalkopf aus
den Caracalla-Thermen gehört hat, den Statuetten entsprechend
vorstellen. Dass dieses Original in Bronze gearbeitet war, kann uns
die Art der Modellirung an dem Kopf aus den Thermen und seine
ehemalige Vergoldung lehren, die strähnenartige Darstellung der
Haare und die Art, wie die Bartlocken stilisiert sind, wozu der
Bart des sog. Platon in Neapel zu vergleichen ist. Von der Existenz
dieses Vorbildes giebt es aber noch ein Zeugnis, ein unscheinbares
kleines Terracottarelief: jedenfalls der Rest eines Weihgeschenks
aus einem Tempel, in dem der Gott eben in dem von uns geschil-
derten Typus dargestellt war; das Fragment war ehemals in der
Sammlung Saburoff, in deren Publication Furtwängler es abbildet
und kurz bespricht (I, Text zu Taf. XXIV); heute befindet es sich
in St. Petersburg (ich verdanke Kieseritzky die unserer Abbildung 4
zu Grunde liegende Photographie und die Erlaubnis zu ihrer Wiedergabe). Deutlich finden sich hier nicht nur jene Faltenzüge wieder,
am Kopfe sind auch die gescheitelten, nach den Seiten ausladenden

Locken unverkennbar wiedergegeben. Dieses Relief stammt nun — und darin liegt der Hauptwert seines Zeugnisses — aus Pergamon (¹). In Pergamon hat es nur einen grossen Asklepios-Tempel

Fig. 1.

gegeben, den im Nikephorion, und sein Götterbild war ein berühmtes Werk von der Hand eines Künstlers Phyromachos.

(¹) Kieseritzky schreibt mir: « auf der Rückseite ist ein blaugerandetes Blättchen aufgeklebt, worauf geschrieben steht ΠΕΡΓΑΜΟΥ, wahrscheinlich also eine Etiquette vom Antikenhändler ». Wenn Kieseritzky weiter meint, der Gott stütze seine Hand auf den Schlangenstab, so muss hier eine Unklarheit

Ohne Weiteres würde es auch verständlich sein, dass wir in
Rom Copieen dieses Götterbildes finden: bezeugen uns doch die römischen Bildwerke genügend, welch Interesse man gerade der pergamenischen Kunst zuwendete; ja insbesondere, dass sich in den
Thermen des Caracalla eine grosse und sehr kostbare Copie gefunden hätte — sie war vollständig vergoldet —, könnte uns nicht wundern, wissen wir doch, mit welchen Hoffnungen dieser Kaiser gerade jenes pergamenische Heiligtum aufgesucht hat ([1]).

Und dennoch scheint das Zeugnis jenes Reliefs noch nicht genügend, weil derartige Fundangaben allzuleicht erfunden werden.
Hier tritt nun zunächst bestätigend die Statuette aus Argos ein,
denn ihre Basis hat das charakteristische pergamenische Profil, wie
wir es von den Basen des Schleifers in Florenz und der Herakles-
gruppe in Wörlitz kennen (Arndt-Amelung. Einzel-Aufnahmen
Nr. 385; Weiteres dort im Text; vgl. jetzt auch Petersen im Katalog der Vaticanischen Sculpturen I, Giardino d. P. Nr. 39);
und dieses Zeugnis ist vollgültig, denn die Arbeit ist nicht « pergamenisch », die Basis hat also nicht von dem Verfertiger der Statuette ihre Form erhalten, sondern ist augenscheinlich, wie die
Figur selber, getreu nach dem Original copiert worden. Weiter
kommen uns bestätigend und entscheidend die Münzen der Stadt
Pergamon zu Hülfe, von denen eine ganze Reihe unseren Typus wiedergiebt; er ist hier allerdings nur daran kenntlich, dass die Figur
in den allgemeinen Zügen übereinstimmt, und vor Allem daran,
dass die Stempelschneider die so besonders charakteristischen Haar-
voluten rechts und links vom Kopfe durch kleine über einander ge-
schichtete Erhöhungen wiedergegeben haben, was tatsächlich bei

— —

seitens des Verfertigers des Reliefs vorliegen, denn deutlich hat er den Stab
auch zwischen r. Oberarm und Flanke angegeben; zudem schieben sich die
Falten unter der Achsel so zusammen, dass wir hier den Stab in der üblichen Weise annehmen müssen. Ferner schreibt K.: « Unerklärlich ist mir der
rundliche Lappen geblieben, der zwischen Keule und Oberschenkel wie eine
Zunge hervorragt »; vorauszusetzen ist hier der Schlangenkopf, der vielleicht
durch Farbe angegeben war. Endlich: « Das untere Stück des r. Unterarms
ist abgebrochen. Die drei halbrunden Eindrücke (rechts 2, links 1) rühren von
den Fingern her die den noch feuchten Abdruck aus der Form hoben ».

([1]) Man vergleiche in dem weiter unten citierten Aufsatze von Wroth
die Listen der Münzen auf S. 28 und 31.

keinem anderen Asklepiostypus erklärbar wäre. Man sehe in dem
Catalogue of coins in the British Museum, Mysia Pl. XXIX 11;
XXX 1; 2; 4. Wroth im *Numismatic chronicle* 1882 Pl. I 4; 21;
II 1; 6; 10; III 1; 4; bei Imhoof-Blumer, Griechische Münzen,
Abhandl. der bayer. Akad. 1890 Taf. VII 10, 12; bei demselben,
Choix de monnaies grecques Pl. III, 104; bei Macdonald, *Greek
coins in the Hunterian collection* II Pl. LII 19 S. 391. Einmal
aufmerksam geworden, werden wir auf denselben Münzen auch die
anderen für diesen Typus charakteristischen Züge hie und da wieder erkennen.

Zwar kommen auch andere Asklepiostypen auf pergamenischen
Münzen vor, aber sie treten entweder ganz sporadisch auf, oder
es sind charakterlose Wiederholungen, an denen Einzelheiten nicht
zu erkennen sind ([1]). Die Sache liegt demnach so: wir finden den
gleichen Typus häufig auf pergamenischen Münzen, auf einem Terracottarelief, das als aus Pergamon stammend erworben ist, und in
verschiedenen statuarischen Repliken, deren schönste in den Caracalla-Thermen gefunden wurde, und von denen die eine die Figur
auf einer Basis von charakteristisch pergamenischer Form darstellt.
Da ist denn doch wohl der Schluss gegeben, dass das Original all
dieser Darstellungen eben das berühmte Bild des Phyromachos in
dem grossen Asklepiostempel von Pergamon war ([2]).

([1]) Wroth glaubt in dem citierten Aufsatz S. 14 ff. den Asklepios des
Phyromachos in einem Münzbilde erkennen zu dürfen, das seiner Meinung nach
den Gott sitzend darstellt; aber diese Gestalt (pl. I. 2) ist augenscheinlich un-
bärtig, ja weiblich, also wohl Hygieia; ferner ist die Münze unter Philetairos
geprägt, und die Statue des Phyromachos ist, wie wir sehen werden, erst unter
Eumenes II aufgestellt worden. Vgl. auch Thrämer bei Pauly-Wissowa, R.-
E. II, Sp. 1695.

([2]) Urlichs, Pergamenische Inschriften S. 30 glaubt aus dem Wortlaut
der Nachricht bei Polybios, die von dem Einfall des Prusias meldet, schliessen zu müssen, das Bild des Phyromachos sei aus Marmor gewesen, was un-
sren Beobachtungen widersprechen würde. Polybios sagt (XXXII 25), Prusias
habe geraubt καὶ τοὺς ἀνδριάντας καὶ τὰ λοιπὰ τῶν ἀγαλμάτων, τὸ δὲ τε-
λευταῖον καὶ τὸ τοῦ Ἀσκληπιοῦ ἄγαλμα... Urlichs meint nun, in den ersten
Worten seien eherne (Männer-) Statuen im Gegensatz zu marmornen (Götter-)
Bildsäulen gemeint und an diesen auch der Asklepios zu rechnen. Mir scheint
nur ein Gegensatz zwischen ἀνδριάντες und ἀγάλματα zu bestehen: ersteres
bedeutet augenscheinlich die im Hain zerstreuten Bilder, letzteres die Cultbilder; so hat es auch Diodor verstanden (*exc. leg.* 31 fr. 46), der für ἀγάλματα

Hat aber dieses Bild zu Caracalla's Zeiten noch an Ort und Stelle gestanden? Ein Zweifel ist begründet, da wir wissen, dass es Prusias II von Bithynien in seinem Kriege mit Attalos II gelungen war, jenes Heiligtum im Jahre 156 v. Chr. zu plündern und die Statue fortzuschleppen. Andererseits aber wissen wir auch, dass dieser Krieg nach langem Hin und Her unglücklich für Prusias endigte: der König fand selber seinen Tod durch Verrat, während Attalos mit dem Sohne des Prusias, Nikomedes, der gegen den eignen Vater als Praetendent aufgetreten war und nach ihm den Thron bestieg, im Einverständnis war. Es ist ganz unglaublich, dass Pergamon bei dieser Gelegenheit seinen Gott nicht wieder erhalten haben sollte; und so dürfen wir auch annehmen, dass die Statue noch zu Caracalla's Zeiten an ihrem Platz gestanden habe (¹).

Wie aber verträgt sich nun mit dieser Annahme, dass das Original all jener Repliken das Götterbild im pergamenischen Nikephorion gewesen sei, der Stil, den wir aus den Copieen erschliessen können? Savignoni hat die Entstehung des Originals ins 5. Jahrhundert, in die Zeit des Phidias datiert und er begründet diese Annahme ganz einleuchtend mit der einfachen, ruhigen Formengebung, der flachen Modellierung der Teile, die die Augen umgeben, mit der sanften Wölbung der niedrigen Stirn und der Stilisierung der Haare und des Bartes. Wenn er nun allerdings nach dem Vergleich dieses Kopfes mit dem der Florentiner Figur meint, jenes Original müsse älter gewesen sein als das der Statue in Florenz, so hat uns vielmehr der Vergleich der Motive am Mantel bei beiden gelehrt, dass der neue Typus den Florentiner voraussetzt, da er gewisse Härten nicht zum Vorteil zu mildern sucht. Bleiben wir also im 5. Jahrhundert, so müssen wir bis an sein Ende heruntergehen, denn das Original der Florentiner Figur, die einen stilistisch durchaus einheitlichen Eindruck macht, ist zweifellos in der Blütezeit des Alkamenes entstanden.

ἱερῶν einsetzt. Von den ἀγ. hat Prusias nach Polybios die marmornen ausgewählt, d. h. es waren auch bronzene dort. Zuletzt wird als kostbarstes Stück, nicht als eins der λίθινα ἀγ. — wenigstens sind die Worte durchaus nicht mit Notwendigkeit so zu verstehen —, zuletzt wird auch der Asklepios entführt; von welchem Stoffe er war, sagt uns Polybios nicht.

(¹) Ebenso urteilt Urlichs a. a. O.

Gegen Ende des 5. Jahrhunderts hat aber tatsächlich ein Bildhauer Namens Phyromachos gelebt; er wird in einer Inschrift genannt, die über die Arbeiten am Erechtheion Rechenschaft ablegt,
und nach der er aus Kephissia stammte (Overbeck, SQ. Nr. 860);
und dass man im 5. Jahrhundert in Attika wirklich einen derartigen Typus zur Darstellung eines Heilgottes verwendet habe, beweist
ein von Reisch publiciertes Köpfchen aus dem Amphiareion (Fest-
schrift für Benndorf S. 147). Wenn nun ferner von einem Phyromachos berichtet wird, der den Alkibiades auf einer Quadriga dargestellt habe (Overbeck a. a. O. Nr. 021), so scheint es natürlich,
anzunehmen, dass dieses Werk in der Glanzzeit des Alkibiades entstanden sei. Doch hat Urlichs (a. a. O. S. 27) schon mit Recht
darauf hingewiesen, dass auch von dem Zeitgenossen des späteren
Phyromachos und seinem Genossen in der Arbeit für die pergamenischen Könige, von Nikeratos, eine Darstellung des Alkibiades überliefert sei. Wir dürfen also dieses Werk unbedenklich dem hellenistischen Phyromachos zuschreiben und werden auch für den Asklepios
nicht jenen vom Erechtheion bemühen, der wenig mehr als ein
Steinmetz gewesen sein kann. Zudem haben uns nun die Ausgrabungen in Pergamon mit einer eigenartigen Seite der pergamenischen
Kunstübung bekannt gemacht, einer Erscheinung, die zunächst im
Gegensatz zu dem Grundzuge jener neuen Kunst zu stehen scheint:
sie giebt uns auch die Lösung dieses Rätsels. Der Asklepios des
Phyromachos stellt sich neben jene colossale Copie der Athena Parthenos des Phidias (Conze, Sitzungsber. d. preuss. Akad. 1893 S. 207;
Ussing, Pergamos S. 73 f. Fig. 6), neben jene andere Athena-Statue
mit der eigenartigen Aegis (Conze a. a. O.; Ussing Taf. V) und die
von Winter dem Alkamenes zugeschriebene Frauenfigur (Archäolog.
Anzeiger 1894 S. 43). Bei allen ist das Nachahmen von Werken
des 5. Jahrhunderts unverkennbar, aber bei allen spürt man auch
das Einmischen jüngerer Züge, die das ganze Bild verändern. Aehnlich wie bei dem Asklepios durch das Umschlagen des Himation am
unteren Rande die Wirkung der Steilfalte vernichtet ist, so hat der
Bildhauer der pergamenischen Parthenos die gleiche Steilfalte in
lauter kleine, unruhig sich brechende Fältchen aufgelöst. Am stärk-
sten ist die Veränderung am Kopfe der Parthenos, und wie wir
nun diesen mit den mehr oder minder getreuen römischen Copieen
vergleichen können, so ist ein Vergleich des Asklepios-Kopfes mit
dem Amphiaraosköpfchen äusserst lehrreich.

Es ist wohl vorauszusetzen, dass diese specielle Richtung, die, wie wir gesehen haben, an Werke der phidiasischen Zeit anknüpfte, auch abgesehen vom Asklepios ihre Spuren unter den Sculpturen der italischen Museen erkennen lasse; aber ein Bestimmen nach so neuen Gesichtspunkten ist gefährlich. Nur zwei Köpfe, die beide seither von dem einen für nicht ganz getreue Copieen nach Originalen des 5. Jahrhunderts, von dem andern für getreue Copieen nach pergamenischen Originalen erklärt worden sind, dürfen nun mit Wahrscheinlichkeit jener klassicistischen Richtung in Pergamon zugeschrieben werden. Es sind zwei einander sehr ähnliche weibliche Köpfe, der eine aus der Villa Ludovisi ins Thermen-Museum gelangt, der andere in Neapel; die Gründe, die Arndt bei Publication des ersten von beiden (Einzel-Aufnahmen Nr. 248/9) für Entstehung des Originales im 5. Jahrhundert anführt, beruhen auf richtiger Beobachtung; er übersieht aber dabei die eigentümliche Art, wie die Haare an den Seiten gewunden sind, eine Art die sich eben so nur an pergamenischen Sculpturen wiederfindet und ganz übereinstimmend am Parthenoskopf aus Pergamon, der in dieser Beziehung am sichtbarsten von dem Originale abweicht ([1]). Der charakteristische Contrast zwischen diesen lebhaft gewundenen Strähnen und den am Scheitel glatt anliegenden Haaren entspricht zudem ganz dem Contrast zwischen dem oben glatt gescheitelten Haar und den seitlichen Voluten am Asklepios. Den beiden genannten Köpfen ist wohl noch ein weiblicher Colossalkopf in den Uffizien zu Florenz anzuschliessen (Einzel-Aufnahmen Nr. 344/5).

Sehen wir uns weiter nach pergamenischen Götterbildern um: soweit mir bekannt, sind in Pergamon selbst, abgesehen von Musenstatuen, die hier nicht in Betracht kommen, nur noch zwei weitere monumentale Götterbilder gefunden worden: eine Statue des Zeus Ammon und eine des Hermaphroditos. Von ihnen geht die erste (S. Reinach, *Repert. de la stat.* II S. 12 Nr. 9) wohl auch noch auf ein Original des 5. Jahrhunderts, die zweite (ebenda S. 104 Nr. 7; vgl. Einzel-Aufnahmen, Text zu Nr. 292) sicher auf eins des

([1]) Ueber Vorstufen dieser Haarbehandlung vgl. Amelung, Führer d. d. Antiken in Florenz S. 209 (Tyche von Antiochia; Demeter Ludovisi). Es ist nicht uninteressant, dass die gleiche Haarbehandlung an Sculpturen der Barockzeit wiederkehrt. Der Parthenoskopf ist von Urlug weit überschätzt worden; für die Kenntnis des Originals giebt er nichts aus.

4. Jahrhunderts zurück. Für die Copie nach einer pergamenischen Variation eines Werkes des 4. Jahrhunderts hat Furtwängler (Meisterwerke S. 574 ff.) mit Recht die Statue des Herakles im Museo Chiaramonti Nr. 636 erklärt. Ein echt pergamenisches Götterbild dagegen, und zwar eins im Stil der Altar-Reliefs wird den meisten Lesern schon in den Sinn gekommen sein: die wundervolle weibliche Figur im Capitolinischen Museum, die man Persephone nennt (Helbig, Führer I Nr. 547). Bekanntlich hat Furtwängler die Zugehörigkeit des Kopfes angezweifelt (Meisterwerke S. 644), und in der Tat würde kaum Jemand den Kopf, falls er allein erhalten wäre, für pergamenisch erklären; doch hat Helbig widersprochen: der Kopf mit Hals und Büste habe die gleiche Corrosion und Patina des Marmors wie der Körper und passe genau in den Brustausschnitt hinein. Arndt hat den Kopf mit Recht im Text zu den Einzel-Aufnahmen Nr. 470/1 mit dem einer Artemis-Statuette aus Lesbos, jetzt in Konstantinopel, verglichen; er hätte aber auch die Körper mit einander vergleichen können; hier und dort die gleiche Fülle der Glieder, im Allgemeinen ein gewisses anspruchsvolles Auftreten und im Besonderen ein sehr individuelles Motiv: die Art, wie die L. mit dem Handrücken auf die Hüfte gestützt ist. Zweifellos gehören die beiden Werke der gleichen Epoche und Richtung an, und wenn der capitolinische Kopf einen so viel jüngeren Eindruck macht als sein Körper, so mag z. T. daran die vernüchterende Arbeit des römischen Copisten und das Putzen des modernen Restaurators Schuld haben, in der Hauptsache aber wird es darauf zurückzuführen sein, dass der Künstler des Originals sich im Kopfe stärker als im Körper älteren Vorbildern angeschlossen hat (von Skopas freilich, den Furtwängler und Helbig hier erkennen wollen, kann nicht die Rede sein, wohl aber von dem Künstler, dessen Eigenart auch in der Statue des Hermaphroditen nachgebildet ist; s. Einzel-Aufnahmen, Text zu Nr. 261/2, wo eine Replik des capitolinischen Kopfes besprochen ist). Unter diesem Gesichtspunkt wird es auch verständlich, wenn man den bekannten weiblichen Kopf aus Pergamon (in Berlin), jedenfalls das Fragment eines Götterbildes, nicht für ein pergamenisches Originalwerk, sondern für älter hat erklären wollen (man vergleiche Furtwängler, Meisterwerke S. 651 u. Collignon, Gesch. der griech. Plastik II S. 515 f. Fig. 249). Dem gegenüber besitzen wir indes den Kopf eines pergamenischen

Götterbildes, und zwar einen Kopf, der die specielle Eigenart der attalischen Periode im höchsten Maasse verkörpert: ich meine die aus den Caracallathermen stammende Replik des Apollon Pourtalès (Litteratur bei Furtwängler a. a. O. S. 338). Dass wir uns das Original nach jenem, nicht nach diesem vergegenwärtigen müssen, hat Furtwängler mit Recht behauptet und wird ausser durch die eine bis vor kurzem noch in Giustinianischem Besitz befindliche Replik durch eine weitere im Inschriften-Saal der Uffizien in Florenz bestätigt (Dütschke, Ant. Bildw. III Nr. 318); eine vierte, eben von P. Gardner (*Journ. of hell. stud.* 1903 S. 117 ff. Pl. III) publizierte Copie steht zwischen beiden Varianten. Furtwängler glaubt, dass die römische Replik auf den Körper gehöre, auf den sie gesetzt ist, einen Körper des 4. Jahrhunderts, und vermutet in dem Original ein Werk des Leochares. Beides ist unrichtig; unter dem Haarschopf ist am Halse ein breites Stück Marmor stehen gelassen, das sich am Nacken des Körpers nicht fortsetzt. In welche Zeit das Original zu datieren sei, lehrt ein vergleichender Blick auf den Kopf der toten Amazone aus dem attalischen Weihgeschenk (in Neapel). Die Haare sind an beiden Köpfen fast identisch; man beachte die Linienführung in den Strähnen, die den Hinterkopf bedecken, die Behandlung der vom Scheitel abwärts geordneten, die Ohren überschneidenden Strähnen, die länglich ausgezogenen, dünnen Stirn- und Schläfenlöckchen. Uebereinstimmend sind aber auch die Formen des Schädels, der Stirn, der Wangen, des Kinns. Für die Bildung der Augen können wir ein anderes Werk zur Vergleichung heranziehen, das, nach seiner intimen Verwandtschaft mit dem ludovisischen Gallier zu schliessen, ebenfalls auf eine pergamenische Schöpfung zurückgeht, den Triton in der Galleria delle statue des Vatican (Helbig, Nr. 191): hier wie dort die stark gewölbte Bildung der Augäpfel, die schräge Stellung im Kopfe (nach aussen beiderseits gesenkt) [1], die tiefe Einsenkung der inneren Augenwinkel, die starke Schwellung der Teile zwischen Auge und Braue, die fast einen krankhaften Eindruck macht; all diese Züge sind am Triton kaum um ein Geringes stärker markiert, trotzdem er nur decorative Wirkung tun sollte und ein Geschöpf darstellt, dessen sinnliche Natur weit heftigeren Stürmen der Leidenschaft unterworfen ist, als das sanfte Wesen

---

[1] Sie findet sich ebenso an dem Perser in Aix (Einzel-Aufnahmen Nr. 1397), auch an dem Terracottakopf des Zeus im Münchener Antiquarium (Nr. 259; Brunn, Griechische Götterideale Taf. X).

des Apollon, dessen Zügen der Bildhauer hier etwas Knabenhaftes, eine fast kindliche Weichheit gegeben hat, die in äusserst wirkungsvollem Gegensatz zu der tiefen seelischen Erregung steht, von der ergriffen der Gott den Kopf schwärmend zur Seite neigt. Schon Brunn hat die beiden Werke in diesem Sinne mit einander verglichen (Griech. Götterideale S. 94); er nennt den Apollon mit Recht « den Repräsentanten eines Stückes antiker Romantik », und auch als solcher fügt er sich bedeutungsvoll in das Bild pergamenischer Kunst; in der Zeit des Leochares wären nicht nur diese Formen, auch diese Auffassung undenkbar. Furtwängler sieht in dem Apollon Pourtalès mit Recht eine Variation des Originales, die einzelne Züge dem Stil der Werke des Kresilas entnimmt. Ist diese Variation in Rom oder schon in Pergamon entstanden? Diese Frage wird uns jetzt, nachdem wir die klassicistische Richtung der pergamenischen Kunst in mehr als einer Hinsicht kennen gelernt haben, nahegelegt. Eine Entscheidung ist augenblicklich noch unmöglich.

Es sei gestattet, auf dem begonnenen Wege einige weitere Schritte vorwärts zu machen. Im Pal. Colonna in Rom befindet sich ein Copie der hellenistischen Figur, nach der die sog. Elektra in der bekannten Neapeler Gruppe gearbeitet ist (Einzel-Aufnahmen Nr. 1153/4); auch von dem Kopfe ist ein Fragment erhalten, und dieses stimmt in allen charakteristischen Zügen auffallend mit dem Apollonkopfe überein; man beachte die Kopfform, die Haarbehandlung, die Stirn- und Schläfenlöckchen (¹), die Bil-

(¹) Man hat gemeint, nach dem Vorkommen von Stirnlöckchen allein auf pergamenischen Ursprung schliessen zu können; aber schon die kauernde Venus des Doidalsas hatte sie (Nr. 7 in Gruppe a bei Klein, Praxiteles S. 271 und Nr. 1 in Gruppe b ebenda; eine gut erhaltene Copie des Kopfes im britischen Museum, third gr.-r. room Nr. 197); wir finden die Löckchen ferner an dem aus praxitelischer Schule stammenden « Narkissos » in Neapel, an dem Bronzekopf einer Göttin aus Armenien im britischen Museum (Brunn-Bruckmann, Denkmäler Nr. 120; Archäol. Zeitung 1878 Taf. 20; Collignon a. a. O. II S. 514 Abb. 247), an einem weiblichen Kopfe in demselben Museum (First gr.-r. room Nr. 113; Ancient marbles XI pl. VI; eine Replik bei dem römischen Kunsthändler Innocenti), an dem schönen weiblichen Kopf in Smyrna — er stammt auch aus Tralles — (Arndt-Amelung a. a. O. Nr. 1342/3; Farnell, The cults of the greek states II Taf. LVII), an einem zierlichen Kopfe der Sammlung Schott in Jena (Arndt-Amelung Nr. 1467/8), der bekannten Athenastatuette in Turin (Clarac 462 F 819; Phot. Anderson 10795) und an den Bronzefiguren des Apoll und der Artemis in Neapel; aber in all diesen Fällen — die genannten Werke oder ihre Originale stammen aus dem Beginn der hellenisti-

dung und Stellung der Augen, die den eigenartigen Ausdruck bedingt. Also auch hier haben wir demnach die Copie eines pergamenischen Werkes, und, und wie im Text zu den Einzel-Aufnahmen begründet ist, vielleicht eine Muse vor uns. Und noch einen weiblichen Idealkopf können wir hier anreihen; er ist schon unabhängig von unseren Beobachtungen für ein Werk der gleichen Schule erklärt worden. Der Kopf befindet sich in der Münchener Residenz und ist von Arndt in den Einzel-Aufnahmen als Nr. 958/0 veröffentlicht. Seine Datierung des Stückes ist zweifellos richtig und kann durch den Vergleich mit den von uns besprochenen Werken nur gestützt werden. Eine Abweichung jedoch muss betont werden : die Augen stehen hier nicht schräg, sondern normal ; augenscheinlich haben die pergamenischen Künstler den Augen jene ausdrucksvolle, aber nicht natürliche Stellung nur gegeben, wenn sie Wesen bilden wollten, deren Seele heftigen Erschütterungen ausgesetzt war. Was der Münchener Kopf darstellen sollte, können wir nicht ahnen; zu einem Cultbild hat er kaum gehört.

Nach dieser Umschau kehren wir zu unserem Hauptthema zurück. Unter den monumentalen Götterbildern, die für Cultbilder in Frage kommen, haben wir nur eins constatieren können, das in Ausführung und Auffassung den Geist der pergamenischen Zeit zum Ausdruck bringt, ein anderes, das in der Bildung des Körpers und der Gewandung rein pergamenisch ist; in allen übrigen und auch im Kopfe dieses zweiten fanden wir mehr oder minder starke Spuren jener klassicistischen Richtung. Die pergamenische Plastik, so neu und bahnbrechend sie auf den ihr eigenen Gebieten wirkt, so unselbständig zeigt sie sich auf einem Felde, auf dem ihre eigensten Kräfte nur in beschränktem Maasse zur Geltung kommen konnten, auf dem die vergangenen Zeiten schon alle Möglichkeiten

<hr />

schen Zeit — sind die Löckchen sorgfältig und absichtlich gelegt und gelockt ; bei den pergamenischen Sculpturen sind sie nicht gelockt und lösen sich wie zufällig, von den übrigen Haaren, wodurch eher ein Eindruck von Vernachlässigung als von Zierlichkeit entsteht. Derartige Stirnlocken hat auch der Kopf der «Thusnelda» in Florenz (v. Bienkowski, *De simulacris barbararum gentium* S. 38 Fig. 17), die man schon aus anderen Gründen auf ein pergamenisches Vorbild hat zurückführen wollen. Im Zusammenhang damit ist es interessant, dass der Kopf der Frau, die vor der einen « Trophäe des Marius » (ebenda Fig. 19) steht, mit dem der todten attalischen Amazone auffallend übereinstimmt. Hat der römische Bildhauer auch hier nur copiert ?

erschöpft zu haben schienen; kam es doch im griechischen Culte
nicht darauf an, den Andächtigen durch pathetische Gestaltung in
seinen Tiefen zu erregen; ernst und beruhigend sollten die Götterbilder wirken, wie Wesen, denen es leicht wäre, aus der Ue-
berfülle ihres ewig unveränderlichen, seligen Zustandes den be-
dürftigen Menschen den Sonnenstrahl des erflehten Glückes zu
spenden. Auch in der Geschichte der christlichen Kunst lässt sich
die gleiche Erscheinung beobachten, dass die Künstler zu einer
Zeit, in der sie sich in gewaltig erregter und naturalistischer Aus-
malung der Leidensscenen nicht genug tun können, für die einfachen
Andachtsbilder immer wieder auf die in früherer Zeit geprägten
Formen zurückgreifen. Hinzukommt nun, dass, wie wir wissen, diese
klassicistische Richtung auch auf anderen Gebieten in Pergamon
bedeutsam hervorgetreten ist: wir hören von der Sammlung älterer
Kunstwerke (Fränkel, Altertümer von Pergamon VII n. 48-50);
eine in Delphi gefundene Inschrift erzählt uns, dass König Attalos
verschiedene Maler dorthin entsendet habe, um Gemälde zu copie-
ren; man denkt natürlich zuerst an die berühmten Fresken des
Polygnot (Fränkel, Jahrbuch d. Inst. 1891 S. 49 ff.); Pergamon
wurde der Hauptsitz kunstgeschichtlicher Studien.

All diese Tatsachen und Schlüsse scheinen mir zu der Annahme zu drängen, dass der Phyromachos, der das Original der
anfangs aufgeführten Asklepios-Darstellungen, das Cultbild im Nikephorion, geschaffen, eben jener Künstler war, der nach Plinius
(n. h. XXXIV 84) an den Siegesdenkmalen des Attalos und Eumenes mitgearbeitet hat (Brunn, Gesch. der griech. K. I S. 310;
Overbeck SQ. Nr. 1994). Nach einer delischen Inschrift können
wir seine Zeit genauer als die Eumenes II bestimmen (vgl. zuletzt
Collignon, Gesch. der gr. Plastik II S. 541 f.), womit es im Einklang
steht, dass jenes Heiligtum erst durch diesen König seine glänzende Ausstattung erhalten hat (Urlichs, Pergamenische Inschriften
S. 15. 22). Aus eben jener Inschrift wissen wir, dass Phyromachos
aus Athen stammte; aus seiner Heimat brachte er, wie uns das
Köpfchen aus dem Amphiareion beweist, die Kenntnis jenes eigenartigen Typus mit, der dort in der Zeit des Phidias geschaffen
war — von welchem Künstler, werden uns vielleicht künftige Studien lehren.

W. AMELUNG.

PORTICUS DIVORUM UND SERAPEUM
IM MARSFELDE.

(Taf. I. II).

———

I.

Die Constantinische Regionsbeschreibung zählt am Schlusse der Regio IX Circus Flaminius folgende Monumente auf (Jordan Topogr. II, 556):

NOTITIA	CURIOSUM
Iseum	*Iseum*
et Serapeum	*et Serapeum*
	Minervam Calcidicam
Divorum	*Divorum*
Insulam Felicles.	*Insulam Felicles.*

Von diesen ist der Tempel der Minerva Chalcidica sicher bezeichnet durch die Kirche S. Maria sopra Minerva; der Bezirk des Iseum und Serapeum, östlich davon, charakterisirt durch zahlreiche Funde ägyptischer oder ägyptisirender Statuen und Architekturteile zwischen S. Ignazio und Palazzo Altieri (s. Lanciani *bull. comun.* 1883, p. 33-131). Die Insula Felicles, als vielstöckiges Mietshaus, «ein Vorbild moderner Wolkenkratzer» bekannt aus Tertullian (*adv. Valentin.* 7), muss nach der Anordnung des Regionenbuches dem Ausgangspunkte der Beschreibung der neunten Region, dem Circus Flaminius selbst, nahe gelegen haben, also weiter südlich oder westlich als die beiden genannten Heiligtümer. Grosse Ungewissheit aber herrschte bisher über den vorletzten Namen, *Divorum*.

In dem aus der Stadtchronik geflossenen Bautenkataloge des Chronographen von 354 (Mommsen *chron. min.* I, 146) heisst es:

Domitiano imperatore operae publicae fabricatae sunt . . . . . Divorum, Iseum et Serapeum, Minervam Chalcidicam. Hier ist ohne Zweifel dasselbe Monument gemeint, wie in der Notitia: die volkstümlich gekürzte Form *Divorum* ist einleuchtender Beweis dafür. Denselben Bautenkatalog des Domitian geben nun auch Hieronymus ad a. Abr. 2105 und Eutrop VII, 23 mit einigen Varianten, welche auf Benutzung eines besseren Exemplars des Chronographen resp. seiner Quelle deuten (vgl. Mommsen *chron. min.* I, 142): sie nennen *Divorum porticus, Iseum et Serapeum, Minervam Chalcidicam* ([1]).

Hieraus geht zunächst mit Sicherheit folgendes hervor: im Marsfelde lag ein mehreren Divi geweihtes Heiligtum, das — ganz oder zum Teile — aus einer Porticus bestand. Domitian hatte es gegründet, es existierte noch in der Zeit Constantins. Es ist im südöstlichsten Teile des Campus, in der Nähe des Isistempels und des Circus Flaminius, zu suchen.

Die neueren Topographen haben mit den obigen Stellen noch andere Zeugnisse zu combinieren gesucht, die von einem *templum Divorum* sprechen: wodurch eine Reihe der sonderbarsten Verwickelungen entstanden sind. So hat Canina (*Indicaz.*[4] 198, 279 f.) den unglücklichen Einfall gehabt, die *porticus Divorum* ihres Erbauers wegen zu identifizieren mit dem *templum gentis Flaviae*; Preller (Regionen 178) will umgekehrt das *Divorum* des Regionsbuches von der domitianischen Gründung trennen, und erklärt es für den in der Biographie des Tacitus erwähnten Tempel (hist. Aug. Tacit. 9: *divorum templum fieri iussit, in quo essent statuae principum bonorum*). Gilbert (Top. 3, 131 f.) führt diese Hypothese weiter dahin aus, dass Domitians Bau eine Erneuerung des *templum divi Augusti in Palatio* gewesen sei, während der vom Kaiser Tacitus gegründete in Marsfelde gelegen habe. Dorsari (*bull. comun.* 1885, 86), der gleichfalls die *porticus Divorum* für verschieden von dem *Divorum* der Regionarier hält, will das letztere für einen anderen Namen des Mausoleum Augusti ansehen — schliesslich hat man gar für das Pantheon den Namen *Divorum* in Anspruch genommen! Was die neuesten Bearbeiter der römischen Topographie an-

---

([1]) Aus Hieronymus schöpfen Prosper (*chron. min.* I, 417) und Cassiodor (ib. II, 140), aus Eutrop die *historia miscella* IX, 12.

langt, so sucht man bei Lanciani sowohl in den *Ruins and excavations*, wie auf der *Forma Urbis* den Namen *Divorum* vergeblich; O. Richter (Top.[2] 258) stellt die obigen Schriftstellerzeugnisse zusammen, und bezeichnet den Namen als « nicht sicher erklärt ».

Da kommt uns nun ein neuer Fund in erwünschter Weise zu Hülfe: die teils ganz neuen, teils bereits früher bekannten aber nicht richtig erkannten Fragmente der severianischen *Forma Urbis Romae* welche auf Tf. I (auf ein Viertel der Originalgrösse, wie in Jordans Ausgabe, verkleinert) zusammengestellt sind ([1]).

Das auf diesen Planfragmenten mit dem Namen DIVORVM bezeichnete Gebäude besteht aus einer grossen Säulenhalle, die über dreimal so lang als breit ist. Bei Annahme eines Maasstabes von 1 : 250 für die Forma (und dass dieses Reductionsverhältnis für die hier besprochenen Fragmente in Anwendung zu bringen ist, lässt sich wahrscheinlich machen) war die Halle etwa 55 m. breit, 200 m. lang. An der bis über die Hälfte erhaltenen rechten Schmalseite hat die Halle sechzehn durch runde Punkte bezeichnete Säulen. An der unteren Langseite betrug die Zahl der gezeichneten Säulen — sie stehen hier in viel weiteren Abständen — über 80; die Rückwand dieses Flügels der Halle wird durch eine glatte Mauer gebildet, die nur an der rechten Ecke ein Risalit hat ([2]). Die obere

([1]) Die Fragmente sind sämtlich 7 cm. dick und haben glatte Rückseite; antiken Rand haben *f, q* (und *s*). Neu gefunden (in der modernen Mauer hinter Palazzo Farnese 1888 und 1899, s. diese Mittheilungen 1889, 228) sind *a-e, g h l*; von den schon bei Jordan publizierten ist:

f = J. 167.   [*i* = J. 97, s. u. S. 48.]

m = J. 103 (Original wiedergefunden, s. *bull. comun.* 1899 T. I-II n. 10).

no = J. 59.

pq = J. 52 (Original wiedergefunden, s. *bull. comun.* 1899 T. I-II n. 25).

r = J. 72.

s = J. 224.

Beim Beginn meiner Beschäftigung mit den Fragmenten der Forma (gegen Ende Februar d. J.) fand ich die Stücke *c d e g h* vereinigt vor, deren Zusammensetzung Hrn. Lanciani verdankt wird. Die übrigen Stücke habe ich dann im Laufe der folgenden Wochen dazu gefunden, mit Annahme von *r*, dessen Vereinigung mit den übrigen unserem trefflichen *scarpellino* Dardano Bernardini gelang, welcher sich überhaupt durch Scharfblick und Combinationsgabe um die schwierige Arbeit der Zusammensetzung grosse Verdienste erworben hat.

([2]) Ob das im Museum rechts neben *b* angefügte Fragment *b'* wirklich hierher gehört, ist mir nicht ganz sicher.

Langseite, von deren Säulen nur geringe Spuren erhalten sind, hatte eine reicher gegliederte Rückwand: dieselbe war durch mehrere rechteckige Nischen unterbrochen, vor deren jeder vier Säulen standen. — Das Innere der Halle ist mit Gartenanlagen ausgefüllt zu denken; runde Punkte, die sich durch nichts von den zur Darstellung der Säulen verwendeten unterscheiden, bezeichnen hier Bäume (¹). An der rechten Schmalseite steht in der Längsaxe ein rechteckiger Bau mit vier Säulen und beiderseits drei Stufen, bei dessen Grundriss sich an einen Pavillon, einen Altar unter einem Tabernakel, oder ein überdecktes Wasserbassin denken lässt (²).

Die interessanteste Partie aber ist die linke Schmalseite. Hier sieht man, von oben nach unten, einen kleinen tetrastylen Bau (etwa 10×15 m.) mit drei Stufen davor, der ohne Zweifel als Tempel aufzufassen ist. Sodann ein Häuschen, aus nur zwei Räumen bestehend, von etwa 8×10 m. Grundfläche; dann Theil eines Bogens, zu dem Stufen hinaufführen ($6 \times 7,5$ m.). — Bis hierher reicht der im Original erhaltene Teil: das anschliessende Stück ist nur durch eine Zeichnung im Vat. 3439 bekannt, die wie öfters im Maassstabe Abweichungen aufweist (³). Aber die darauf

(¹) Jordan irrt, wenn er (FUR. prol. p. 12) behauptet, die Punkte auf der Forma bedeuteten immer nur Säulen, niemals Bäume. Gerade das Stück auf welches er sich hauptsächlich bezieht, frg. 44 mit den Adonaea, ist ein hangreiflicher Beweis des Gegenteils. Es ist ganz undenkbar, dass die über 150 Punkte, welche den schmalen Bogenbau in der Mitte umgeben, einen fünffachen Säulengang darstellen; sie können vielmehr nur Reihen von Bäumen sein. Fragm. 44 a, dessen Altertum Jordan p. 59 bezweifelte, ist in der That modern: das Original ist wiedergefunden und es zeigt sich, dass der Mittelbau hier in Emle war, die Baumreihen zur linken sodann ganz entsprechend denen zur rechten angeordnet waren. — Ueberhaupt sind auf der *Forma Urbis* Gartenanlagen viel häufiger dargestellt, als Jordan u. a. O. annahm. Die grossen rechteckigen Streifen, welche des *templum divi Claudi* umgeben (frg. 45 + 77 + 96 Jord. + ...) sind Gartenbeete, nicht *substructiones ingentes*; das Gleiche gilt von den auf frg. 75 dargestellten, welche zum Grundriss des Forum Pacis gehören; nicht minder von dem frg. 173, in dem man bisher meist eine grosse Ara hat erkennen wollen. Ob etwa verschiedene Bemalung nachhalf, die Bedeutung der an sich gleichen Signaturen zu unterscheiden?

(²) Rechts an dieses Stück passt vielleicht das Fragment s = J. 224 an, welches einen Saal mit halbkreisförmiger Exedra darstellt. Doch lässt sich der Beweis nicht mit voller Gewissheit führen, da das Stück jedenfalls schon zu einer anstossenden Platte gehört.

(³) Die erhaltene Ecke des Bogens ist offenbar im Vat. zu gross gezeichnet: das gleiche gilt wohl auch von dem darunter stehenden runden *lavacrum*.

enthaltenen Grundrisse: Stück eines Bogens mit Stufen davor,
Häuschen mit zwei Zimmern und tetrastyles Tempelchen, ergänzen
in so vollkommen symmetrischer Weise die fehlende Hälfte der
linken Schmalseite der Halle, dass an der Zusammengehörigkeit
kein Zweifel bleiben kann. Zur Controle des Maasstabes ist es von
Wichtigkeit, dass auf dem Marmor die eine Ecke der Treppe vor
dem zweiten Tempel erhalten ist.

Der Grundriss einer *Porticus Divorum*, den die severianische
Forma enthält, kann selbstverständlich nichts mit dem Bau des
Kaisers Tacitus (wenn derselbe überhaupt jemals ausgeführt ist)
zu thun haben. Dass er sich hingegen auf das von den Regiona-
riern genannte Gebäude im Marsfelde bezieht, wird nicht nur durch
die charakteristische Namensform *Divorum* erwiesen, sondern vor
Allem durch die Stellung zu dem benachbarten Serapeum. Auf den
Fragmenten der Forma ist also zweifellos der vom Chronographen
und von Hieronymus erwähnte Bau Domitians dargestellt.

Das *Divorum* des Domitian enthielt also zwei Tempel: die
sich von selbst darbietende Vermutung, dass das Gebäude nicht
sämtlichen vergötterten Kaisern, sondern nur denen der flavischen
Familie geweiht gewesen sei, erhält eine Stütze durch ein längst
bekanntes inschriftliches Zeugnis, dessen Erklärung bisher mancherlei Schwierigkeiten bot. In dem Statut des *collegium Aescu-
lapi et Hygiae* — eines Begräbnisvereins von 60 Mitgliedern,
die grossenteils der kaiserlichen Hofdienerschaft angehörten —
heisst es (CIL. VI, 10234 Z. 8. 23), dass eine Versammlung stattgefunden habe *in templo Divorum in aede divi Titi*. Es wird da
u. A. beschlossen, dass alljährlich am 18. September, dem Geburtstage
des regierenden Kaisers Antoninus Pius, *in templo Divorum in
aede divi Titi* eine Verteilung von *sportulae* stattfinden solle (ebda.
Z. 10). — Man hat sich Mühe gegeben zu erklären, wie der Ausdruck *in templo divorum in aede divi Titi* mit den uns wohl
bekannten baulichen Eigentümlichkeiten des Vespasians- und Titus-
tempels am Clivus Capitolinus, oder mit denen des *templum divi
Augusti* am Fusse des Palatins zu vereinigen sei: eine Widerlegung ist nicht mehr erforderlich, und ebenso wenig braucht es
vieler Worte um zu beweisen, dass auf der Forma Urbis dargestellte Gebäude in seiner Gesamtheit passend *templum Divorum* genannt wird, während die beiden kleinen tetrastylen Tem-

pel die *aedes divi Vespasiani* und die *aedes divi Titi* repräsentiren ([1]).

Also nicht den sämtlichen Divi, sondern nur seinen beiden Vorgängern aus seiner eigenen Familie hatte Domitian sein *Divorum* geweiht. Der Bau tritt damit der Idee nach in eine Reihe mit dem *templum gentis Flaviae* auf dem Quirinal. Wie Domitian dieses als Ersatz und Fortführung des Mausoleum Augusti begründet hatte, so hat er auch dem *templum divi Augusti* unter dem Palatin, in dem bis zum Erlöschen der ersten Dynastie die Verehrung sämtlicher Mitglieder des Kaiserhauses ihre Stätte gefunden hatte, diesen neuen für die heroisierten Kaiser der zweiten Dynastie bestimmten Hallenbau im Marsfelde an die Seite gesetzt ([2]). Wie sehr ein Bau von der Art der *porticus Divorum* geeignet gewesen wäre, mit der forschreitenden Zahl der heroisierten Kaiser auch eine grössere Anzahl von Cultstätten aufzunehmen, leuchtet ein: der Gründer hat gewiss nichts anderes erwartet, als dass zunächst er der Ehren eines *Divus* und eines Heiligtums in seiner Porticus teilhaftig werden sollte.

Was nun die genauere Localisierung der Porticus Divorum anbelangt, so ist der Raum im südöstlichen Teil des Marsfeldes von vorneherein ziemlich beschränkt, da Saepta, Agrippathermen und Circus Flaminius ihrer Lage nach bekannte Nachbarmonumente sind (S. Tf. II). Einen sicheren Anhalt aber bietet der Zusammenhang des 'Divorum' mit dem aus den Fragmenten n o p q (= Jordan 59 + 92) zu gewinnenden Grundrisse des Serapeums ([3]).

Dieses Heiligtum, dessen durch die Forma uns zum ersten Mal

([1]) Vgl. über *aedes* und *templum* Jordan Hermes XIV 567 ff.; Wissowa Rel. d. Römer 403 f.

([2]) über die Reaction, welche nach Neros Sturz gegen das Ueberhandnehmen der Kaisercults hervortrat, s. Wissowa Rel. d. Römer 288 f.

([3]) Der Zusammenhang von 59 + 92 ist dadurch gesichert, dass die in Fragment 92 fehlenden Teile der Buchstaben ER von SERAPAEUM in der Sehne des Bogenbaus auf Frg. 59 erhalten sind (in der Zeichnung des Vat. 3439 besser wiedergegeben als auf der Marmorcopie Jord. 59). Die Probe auf die Richtigkeit, falls jemand noch zweifeln sollte, lässt sich durch eine materielle Beobachtung geben: das Stück q sowohl wie das am anderen Ende des ganzen Complexes stehende f haben antiken Plattenrand. Beide Ränder laufen parallel in einem Abstande von 1,05 m., welcher der Höhe einer Platte der Forma genau entspricht.

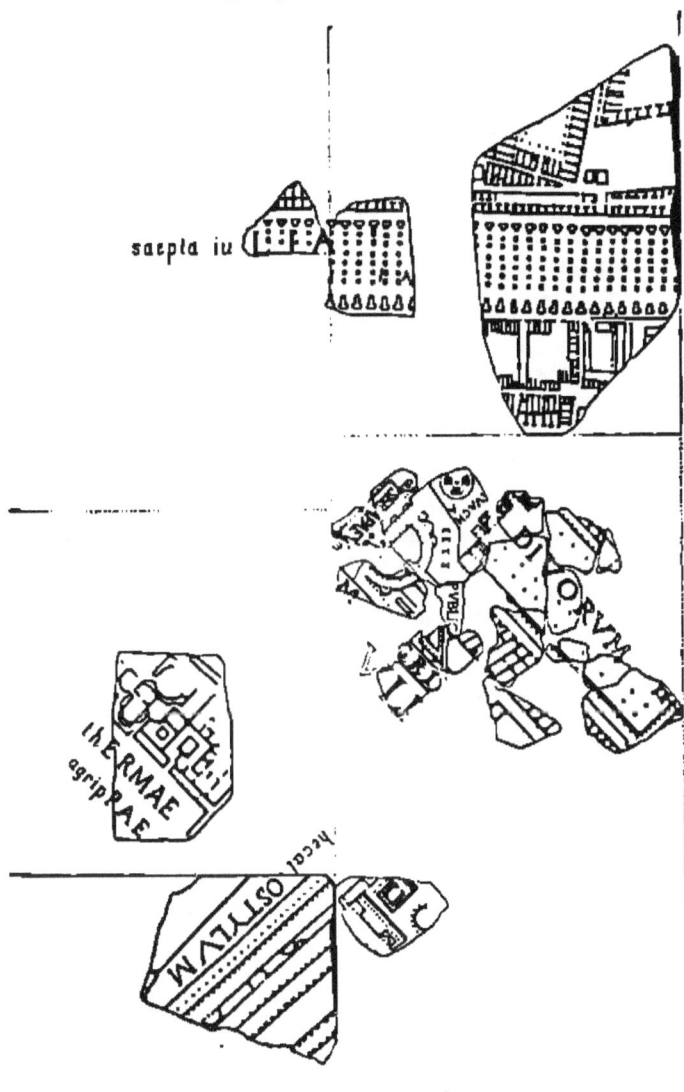

Fig. 1.

bekannt gewordener Grundriss unten weiter zu erörtern sein wird,
ist ein Halbrund von bedeutenden Dimensionen, unterhalb der
Porticus Divorum, also, da der Plan nach Süden orientiert war,
nördlich derselben. Dass es mit dem Iseum zusammen den langen schmalen Streifen zwischen Via del Seminario, Via S. Ignazio,
Pal. Altieri und Via del Gesù einnahm, ist, wie erwähnt, durch
zahlreiche Einzelfunde gesichert. Die neu zusammengesetzten Fragmente der Forma lehren nun erstens, dass das Heiligtum des Serapis von dem der Isis baulich geschieden war, und zweitens dass
es im südlichen Teile des ganzen Complexes lag. Ohne Zweifel hat
sich die halbrunde Bodenschwellung, auf der die Kirche S. Stefano
del Cacco liegt, aus und über den Trümmern des Serapeums gebildet.

Die Porticus Divorum muss, da sie auf der nach Süden orien-
tierten Forma links oberhalb des Serapeums gezeichnet war, etwas
südöstlich von S. Stefano del Cacco, also in dem durch den Palazzo
Grazioli, durch den westlichsten Teil des Palazzo Venezia, sowie
durch die Casa professa der Jesuiten und die Kirche del Gesù
occupierten Terrain gesucht werden. Man könnte sich versucht
fühlen, da die Axe der Porticus nach der Forma genau mit der
des Serapeums übereinstimmt, auch auf den modernen Plan den
Grundriss der ersteren einfach parallel zu dem des aegyptischen
Heiligtums einzutragen: aber mannigfache über die severische Forma
gemachte Beobachtungen mahnen ab von allzu grossem Vertrauen
auf die Genauigkeit der Orientierung, die ja auch mit den im Altertum zur Verfügung stehenden Hulfsmitteln sehr viel schwerer
als jetzt zu erreichen war. Wohl stehen auf dem Marmorplan Porticus Divorum und Porticus Pompeiana rechtwinkelig zu einander [1] — fast genau wie, nach den ältesten, Iseum und Porticus
Pompeiana. Aber andererseits bildet auf dem Marmorplan die Axe
der Porticus Saeptorum mit der des Serapeums (also auch des

---

[1] Das Fragment 110 Jord., auf welchem Lanciani (Ann. 1883, p. 13 f.)
die beiden Tempel bei S. Nicola al Cesarini erkannt hat, hat unten antiken
Rand; die Axe der porticus *Pompeiana* (von welcher das Fragment den
östlichen Abschluss, die unterhalb anstossende Platte den Rest enthielt),
stand also zur Horizontale des Planes in einem Winkel von 45°. Denselben
Winkel in umgekehrten Sinne bildet mit der Horizontale die Axe der *porticus Divorum* und des Serapeums: mithin stehen diese beiden zur *porticus
Pompeiana* rechtwinkelig.

Divorum) einen Winkel von 45°, während die wahre Differenz beider Axen kaum 15° beträgt ([1]). Und grosse Schwierigkeiten bereitet die Einfügung des Fragments der *Thermae Agrippae*, dessen Lage zu keinem der beiden benachbarten Gebäudecomplexe stimmt. Wir werden also davon absehen müssen, für die genaue Orientirung der *porticus Divorum* die Darstellung auf der Forma Urbis zu Grunde zu legen.

Es wäre nun sehr erwünscht, wenn wir aus den Resultaten früherer Ausgrabungen das, wofür die Forma Urbis versagt, nämlich genaue Lage und Ausdehnung des Gebäudes ermitteln könnten. Aber leider sind unsere Berichte über Funde gerade auf diesem Terrain so dürftig, dass dasselbe auch auf den neuesten archäologischen Plänen (s. Lanciani Bl. 21) fast einen weissen Fleck bildet. Der südlichste Teil ([2]) ist allerdings tief durchwühlt worden, als die Kirche del Gesù und die anstossende Casa Professa gebaut wurde: aber über diese Ausgrabungen wissen wir so gut wie nichts. De Rossi (*bull. comun.* 1893, 189 f.) hat aus P. Ribadeneiras *Vita S. Ignatii* (ed. Clair. Paris 1802) einige Notizen herausgezogen, wonach i. J. 1541 'dalla piazza di contro alla chiesa di S. Maria della Strada, cioè dalla piazza allora detta degli Altieri, furono estratti grandi pietre provenienti dalle rovine dell'antica città, che furono venduti per ducati cento' (p. 278. 414). De Rossi bezog diese Nachricht auf das Hecatostylon und hielt die Reste für Fortsetzung derjenigen, welche i. J. 1884 zwischen via de' Ginnasi und Piazza del Gesù entdeckt sind (vgl. *Not. d. scavi* 1884, 104 und Lanciani FUR. Bl. 21); mir ist

---

([1]) Was ich *bull. comun.* 1893, 119 f. über die Saepta-Fragmente bemerkt habe, ist insofern zu berichtigen, als die beiden Stücke 86a und 86b nicht direkt zusammenschliessen: das eine hat oben, das andere unten antiken Rand, und diese beiden Ränder müssen, um der Platte die gleiche Höhe mit der rechts anstossenden zu geben, 1,05 m. von einander entfernt stehen. Es muss also zwischen Fr. 86a und 86b ein Raum von cr. 18 cm. bleiben.

([2]) Die bedeutende antike Strasse (*vicus Pallacinae*) welche im Zuge der Via S. Marco vom Circus Flaminius nach dem Trajansforum führt, bildet eine nicht zu überschreitende Grenze. Die Reste einer *porticus ingens*, welche i. J. 1705 zwischen Via S. Venanzio und Via Giulio Romano zu Tage kamen (Bianchini cod. Veron. 347 f. 4) und die aufolge der Inschrift *CIL.* VI, 1099 (deren Ergänzung allerdings sehr hypothetisch ist) für einen Bau des Kaisers Decius gelten, können mit der Porticus Divorum nichts mehr zu thun haben.

es sehr viel wahrscheinlicher, dass die Funde von 1541 zu der Porticus Divorum gehört haben (¹). — Vielleicht lässt sich aber mit jenen Ausgrabungen ein epigraphisches Denkmal in Verbindung bringen. Als im J. 1843 der Hochaltar der Kirche del Gesù restauriert ward, fand man unter den verwendeten Materialien zwei Stücke einer grossen Marmorbasis, welche, wie Borghesi (*Ann. dell' Ist.* 1846, 348 = *Oeuvres* V 37; Rhein. Jahrbücher II, 1843, p. 104) erkannt hat, dem T. Pomponius Proculus Vitrasius Pollio, cos. ord. 176 gesetzt war (*CIL.* VI 1540; Dessan *Inscr. lat. sel.* 1112). Nach dem *cursus honorum* heisst es dort: *marito A[nniae Fundaniae Faustinae] imp. Caesaris M. [Antonini Aug. et div]ae Faustinae Piae pa[truelis, affini domus] Aug. [Huic senatus] auctoribus Imp[peratoribus Antonino et] Commodo Augg. G[ermanicis Sarmati]cis statuas duas, u[nam habitu milita]ri in foro divi Tra[iani, alteram habi]tu civili in pron[ao . . . . pon]endas cen[suit.* Borghesi und Henzen haben am Schlusse *in pron[ao aedis divi Pii* ergänzt, was zu der Annahme führen würde, dass die Basis, sei es vom Trajansforum, sei es von der Sacra via, verschleppt und beim Bau des Gesù verwendet sei. Näher liegt aber wohl die Vermutung, dass die Stücke, die vorher nie gesehen und abgeschrieben waren, ebenda zu Tage gekommen sind, wo sie um 1570 modern verwendet wurden. Die Hervorhebung der verwandtschaftlichen Beziehungen des Vitrasius Pollio zum Kaiserhause ist charakteristisch; und dass die Porticus Divorum dem Kaisercultus auch in der Antoninenzeit diente, wird durch die oben angeführte Stelle der *lex collegii Aesculapii* gesichert. Es steht nichts im Wege, die Lücke der letzten Zeile auszufüllen *in pron[ao aedis divi Vespasiani* oder *divi Titi.*

Auch über Ausgrabungen beim Bau des Palazzo Altieri haben wir nur eine dürftige Notiz: ' *Nel fondarsi il nuovo palazzo d'Altieri, dalla parte che conduce a S. Stefano del Cacco, si trovò una muraglia di un grandissimo edifizio* ' (Bartoli *mem.* 71 b. Fea *miscell.* I, 240). Damit zusammenzustellen ist, dass i. J. 1883

(¹) Es scheint auch, dass zwischen den Ausgrabungen von 1541 und dem 1684 gefundenen Porticus noch Privatbauten existierten: um 1670 fand man auf dem Platz vor der Kirche del Gesù ' *stanze sotterranee dipinte* ' und ein *bellissimo bassoriliero*, welches der Cardinal Camillo Massimi erwarb (Bartoli *mem.* 72 bei Fea *miscell.* I, 240).

hinter Palazzo Grazioli, auf dem kleinen gleichnamigen Platze, eine
dicke Mauer aus Ziegelwerk gefunden ist (*Not. degli scavi* 1889,
p. 340 und Lanciani FUR. Bl. 21), deren Richtung von der des
Iseums nur unbedeutend abweicht. — Wichtiger sind einige östlich
von Palazzo Altieri gemachte Funde, die auf die Existenz eines
grossartigen Säulenbaus hindeuten. Schon im Jahre 1740 wurden bei
den Fundamentarbeiten für den Palast Pamfili in Via del Plebiscito
mehrere Säulen ausgegraben (Venuti *Roma antica* II, 83 ed. Piale,
der sie der *villa publica* zuschreibt). Um 1830 wurden ähnliche
Funde gemacht bei Anlegung des Abzugskanals in derselben Strasse
vor der Front des Palazzo Venezia (Canina, *Indicazione* ¹, 1831,
p. 178; daraus Pellegrini *Bull. dell'Ist.* 1870, 117). Als i. J. 1869
der Palast Grazioli (ehemals Gottifredi) restauriert wurde, fand man
Schäfte von Granitsäulen, die nach Pellegrini (*Bull. a. a. O.*) mit
den früher gefundenen gleichen Durchmesser hatten. Zwischen Palazzo Grazioli und Palazzo Doria im Vicolo della Gatta sind i. J. 1880
wiederum Stücke einer grossen Säule aus grauem Granit samt mancherlei anderen Architekturresten gefunden (¹).

Es ist im höchsten Grade wahrscheinlich, dass diese vielen
auf einem relativ kleinen Raume gefundenen Granitsäulen (²) eben
der Porticus Divorum angehören. Was die Grenze der Porticus
nord- und ostwärts betrifft, so haben wir schon wenig nördlich
der Piazza Grazioli (³) eine antike den Saepta parallel laufende
Strasse (Lanciani FUR. Bl. 21 ' *scavi 1878* '), über welche die
Porticus keinesfalls hinaus erstreckt worden darf. Und so werden
wir denn auch einen im 17. Jhdt. gemachten Fund, so gut er

(¹) *Not. degli scavi* 1880, 497: *in via della Gatta, fra i Palazzi Doria
e Grazioli, in occasione di risarcimenti alle fogne stradali si rinvennero:
una figura acefala a mezzo rilievo di barbaro prigioniero; una mensola di
marmo in forma di prora di navi con tritoni e mostri marini scolpiti nella
chiglia; un coperchio di urnetta cineraria di marmo; una grande colonna
rotta in due pezzi, di granitello bigio, ed un frammento di cornicione di
marmo.*

(²) Vielleicht gehört hierher auch der von Bald. Peruzzi Uff. 410 verzeichnete Fund, s. u. S. 38 A. 1.

(³) Mit Vorsicht aufzunehmen bleibt die Angabe dass sich *nella fondazione del prospetto posteriore del palazzo Doria-Pamfili in via della Gatta*
drei Travertinpfeiler der Saepta gefunden hätten (*Not. d. scavi* 1877, p. 208,
vgl. *bull. comun.* 1883, 132).

anscheinend zu den auf der FUR. dargestellten Bauten passt, nicht mehr mit der Porticus Divorum zusammenbringen. Bartoli *mem.* 44 (b. *Fea misc.* I p. 233) erzählt: ' *nel risarcirsi il palazzo Pan- filio al Corso, che fu al tempo d'Innocenzo X, raccontava Gio. Maria Baratta scarpellino, come anche un poco architetto, che perciò soprastava al detto lavoro, essersi trovato nel cortile grande un tempio di non molta grandezza, ma di muri grossis- simi di travertino; qual si conosceva essere stato molto ricco di ornamenti, ma tutti di stucco* '. Der grosse Hof (im N. W. Teile des Palastes) ist den Saepta viel zu nahe, als dass etwa einer der auf der Forma Urbis dargestellten Tempel dort gesucht werden könnte; auch wird ein Heiligtum, das Domitian seinem Vater oder Bruder errichtete, schwerlich aus Travertin mit Stuckor- namenten erbaut gewesen sein. Die von Baratta gesehenen Reste dürften nichts anderes gewesen sein als ein Bogen der Saepta, in dessen Wölbung eine Stuckdekoration — sei es eine ursprüngliche, sei es eine später angebrachte — erhalten war. Dass ein römischer Hand- werker eine solche Ruine *tempio* betitelt, wird Niemand Wunder nehmen, der sich erinnert, dass die Gelehrten derselben Zeit (und noch späterer Jahrhunderte) die Riesenbogen der Constantinsbasi- lica unentwegt ' *Tempio della Pace* ' genannt haben.

Späteren Lokaluntersuchungen also muss es vorbehalten blei- ben festzustellen, in wie weit der Grundriss der Porticus Divorum den baulichen Resten entspricht, und wie die architektonische Ge- staltung des Hochbaus beschaffen war. Aber dass diese Untersu- chungen einzusetzen haben auf dem von uns umgrenzten Terrain, wird schliesslich noch erwiesen durch die Thatsache dass der Name Divorum sich gerade an dieser Stelle noch bis ins Mittelalter er- halten hat.

Bereits in meinem Aufsatze: *I Saepta ed il Diribitorium* (*bull. comun.* 1893, 119-142) hatte ich darauf hingewiesen, dass in Urkunden welche sich auf das Kloster S. Ciriaco in Camiliano beziehen, mehrfach eine Oertlichkeit *Diburum, Diburio, Tiburio* in der Nähe des Klosters genannt wird. Ich war damals der An- sicht Lancianis (*Itinerario di Einsiedeln. Mon. dei Lincei* I, 465) gefolgt, dass in diesem Diburium sich ein Andenken an das den Saepta benachbarte Diribitorium erhalten hätte: eine Hypothese die schon deshalb bedenklich ist, weil das Diribitorium bereits im dritten Jhdt. n. Chr. Ruine war und nie wieder hergestellt worden ist. Man wird jetzt nicht mehr zweifeln, dass in jener mittelalterlichen Bezeichnung vielmehr der Name *Divorum* steckt. Ich stelle die Zeugnisse hier noch einmal zusammen, da L. M. Hartmanns Publication der älteren Urkunden von S. Maria in Via Lata (*Ecclesiae S. M. in Via Lata tabularium, Vindobonae* 1895) einige interessante Stücke hinzugefügt hat, und auch zu den früher von mir beigebrachten allerlei zu bemerken ist.

1. Privileg Paschalis 1 ([1]) (817-824) für S. Maria in Via Lata, nach Martinellis sehr fragmentarischer Abschrift (cod. Barb. XXXII, 220) von mir a. a. O. S. 142 publiziert. Am Schlusse: *ab uno latere est ecclesia S. Dne. Virg. Mariae dnae. nostre . . . . via publica que pergit sub arcu marmoreo Tedora.* Der letzte Name dürfte in *Tebori* o. Ae. zu verbessern sein ([2]).

2. Urkunde von 14. Januar 1017, publiziert bei Hartmann p. 47 n. 36; Cession eines Grundstückes *positum Romae regione septima in Divurium non longe a monasterii Sancti Cyriaci et inter affines: ab uno latere medietatem de pariete et domum et*

([1]) Ich hatte *bull.* a. a. O. die Urkunde zweifelnd Paschalis II zugeschrieben, aber Th. von Sickel belehrt mich freundlich, dass sie vielmehr dem älteren Papste desselben Namens angehöre. Einem von ihm mir mitgeteilten Briefe von Dr. Erben entnehme ich folgendes: « Die *arenga* mit *convenit apostolico moderamini* (und ebenso die anderen mit *convenit* beginnenden) sind seit dem Pontifical Gregors VII und seines Gegenpapstes Wibert gänzlich ausser Gebrauch. . . Unter den vielen Urkunden Paschalis II hat keine diese *arenga*. Dass sie unter den dreizehn Regesten-Nummern Paschalis I nicht vorkommt, hängt wohl eben mit der geringen Zahl der überlieferten Urkunden zusammen. Paschalis I Vorgänger Leo III gebraucht sie und ebenso ist sie in der Mitte des 9. Jhdts. nachweisbar, und von da an ungemein häufig bis ins 11. Jhdt. hinein: gerade eine Reihe von Urkunden für stadtrömische Klöster (Schenkungen und Besitzbestätigungen) aus dem 9. und 10. Jhdt. weisen diesen Eingang auf ».

([2]) P. Kehr ist es gelungen, Martinellis Vorlage — einen sehr schwer leserlichen Pergamentrotulus in Curialschrift saec. XI ex. XII, der eine Reihe von Copien älterer Urkunden zu enthalten scheint — wieder aufzufinden, und es ist von ihm eine vollständige Publication des Textes zu erwarten. [Die oben citirte Stelle hat auf meine Bitte durch P. Ehrles gütige Vermittelung Hr. Prof. Schiaparelli revidiert. Er liest *Teodoras*, was schon Fehler des Copisten saec. XII sein könnte].

terra et medietatem de pila de Stephano episcopo venditori meo et a secundo latere corte qui fuit de Sergio qui dicitur de Palatio et a tertio latere. . . . de Benus et Crescentius qui vocatur de Theophylactus et a quarto latere via publica.

3. Urkunde vom 15. März 1031 (Hartmann a. a. O. p. 75 n. 59): Verkauf eines Grundstücks *posita regione sexta in locum ubi dicitur Diburio et inter affines: a duobus lateribus tenente nos qui supra emptoris* (Crescentius *mansionarius S. Mariae maioris* und seine Gattin Scilgita) *et a tertio latere tenente Franco de Iohanni presbitero, a quarto latere via publica.*

4. Privileg Benedict IX, ... Nov. 1037 für den Bischof Petrus von Silva Candida (Ughelli *Italia sacra* I, 103 ed. Coleti; Jaffé-Löwenfeld 4110): *praeterea concedimus et confirmamus infra hanc civitatem Romae, terram ubi olim fuit domus maior cum omnibus sibi pertinentibus posita in loco qui vocatur Diburo inter affines: ab uno latere tenet terra in qua fuit domus de Marosa coniuge Stephani Seniscalchi, ab alio latere terra in qua fuit domum de Butio de Simeone, a tertio latere via publica et a quarto latere arcus maior et via quae ducit ad monasterium S. Cyriaci.*

5. Relation über die Gründung des Klosters S. Stefano e Ciriaco in Via Lata, herausgegeben in italienischer Uebersetzung von Martinelli *primo trofeo della S. Croce* (Rom 1655. 4) p. 57 ' *ex codice Vat. 5616, olim Palatino 599* '; im lateinischen Urtext nach demselben Codex Palatinus AA. SS. Aug. tom. II p. 334. Das Kloster wird hier genannt ' *iuxta viam Latam in loco qui ad arcum Tiberii vocitatur* '.

6. *Translatio reliquiarum S. Cyriaci* und Bericht über die Gründung der Kirche S. Nicolò in Via Lata; aus derselben Handschrift herausgegeben von Martinelli a. a. O. S. 125 ff.; AA. SS. a. a. O. 398 ff. Hier heisst es: *est Romae monasterium puellarum iuxta regionem quae Via Lata nuncupatur, in loco qui nominatur ad Pineam secus arcum Tiburii.*

Das sehr alte Kloster S. Ciriaco in Via Lata, auch S. Ciriaco de Camiliano (¹) lag zwischen dem Corso und der Piazza

---

(¹) Das beste über S. Ciriaco bietet Martinelli in der oben zu n. 5 genannten Schrift; was Adinolfi *Roma nell'età di mezzo* II, 296 und Armellini *Chiese*

del Collegio Romano, die bis zum 10. Jhdt. den Namen Piazza
di Camigliano führte. Im zehnten Jhdt. erbaute eine Aebtissin
des Klosters in unmittelbarer Nähe desselben eine Kirche unter
dem Titel S. Nicolaus (¹) Kloster und Kirche hatten die Front
nicht wie S. Maria nach der Via Lata sondern nach einer westlich parallel laufenden Strasse. Beide mussten im 15. Jahdt. den
grossen Palastbauten weichen (²), welche mehrere Cardinäle, namentlich unter Julius II der Cardinal von Viterbo, Fazio Santorio
errichtete. Letzterer Palast kam später in den Besitz des Herzogs
von Urbino und ist jetzt dem Palazzo Doria incorporirt (³).

---

di Roma 476 haben, beruht wesentlich auf seinen Materialien, die ein wenig vermehrt, aber dafür durch allerlei Confusionen entstellt sind. Das Kloster wurde unter Eugen IV aufgehoben, und der Cardinal von S. Marcello,
Nicolò Acciapacio († 1447) erbaute sich neben S. Maria in Via lata ein *pa-*
latium elegantissimum (Fl. Biondus Roma instaurata l. III, § LXXX). Der
Begräbnisplatz des Klosters wurde, wie Martinelli (a. a. O. S. 81) schreibt,
gefunden *alcuni mesi or sono* (1655) *mentre il Sig. Principe Panfilio spia-*
nava il giardino per fabbricare la stalla nel Palazzo della Signora D. Olim-
pia Aldobrandini sua consorte (mit denselben Worten Armellini a. a. O. ' *de*
un documento dell'Archivio Vaticano ').

(¹) Die Kirche kommt unter dem Namen S. Nicolai de Monte im Tu-
riner Katalog (b. Armellini ² p. 51) und in dem des Nic. Signorili (ebda.
p. 62) vor. Die von Armellini p. 478 aus Brutius *Theatrum urbis* (ms.
Arch. Vatic. t. XVIII p. 414) mitgeteilte Gründungsgeschichte ist epitomirt
aus der bei Martinelli p. 125 ff. und AA. SS. Aug. II p. 338 überlieferten.

(²) Die Kirche mit ihren Annexen wurde am 28. Juli 1507 vom Kapitel
von S. Maria in Via Lata und den Cardinal Santori für 2000 Ducati verkauft
mit der ausdrücklichen Concession *si D. Fatius Cardinalis pro ampliatione*
dicti sui palatii indigeat in totum vel aliquam eius partem dictae eccle-
siae S. Nicolai, et ipse illam . . . profanandi et dicto suo palatio incor-
porandi licentiam a S. D. nostro Papa habuerit. . . . dd. Canonici et Ca-
pitulum . . . . consenserunt (Urkunde aus dem Archiv von S. Maria in Via
Lata bei Martinelli p. 94 ff.). Das (palatium) C(ardinalis) Viterbiensis verzeichnet Dufalini (Bl. OH des Originals; auf der Ausgabe von 1970 Bl. C, 3
fehlt der Name). Reste der profanierten Kirche und des Campanile waren
noch im 17. Jhdt. im Palazzo Pamfili sichtbar (Martinelli p. 145; Brazio
ms. Vatic. XVIII, p. 812 bei Armellini a. a. O.: *fino ai giorni nostri si sono*
conservate le vestigia del campanile nel cortile del palazzo annesso di
D. Olimpia Aldobrandini Pamfili).

(³) Ueber diese Bauten u. den (sehr schematischen und rohen) Plan
bei Adinolfi a. a. O. (derselbe kann erst aus dem 18. Jhdt. stammen, wegen
Erwähnung der *Accademia di Francia*).

In der Nähe dieses Klosters hatten sich also im zehnten und elften Jhdt. noch bedeutende Ruinen (*domus maior*) und vielleicht sogar noch Reste eines Marmorbogens erhalten, der mit dem bekannten Arco di Camigliano nicht identisch war (¹). Die Reste lagen westlich vom Kloster, wie sich aus dem Zusammenstellung mit dem Namen der Pinea ergiebt (s. u.); ihr Name Diburo ist eine Reminiscenz an den Prachtbau des Divorum. Die Ausdehnung des Namens würde sich noch genauer bestimmen lassen, wenn man, was mit den mir zu Gebote stehenden Materialien nicht möglich ist, einige der als benachbart genannten Grundstücke sicher fixieren könnte. Lägen einmal die Vorarbeiten zu einer Topographie des mittelalterlichen Roms — wie sie Adinolfi mit anerkennenswertem Fleisse, aber gänzlich ungenügender kritischer Rüstung begonnen hatte — auch zunächst nur in Gestalt eines Gesamtindex des gedruckten Urkundenmaterials vor, so würde auch die klassische Topographie daraus reichen Gewinn ziehen können.

II.

Der Grundriss des Serapeums, den die Fragmente *n o p q* Tf. I enthalten, ist, wie derjenige der Porticus Divorum, ein völliges Novum für die römische Topographie. Was nach Caninas Vorgang (*Edifizi* Tf. II, vgl. *Indicazione*⁴ p. 403) Lanciani (FUR. Bl. 21) und ich (*Bull. comun.* 1893 Tf. III-IV, FUR. Bl. III) als Grundriss der ägyptischen Tempel östlich von den Agrippathermen gezeichnet hatten, war nichts als eine hypothetische und, wie wir jetzt sehen, wenig zutreffende Reconstruction.

Während auf dieser Reconstruction Iseum und Serapeum als zwei symmetrische, von einer Peribolus umgebene Tempelanlagen erscheinen, sehen wir jetzt, dass das Serapeum eine ganz selbständige und von der des Iseums offenbar recht verschiedene Ausgestaltung hatte. Es ist ein Halbrund von bedeutenden Di-

---

(¹) Ob der *arcus marmoreus positus regione. . . . non longe a supradicto monasterio* (*S. Cyriaci et Nicolai*), der in der Urkunde vom 1. Juli 1008 (Hartmann p. 37 n. 29) genannt wird, derselbe ist, lasse ich dahingestellt.

mensionen (Dm. er. 60 m., also die Breite des Terrains. welches
man nach den Funden schon immer für die ägyptischen Tempel
in Anspruch genommen hatte, ziemlich genau ausfüllend). Das
grosse Halbrund wird erweitert durch mehrere halbkreisförmige
Exedren mit Säulenstellungen davor (im Original nur eine rechts
erhalten, die gegenüberliegende vom Zeichner des Vat. 3439 wie
es scheint nicht ganz treu wiedergegeben), welche offenbar eine
bessere Ausnutzung des Terrains bezweckten. An den Rundbau legt
sich in der Mitte der Rückseite ein länglich-rechteckiger Ausbau,
dessen Grundriss nur zum kleinen Teile erhalten ist. Im Inneren
wird die Rundmauer von einer Säulenhalle — acht Säulen in jedem
Quadranten — begleitet; in der Sehne des Halbrundes stehen
(mindestens) zehn Säulen. Die Axweite der Säulen beträgt, soweit
sich das bei der nachlässigen Ausführung der Form abschätzen
lässt, 4-5 m. Vor der Sehne liegt ein rechteckiger Platz mit drei
Eingängen: einem in der Mitte, zweien an den Seiten. Erhalten
ist der vollständige Grundriss nur von dem linken Eingange; vier
schmale Rechtecke in demselben bedeuten entweder Pilaster oder
Basen für Statuen. Die Tiefe dieses Platzes ist auf etwa 20 Meter
zu schätzen.

Auffallen muss sofort die Aehnlichkeit dieses Grundrisses mit
dem sogenannten Kanopus der Villa Hadrians (Plan b. Winnefeld
Tf. 111): auch dort haben wir ein Halbrund, allerdings von weit
geringerem Durchmesser (17 m.), mit einer Säulenhalle davor und
einem schmalen Gange in der Verlängerung der Mittelaxe. In der
Hadriansvilla ist das Halbrund mit einer mosaikgeschmückten Kuppel bedeckt: an dem römischen Bau mit seinen grossen Abmessungen ist eine gleiche Construction nicht denkbar. Die von Winnefeld (a. a. O. S. 52) verneinte Frage, ob der 'Kanopus' ein in den
Hauptzügen getreues Bild eines der grossen ägyptischen Serapeen
sein sollte, verdient jedenfalls aufs neue erwogen zu werden. Leider wissen wir über die Serapeen der griechisch-römischen Welt
äusserst wenig. Das griechische Serapeum von Memphis ist bisher
nur sehr oberflächlich ausgegraben und noch nicht genauer beschrieben; das Serapeum in Alexandrien ist neuerdings von Th. Schreiber und A. Thiersch genau untersucht und aufgenommen, aber gerade
der einzige Theil, der mit dem römischen Serapeum eine gewisse
Aehnlichkeit hat, der sogenannte Südbau — eine quadratische An-

3

lage mit halbkreisförmigen Mittelstück, hinter welchem eine Doppelreihe von Säulen liegt ist — arg zerstört (¹).

Dass schon die Gestaltung des Terrains dafür spricht, das Serapeum sei bei der Kirche S. Stefano del Cacco zu suchen, ist oben bemerkt. Und eine Bestätigung liefern mancherlei in den letzten Jahrhunderten dort gefundene Architekturstücke.

Die neuesten und relativ am besten beschriebenen Ausgrabungen sind die von 1758, über die Winckelmann an Bianconi (opp. ed. Fea III p. 245) schreibt: *nello scavare i fondamenti per una fabbrica che fanno i monaci Silvestrini di S. Stefano del Cacco, si sono trovati tre gran pezzi d'intavolati d'un portico come si può giudicare dalla loro convessità. Sono d'una finezza insigne di lavoro, senz'essere caricati d'ornamenti. I piccoli dentelli vengono uniti con certi ovolini perfugiati a due a due d'un lavoro anch'esso sottilissimo.* Die von Winckelmann gegebene Charakteristik, namentlich das Vorkommen der ʻLöckchen' zwischen den Zahnschnitten passt vortrefflich zu einem Bau aus domitianischer Zeit (wenn auch das Vorkommen dieses Details keineswegs ausschliesslich auf dessen Epoche beschränkt ist): und da das Serapeum durch den Brand I. J. 80 beschädigt wurde (Cass. Dio LXVI, 24), ist es höchst wahrscheinlich, dass Domitian gleichzeitig mit dem Bau der Porticus Divorum eine Restauration des Serapeums ausführen liess. Es ist zu bedauern, dass weder die Originalstücke noch Zeichnungen derselben erhalten sind.

Jedoch bereits in der zweiten Hälfte des 16. Jhdts. waren an derselben Stelle Gebälkstücke gefunden, die offenbar zu derselben Ordnung gehörten und von den Architekten der Renaissance eifrig studiert wurden. G. A. Dosio Uff. 2030 zeichnet ein reich verziertes Consolengesims, welches zwischen den Zahnschnitten die charakteristischen ʻLöckchen' hat, und bemerkt dazu: *questa cornice fu trovata vicino alarco di Camigliano, ancora oggi si vede, girava*

(¹) Ich verdanke obige Notiz freundlicher brieflicher Mitteilung Th. Schreibers. — Die Bemerkung Mommsens (R. G. V, 577), das Serapeum von Ostia sei eine bis ins Detail genaue Copie des alexandrinischen gewesen, bezieht sich nur darauf, dass Organisation und Benennung der Priesterschaft dem alexandrinischen Vorbilde genau nachgeahmt war. Von dem Bau, der wahrscheinlich nicht einmal in Ostia, sondern in Portus stand (s. Dessau CIL. XIV p. 18), ist nichts erhalten.

ia dentro era di nichio o per ornamento d' un dentro di tem-
pio '. Dasselbe Gesims ist nach Lanciani bull. com. 1883 p. 30

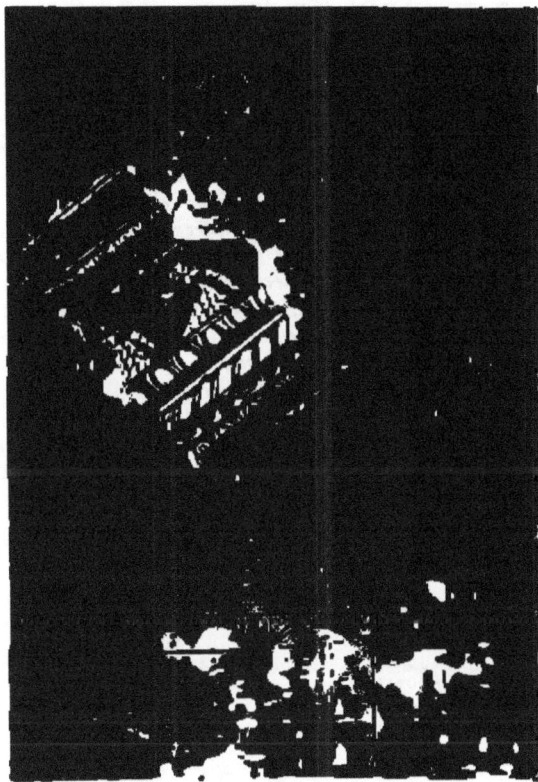

Fig. 2.

gezeichnet in Glo. Albertis Skizzenbuch in Borgo S. Sepolcro f. 55
mit der Beischrift ' *queste cornici erano sotto alarcho di Cami-*
gliano, non ci sono più . . . . giravano dal canto di drento, erano

di molti pesi di gran longeza et ben lavorati con gran diligentia ' (¹).

Ein anderes Gesims von denselben Dimensionen (die zahlreichen Detailmasse in Florentiner Braccien) und derselben Abfolge der Zierglieder, auch mit den Löckchen zwischen den Zahnschnitten, doch ohne Andeutung der Rundung, zeichnet G. B. da Sangallo Uffizj 1703 '*all'archo di Camigliano, cavata di nuovo*'. Man wird mit diesen Funden die Ausgrabungen in Verbindung bringen dürfen, von denen Flaminio Vacca mem. 27 erzählt: '*pochi anni sono, fu cavato sotto la chiesa di S. Stefano del Cacco, fu scoperto parte d'un tempio, ancora vi erano le colonne in piedi di marmo giallo ma quando le cavorno andorno in pezzi, tanto erano abbruggiate. Vi trovorno certi piedestalli dove li antichi sacrificavano: vi erano scolpiti certi arieti con ornamenti al collo che solevano usare li antichi. Me ricordo haverne veduti in più luochi; si trovano hoggi in casa del sig. Oratio Muti; e non è dubbio che sotto a detta chiesa vi sono gran cose: ma si perdono per non mettere detta chiesa in rovina*'.

Einer noch früheren Zeit, dem Anfange des 16. Jhdts. gehören die Funde an, über welche uns Baldassarre Peruzzi und Fra Giocondo Kunde geben. Fra Giocondo zeichnet Uff. 1541 ein vollstän-

---

Höhenmaasse		Ausladung	
min.	6 = 0,022	min. 16 = 0,060	
	16 :: 0,060	19 = 0,071	
	3 = 0,011	27 = 0,101	
	8 = 0,030	30 :.. 0,112	
	14 = 0,052	32 = 0,120	
	6 = 0,022	36 =: 0,131	
	21 ·. 0,078	38 :.. 0,142	
	15 =: 0,056	p. 1 m. 22 = 0,305	
	3 = 0,011	1 — 23 = 0,316	
	15 = 0,056	1 — 30 = 0,368	
	3 = 0,011	1 — 42 =: 0,379	
	15 0,056	1 — 57 = 0,435	
		2 — 1 =: 0,450	
min. 123 = 0,457		2 — 10 = 0,517	

diges Gebälk mit der Beischrift ' *questa cornixe fa trovata all'arco di chamigliano et io la mizurai a sanpietro, io e giandomenicho, mentre si faceva la chasa in piata di sanpietro cho li tori* ' ([1]). Die Zeichnung stammt, wie die ganze Serie Uff. 1530 ff. aus Giocondos letzten Lebens-Jahren (1514-1515), wo er zur Leitung des Baus von S. Peter nach Rom berufen war; auch zu diesem Bau hat also das Serapeum, wie fast alle grossen antiken Ruinen Roms, Material liefern müssen. — Das Consolengesims stimmt, was die Abfolge der Zierglieder betrifft, mit Sangallo 1703 überein ([2]), dagegen ist es grösser in den Maassen. Die Höhe der Cornice ist bezeichnet mit palmi 3 = m. 0,076, ihre Ausladung ist min. 164 = m. 0,62; der Fries ist pal. 2 o. 1 = m. 0,047. der Architrav pal. 3 o. 1 = m. 0,607 hoch, die Fascien des Architraves sind durch lesbisches Kyma, Perlstab, lesbisches Kyma gegliedert. Mit den Maassen des Giocondo-Blattes stimmt ziemlich genau Baldassare Peruzzis Zeichnung Uff. 413, welche jedoch nur Fries (hoch pi 1 d. 9 = m. 0,046) und Architrav mit der sonderbaren Ortsangabe ' *in li portici di Ottavio a S. Stefano del chacho* ' darstellt ([3]). Dies Gebälk wird also ohne Zweifel zu demselben Gebäude, doch nicht zu derselben Ordnung gehört haben. Die Vermutung liegt nahe, dass die Hallen des Serapeums zweistöckig gewesen sind: zu einem Intercolumnium von 4-5 m. der unteren Stockwerks würde das von Fra Giocondo gezeichnete Gebälk wohl passen. Uebrigens sind zur selben Zeit noch Stücke des kleineren Gebälkes gefunden worden: Giocondo Uff. 1882 zeichnet ein Gesims wie Sangallo 1703 ([4]) mit der Ortsangabe ' *isendo fori della chiesia di S. Stefano del chaco in questa piazela* '. Ob das von Bald. Peruzzi Uff. 460 gezeichnete gerade Consolen-

---

([1]) über Giandomenico Romano vgl. Geymüller *Cento disegni di Fra Giocondo* 8, 38, 42. Der *archilelto di casa Paulo II*, an den Lanciani *not. degli scavi* 1882, 849 denkt, kann kaum mit ihm identisch sein. Welcher Palast auf dem Peterplaize mit der ' *casa cho(n) li tori* ' gemeint ist, weiss ich nicht.

([2]) die Angabe der ' Lückchen ' zwischen den Zahnschnitten fehlt, was aber Versehen des Zeichners oder Verletzung des Marmors sein könnte.

([3]) Peruzzi notirt unter der Zeichnung; ' *misurato con piede antiquo partito in XVI digiti, e ciascun digito in grani 4* '. Dem Architrav ist kein Gesammtmaass beigeschrieben, die Einzelmaasse der Fascien stimmen zu Giocondo 1511.

([4]) Höhe pal. 2 o. 3 = m. 0,509; zwischen den Zahnschnitten sind die Lückchen nicht angegeben.

gesims ' *in camigliano* ' zur grösseren oder kleineren Ordnung gehört, lässt sich nicht entscheiden, da die Masse fehlen. — Denken wir uns die Hallen des Serapeums bestehend aus den von Vacca erwähnten Giallo-Säulen, und darüber das reiche Consolengesims, so giebt uns das die Vorstellung eines Prachtbaus, wie er der Epoche des Domitian ganz angemessen ist (¹).

Auf die Ausstattung des Heiligtums mit Kunstwerken soll hier nicht eingegangen werden: auch ist naturgemäss gerade hierbei zwischen Serapeum und Iseum schwer zu scheiden. In der sonst sehr reichhaltigen Aufzählung bei Lanciani *bull. comun. a. a. O.* vermisst man den ' Piè di marmo ', den man sich leicht zu einer der kolossalen Tempelstatuen, vielleicht des Gottes selbst, gehörig vorstellt. Wann der Kolossalfuss gefunden ist, wissen auch Matz-Duhn (n. 1605) nicht anzugeben. Weihinschriften an Serapis aus dem Heiligtum im Campus sind nicht eben zahlreich: ausser der Inschrift des ' Cacco ' (*CIL.* VI, 857 = *IGrI.* 1204) ist zu nennen die griechische *IGrI.* 1031, zu der Smetius notirt: ' *prius in S. Stephano in Caco, ubi templum Serapidis fuisse creditur* '; ferner die bilingue des T. Aurelius Egathena, Freigelassenen des Anto-

---

(¹) Es ist für die Zeitbestimmung nicht unwichtig, dass die von Dosio und Sangallo gezeichneten Consolengesimse die grösste Achnlichkeit haben mit dem 1882 beim Aufgang zum Palazzo Caffarelli gefundenen (Dressel *Bull. dell'Ist.* 1882, 228), welches jetzt an der Salita delle tre pile liegt, und höchst wahrscheinlich einem der domitianischen Bauten auf dem Capitol angehört (vgl. Mitth. 1848, 150). Nur ist bei letzterem die Fläche zwischen den Consolen glatt, nicht geschuppt. — Ich stelle schliesslich noch einige in der Nähe gefundene Architekturstücke zusammen, deren Zugehörigkeit zum Serapeum nicht sicher ist:

Fra Giocondo Bl. 1838: gerades Gesims mit Consolen, verschieden von 1841: ' *questa cornise fu trovata di questa cava appresso S. Stefano del chaco i nella via* '.

Fra Giocondo Uff. 1838: reich verziertes Gesims, ' *trovato nella piazza del Camigliano* '.

Bald. Peruzzi Uff. 385: Gesims ' *all'arco di Camillo in Roma* '; ders. 539: Gesims, ' *in camigliano* '.

ders. 410: Säulenschaft Höhe pi? *19 d. 13* = m. 0,7; Durchmesser, oben und unten gleich pi? *2 d. 6* = m. 0,70: ' *colonna di granito de li portici di Ottavio a S. Stefano del cacco* '.

G. B. da Sangallo 1703: Gesims ' *all'arco di Camigliano, trovato di nuovo* '. — S. auch unten S. 54 f.

ninus Pius (*C.* VI. 8440 = *IGrI.* 1039); wohl auch die zuerst in
S. Andrea della Valle abgeschriebene *C.* VI, 572.

Als einen Annex des Heiligtums müssen wir wahrscheinlich
die grosse kreisrunde Stufenfontäne betrachten, welche vor dem
linken Seitaneingange des heiligen Bezirks, zwischen diesem und
der Porticus Divorum, auf der Forma gezeichnet ist. Wenn, wie
mir wahrscheinlich, die Beischrift in LAVACRA zu emendiren ist,
so war sie nicht isolirt, sondern hatte noch eine zweite entsprechende neben (auf der Forma unter) sich. Die wichtige Rolle welche
das Wasser in den ägyptischen Culten spielt, ist bekannt; und es
mag daran erinnert werden, dass in der Einweihungsscene, die
Apuleius im elften Buche seiner Metamorphosen schildert, der Ein-
zuweihende *sueto lavacro* empfangen wird. Aber die Existenz eines
Monumentalbrunnens gerade an dieser Stelle legt noch eine andere
Vermutung nahe, die hier erörtert zu werden verdient, da sie vielleicht auf die Herkunft nnd die Schicksale eines viel besprochenen
römischen Monuments ein neues Licht wirft.

Die Kirche S. Stefano hat ihren volkstümlichen Beinamen,
del Cacco von dem im 14. Jhdt. dort gefundenen Kynokephalen (¹),
der, ursprünglich zur Ausstattung eines der ägyptischen Heiligtümer gehörig, jetzt in das Vatikanische Museum übergeführt ist.
Offiziell aber hiess sie seit dem frühen Mittelalter, und heisst sie
noch heute, S. Stephani de pinea. Es ist längst ausgesprochen
worden, dass diese Pinea, welche nicht nur mehreren anderen
kleinen Kirchen in der Nähe (²), sondern auch einer ganzen Region

---

(¹) Als volkstümliches Wahrzeichen erwähnt den ' Cacco ' bereits Johannes Caballinus de Cerronibus in seiner um 1350 geschriebenen *Poli-
storia* (Urlichs *cd. topogr.* 145): *ecclesia S. Stephani de pinea, penes quam
est simulacrum Caci pastoris Euandri, quem pueri et infantes a bimatu et
infra plurimum perhorrescunt, non solum cum vident sed etiam cum nominatur eisdem.* Die älteste Copie der Dedicationsinschrift (*CIL.* VI, 857)
findet sich in der ungefähr gleichzeitigen *Sylloge Signoriliana.*

(²) Kirche S. Giovanni della Pigna, bereits erwähnt in der Urkunde
Johanns XII (v. 8. März 962) für S. Silvestro in Capite (Marini *pap. dipl.* 38;
Arch. della soc. Romana 1899, 269), noch heutzutage existirend. S. Cosmas
et Damiani de Pinea, unter Gregor XIII aufgehoben, lag gegenüber S. Giovanni: Bufalinis Plan verzeichnet sie. S. Anastasii de Pinea und S. Laurentii
de Pinea, beide nach dem 16. Jhdt. nicht mehr genannt, lagen, wie die alten
Kirchenkataloge zeigen, in der Nähe der vorhergenannten. Dagegen muss S. Ni-

des mittelalterlichen und modernen Roms den Namen gegeben
hat (¹), nichts anderes sein kann als der mächtige bronzene Pinienapfel, der heutzutage im Vatican unter Bramantes Exedra steht.
Allerdings haben die Gelehrten, welche sich neuerdings mit der
Pigna und ihren Geschicken beschäftigt haben (²), eine Schwierigkeit
nicht ve.kannt, die sich sofort erhebt. Der Name der *regio Pineae*
kann nicht über das 11. Jhdt. hinauf verfolgt werden ; nehmen
wir selbst an, dass die Kirche S. Stefano den Beinamen *de pinea*
seit ihrer Gründung unter Paschalis I führte (³), so kommen wir
immer erst in den Anfang des neunten: die Pigna aber soll, wenn
wir der jetzt allgemein herrschenden Meinung folgen, bereits seit dem
Anfange des sechsten den Brunnen des Papstes Symmachus (498-515)
im Vorhofe von S. Peter geschmückt haben. Wie kann ein Monument,
das beim Vatican stand, einem Teile des Marsfeldes den Namen gegeben haben? Die einzige Antwort, die man auf Grund jener *com-
munis opinio* über die Schicksale der Pigna geben könnte, nämlich:
von der Pigna sei schon im späten Altertum — etwa in nachcon-
stantinischer Zeit — eine Strasse oder ein Platz im Marsfelde
benannt worden, doch komme der Name zufällig in unseren Quellen
erst vom neunten Jhdt. an vor, nachdem die Pigna selbst schon
über dreihundert Jahre ihre Stelle gewechselt hatte — diese Antwort ist so künstlich und wenig befriedigend, dass es notwendig

---

volei de pinea (Ceneius Camerarius ; Catal. Paris. n. 169; Signorili n. 97)
nordwestl. vom Pantheon in der Gegend der Nerothermen gelegen haben. Die
von Armellini *chiese*² 409 noch angeführte *S. Giuseppe della Pigna* ist vielleicht nur durch eine irrige Interpretation der Notiz bei Martinelli p. 863 zu
ihrem Beinamen gekommen, wäre übrigens als Gründung aus dem Ende des
16. Jhdt. für uns ohne Bedeutung.

(²) Als Strassennamen kann ich *pinea* zum ersten Male nachweisen
in der oben erwähnten Bulle Johann XII (Arch. a. a. O. p. 269): *via publica
que pergit in posterula a Pigna*; vgl. auch den *Ordo Benedicti* von 1143:
descendit per porticum Agrippinam, ascendit per pineam iuxta Pallacinam.
Lanciani, *Mon. dei Lincei* 1, 549.

(²) S. besonders Lacour-Gayet, *Mélanges de l'École française* 1881. 312 ff.;
Lanciani, *not. d. scavi* 1882, 345 f.; De Rossi, *Inscr. Chr.* II, 1 p. 428; und
besonders Petersen in dem demnächst erscheinenden ersten Band der Beschreibung der vatikanischen Skulpturen n. 227 S. 896-904.

(³) In dem Mosaik der Apsis war Paschalis I mit dem Kirchenmodell
dargestellt: Armellini *chiese*² nach Brutius *Theatrum Urbis* ms. Arch. Vat.
XXI, 159.

scheint, die Prämissen jener hergebrachten Ansicht einmal auf ihre Richtigkeit zu prüfen.

Die Quelle unter deren Einfluss sich jene Ansicht vornehmlich gebildet hat, sind die Mirabilia Urbis Romae. Es heisst dort c. 20, 2 (Jordan 2, 625 f.): *In paradiso S. Petri est cantarum, quod fecit Symmachus papa columpnis porphireticis ornatum; que tabulis marmoreis cum griphonibus conexe, precioso celo ereo cooperte, cum floribus et delfinis ereis et deauratis aquas fundentibus. In medio canthari est pinea aerea, que fuit copertorium cum cinino ereo et deaurato super statuam Cibelis matris deorum in foramine Pantheon. In quam pineam subterranea fistula plumbea subministrabat aquam ex forma Sabbatina que toto tempore plena prebebat aquam per foramina nucum omnibus indigentibus ea, et per subterraneam fistulam quidam pars fluebat ad balneum imperatoris iuxta aguliam.* Aus dieser Beschreibung geht zunächst deutlich hervor, dass der Mirabilienschreiber selbst die Pigna nicht mehr hat Wasser speien sehen. Und wenn wir die alten Zeichnungen, welche die Pigna in der Aufstellung zeigen, die sie bis zum Anfang des 17. Jhdts. hatte (¹), so werden wir sagen müssen: es ist auch schwer glaublich, dass sie in dieser Aufstellung jemals Wasser gespieen habe. Das Tabernakel des Symmachus ist ein leichter Bau auf vier schlanken

---

(¹) Eine Zeichnung Winghes aus Menestriers cod. Vat. 10545 ist reproduziert von de Rossi *bull. crist.* 1881 Tf. V; eine andere von Tasselli (im Archiv von S. Peter, mit nachbr. Bemerkungen von Grimaldi) bei Orisar *Analecta Romana* I Tf. XI, vgl. p. 302. Merkwürdigerweise ist beiden Forschern entgangen, dass eine dritte Abbildung, die treuer zu sein scheint als jene beiden, längst in einem nicht einmal besonders seltenen Buche publiziert ist, nämlich in der von Girolamo Ferrucci erweiterten Ausgabe von Marlianis *Topographia* (*Venetiis* 1588. 12°) f. 148: dieselbe ist beistehend wiederho't. [Möglicherweise geht der Holzschnitt zurück auf den Stich eines anonymen Künstlers aus dem Lafrerischen Kreise, mit der Unterschrift ' *La pina nel cortile di San Pietro* ', welcher, wie mir Hr. Th. Ashby jr. freundlich mitteilt, in einem vor ca. zwei Jahren von dem londoner Antiquar Quaritch nach Amerika verkauften 374 Blätter umfassenden Exemplare des *Speculum Romanae magnificentiae* als n. 818 enthalten war Das Blatt, welches sehr selten zu sein scheint — es ist weder im *Gabinetto nazionale delle stampe*, noch in den Berliner Exemplaren des *Speculum*, noch in der reichen Sammlung der HH. Ashby selbst, noch endlich in den zwei vor Jahren von Calvary in Berlin angebotenen Exemplaren vorhanden — ist mir jedoch z. Zt. unzugänglich.]

Porphyrsäulen (die vier in den Mitten der Selten sind erst weit später eingesetzt), dessen Grundfläche nach dem Plan des Alfaranus (s. die Reproduction bei Sarti-Settele, *cryptae Vaticanae* vol. I), von Säulencentrum zu Centrum gemessen, 20 palmi = 4,5 m. im Geviert hat. Die Höhe der Säulen können wir nach den alten Zeichnungen auf gleichfalls 4,5 m. schätzen. In diesem Gehäuse nun

Fig. 3.

steht die 12 röm. Fuss (= 3,5 m.) hohe, 2 m. in Durchmesser habende Pigna so eng, dass sie oben beinahe an das Dach anzustossen scheint: ja man könnte denken, die Verstümmelung an ihrem oberen Ende (es fehlen etwa die obersten drei Reihen Schuppen, die jetzt modern ergänzt sind) sei bewerkstelligt worden, als man sie in dieses nicht für sie gemachte Gehäuse einschob. Und auch saltlich scheint für ein Spiel der Wasser durch die Löcher in den Schuppen kein genügender Raum. Als ' Kantharus ' für die Besucher von S. Peter wäre die Pigna bei dieser Aufstellung und namentlich bei dem Mangel eines Brunnenbeckens so ungeeignet gewesen wie möglich (¹).

(¹) Petersen a. a. O. nimmt an, dass das meiste Wasser aus der grossen durch Verschwinden der obersten Schuppenreihen entstandenen Oeffnung ab-

Welche Zeugnisse sprechen nun dafür, dass die Pigna jemals
als Brunnen im Paradisus S. Petri gedient habe? Der Liber Pontificalis (LIII *vita Symmachi* c. 7) sagt nur: *ad cantarum beati
Petri eum quadriporticum ex opere marmoribus ornavit et ex
musivo agnos et cruces et palmas ornavit.* Also Marmor und
Mosaikschmuck: von dem augenfälligsten Stücke, der Pigna, kein
Wort. Symmachus war nun freilich nicht der Begründer, sondern
nur der Erneuerer des Kantharus. De Rossi (*I. Chr.* I, 2 p. 429)
hat darauf hingewiesen, dass das Monogramm am Architrav des
Tabernakels über dem Brunnen die altertümliche constantinische
Form zeigte, und ist deshalb geneigt den Bau des Kantharus mit
der Pigna als Mittelstück für gleichzeitig mit der Gründung der
Basilica, also für ein Werk der Constantinus oder Constantius zu
halten. Aber was der von ihm citierte ältere Zeuge, S. Paulinus
von Nola, über den Kantharus sagt, lässt es unmöglich erscheinen,
sich die Pigna in Verbindung mit ihm zu denken. In der 307 geschriebenen *epistula ad Pammachium* (p. 73 ed. Veron.) beschreibt
er Vorhof der Peterskirche: *ubi cantharum, ministra manibus et
oribus nostris fluenta ructantem, fastigatus solido aere tholus ornat
et inumbrat, non sine mystica specie quattuor columnis salientes
aquas ambiens.* Also ein Brunnen, der reichlich Wasser spendete
(vergl. das *latices quos tibi nunc pleno cantharus ore vomit* in
der Inschrift des Kantharus von S. Paolo fuori, *I. Chr.* II. 1 p. 80
n. 13) für die Gläubigen, welche vor dem Betreten des Gottes-
hauses Gesicht und Hände waschen wollten. Das Tabernakel ohne
die Pigna können wir uns als Dach eines solchen Brunnens leicht
denken — mit der Pigna nimmermehr [1]. Und schliesslich haben
wir sogar ein ausdrückliches Zeugnis dafür, dass die Pigna in der

geflossen sei, und sich dann sich in einem viereckigen Bassin gesammelt hätte,
das die von Grimaldi erwähnten schrankenartig zwischen die Porphyrsäulen
gefügten Marmorplatten bildeten. Aber abgesehen von der Schwierigkeit, durch
eine solche Einfügung ein haltbares Bassin herzustellen, wäre letzteres durch
die mächtige Pigna halb ausgefüllt gewesen und das Wasser durch das Hin-
abfliessen über den grossen Bronzekörper dauernd verunreinigt worden.

[1] Die grossen bleiernen Wasserröhren, welche beim Abbruch des Tabernakels zu Paul V. Zeit unter demselben gefunden wurden (s. den Bericht
Grimaldis bei Barti-Settele II p. 15), können zu dem Kantharus gehören
wie er vor Aufstellung der Pigna war. Ueber die mancherlei von den Päpsten
des 8. und 9. Jhdts hier gemachten Reparaturen vgl. De Rossi a. a. O. p. 429.

That erst im späteren Mittelalter in das vaticanische Gebiet übertragen worden ist. Der um 1410 schreibende Anonymus Magliabecchianus (Urlichs *cod. topogr.* 162) berichtet: *in Almachia
praedictus Innocentius papa* (II, 1130-1143) *ibi poni fecit* (pi-
neam) *translatam a Sancto Stephano de pinea, qui a dicta pinea
sumpsit nomen. Et stetit in vertice cuiusdam tabernaculi unius
idoli, quod erat in foramine templi Cybelis quae nunc S. Maria
rotunda vocatur, et tempestas ventorum eandem inde levavit et
ad dictam plateam Sancti Stephani transportavit post mortem
Focae 'imperatoris.* De Rossi *I. Chr.* II, 1 p. 420 erklärt freilich:
auctoritas scriptoris inepti et aetatis recentissimae nulla est;
und das gilt gewiss von der historischen Gelehrsamkeit die der
Anonymus für das Alterthum entfaltet. Aber für Dinge die von
der Zeit des Schriftstellers nicht ganz drei Jahrhunderte zurück-
liegen und über die sich in Rom sehr wohl eine Tradition erhalten
konnte, scheint mir seine Angabe nicht so ohne weiteres von der
Hand zu weisen. Wenn der Verfasser der Mirabilien von der seiner
eigenen Zeit so naheliegenden Translation keine Notiz genommen
hat, so erklärt sich das aus dem Charakter seines ganzen Werks:
von der Provenienz aus dem Marsfelde hatte jedenfalls auch er
Kunde, wenn er das auch nur durch die Fabel von der ursprünglichen Aufstellung der Pigna über der Kuppel des Pantheons —
die dann in späteren Redactionen noch in mancherlei Weise phantastisch ausgeschmückt wird (¹) — andeutet. Und an sich ist es wohl

---

(¹) Als charakteristisches Beispiel dafür mag hier die Ueberarbeitung
der Sage stehen, wie sie Johannes Caballinus de Cerroulbus in seiner *Poli-
storia* hat: *Pinea aerea stetit antiquitus in pinnaculo templi Pantheon....
quae repentino ictu fulminis inde cecidit in regione praedicta iuxta locum
ubi nunc est ecclesia S. Stephani de pinea* (folgt die oben S. 39 A. 1 citierte
Stelle über den Cacco)... *ipsaque pinea fuit postea per Symmachum papam
translata in cantaro basilicae principis apostolorum.* In der Geschichte von
dem Blitzstrahl, der die Pigna vom Dache des Pantheons zu Boden geworfen
haben soll, kann ich eben so wenig «Ueberlieferung» finden wie in der analogen des Magliabecchianus von dem grossen Sturmwinde. Die unmögliche
Vorstellung, dass eine Kirche S. Stefano della Pigna im Marsfelde schon vor
Papst Symmachus existiert haben könne, ist für den Wert dieser Nachricht
bezeichnend. Die Angabe *post mortem Focae imperatoris* beim Magliabecch.
ist einfach aus der bekannten Tatsache heraus erfunden, dass die Einweihung
des Pantheons zur christlichen Kirche unter Focas erfolgt ist.

glaublich, dass der baulustige Innocenz II die Pigna zum Schmuck
des Paradiesus S. Petri aus dem Marsfelde habe herschaffen lassen.

Dass die Pigna zu irgend einer Zeit als Brunnenschmuck gedient und durch ihre Löcher Wasser gespieen hat, darf nicht be-
zweifelt werden: ich kann dafür jetzt auf die genaue Beschreibung
Petersens verweisen. Wenn nun in unmittelbarer Nähe des Platzes,
den sie vor ihrer Versetzung in den Vatican eingenommen hat,
eine monumentale Fontäne aus dem Altertum existirt hat, so wird
es nicht zu verwegen sein, beide in Verbindung zu bringen, namentlich da sogar die Abmessungen beider · Denkmäler ganz gut
zu einander stimmen. Der äussere Rand der auf der Forma darge-
gestellten Fontäne hat einen Durchmesser von er. 22 m., der Stufen-
bau innerhalb einen solchen von 16 m. Die Pigna mit ihrem Durchmesser von 1,75 m. am Fuss, 2 m. weiter oben würde, auf einem
kegelförmig sich verjüngenden Unterbau — man denke an die *meta
sudans* — ein durchaus passendes Mittelmotiv bilden (¹). Und wir
kennen sogar aus Constantinopel zwei — paarweis, wie wahrscheinlich auch beim römischen Serapeum angeordnete — Prachtbrunnen,
die mit dem auf der Forma Urbis gezeichneten entschiedene Aehnlichkeit haben. Es sind die beiden, mit welchen Kaiser Basilios der
Makedone (867-886) den Vorhof der von ihm gegründeten Kirche
τῆς θεοτόκου καὶ Νικολάου schmückte (²). « Zwei runde Brunnen-
schalen, umgeben von Kreisen marmorner Säulchen, die gleichfalls
für Wasserkünste verwendet sind; in der Mitte jeder Schale ein

----

(¹) Dass auf dem Forma-Fragment in der Mitte ein Rechteck gezeichnet
ist, nicht ein zweiter Kreis, kann nicht gegen unsere Vermutung entscheiden,
namentlich da das Stück nur in der vaticanischen Zeichnung erhalten ist.

(²) Theophan. contin. V, 85 p. 327 Bonn.: Κατ᾽ αὐτὰ τοῦ ναοῦ τὰ προ-
αύλια φιάλας δύο ἱστόρησεν..... ὧν ἡ μὲν πρὸς νότον ἡ Αἰγυπτίου λίθου
ἐν ἡμῖν Ρωμαίων λέγειν εἰώθαμεν, ἔχει τὴν σύστασιν· περὶ ἣν καὶ δράκοντας
ἐστιν ἰδεῖν ὡς ἡ Λιβέλεως τέχνη ἄριστα διεμόρφωσεν· ἧς μέσον μὲν κωνο-
ειδὴς καὶ διατρητος σύστημα στροβίλος, πέριξ δὲ κισσίνου λευκὰ καὶ τὸ ἔνδον
ὑπόκενα χορὰ σχῆμα αὔξοντες ὑφιστήκασι, εἰσφέρτην ἄνω ἔχοντες περιφέροι-
ται, ἐφ᾽ ὧν ἁπάντων κρουνηδὸν τὸ ὕδωρ κατὰ τὸ ἐμφαδὸν καὶ τὸν πυθμένα
τῆς φιάλης ἄνωθεν ἵεται καὶ κατέμιξεν τῆ ἐποκειμένα. Aehnlich wird die
zweite Fontäne beschrieben: ἐκ τοῦ Σηναρίου λεγομένου λίθου..... ἐκ λευκοῦ
λίθου πολύτρητον στρόβιλον καὶ αὐτὴ κατὰ τὸ μέσον τοῦ πυθμένος προβεβλη-
μένη ἐξίχετα. Uebersetzt, nicht ohne Missverständnisse, b. Richter, Quellen
der Byzant. Kunstgeschichte 354 f. Ueber Pinienzapfen als Wasserspeier wird
demnächst J. Strzygowski in diesen Mittheilungen ausführlicher handeln.

grosser Pinienapfel, durch dessen Löcher das Wasser wie in einem reichlichen Regenfall sich in das Bassin ergiesst « so werden sie uns beschrieben. Mit dem Tabernakel des Symmachus und der Pigna im Vorhof des Vaticans haben die Brunnen des Basilios eine eben so entfernte Aehnlichkeit, wie der byzantinische Centralbau der Theotokos mit der Basilika von Alt-St. Peter. Keinenfalls darf behauptet werden dass « der Bau des Basilios eine evidente Nachahmung der Peterskirche und ihres Atriums gewesen sei », und daher für die Existenz des Pinienbrunnens im Paradisus S. Petri bereits im neunten Jhdt. Zeugnis ablege.

Aber wenn auch die Pigna in der späteren Kaiserzeit und im frühen Mittelalter als Brunnenschmuck gedient hat, ursprünglich gemacht dafür ist sie sicher nicht. Auch liegt die Epoche ihrer Verfertigung nach dem Charakter der Inschrift des Künstlers P. Cincius Salvius wohl ein Jahrhundert vor dem Bau des Serapeums und der Porticus Divorum. Durch Petersens Darlegungen (a. a. O. S. 902 f.) gewinnt die Ansicht eine neue Stütze, dass sie ursprünglich als Bekrönung eines grossen Rundbaus gedient habe, und zwar des Pantheons des Agrippa. Dann würde sich die Geschichte des merkwürdigen Denkmals folgendermassen gestalten:

1) Im Jahr 27 v. Chr. wird die von C. Cincius Salvius gegossene Pigna als Akroterion auf die Spitze des erzgedeckten Zeltdaches des älteren Pantheons aufgestellt; sie verbleibt dort bis im J. 80 ein Brand das Gebäude des Agrippa zerstört.

2) Einige Zeit darauf wird sie, nach Ausbesserung der durch den Sturz von der Höhe erlittenen Beschädigungen, als Mittelschmuck eines Monumentalbrunnens zwischen Porticus Divorum und Serapeum verwandt. Für diese zweite Verwendung sind in die Schuppen zahlreiche kleine Löcher eingebohrt. Ueber die Zeit der zweiten Verwendung können wir mit Sicherheit nur sagen, dass sie älter sein muss als Septimius Severus: da aber Domitian sowohl das Pantheon wie das Serapeum restaurirte, und gleichzeitig die Porticus Divorum erbaute, so liegt es am nächsten, ihm auch die Uebertragung der Pigna auf eines der ' lavacra ' vor dem Serapeum zuzuschreiben.

3) An dieser Stelle des südlichen Marsfeldes verblieb die Pigna auch nach dem Sturze des Reichs bis tief ins Mittelalter hinein; nach ihr wurden im neunten und zehnten Jhdt. mehrere Kirchen, sodann ein ganze Region Roms benannt.

4) Vor, aber vielleicht nur kurz vor der Mitte der zwölften Jhdts. wurde die Pigna in den Vorhof von Alt-S. Peter transportirt, und dort unter dem Tabernakel des alten dem praktischen Gebrauch nicht mehr dienenden Kantharus ([1]) aufgestellt. Als Wasserspeier hat sie damals nicht mehr gedient.

5) Unter Paul V (1604-1621) wurde die Pigna in den oberen Teil des Vaticanischen Gartens versetzt, der seitdem nach ihr benannt ist ([2]).

III.

Wenig zu bemerken ist über die unterhalb der Porticus Divorum dargestellten Baulichkeiten (Frg. h i f untere Hälfte): lange schmale Räume, mit Andeutung von Treppen und (in der Mitte) eines überwölbten *angiportus*. Die schiefe Richtung zur Axe der grossen Porticus lässt darauf schliessen, dass sie nach einem anderen benachbarten Monumente orientiert sind.

Der dreieckige Grundriss ([3]) mit dem Inschriftreste ...CA auf Frg. m (= Jord. 103) ist in früherer Zeit auf das sonderbarste ausgedeutet worden. Bellori hielt ihn für das Grab des Domitius Calvinus auf dem Pincio, Canina für die *Columna bellica* und den von Cn. Domitius erbauten Neptunstempel beim Circus Flaminius. Jordan hatte beides mit Recht zurückgewiesen, aber sein eigener Vorschlag: *legendum atque emendandum: basiliCA...... COmpitum, ita ut sit compitum triangulare columnis ornatum* ist

---

([1]) Als Ersatz dafür diente wohl das (seit dem 9. Jhdt.?) wenige Schritte dahinter stehende *vas magnum rotundum aeneum* (Grimaldi b. de Rossi p. 420) welcher de Rossi in der Erklärung zu Alfaranus' Plan (p. 232 n. 117) als *alter cantharus* bezeichnet.

([2]) Visconti's Angabe (*Museo Pio-Clem.* 8, 202), schon Innocenz VIII habe die Pigna in den vaticanischen Garten bringen lassen, ist irrig. Noch G. Ferrucci (1588, s. o. S. 41 A. 1) sagt *pinea quam ad praesens ac diu abhinc in medio atrio principis Apostolorum in Vaticano videmus*, und Grimaldi (bei Sarti-Settele II p. 15) nennt ausdrücklich Paul V als denjenigen, unter dessen Pontificat die Pigna von ihrem Platze fortgebracht sei.

([3]) Die beiden Parallelen, welche die Punktreihe in der Hypotenuse des Dreiecks begleiten, sind auf dem Marmor ganz deutlich erhalten, auf der Photographie *bull. comun.* 1899 Tf. I-II n. 10 nicht sichtbar.

ebensowenig glücklich. Suchen wir nach einem in der Gegend
der Piazza del Gesù gelegenen Bauwerk, dessen Benennung mit
...... ca endigt, so scheint mir keines näher zu liegen, als die
Villa publica. Und es ist sehr verlockend mit dem Fragment *l*
das Frg. 97 Jord. zusammenzubringen, welches nur die Buchstaben
PVBLI.... enthält. Leider ist das Stück nicht im Original erhalten, so dass die materielle Probe für die Richtigkeit jener Vermuthung nicht zu geben ist. Aber die Buchstabenhöhe stimmt,
wenn wir die vaticanische Zeichnung wie gewöhnlich viermal ver-
grössern, so genau zu dem Wortende .... CA, dass es ein merkwürdiger Zufall sein müsste, wenn beide nicht zusammen gehörten.
Ist die vorgeschlagene Zusammensetzung richtig, so war die Villa
publica im zweiten Jhdt. n. Chr. auf eine sehr bescheidene Ausdehnung beschränkt. Sehr möglich wäre es, dass sie erst durch die
Anlagen des Domitian selbst (der in derselben Gegend des Marsfeldes auch die Porta triumphalis erneuerte und den Tempel der
Fortuna redux erbaute) in dieser Weise reduziert wurde. Ihre praktische Verwendung war ja jedenfalls in dieser Zeit längst dahin,
und es genügte, das Andenkens halber einem kleinen Theile der
ursprünglichen Villa Namen und Aussehen zu belassen.

Unter dem Dreieck der Villa publica sind auf Fragment *m*
Reste der Buchstaben GR erhalten, welche mit dem auf Frg. *o*
unterhalb des Serapeums-Grundrisses stehenden M zu einer und
derselben Inschrift gehören. Die bei einem Bau im Süden des Marsfeldes nabeliegende Vermutung, dass das GR zum Namen des Agrippa
gehöre, erfuhr willkommene Bestätigung durch einen glücklichen
Fund unseres trefflichen Dardano Bernardini, welcher erkannte dass
mit Fragment *m* das Fragment 72 Jord. genau zusammenpasst.
Wir haben also zwei Inschriften übereinander

M .... GRI
.... VLI ....

die aller Wahrscheinlichkeit nach zu zwei bedeutenden Denkmälern gehört haben: die Buchstaben der oberen sind 4 cm. hoch,
die der unteren gar 7,5, also nebst den 8 cm. hohen des *Amphi-
theatrum* ([1]) die grössten überhaupt auf der Forma vorhandenen.

([1]) Das Fragment 85 Jord. ist zusammenzusetzen nicht mit 66 (auf
dem gar nicht M sondern IVI zu lesen ist), sondern mit 69: zum Namen

Und man kann nicht etwa sagen, dass ihre weite Entfernung vom
Standpunkt des Beschauers die Wahl eines so grossen Maasstabes
nöthig gemacht hätte: die sämmtlichen Fragmente des *Divorum*
und Serapeum gehören in die zweite Plattenreihe von unten, der
Anfang der Inschriften muss sogar auf der alleruntersten Reihe
gestanden haben. Also wird der Grund für die Beschriftung mit
so grossen Buchstaben in der Wichtigkeit der Monumente zu
suchen sein.

Was zunächst die obere Inschrift betrifft, so ist, nach der
ganzen Art der Namensetzung auf der Forma Urbis, das M schwerlich Abkürzung der Pränomens Marcus, sondern Rest eines Appel-
lativums. *Ther]m[ae A]gri[ppae* kann nicht ergänzt werden, sowohl aus Raumrücksichten, als auch weil diese Beischrift schon auf
einem andern Fragment (s. o. S. 23) erhalten ist. Suchen wir nach
einem Substantivum *generis neutrius*, dessen Schluss das M. gebildet
haben könnte, so scheint nichts näher zu liegen als *stagnu]m
A]gri[ppae*. Aber bei genauerer Ueberlegung werden wir auch
das verwerfen. Der künstliche See, welchen Agrippa in Verbindung
mit seinen Thermen anlegte, und auf dem Nero seine berüchtigten
Feste feierte, muss eine beträchtliche Ausdehnung gehabt haben,
so dass es unmöglich ist, ihn in den schmalen Streifen zwischen dem
Serapeum und Mittelgebäude der Thermen — modern gesprochen
zwischen Via del Gesù und Via dei Cestari — unterzubringen. Auch
manche im 17. Jhdt. gemachten Funde sprechen dafür, dass das
Stagnum westlich des Thermengebäudes, zwischen diesem und den
Thermae Neronianae gelegen habe (¹).

Von welchem anderen Substantivum *generis neutrius* können
wir uns den Namen Agrippa abhängig denken? Ich finde nichts

---

amphit*heATRUM* gehörten die Grundrissfragmente 113 *a-g* (das Stück *g* ist
wiedergefunden und zeigt deutlich nicht Kreis-, sondern elliptische Form),
welche Jordan zweifelnd auf das Mausoleum Augusti bezogen hatte. Dagegen
stellen die von Jordan für das Colosseum gehaltenen Fragmente 112 vielmehr
die Cavea des Marcellustheaters dar: ein dazu gefundenes neues Stück enthält
die andere Hälfte des Tempels auf Frg. 118 (s. *bull. comun.* 1899 Tf. I-II
n. 21), wodurch die Beziehung dieses letzteren Fragmentes auf die Tempel
am Forum holitorium gesichert wird.

(¹) Die Stellen über das Stagnum Agrippae s. bei Richter Top. 241;
über die Funde (namentlich Cipriani *Relatione* c. XI bei Schreiber, Ber. der
sächs. Ges. 1885 p. 62) vgl. Lanciani *not. d. scavi* 1881, 281 f.

wahrscheinlicheres als *sepulcrum* oder *monumentum Agrippae*, das
Grab des Agrippa.

Dass Agrippa sich schon bei Lebzeiten ein Grabdenkmal im
Marsfelde erbaut hatte — in dem er freilich später nicht bestattet
wurde, da ihn Augustus in seinem eigenen Mausoleum beisetzen
liess — bezeugt Cassius Dio (54, 28). In welchem Teile des Campus
das Monument gelegen habe, sagt Dio nicht ausdrücklich; aber
vielleicht giebt uns die merkwürdige Erzählung des Sueton von
den Wunderzeichen, die dem Tode des Augustus vorausgingen, einen
Fingerzeig. Als der Kaiser im Mai 14 n. Chr. unter gewaltiger
Beteiligung des Volkes den feierlichen Schlussakt der Schatzung,
das Lustrum, vollzog, da umflog ihn zu wiederholten Malen ein
Adler, der sich dann auf eine benachbarte *aedes*, gerade auf den
ersten Buchstaben des Namens Agrippa, setzte. Augustus erblickte
darin ein Vorzeichen seines nahen Todes, der ihn denn auch kaum
hundert Tage darauf ereilte (¹).

Das Local jener feierlichen Schatzung war die Villa publica
und die nahe Ara Martis. Welche *aedes Agrippae* kann von dort
aus sichtbar gewesen sein? Die Front des Pantheons in seiner
jetzigen Gestalt unmöglich, ebensowenig die der Basilica Neptuni
(welche letztere ausserdem von der Porticus Argonautarum um-
schlossen war). Die Front des ursprünglichen Pantheons hätte —
vorausgesetzt dass man die von Lanciani *R. and A*. 483 aufgestellten Sätze als sicher annimmt (²) — von der Ara Martis aus
vielleicht gesehen werden können; aber sie ist von ihr fast einen
halben Kilometer entfernt und schwerlich war ihre Inschrift noch
deutlich genug sichtbar, um das von Sueton geschilderte *prae-
sagium* zu ermöglichen. Wenn uns nun die neu zusammenge-

(¹) Aug. c. 97: *cum lustrum in campo Martio magna populi frequen-
tia conderet, aquila eum saepius circumvolavit, transgressaque in vicinam
aedem super nomen Agrippae ad primam litteram sedit: quo animadverso
vota, quae in proximum lustrum suscipi mos est, collegam suum Tiberium
nuncupare iussit: nam se, quamquam conscriptis paratisque iam tabulis, ne-
gavit suscepturum quae non esset soluturus.*

(²) *The original structure of Agrippa was rectangular instead of round
and faced the south instead of the north..... (4) in front of the rectangular temple opened a round space, enclosed by a wall of reticulated work
and paved with slabs of giallo and pavonazzetto.*

setzten Fragmente der Forma in geringer Entfernung von der
Villa publica einen Bau des Agrippa kennen lehren, welcher von
seinen Thermen verschieden und von einiger Wichtigkeit gewesen
sein muss, so scheint die Vermutung nicht zu kühn, dass dieser
Bau eben das von Dio erwähnte Kenotaph war. Dass *aedes* auch
einen Grabbau bezeichnen kann, ist mit zahlreichen inschriftli-
chen Zeugnissen zu belegen (s. Thesaurus l. L. I p. 915 l.):
und die Interpretation jenes Wahrzeichens scheint mir auch so
erst recht praegnant zu werden. Wohl ist der Adler auch der Vogel der Consecration, aber in überwiegendem Masse sind die Au-
guria, die er bringt, glückverheissend. Dass in diesem Falle Augustus dem Wahrzeichen sofort eine Todesbedeutung beilegte, wird
erst recht verständlich, wenn die *aedes*. zu der Adler hinflog, nicht
irgend ein von Agrippa erbautes oder restauriertes Heiligthum war,
sondern eben sein Grab.

Ergänzen wir demgemäss die erste Inschrift der Forma zu

monumentuM · aGRIppae

oder

sepulcruM · aGRIppae

so reicht sie bis zu einer Stelle, die etwa der modernen Via
del Piè di Marmo entspricht ([1]). Sind nun, wird man vielleicht
fragen, überhaupt in dieser Gegend des Marsfeldes Gräber möglich? Die Frage ist ohne Zweifel zu bejahen. Nicht nur die Via
Flaminia war vom Fusse des Capitols an von Gräbern begleitet, — allbekannt sind ja das des Bibulus und das ihm benachbarte namenlose — sondern auch seitwärts von der Hauptstrasse
fehlten Monumente nicht. Der Dictator Sulla war *in medio campo*
bestattet (Lucan. 2, 222 u. A.), und Strabo in seiner berühmten
Schilderung des Marsfeldes (l. V p. 236) sagt ausdrücklich: *ἱερο-
πρεπέστατον νομίσαντες τοῦτον τὸν τόπον, καὶ τῶν ἐπιφανεστάτων*

([1]) Hier findet sich in den Fundamenten der Casa de Pedis ein räthsel-
hafter Bau aus vier starken Pfeilern von Ziegelwerk mit Kreuzgewölbe darüber,
den Lanciani not. d. scavi 1881 p. 279 mit grosser Bestimmtheit zu den
Thermen des Agrippa rechnete; auf Bl. 21 der FUR. trennt er ihn völlig
von diesen und scheint ihn dem Iseum-Serapeum zuteilen zu wollen. Ueber
Ziegelstempel, die bei Erbauung der Casa de Pedis gefunden sind, vgl. Mittheilungen 1893 S. 313.

μνήματα ἐνταῦϑα κατεσκεύασαν ἀνδρῶν καὶ γυναικῶν. Dass den beiden bei Mutina gefallenen Consuln Hirtius und Pansa die Ehre eines Grabmals im Campus Martius zu Teil wurde ist längst aus den Schriftstellern bekannt: ein glücklicher Fund Tomassettis hat uns vor kurzem die Grabschrift des Pansa kennen gelehrt, und zwar wahrscheinlich nicht fern von ihrem antiken Orte (¹) nördlich vom Pompeiustheater, also auf der Grenze des offenen Marsfeldes und des südlichen mit Prachtbauten besetzten Teiles des Campus.

Wenn Strabo a. a. O. als das ἀξιολογώτατον der Grabmonumente im Campus das Mausoleum des Augustus nennt, so hat in neuerer Zeit das Kaisergrab alle anderen Grabbauten dermassen in den Schatten gestellt, dass man es fast als einziges in dem ganzen Gebiet zu betrachten und namentlich alle auf die kaiserliche Familie bezüglichen Epitaphien ohne Weiteres ihm zuzutheilen pflegt. So wird bisher allgemein angenommen, dass das Fragment eines Elogiums des Lucius Caesar (*CIL.* VI 895 = 31195), welches im

---

(¹) Der Stein, ein Travertinblock von 1, 25 m. Länge, 0,65 Höhe, ist gefunden bei Bauarbeiten im Palazzo Italiani, an der Ecke von Corso Vittorio Emmanuele und Vicolo Savelli, gegenüber der nördlichen Seitenfront der Cancelleria. Die Inschrift mit schönen, 0,095 m. hohen Buchstaben lautet: *ex s. c.* | *C. Vibio C. f. Pasae* (sic) | *Cactroniano cos.* Tomassetti, der die Inschrift veröffentlicht und mit schätzbaren Bemerkungen über die Namensform begleitet hat, scheint die Stelle der Livius-Epitome (l. 119: *A. Hirtius et C. Pansa . . . . . in campo Martio sepulti sunt*) übersehen zu haben, und vermuthet, der Stein sei von der Via Flaminia, wo die Savelli Besitzungen hatten, in die Stadt hineingeschleppt. Sein Hauptargument ist das bekannte Epitaph des *C. Vibius T. f. Clu. Pansa tr. mil. bis* (*CIL.* VI 3542), welches von Ptolomaus und Blanchini abgeschrieben sei *in villa Bosia ducis Caesarini ad aquam Acetosam.* Aber dass der Stein Ende des 17. und Anfang des 18. Jhdts. in dieser durch ihre reiche Inschriftensammlung berühmten Villa war, besagt nichts für seine Provenienz: Tomassetti selbst citirt ja die zweihundert Jahre älteren Ortsangaben des Jucundus und seiner Zeitgenossen, wonach derselbe um 1490 *ante domum Evangelistae de Rubeis, in platea Cavalierorum* gewesen ist. Io. Choler, vielleicht, wie öfter, von Pomponius Laetus abhängig, sagt sogar ausdrücklich: *in Campo Martio effossum marmor.* Piazza und Palazzo dei Cavalieri liegen in der jetzigen Via di Tor Argentina, ca. 400 m. von dem Fundort der neuen Inschrift. Ich stimme Tomassetti darin bei, dass beide zu demselben Familienbegräbnis der Vibii Pansae gehören, glaube aber, dass dasselbe nicht an der Via Flaminia, sondern eben im Campus Martius gewesen ist.

15, und 16. Jhdt. in einem Privathause zwischen Monte Citorio und Piazza Capranica eingemauert war (¹), vom Mausoleum stamme. Aber dabei wird übersehen, dass Cassius Dio (76, 24) noch im Jahre 217 von dem 'Grabe des Gaius und Lucius' wie von einem selbständigen, vom grossen Mausoleum verschiedenen Monumente spricht (²); und die Entfernung vom Mausoleum des Augustus bis Piazza Capranica ist über dreimal so gross (cr. 700 m.) als bis zur Via Piè di Marmo (³). Ich möchte also die Möglichkeit offen halten, dass auch das Grab des Gaius und Lucius im südlichen Marsfelde gestanden hat.

Kehren wir zu unseren Fragmenten der Forma Urbis und des Inschriftenrestes der zweiten Reihe, VLI, zurück. Die Buchstaben gehören, wie bereits hervorgehoben, zu den grössten überhaupt auf der Forma vorkommenden: sie übertreffen die der benachbarten Saepta fast um die Hälfte. Und doch kann das Monument zu dem sie gehörten von keiner bedeutenden Ausdehnung gewesen sein: für einen Tempel oder ein öffentliches Bauwerk fehlt zwischen Agrippa-thermen, Minerva Chalcidica und Iseum der Raum absolut. Man könnte daran denken, dass die Reischrift sich auf ein Denkmal der regierenden Kaiserfamilie — Severus und Iulia Domna — beziehe, und deshalb so gross geschrieben sei. Aber was das für eines das ge-wesen sein könnte, ist schwer zu sagen, unsere Quellen schweigen darüber gänzlich. Dagegen wissen wir, dass im Marsfelde auch das Familiengrab der Gens Iulia gelegen hat, in dem der Dictator Cäsar und seine Tochter beigesetzt wurden. Sollte sich die Reischrift .... VLI zu *sepulcrum iVLiorum* oder ähnlich ergänzen lassen, so

---

(¹) *in pariete prope domum Cecchi Rapilatii* Sionomii; *apud domum cardinalis Reatini* Iucundus; *iuxta Capranicenses* Sabinus; *in angulo cuius-dem domus retro collegium Capranicense* Metellus; *fra il monte Citorio e piazza Capranica* Manutius. Für die Herleitung aus dem Mausoleum ist von Einfluss gewesen, dass man das zweifellos beim Mausoleum gefundene Elo-gium *CIL.* VI, 894 auf den Bruder des Lucius, Gaius bezog; aber dasselbe gehört, wie Mommsen RGDA² p. 54 gezeigt hat, vielmehr dem Germanicus, S. *CIL.* VI, 31194.

(²) τό τε σῶμα αὐτῆς (der Julia Domna) ἐς τῆς 'Ρώμης ἀναχθὲν ἐν τῷ τοῦ Γαίου τοῦ τε .foraius μνήματι κατετέθη· ὕστερον μέντοι καὶ ἐκεῖνα ..... ἐς τὸ τοῦ Ἀντωνίνου τεμένισμα μετεκομίσθη

(³) Allerdings sind bei der Beraubung des Mausoleums die grossen Grab-urnen der Kaiser noch weiter, bis nach SS. Apostoli, verschleppt worden.

fiele, wie mir scheint, ein ganz neues Licht auf eine Reihe von Monumenten des südlichen Marsfeldes. Agrippa hätte dann nahe dem
sepulcrum Iuliorum sich nicht nur bei Lebzeiten seine letzte Ruhestätte erbaut, sondern auch das erste Heiligthum für den heroi-
sirten Gründer der Dynastie nach hellenischem Muster errichtet;
das Pantheom. Und auch Domitian hätte seine Porticus Divorum
in geringer Entfernung von der Stelle erbaut, die durch des Dicta-
tors Cäsar Grab geweiht war.

Ich weiss wohl, dass uns diese letzten Hypothesen weit in das
Feld der unsicheren Vermuthungen hineinführen; trotzdem halte
ich es nicht für überflüssig sie auszusprechen, in der Hoffnung
dass es durch spätere Untersuchungen an Ort und Stelle oder weitere
glückliche Zusammensetzungen von Stadtplanfragmenten gelingen
wird, an die Stelle von Möglichkeiten und Wahrscheinlichkeiten
in einer oder der anderen Weise Gewissheit zu setzen.

ZUSATZ.

Der *Arco di Camigliano*.

Dass im späteren Mittelalter die jetzige Piazza del Collegio Romano
den Namen *Campo di Camigliano* oder *Camilianum* führt, ist bekannt: die
Ableitung des Namens liegt im Dunkeln (¹). Am Westende dieses Platzes, über
dem Eingange der heutigen Via del Piè di Marmo stand bis Anfang des 17.
Jhdts. ein antiker Bogen, für den seit dem 12. Jhdt. der Name *arco di Camiliano* vorkommt (²). Die Mirabilien nennen zwar in ihrer ursprünglichen

(¹) Nardini Einfall, *arcus Cam(p)iliani* sei = *arcus Campi Iuliani*
(*Roma antica* L. IV, c. 10, tom. II p. 122 ed. Nibby) ist nur der Curiosität
halber zu erwähnen. Adinolfi (*Roma nell' età di mezzo* II, 298 f.) sagt über
die Herleitung des Namens gar nichts; Jordan (Topogr. II, 406) meint, es
könne darin ein Appellativum (verwandt mit *camellaria* u. dgl.) stecken.

(²) Das älteste Zeugnis ist eine Urkunde von 1191, gedruckt bei Coppi
Dissert. dell' Acc. Pont. 15. 228 (*ex arch. S. M. in Via Lata ex cod. Vat.
6019 f. 87, Gallettii*) In der zwei Brüder Aldemarius und Johannes der
Aebtissin von S. Ciriaco e Nicola überlassen: *ipsum arcum antiquum et turres
inaedificatas que fuit de Sasso de Rusens et est posita ante portam restri
monasterii secus campum qui vocatur Camilianam.*

Form nicht den Bogen, wohl aber das *palatium Camilli* und das *Camillianum*
(c. 11. 22); in den späteren Bearbeitungen wird auch der Bogen erwähnt,
Fazio degli Uberti und Petrarca betrachten ihn als Ehrendenkmal eines
Camillus (¹). Der Bogen wurde demolirt, als unter Clemens VIII (1592-1600)
der Cardinal Antonio Maria Salviati seinen Palast (j. dem Palazzo Doria incorporirt, a. o. 31) erbaute (Martinelli *primo trofeo* p. 122).

Was die Antygraphen des 16. Jhdts. über den Bogen beibringen, ist sehr
dürftig. Blondus erwähnt ihn überhaupt nicht. Andr. Fulvius l. IIII f. 50 sagt:
Hinc (vom *Arcus novus* bei S. Maria in via Lata) *iactu lapidis extat adhuc
arcus Campiliani satis rudis, ubi nulla ornamentorum signa, quem nonnulli
Camillianum appellant. Nam veteres Romani duces ac triumphatores non arcus, sed triumphalia insignia cum statuis et trophaeis habebant.* Dies nimmt
Marliani in der ersten Ausgabe seiner Topographie fast wörtlich hinüber (²),
in der zweiten sagt er kürzer (L. V. c. 2 p. 94 ed. 1544): *inter hanc viam
(latam) et aedem Minervae stat arcus, ut creditur, triumphalis nullis nunc
ornamentis excultus; quem Camilli dicunt, hoc solo argumento quod ab eo
nomen retineat.* Derselbe Marliani spricht an einer andern Stelle (L. II c. 14
p. 32) von den *arcus Romuli lateritii inter aedes sacras D. Mariae libera-
tricis et de Gratiis* (gemeint sind die Ziegelbogen der Basilica Iulia) und
fügt hinzu: *quos ego non crediderim dissimiles fuisse illis fornicibus.... quo-
rum alterum Horatio Coclíti* (das ist der *arco di S. Lazzaro*), *alterum vero
Camillo attribuunt.* Die Sehenswürdigkeit des Bogens hebt auch Gamucci
(l. III f. 155 ed. 1588) ausdrücklich hervor: *fra la chiesa della Minerva e la
via Lata si ritrova l'arco di Camillo: il quale per non essere come gli altri
soprascritti, ed per mancare di quelli ornamenti che a simili fabbriche si
ricercano, non l'ho voluto come gli altri mettere in disegno.*

Dazu stimmen nun die wenigen graphischen Documente, die wir über
den Bogen besitzen. Auf Bufalinis Plan (Bl. GH des Originaldruckes, correct
wiedergegeben auf Blatt C 3 der Ausgabe 1879) wird der ' Arcus Camilli '
getragen von zwei massiven quadratischen Pfeilern, die in zwei gegenüberliegende Häuser eingebaut sind. Auf dem Stadtbild aus der Vogelschau von

---

(¹) Anon. Magliab. c. 11: *palatium Camilli fuit ubi nunc est arcus
Camiliani retro Minervam.* Fazio degli Uberti *Dittamondo* (a. Jordan, 2
p. 390): *e guarda l'arco ove Decio si onora, quel di Camillo, di Fabio e
di Scipio* etc. Petrarcas Brief an Stefano Colonna, abgedruckt bei Urlichs
cod. topogr. 184: *consistimus ubi (viam latam) secat via quae a montibus
ad Camilli arcum et inde ad Tyberim descendit.*

(²) L. VI c. II f. 137 ed. 1534: *discedens quis e via Lata versus
Pantheona non multo post illi occurrit rudis nullique ornamentis insignis
arcus, ceterum ut videtur antiquissimus: quem Camilianum, tanquam Camillo erectum nunc vocitant. At nescio quo modo velint Camillum arcum
habuisse triumphalem, cuis usus multis seculis post Camillum inventus a
multis dicitur; prius enim triumphalia tantum signa cum statuis et trophaeis ducibus et triumphantibus erigi solebant.*

Salv. Peruzzi (Uff. 874, reproduziert bei Rocchi *Piante di Roma*, T. XX und
zum Theil bei Geymüller *Documents inédits sur le Panthéon*) erscheint der
Arco als ein hoher, die via Piè di Marmo in ihrer ganzen Breite sperrender
Bau; ähnlich auf dem Stadtbilde des Mario Kartaro (1575) bei Rocchi Tf. XVI.
Die Via Piè di Marmo, in ihrem übrigen Laufe wenig über 6 m. breit, erweitert sich an der Stelle wo der Bogen einst stand (Ecke von Via del Collegio Romano, gegenüber dem Kloster S. Maria) auf fast 12 m.: nach den
alten Plänen und Ansichten würde man letzteres für das Maass des Bogens
einschliesslich der Pfeiler, 6 m. für die Weite des Durchgangs selbst zu halten
geneigt sein.

Ganz anders sieht der *arco* auf Lanciani's Forma III. 21 aus. Die Via del
Piè di Marmo wird da an ihrem östlichen Ende geschnitten von einer nischen-

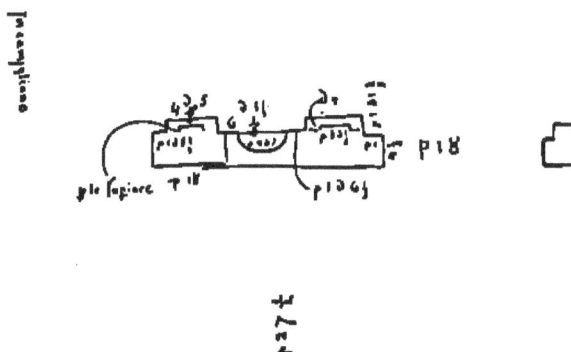

Fig. 4.

geschmückten Mauer, der Peribolos des Iseums, welche mit Säulenstellungen
reich geziert ist: eine Thür von c. 2,5 m. Breite durchbricht dieselbe. Das
Ganze ist von dem was wir uns nach obigen Beschreibungen und Abbildungen
als ' *arco di Camigliano* ' vorstellen müssen, so verschieden wie möglich.

Als Stütze seiner Ansicht führt Lanciani (*Not. d. scavi* 1881, 349; *bull.
comm.* 1882 p. 55) einen Plan Baldassare Peruzzi's (Uff. 496) an, den ich
beistehend wiederhole, da Lanciani's Publication (*bull. comm.* a. a. O.) unvollständig und in einigen wesentlichen Details ungenau ist. Wir sehen da
eine mit Pilastern und Nischen decorirte Mauer, der die Gesammtlänge ' *parte
superiore* p. 18 ' = m. 5,30 (aus Summirung der Detailmaase ergiebt sich ein
etwas geringeres Resultat, 17 p. 9 o), als Dicke p. 4 ¹/₀ = m. 1,32 beigeschrieben
ist; eine 18 p. = 5,30 m. breite Oeffnung durchbricht sie. Das Ganze ist 27 ⁴/₀
p. = 8, 10 m. von einem nur durch eine Grenzlinie angedeuteten Gebäude

entfernt. Die Ortsangabe in *Camigliano* steht nicht wie bei Lanciani parallel zur übrigen Schrift, sondern von dem Grundriss abgewendet über der oben (S. 37) erwähnten Zeichnung eines Consolengesimses. Es ist infolge dessen durchaus nicht sicher, ob die Ortsangabe überhaupt zu dem Grundrisse gehört; zugegeben dass sie dazu gehöre, würde immer erst folgen dass die Ruine von Perasol in der Nähe des *arco* graben und gemessen ist, keineswegs aber dass sie den Bogen selbst darstellt. Auch die Uebereinstimmung des Peruzzischen Planes mit gewissen unter Casa de Pedis existirenden Resten zeigt sich bei genauerer Vergleichung als nicht so schlagend, wie es nach Lanciani's Blatt 21 scheinen könnte. Ich halte es daher für gerathener, von eine Benutzung der Peruzzischen Skizze für Rekonstruktion der Peribolus des Iseums abzusehen, bis wir für ihre Bestimmung bessere Grundlagen haben. Dass die *colonne di lapide maculoso vel syraguso*, und das reich geschmückte Gesims welche Peruzzi Uff. 386 'olo orco di Comillo in loco dicto ramiliano' gezeichnet hat, ebenso wenig mit Sicherheit dem Bogen zuzuteilen sind, liegt nach dem Auseinandergesetzten auf der Hand.

Das gilt schliesslich auch von der einzigen Zeichnung, die man nach der Beischrift auf die Architektur des Bogens selbst zu beziehen geneigt sein möchte. Antonio da Sangallo il Vecchio Uff. 1634 zeichnet mit der Beischrift ' oll'olmo di Camigliano, cornicione dell'arco ' ein reich geschmücktes Gesimsstück, p. 2 m. 59 — 0,66 hoch. Ob es bei dieser Grösse Kämpfergesims des Bogens (der schwerlich mehr als 6 m. Spannung hatte) gewesen sein kann ist mir zweifelhaft. Es mag sein, dass es mittelalterlich beim *arco* eingemauert war, und Sangallo sich nicht ganz genau ausgedrückt hat.

Dass ich übrigens, nach den gemachten Einschränkungen, der Annahme Lanciani's: *l'arco di Camigliano non era un arco trionfale, ma soltanto porzione di un fabbricato assai vasto e riccamente ornato di marmo*, durchaus beistimme, möchte ich zum Schluss noch ausdrücklich hervorheben: der Bogen gehörte ohne Zweifel zu dem Bezirke des Iseum-Serapeum.

CH. HUELSEN.

DER TRUNKENE SILEN.

Im XXIII. Hallischen Winckelmannsprogramm (Der müde
Silen, Halle 1899) hat C. Robert dem fünften und letzten der aus
Herculaneum stammenden Marmorbilder eine neue Besprechung
gewidmet und auf Grund eigener Untersuchung des Originals sowie
mit Benützung einer Gilliéronschen Aquarellcopie die Scene auf den
müden Silen gedeutet, der sich vom Dionysoszug lostrennt, nach
langem Umherirren auf dem Esel die Akropolis erreicht und dort
in seiner Ermattung bei den Töchtern des Pandion Pflege findet
(vgl. Paus. I 23, 5). Robert, der in der ganzen Serie jener eigenartigen Marmorbilder Kopien nach griechischen Originalen aus verschiedenen Epochen erkennen will, sieht in diesem Bilde eine Wie-
derholung eines Votivbildes des vierten Jhdts. vor Chr.

Die mittlere Partie des Bildes war schon zur Zeit der Auf-
findung stark beschädigt, so dass der erste Zeichner (Paderni), der
das Bild kopierte (¹) infolge des Umstandes, dass die Farben stark
verblasst waren, manches nicht klar genug gezeichnet hat. Anders hat es ein späterer Zeichner (Jorio) aufgefasst und seine
Kopie (²) hat andere Deutungen hervorgerufen. Zuletzt hat Gilliéron
das Bild sorgfältig kopiert. Da er manche Details schärfer als seine
Vorgänger gesehen zu haben glaubt, ist die ganze Szene in seiner
Kopie sehr bestimmt dargestellt.

Allein zwei unedierte römische Marmorreliefs, die uns eine
verwandte Scene vorführen, rufen manche Bedenken hervor, ob das
Bild von Gilliéron in allen Punkten genau wiedergegeben ist und

(¹) Die Zeichnung ist abgeb. *Pitture d'Ercolano* I tav. 3, vgl. Robert S. 2.
(²) In dem *Musée Royal Bourbon, Guide pour la galérie des peintures
anciennes, Deuxième édition. Naples* 1830, vgl. Robert S. 3.

lassen auch die glänzende Interpretation Roberts, die bereits Beifall geerntet hat (¹), wieder zweifelhaft erscheinen.

Das erste Relief (siehe Fig. 1) befindet sich jetzt im archaeologischen Museum in Agram, wohin es aus Italien gelangt ist. Es ist unten beschädigt; die Höhe beträgt noch 0,70, die Länge 0,51 m. (²). Dafür ist das zweite Relief (Fig. 2), das im Lokalmuseum in Arezzo aufbewahrt wird (³), auch in der unteren Partie erhalten (0,86 h.,

Fig. 1.

0,43 l.), so dass es uns ermöglicht wird, die Scene vollständiger zu überblicken.

Auf beiden Reliefs ist fast in derselben Weise ein trunkener nackter Silen halb liegend auf dem ausgebreiteten Mantel darge-

(¹) Wochenschrift für klass. Philol. 1900 Nr. 37 S. 993-996; *Revue des études grecques* 1900 nr. 52 p. 220; Berl. philol. Wochenschrift 1901 Nr. 13 S. 400-403; *Classical Review* 1902 (III) p. 180-190.

(²) Beschrieben in Arch.-epigr. Mitth. aus Oesterreich V S. 174. Die der Abbildung zu Grunde liegende Photographie verdanke ich der Liebenswürdigkeit des Herrn Prof. Joseph Brunšmid in Agram.

(³) Beschrieben von Heydemann, Mittheilungen aus den Antikensammlungen in Ober- und Unteritalien (Drittes Hallisches Winckelmannsprogramm) S. 106.

stellt, wie er von einer Nymphe bedient wird. Dicht vor ihm erhebt sich eine runde Säule, auf der ein bauchiges Gefäss mit flachem Deckel steht. Diese Vase, welche mit Wein gefüllt zu denken ist bildet den Gegenstand seiner Aufmerksamkeit. Obwohl schon trunken und kaum der eigenen Gliedmassen Herr, lechzt er noch nach dem Getränk. Er hält in der linken den Becher bereit, öffnet den Mund und schliesst die Augen zur Hälfte, während er mit zwei Fingern der rechten Hand auf die Vase hindeutet.

Fig. 2.

Die Nymphe soll ihm den kleinen Dienst erweisen. Bekleidet mit einem Aermelchiton und Mantel kniet sie bereits hinter ihm, richtet mit der Linken seinen schweren Kopf empor, beugt sich dienstbereit zu seinem Gesicht und halb ihn noch fragend, halb schon seinen Wunsch errathend, weist sie mit der Rechten auf dasselbe Gefäss hin.

Wenn dieser auf ganz gleiche Weise in beiden Reliefs dargestellte heitere Vorgang offenbar die Benützung derselben zeichnerischen Vorlage verräth, so tritt auf beiden in der Ausgestaltung des landschaftlichen Hintergrundes ein kenntlicher Unterschied hervor. Auf dem Relief aus Arezzo ist die Scene in einer für rö-

mische Sarkophage charakteristischen Weise von zwei blätterlosen
Baumstämmen begrenzt, auf deren langen Aesten zur Belebung des
Hintergrundes ein Mantel aufgehängt ist. Besser wirkt die mäch-
tige Platane des Reliefs aus Agram, die zugleich unauffällig das
Treiben des trunkenen Silens von einer anderen, rechts angebrachten
Gruppe scheidet.

In dieser Zusammensetzung schliesst sich das Agramer Relief
sehr nahe an die Composition der ganzen rechten Seite des Neapler
Marmorbildes. Die charakteristischen Fingergebärden seiner Figuren sowie das Gefäss auf der runden Säule erinneren uns lebhaft
an die alte Zeichnung Padernis, als ob sie uns zugleich ermahnen
wollten, den späteren Rekonstruktionen der Bilder nicht vollkommen
Glauben zu schenken.

Wie wir uns auch gegenüber der künftigen Wiederherstellung
des Marmorbildes aus Herculaneum mit Benützung der beiden Reliefs verhalten werden, jedenfalls müssen wir in der Interpretation
des dargestellten Mythos Roberts Auffassung abzuändern versuchen.
Auf dem Agramer Sarkophagbruchstück findet sich der trunkene Silen mit der um ihn beschäftigten Frau in einer längeren Komposition, aus der noch eine Gruppe, ein junger Satyr und ein Mädchen,
sichtbar wird. Es ist kein Zweifel, dass diese Begleiterinnen Nym-
phen sind, die zusammen mit den Bakchen, Satyrn, Silen und dem
kleinen Dionysos eine aus einigen Sarkophagen (¹) bekannte Ge-
sellschaft bilden.

Gerade zu einem Sarkophag mit ähnlicher Darstellung gehörte
gleichfalls das Agramer Reliefbruchstück. Denn zwei fragmentiert
erhaltene Figuren, die an seiner Rechten vorkommen, wiederholen
sich genau in derselben Haltung auf dem reizenden Sarkophag
des kapitolinischen Museums (Helbig, Führer I³ S. 295 nr. 451),
welcher die Erziehung des jugendlichen Dionysos darstellt. Sie
gehören dort zu einer Gruppe von Figuren, die den kleinen Dionysos stehen lehren: der in ähnlicher Weise, wie auf dem Reliefbruchstück aus Agram auf einem Fels sitzende und vorgeneigte
junge Satyr berührt und betrachtet das rechte Füsschen des kleinen Gottes, während die neben ihm stehende Nymphe die Enden

---

(¹) Aufgezählt bei Heydemann, Dionysos' Geburt und Kindheit (Zehntes
Hallisches Winckelmannsprogramm) S. 46 Anm. 199.

der ums Haupt des Kindes gelegten Tänie aufmerksam zusammenbindet.

Somit schliesst sich das herkulanische Marmorbild eng an eine friesartige, offenbar von einem griechischen Vorbild abhängige, malerische Komposition, die bald verkürzt, bald verlängert auf den römischen Sarkophagen dargestellt ist. Von diesen darf es auch in den künftigen Beurteilungen nicht getrennt werden.

Rom, April 1903.

KARL HADACZEK.

HERCULES-ALTAR AUS ELBA.

Der westliche Teil der Insel Elba besteht aus Granit, dessen Masse sich im Monte le Capanne bis zu einer Höhe von 1019 m. erhebt. Von der Höhe dieses Berges fliesst südwärts der Fosso del-

l'Inferno dem Meere zu: nahe seiner Mündung liegt der kleine Weiler Seechelo (¹). Hier ging am 31. Oktober 1899 ein Wolken-

(¹) S. Bl. 126 der Ital. Generalstabskarte in 1 : 100000. Monte Capanne (bezeichnet 109) und Fosso dell'Inferno sind auch auf Kiepert's Karte von Mittelitalien (*Formae Orbis antiqui* Bl. XX) kenntlich.

bruch nieder und legte auf einem Grundstücke, das Herrn J. Fuchs
gehört, einen römischen Altar bloss, den der Besitzer nach seinem
in der Nähe von Porto Ferrajo liegenden Hause schaffen liess.
Herr Fuchs, ein geborener Deutscher, der schon viele Jahre auf
der Insel lebt, war so liebenswürdig mich bei meinem Aufenthalt
Ostern 1902 auf dies Denkmal aufmerksam zu machen, das ich
dann bei einem zweiten Aufenthalte auf Elba Ostern 1903 auf-
nehmen liess. Der 1,06 m. hohe viereckige Altar ist aus einem
Stück feinkörnigen Granits gearbeitet, wie er an Ort und Stelle
bricht und heute noch gewonnen wird. Auf der Inschriftseite ist
der Sockel 59 cm. breit bei einer Tiefe von 56 cm. Der Altar ver-
jüngt sich leicht nach oben: die ausladende Platte, die den giebelförmigen Aufsatz trägt, ist noch 55 cm. breit und 52 cm. tief,
die Krönung ist auf der Oberseite flach gehöhlt für Opferzwecke.
Die Härte des Steins hat Ueberflutung und Verschüttung gut aus-
gehalten, nur der Giebel hat sein Akroterion eingebüsst und sonst
hat es noch ein paar Püffe abgesetzt.

Die Inschrift ist vollständig erhalten und lautet: *P. Acilius
Attianus praef(ectus) pr(aetorio) Herculi sancto d(onum) d(edit).*
Das Epitheton SANCTO ist erst nachträglich eingeschoben, wie die
Stellung und Grösse der Buchstaben zeigt. Der plastische Schmuck
der Vorderseite des Altars — im Giebel eine Opferschale, unter der
Inschrift eine knotige Keule — bezieht sich auf den Gott, dem
das Denkmal geweiht war; der der Rückseite, ein Schild und dahinter ein Speer, wohl auf die militärische Stellung des Dedicanten.

München.

Dr. FRITZ LITTIG.

[Der Stifter des Denkmals ist ohne Zweifel identisch mit dem
Praetorianerpräfecten Attianus, der in der Geschichte des Hadrian
eine bedeutende Rolle spielt ([1]). Landsmann ([2]) des Trajan und mit

---

([1]) Die Belegstellen s. Prosopogr. 1, 259, 56 unter Caelius Attianus;
Borghesi *préfets du prétoire* (œuv. vol. X) p. 41 n. 35.

([2]) Echt spanisch ist auch das Cognomen *Attianus*, was ich hier hervorheben möchte, da in dem neuesten Hefte des *Thesaurus linguae Latinae*
(vol. II col. 1164) die Mehrzahl der mit *Att*- beginnenden Namen (nur von

ihm zusammen Vormund des Hadrian wurde er, wahrscheinlich gegen Ende von Trajans Regierung, *praefectus praetorio*. Attianus gehörte zu der Gesandtschaft, die zusammen mit der Kaiserin Wittwe Matidia und der Kaiserin Plotina die sterblichen Reste des Trajan nach Rom überführte. Er scheint von herrschsüchtigem und gewaltthätigem Temperament gewesen zu sein: man führte die Hinrichtung von vier Consularen, die Hadrian zu Anfang seiner Regierung vollziehen liess, auf Attian's Einfluss zurück, und behauptete.

Attio, Attiacus, Atiarius halte es ' *seorsum exhibui* ') subsummiert werden unter das *praenomen Italicum antiquissimum Attus*. Dass das nicht richtig ist zeigt eine genauere Durchmusterung der Beispiele : von den echt Italischen scheiden sich (mindestens) zwei Gruppen. Erstens eine gallische, die mit den keltischen Namen wie *Attillus, Atto, Atta* zusammen gehört : dahin rechne ich *CIL.* XII 1568. 1569 *Attius Attiani fil;* 2776 *Sex. Attius Attianus*; 3445 *Attia Peculiaris* und deren Sohn *Q. Julius Attianus*; *CIL.* XIII 2524 *Attiano Attilli [filio] Attianus filius*; 6078 *Attianus Magimae filius et Magiarius Hibernus*: es scheint mir bei derartigen Namen unmöglich dem Urteile Holders Altcelt. Sprachschatz I 275 : ' *Attianus* cogn. m., *Attiana* f. ist lateinisch ' beizustimmen. Zweitens eine spanische, die mit den epichorischen Namen wie *Atto, Attonius, Attus, Attanus, Attisaga* (s. Hübner Mon. linguae Ibericae 236. 262) zusammen geht. Bei Namen wie *Attia Maldua Reburrini CIL.* II 2680 oder *Atia Doquiri f. Severa C.* II 624 ist es klar, dass sie mit dem altitalischen Gentilicium oder Praenomen nichts zu thun haben; und ähnlich wird man scheinbar correct Italische wie *C.* II 333 und 2652 *C. Attius Attianus Rufinus* beurteilen dürfen. Was speciell das Cognomen *Attianus* betrifft, so ist dessen seltenes Vorkommen gerade in Italien bemerkenswert. Aus Rom und Mittelitalien haben wir, ausser den auf den Praetorianerpraefecten bezüglichen Inschriften — denen vielleicht noch *C.* VI 9131 *Syntropho Attiani servo* anzureihen ist — nur drei Beispiele (*C.* VI 10264/5. XIV 1201. XI 5385; die ScherbenInschrift vom Monte Testaccio *C.* XV 4232 stammt aus Astigi in Spanien). Unteritalien hat nur zwei, die sich noch dazu auf dieselbe Person beziehen (*C.* IX 2111. X 3820); Oberitalien gleichfalls nur zwei (*C.* V 3251. 7193). — Dass die Eigennamen mit aufgenommen sind, ist ohne Zweifel als ein ganz besonderer Vorzug des *Thesaurus linguae Latinae* zu rühmen. Aber dort eine systematisch geordnete lateinische Onomatologie fertig vorgelegt zu finden, wird kein Sachkundiger verlangen. Es würde m. Er. genügen, das Material als solches mitzuteilen, nur das ganz sicher abgeleitete unter Hauptworte zu subsummieren, im übrigen aber darauf zu verzichten, durch die Gruppierung fertige Arbeit zu geben wollen.

er suche den Kaiser zu noch weitergehenden Gewaltmassregeln gegen seine Feinde aufzustiften. Bald wurde auch dem Hadrian selbst
sein übermächtiger Praefect unheimlich, doch wagte er nicht, sich
seiner mit Gewalt zu entledigen: er bestimmte ihn seine Entlassung
zu nehmen (wahrscheinlich schon i. J. 119). Eine Rangerhöhung
— Aufnahme in den Senat — und Verleihung der *ornamenta con-
sularia* machten den Bruch nach aussen unkenntlich. Doch war der
Kaiser von nun an feindselig gegen den Expraefekten gesinnt. Ueber
das Ende des Attianus schweigen unsere Quellen.

In der Litteratur war der Name dieses mächtigen und gefürch-
teten Mannes bisher nur an einer Stelle überliefert, in der Biographie des Hadrian c. 1, 4, die in den massgebenden Handschriften
lautet: (Hadrianus) *decimo aetatis anno patre orbatus Ulpium
Traianum ... et celium tacianum* (so der Bambergensis, *caelium
tatianum* der Palatinus) *equitem Romanum tutores habuit*. Unser
Stein zeigt, dass das Gentilicium nicht richtig überliefert ist, aber
vielleicht eher durch Schuld des Autors als unserer Handschriften;
und wohl nur zufällig kommt das *celium* des Bambergensis der
richtigen Namensform *Acilium* näher als das *Caelium* seiner Vorlage, des Palatinus.

Der Name des Attianus kommt noch auf einer anderen Inschrift
aus Elba vor, die aus den Papieren des P. Victorius (um 1550)
von dem Florentiner Senator Carlo Strozzi (cod. Mus. Flor. 8 f. 33. 55)
aufbehalten ist. Nach dessen Angabe war sie *nei frammenti della
muraglia di un acquedotto* gefunden, und enthielt nur die Worte
P · ACILI ATTIANI (*CIL.* XI 2607). Man möchte dabei zunächst
an einen Ziegelstempel denken, wenn nicht eine andere Erklärung
nahe gelegt würde durch die 1780 in der Nähe von Palestrina
(*nella vignola dell'abate Cesare Petrini fuori della città presso
la Porta di San Martino e sulla dritta del celebre tempio della
Fortuna*) gefundene Inschrift einer Bleiröhre: P. ACILI ATTIANI.
Die einzige Abschrift (bei Guattani, *Mon. inediti* 1787, p. VI
und bei Petrini, *Memorie prenestine*, 1795, p. 340 n. 73; *CIL.*
XIV 3030) hat allerdings ACIDI: aber die Emendation dieses
sonst unerhörten Gentiliciums (¹) wird durch Uebereinstimmung mit

---

(¹) Das einzige sonst im Thesaurus l. L. aufgeführte Beispiel — einge-
kratzte Inschrift auf dem Stil einer bronzenen Strigilis in Wien: ACIDIVS,

Vor- und Zunamen unseres Mannes zur Notwendigkeit. Also mag auch *CIL.* XI 2607 Stempel einer bleiernen Wasserleitungsröhre gewesen sein; aus beiden Inschriften werden wir schliessen dürfen, dass Attianus eine Villa bei Palestrina und Güter auf Elba besessen hat.

Rom.

CH. HUELSEN.

—

CIL. III 6017, 6 — kann als sicheres Zeugnis für das Gentilicium nicht gelten. Der angebliche Proconsul von Lusitania, Cestius Acidius Perennis (Grut. 30, 5 — *CIL.* II 258) verdankt seinen Namen einer Interpolation Resendes: die einzige bessere Abschrift des Steines (*C.* II add. p. 693) hat L. Tuteidius Perennis (s. auch Prosopogr. 3, 338, 268).

TROPAEUM-ADAMKLISSI.

Als im Jahre 1890 die neue Ausgabe der Marcussäulenreliefs erschien, überraschte uns Furtwängler [1] durch die Entdeckung, dass nicht, wie wir gemeint hatten, die Marcussäule uns ' die älteste umfassende bildliche Darstellung germanischer Stämme in ihrem Kampfe gegen Rom ' biete, sondern dass eine ' mehr als zweihundert Jahre ältere . . . Darstellung jener Art ' an dem Monument von Adamklissi erhalten sei. Die Zugehörigkeit der grossen trajanischen Inschrift zu demselben musste dabei natürlich geleugnet werden. Ein Jahr später liess sich das nicht mehr aufrecht halten. Mit gutem Grunde wurde die Halbierung der Inschrift und die Verteilung der beiden Hälften auf zwei Seiten des Denkmals bestritten; sie wurde vielmehr ungeteilt einer Seite des Oberbaus eingefügt; sie ' konnte demselben aber nicht ursprünglich angehört haben, sondern erweist sich als eine spätere Zuthat ', das war damals F.'s These. Jetzt hat der rastlose Forscher durch glückliche Beobachtung und richtige Verwertung derselben eine etwas andre Form des oberen Abschlusses unter dem Tropaeum nachgewiesen, in welcher der grossen Inschrifttafel nun von Anfang an ihr Platz am Denkmal gewahrt bleibt; doch scheinen F. die von ihm gesammelten Beweise für augustischen, nicht trajanischen Ursprung des Tropaeums und für seine Beziehung auf den Feldzug des M. Licinius Crassus in den Jahren 29·28 v. Chr. mittlerweile so erstarkt, dass er nicht ansteht zu behaupten: die Weihinschrift an Mars Ultor sei erst 130 Jahre nach der Erbauung des Denkmals von Trajan auf der Tafel angebracht worden. Man wird fragen: sind denn die Beweise für die frühere Erbauung wirklich stark genug, um das Zeugnis der trajanischen Inschrift zu verwerfen und nicht etwa nur einen sondern zwei durchaus unwahrscheinliche Sätze annehmbar zu machen? Der erste der, dass der siegreiche Feldherr das Denkmal bis aufs Letzte habe fertig stellen lassen; nur die Weihinschrift anzubringen sei unterblieben. Die dafür von F. III 465 aufgestellte Erklärung, dass die Fassung der Inschrift in Rom

(¹) Furtwängler I: Intermezzi S. 49; II: Münchner Sitzungsber. 1897 II 247; III: Abhandl. I Cl. XXII, III 455.

hätte gebilligt werden müssen, die Genehmigung aber ausgeblieben
wäre ist doch lediglich F.'s Vermutung. Die zweite noch gewagtere
Annahme die, dass Trajan auf das von einem andern errichtete
Siegesdenkmal seinen Namen gesetzt habe. Da das Verbum fehlt,
glaubt F. freie Hand zu haben, die Buchstaben ITV zu *restituit*
zu ergänzen. Aber weder ' zurückgehen ' könnte das hier bedeuten,
weil das Tropaeum ja früher nicht dediciert, noch ' wiederherstel-
len ' weil es nicht zerstört worden war, vielmehr F., ebenso gut wie
früher Niemann, die völlige Einheitlichkeit des ganzen Bauwerks,
ohne jede Spur einer Ausbesserung, anerkennt. Wie auch das
Verbum gelautet haben mag, immer würde Trajan mit der so angebrachten Inschrift sich das Siegesmal angeeignet haben. Allerdings sagt F. III 475 ' durch blutigen Kampf ' (denn auch ihm
gilt das ' Soldatendenkmal ' neben dem Tropaeum als trajanisch)
' war ja das Recht zu der Inschrift erworben '. Ueber die Recht-
lichkeit solcher Aneignung werden andre anderer Meinung sein.
Sodann sagt F. zwar, ' er wolle nicht mit Constantin über Trajan
als eine *herba parietaria* spotten ', und ausdrücklich erklärt er III
406, dass er den von Aur. Victor epit. 41, 13 überlieferten Aus-
spruch Constantins nicht in dem Sinne fassen wolle, den er bei
Ammianus XXVII 3, 7 bekommen: Trajan habe seinen Namen
gern auf fremde Bauten setzen lassen, in welchem Sinne das
Wort demjenigen Ghel angestanden hätte, der seinen Triumphbogen
mit den von trajanischen und antoninischen Monumenten geraubten
Reliefs ausschmücken liess. Gleichwohl gestattet F. III 466 sich
folgenden Schluss: ' Der blosse Name Trajans an unserem Denkmal gestattet uns nicht im geringsten die Praesumption, dass
Trajan auch der ursprüngliche Bauherr sei. Man dürfte fast sagen
im Gegenteil: er fordert zu dem Verdacht auf, dass er es nicht
ist '. Für F.'s Beweisführung wäre ein solcher Verdacht freilich
ausserordentlich günstig; aber wo sind die Tatsachen, auf welche
er sich gründet?

Werfen wir also einen Blick auf die Beweise gegen den
trajanischen Ursprung des Tropaeum. Als trajanisch anerkannt, auch
von F., ist das *municipium Tropaeum*, das doch wohl auch *Traianum* (*municipium* oder *castrum*) geheissen haben muss, da sich
die Bewohner *Traianenses Tropaeenses* nannten; desgleichen
das Denkmal der gefallenen Soldaten, über welches Mommsen zum
CIL. III Suppl. 2, 14214 spricht. Beide, das Castell und das Soldatendenkmal sind nach F. in Technik und Material durchaus übereinstimmend; wogegen das Tropaeum aus härterem Kalkstein eines
anderen Bruches gehaut sei. ' Es ist undenkbar ' sagt F., ' dass bei
gleichzeitiger Ausführung der drei Anlagen die eine ohne
jeden Grund aus dem Material eines andern Steinbruchs ausgeführt worden wäre als die beiden andern '. Warum denn gleichzeitig? War es doch nur sachgemäss, dass man zuerst das

Soldatendenkmal mit den Namen der gefallenen Kameraden und
das Castrum, jedenfalls zuletzt das Tropaeum baute. Und warum
o h n e G r u n d ? Ist denn das ein unbegreiflicher oder ungewöhnlicher
Grund, dass man zu dem stattlichen, mit allem möglichen Aufwand von Kunst zu schmückenden, dem Mars zu weihenden Denkmal ein besseres Material wählte, das man in jener Gegend gefunden
haben muss, da man es verwendet hat?

Aber die Form des Denkmals? F. benutzt die von Benndorf
gesammelten Beispiele monumentaler Tropaea, um aus ihnen den
Schluss zu ziehn, dass das Tropaeum von Adamklissi nicht unter
Trajan entstanden sein könne. Von diesen Tropaeen sind drei, zwei
des Sulla, eines des Pompejus, deren Form uns unbekannt ist. Zwei,
des Q. Fabius Maximus und des C. Domitius Ahenobarbus im Al-
lobrogen- und Arvernerland werden *turres* genannt; die Ruine des
augustischen in den Seealpen wird so beschrieben, dass wir uns das
Ganze als Rundbau mit mehreren Säulenstellungen übereinander,
also ebenfalls turmartig zu denken haben. Mit diesen *turres* mag
man das Plautiergrab am Anio und die ' Caecilia Metella ' vergleichen; das Tropaeum von Adamklissi aber, dessen Cylinder dreimal so dick als hoch ist, ähnelt jenen im Gesammtverhältniss offenbar weniger als dem Mausoleum Hadrians, selbst wenn wir dieses
einst umsäult denken. War letzteres solchergestalt, wie P. meint,
' ein im Verhältniss zum Monument von Adamklissi höchst eleganter,
leichter säulenumgebener Bau ' was diejenigen welche es *moles
Hadriani* nannten nicht empfunden haben können, so gleicht der
hadrianische Bau damit jenem augustischen Tropaeum immer noch
mehr als das Tropaeum von Adamklissi. Zwei jener älteren Tropaea
endlich, des Drusus an der Elbe, des Germanicus an der Weser,
waren einfache Erdaufschüttungen, mit Waffen überdeckt, auf denen
sich das Tropaeum erhob. Auch zu ihnen bietet grade Trajans Zeit
ein grossartiges Gegenstück. Ist doch der die Grabkammer Trajans
umschliessende Sockel seiner Säule nichts als ein marmorner Tu-
mulus, wie jene des Drusus und Germanicus mit Waffen aller Art,
nur nicht wirklichen sondern in Relief dargestellten überdeckt. Und
die Säule selbst ist ein Riesentropaeum, nicht nur weil mit lauter
Siegesbildern geschmückt, sondern auch deshalb weil grad in halber Höhe an der Vorderseite die Victoria zwischen der üblich ge-
wordenen Zweizahl der Tropaea steht. Allerdings war mehr und
mehr eine andre Form des Sieges- und Ehrendenkmals üblicher
geworden, nämlich der *Arcus*, die ἀψὶς τροπαιοφόρος, aber auch
sie ist schon unter Augustus angewandt. F. verlangt III 480, das
Tropaeum von Adamklissi müsse gleich jenen älteren ' an der Grenze
frisch eroberten, der römischen Herrschaft zum ersten Male gewon-
nenen Gebietes ' gestanden haben. Warum das? Jedenfalls liess
doch Trajan das nördliche Tor der grossen Donaubrücke nach dem
siegreich abgeschlagenen Angriff des J. 105 mit hochragenden Tro-

paea schmücken; warum hätte er also nicht auch im wiedergewon-
nenen Gebiet an der Donaumündung ein Tropaeum aufrichten können? Der Hauptbau, in der auch in Italien altheimischen Tumulus-
Form eines Kegels auf cylindrischer Basis, legt den Gedanken nahe,
dass das Tropaeum sich an der Stelle erhob wo die Gefallenen
bestattet waren, deren Namen an dem, der Bauarbeit wegen, etwas
abstehenden Soldatendenkmal' angeschrieben waren, da dieses selbst
nach F.'s Versicherung nicht das Grabmal war ([1]).

Aber Römer wie Barbaren sind nach F. an der Säule andre
als am Tropaeum! Allerdings dass die am Tropaeum dargestellten
Kämpfe sich an der Säule nicht wiederfänden habe ich selbst (oben
1896 S. 104 ff.) sogleich bemerkt: Barbaren mit dem Haarknoten,
am Tropaeum der Römer wütende Feinde, erscheinen an der Säule
nur zweimal und zwar friedlich, den Römern befreundet. Mit Unrecht zog ich jedoch daraus den Schluss, dass die Kämpfe gegen
sie vor den ersten dakischen Krieg fallen müssten. Dadurch dass
solche Barbaren im Jahre 101 unfern Tapae, und 105 bei Pontes
friedlich zu Trajan kommen, wird absolut nicht ausgeschlossen dass
Leute desselben oder eines verwandten Volksstammes fern im Osten,
nah dem Schwarzen Meere im J. 108 oder selbst früher einen
Einfall in die minder bewachten Landschaften südlich der Donau
machten, wie Daker- und Sarmatenscharen im Winter 101/2, dem
in Pontes weilenden Trajan um vieles näher, in Untermösien ein-
fielen. Gab es doch bei den Dakern, wie später bei Quaden und
Markomannen, Romfreunde so gut wie Romfeinde; warum nicht auch
bei den Bastarnern oder wie die Haarknotenträger hiessen? Die aus
dem J. 109 datierte Inschrift des Tropaeum und die damit combi-
nierte undatierte des Soldatendenkmals sagen uns dass Trajan (da
Praetorianer unter den Gefallenen sind) dort im J. 108/9 einen Einfall (drum Mars Ultor) zurückzuschlagen hatte. Was liegt näher
als an diesem Einfall z. T. dieselben Völker beteiligt zu denken
mit denen früher Crassus zu tun hatte.

Bei den Römern ist in Tracht und Bewaffnung am Tropaeum
manches anders als in der Säule, niemand leugnet das. Aber wer
könnte beweisen, dass nicht Trajan diese Modificationen der Bewaffnung eigens für den Gegner mit seinem gefährlichen Sensensäbel
angeordnet hätte: den steileren Helm mit stärkerem Nackenschutz,
Schienen an Armen und Beinen, Laschenreihen unten am Ketten-
und Schuppenpanzer, wogegen der Schienenpanzer mit dem *cingu-
lum* ([2]) ebenso wie alle technischen Arbeiten, bei denen er an der
Säule hauptsächlich erscheint, nicht vorkommt. Andres mag be-
quemerer Ausführung schuld gegeben werden, wie das Weglassen

([1]) Tocilesco in den Verhandlungen der Kölner Philologenversammlung
sagt es nicht.

([2]) Die 'seltsamen Unrichtigkeiten', deren mich F. II 274, zeiht, schreibt
nur sein Versehen mir zu.

der Felle bei Bläsern und Fahnenträgern, die nun barhäuptig auftreten, oder die meist (doch s. Metope 13!) rasierten Römer: 'Ra-
sierzwang' gab es natürlich auch unter Augustus nicht; das zeigen
die Lictoren der Ara Pacis.

Aus dem was Dio von den Kämpfen des Crassus erzählt ist,
trotz F.'s emphatischen Versicherungen, auch nicht ein einziger in-
dividueller Zug in den Tropaeumsreliefs wiederzuerkennen. Gegner
der Römer unterscheidet F. daselbst zu besserer Uebereinstimmung
mit Dio jetzt (III 405) vier Volkstypen; doch verhalten sich von
ihnen II und III grade so wie Pileati und Comati der Daker. In
den Kampfesbildern unterscheidet man sogar nur zwei, die fast immer zusammen kämpfen, wie bei Dio nie. Wie kann man ferner in
Met. 8 die wandernde Heerde in einer Höhle eingesperrt denken?
Wie in 32 die Römer im Walde wartend sehen und nicht vor-
rückend? Wie in 31 den unten stehenden Römer für den im Walde
Versteckten halten und nicht vielmehr den vom Baum herab schies-
senden Gegner? Wo bliebe die Hauptthat des Crassus, die Tötung
des feindlichen Königs mit eigner Hand? In welchem Zeitpunkt
gestatten überhaupt die beständigen raschen Bewegungen des Crassus den zur Erbauung des Tropaeums nötigen Aufenthalt?

Benndorf hatte mit den Reliefs am Tropaeum die des augustischen Bogens von Susa verglichen, um beide als Werke mili-
tärischer Arbeiter solchen von Künstlern oder auch nur geschulten
Kunsthandwerkern gegenüberzustellen. F. entdeckt einen durch die
Legionare von Norditalien aus weithin verbreiteten Kunststil, der
gegen Ende des 1. Jhdts. n. Chr. bereits absterbe, und er erkennt
diesen selben Stil an beiden genannten Denkmälern. Folge ihm wer
kann und opfere das inschriftliche Zeugniss seinem Stilgefühl. Andre werden der Meinung sein, dass dieses Stilgefühl trügen muss,
da jene Werke überhaupt keinen Stil haben, und wenn einen, jedenfalls einen ganz verschiedenen: man beachte doch nur das Grössenverhältniss von Mensch und Tier in beiden; oder wie die Ohren
an Köpfen vom Tropaeum sitzen (bei F. III Taf. IV-VII) und wie
an solchen vom Grabrelief (ebenda Taf. IX f.); oder die tiefliegen-
den stark beschatteten Augen dort mit den 'starr und glotzend aus
starren Lidern hervortretenden' hier, ein Unterschied der selbst bei
den von F. Taf. XII zusammengestellten Ochsenköpfen zum Greifen
ist. Wer unbefangen die Gesamterscheinung der Figuren am Tropaeum mit solchen an Susabogen und Trajanssäule vergleicht, der
wird m. E. zugeben, dass sie nicht jenen sondern diesen ähnlich
sehen.

E. PETERSEN.

— — - - ---

Abgeschlossen am 31. August.

EIN NEUES ABC-DENKMAL.

Fig. 1.

Die oben abgebildete Inschrift bemerkte ich Anfang d. J. bei einem Besuche des Museo Nazionale in Neapel in einem der als Magazin dienenden Innenhöfe: sie befand sich, wie mir A. Mau freundlichst mitteilt, früher in der Sammlung de Criscio in Pozzuoli; im Museum ist sie seit cr. 1896. Hrn. Director Pais sei für die Erlaubnis zur Publikation auch hier bester Dank gesagt. Die Tafel, 0,60 × 0,95 m., ist gelbgeaderter weisser Marmor (*giallo brecciato*); die Buchstaben, 9 cm. hoch, sind von vorzüglicher Ausführung, der besten Epoche (Trajan — Hadrian) des zweiten Jhdts. n. Chr. angemessen. Die ganze Inschrift war auf Bemalung berechnet, wie sich daraus ergiebt, dass von den Schlangenbildern das rechte nur zum Teil in den Stein eingeritzt ist, die fehlenden Stücke ohne Zweifel in Farbe ergänzt waren (¹).

Dass das Alphabet nicht etwa Probestück eines Steinmetzen, sondern sacralen Charakters ist, zeigt der Bildschmuck welcher

(¹) Die Schuppen sind auf beiden Schlangen vollständiger dargestellt als, durch Versehen des Zeichners, auf obigem Facsimile

die Inschrift umrahmt: zwei gekrönte Schlangen. Sie verweisen uns
auf einen der in Puteoli so zahlreichen orientalischen Culte (s. Du-
bois, *Mél. de l'École fr.* 1902, S. 29 ff.). Die Schlange freilich
kommt in vielen solchen Culten vor (s. z. B. Kan *de Jovis Do-
licheni cultu* p. 36 n. 4; Dobrusky, *Matér. pour l'Archéol. en
Bulgarie* p. 63). Aber das Alphabet als geheimnisvolle Zauberfor-
mel ist mit Sicherheit bisher nur im Cult des Juppiter Dolichenus
nachgewiesen (S. meine Bemerkungen in Lehmanns Beitr. zur A.
G. 2, 235 n. 7), dessen Vorhandensein in Puteoli auch anderweitig bezeugt ist (*CIL.* X 1575. 1576). Aus Neapel stammt eine
ganz analoge Inschrift (*Not. d. Scavi* 1894, 173):

$$A \; B \; y \; \delta \; \epsilon \; \zeta \; \eta \; \vartheta \; \iota \; \varkappa \; \lambda \; \mu \; \nu \; \xi$$
$$O \; \Pi \; P \; C \; T \; Y \; \Phi \; X \; \Psi \; \omega$$
$$KEΛEYCANTOC \; TOY \; ΘEOY$$

die wenigstens so viel zeigt, dass das göttliche Wesen, dem dies Anathem dargebracht wurde, männlich und nicht weiblich war: es ist
mir also das wahrscheinlichste, dass auch die obige Tafel von
einem Dolichenus-Verehrer seinem syrischen Namen dargebracht
worden ist.

Es wird bei dieser Gelegenheit nicht unangebracht sein, auf die
ganze Gattung der sogenannten 'A B C - Denkmäler' einen Blick
zu werfen. Die christlichen Monumente dieser Art hatte de Rossi
Bull. di archeol. cristiana 1881, 125-146 mit der ihm eigenen
Gründlichkeit und umfassenden Sachkenntnis besprochen, dabei
auch über die verwandten heidnischen Denkmäler manches Licht
verbreitend. Ueber griechische Alphabetvasen hat Kalinka, Mitth.
des Athen. Instituts 1892, 101 f. eingehend und sorgfältig gehan-
delt. Auf beide Vorgänger fussend, das von ihnen beigebrachte
Material mit manchem eigenen, besonders aus der mystischen
Litteratur der Zauberpapyri u. s. w. vermehrend, hat neuestens
A. Dieterich (Rhein. Museum LVI 1901, 77-105) die ganze Denkmä-
lergruppe aufs neue behandelt. Er kommt zu dem Resultate: « die
Verwendung der Buchstaben als Zauberzeichen führt uns an die
Schwelle jener Zeiten, da es eine geheime grosse Kunst war, die
Schriftzeichen zu handhaben; sie lässt sich verfolgen von den
Urzeiten durch die verschiedensten Religionen, bis ins Christentum
hinein, bis in unsere Tage ».

Die Untersuchung Dieterichs imponiert durch die umfassende
Belesenheit, mit der die Beispiele aus den entlegensten Quellen
zusammengebracht, durch die Geschicklichkeit, mit der sie gruppiert und durch die Bestimmtheit, mit der die Folgerungen ausgesprochen werden. Trotsdem scheint mir ihr Endresultat äusserst
zweifelhaft. Ein Bedenken wird sich dem Leser bei der Lectüre
schon von selbst aufdrängen. Nach Dieterich handelt es sich um
einen Glauben oder Aberglauben, der durch alle Jahrhunderte nachweisbar und auf den manigfachsten Gebieten des Lebens wirksam
gewesen sein soll. Mit dem Alphabet, meint er, habe man die
Häuser der Lebenden vor bösem Zauber, die Gräber vor Ent-
weihung geschützt; andersaits sei das Alphabet als Defixionsmittel,
um Feinden zu schaden verwandt u. s. w. Wie kommt es, dass
von diesem Brauch sich nicht der geringste Niederschlag in unserer Litteratur erhalten hat? « Kein Schriftsteller spricht von diesen rätselhaften Alphabetreihen « sagt Dieterich selbst (S. 89). —
Aber er führt eine stattliche Menge monumentaler Zeugnisse für
seine These an, indem er gleichzeitig für deren Erklärung das Prinzip aufstellt « für alle gleichartigen Denkmälertexte solcher Reihen
muss e i n e Erklärung passen, und kann nur so ihre Richtigkeit beweisen ». Nun ist dies Prinzip an sich höchst bedenklich und Dieterich selbst ist genöthigt, es zu durchbrechen, wo er auf neuere
Zeiten, in denen wir klarer sehen, zu sprechen kommt. Was aber
die einzelnen Denkmäler betrifft, so sind seine Angaben öfters der
Berichtigung bedürftig, wie im folgenden an einer Nachprüfung
der lateinischen gezeigt werden soll.

Die von Dieterich zusammengestellten lateinischen Monumente
lassen sich in zwei Gruppen scheiden: erstens wirkliche *tituli*, mehr
oder minder sorgfältig eingegrabene Inschriften auf Stein und Metall,
zweitens Graffiti, Kritzeleien auf Wandstuck oder auch auf nassem
Thon von Gefässen und Ziegeln. Die Inschriften der ersten Kate-
gorie, mannigfaltig in der Form, höchst verschieden nach Ent-
stehungszeit und Ort, betrachtet D. als ein besonderes Beweis-
mittel für seine These, das Alphabet stehe da « als zauberkräftige
mystische Zeichenreihe, als Abwehr der Dämonen und übeln Zau-
bers, oder als wirkungsvoller Geheimspruch ». « Giebt es eine andere Erklärung » — fragt er S. 95 — « die zugleich diesen Schmuck
der antiken Graburne und des christlichen Reliquienkastens, des

heiligen Taufgefässes und der Grabplatte im Columbarium mit dem Zusatze D. M. aufhellt? ».

Leider sind diese Beweisstücke durchweg hinfällig, da sie den von Dieterich supponierten Charakter nicht haben: nicht Graburne sondern Krug, nicht Grabplatte sondern Marmorfragment, nicht Reliquienkasten sondern Schatulle wären die richtigen Bezeichnungen. Sehen wir die einzelnen Stücke an.

Die « Grabplatte aus dem Columbarium » (1) ist eine aus zwei Fragmenten zusammengesetzte Marmortafel, die 1861 in vigna Aquari an der Via Latina gefunden ist (*CIL*. VI 6831). Sie enthält auf jeder Seite vier regelmässige Alphabete, in folgender Anordnung:

Vorderseite:

a *b*

```
A B C D E F G H   I K L M N O P Q R S T u x y z
A B C D E F G H   I K L M N O  P  Q R S  t u x y z
A B C D E F G H I K L M   N O P Q R S T V X Y Z
A B C D E F G H I K L   M
N O P Q (III)
```

Rückseite:

b   *c*

```
a b c   D E F G H I K L M N O P   Q R S T V X Y Z
a b c   D E F G H I K L M N O P   Q R S T V X Y   z z z
       A B C D E F G H I K L M   N O P Q R S T V X Y   sic
         C A B C D E F   G H I K L M N O P Q R S T
                         V X Y Z  D · M · S
```

Die Disposition der Buchstaben lässt klar erkennen, dass die Alphabete erst auf die Platte geschrieben sind, nachdem dieselbe schon rechts unten (resp. auf der Rückseite links unten) gebrochen war (1). Ein solches Marmorstück kann natürlich nimmermehr eine

(1) Dieterich hat, obwohl er das Corpus citirt, nur Henzens erste unvollständige Publication (*bull. dell'Ist.* 1862, 29, wo nur Fragment *a*) benutzt. Der Rest vor A im Anfang der vierten Zelle der Rückseite könnte zu einem Interpunktionszeichen gehört haben.

Grabplatte gewesen sein; es ist vielmehr, wie de Rossi (*bull.
crist.* 1881, 180) einleuchtend erklärt hat, ein als wertlos wegge-
worfenes Stück Marmor, auf dem ein Steinmetzlehrling seine Schreibübungen gemacht hat. Freilich glaubt D. dagegen einen entscheidenden Einwand zu haben. «Hat der Steinmetzlehrling», fragt
er S. 82, «auch die Buchstaben D·M·S. am Schlusse der letzten
Reihe mitgeübt?». Ich glaube, de Rossi würde unbedenklich mit
ja geantwortet, und den Frager z. B. auf das Aushängeschild eines
römischen *marmorarius CIL.* VI 9556 (in der Galleria lapidaria)
verwiesen haben, welches lautet: *DM. titulos scribendos vel si-
quid operis marmorari opus fuerit hic habes.* — Neun Zehntel
der Aufträge, die der römische *scarpellino* bekam, mögen mit den
ominösen Buchstaben D. M. angefangen haben! Dass aber ein Stein,
der in einer Nekropole gefunden wird, desshalb noch kein Grabstein
ist, liegt auf der Hand: und wo der Aquarische Stein gefunden
ist, ob im freien Lande oder vermauert oder sonst wie, wissen
wir nicht.

Gleich schlecht steht es mit dem «Reliquienkästchen» (2),
das als apotropäischen Schmuck das Alphabet viermal in Kreisen
angeordnet, tragen soll. Es handelt sich um die *bull. crist.* 1880
Tf. VII abgebildeten Beschläge eines Kästchens, um dessen Schlüs-
sellöcher sich viermal das Alphabet von A-Z findet; zwischen den
Kreisen steht VIVAS·IN·DEO. Dass es sich hier einfach um ein
Sicherheitsschloss handelt, dessen Zuhaltungen mit Hülfe der vier
Alphabetscheiben gestellt werden konnten, haben ausser de Rossi
a. a. O. auch Sachkenner wie Mau und Martinetti (*bull. dell'Istituto*
1880, 132) angenommen. Nach Dietarich (S. 86) soll die Inschrift
VIVAS·IN·DEO «auf einen Zusammenhang mit Tod und Grab
hinweisen»: was niemand der christliche Epigraphik kennt, zugeben
wird (s. De Rossi *bull. crist.* 1880, 172 f. und D. Cabrol, *Diction-
naire des ant. chrét.* I, 250 f). Es handelt sich um ein besonders
wohl verschlossenes Geld- oder Schmuckkästchen; von einer Bestimmung als Reliquienbehälter ist keine Spur. — Dem gleichen praktischen, nicht mystischen Zweck diente die *bull. crist.* a. a. O. Fig. 2
abgebildete Schlüssellochplatte (3) mit dem Alphabet zwischen
zwei Kreisen.

Endlich die in Karthago gefundene «Taufkanne» (4). Diese
ist ein roh gearbeitetes und roh verziertes Thongefäss, welches auf

dem Halse das Kreuz, links und rechts davon zwei Fische, unter
dem Querbalken des Kreuzes aber die Buchstaben

$$\frac{}{A\,|\,B^c}$$

zeigt (Abb. bei De Rossi, *bull. crist.* 1880 Tf. VIII, Erläuterung 1881, 125 ff.). Die Anordnung macht es wahrscheinlich, dass
der Töpfer an das $\frac{}{A\,|\,\omega}$ dachte, welches ja oft in dieser Stellung
erscheint. Die Kanne ist ferner nicht « unter den Resten eines
Baptisteriums » (Dieterich S. 85), sondern in einem Brunnen 34 m.
vom Baptisterium, zusammen mit Lampen-, Vasen- und anderen
Scherben gefunden. Und das Baptisterium ist, wie de Rossi selbst
hervorhebt, für die Taufe *per immersionem* construirt; selbst die
Möglichkeit zugegeben, dass der Krug einmal bei der heiligen
Handlung gedient habe, bleibt doch die Annahme gänzlich willkürlich, dass er besonders für diesen Zweck gemacht sei.

Ehe wir die « Graburne » betrachten, wird es erforderlich
sein, die übrigen von D. angeführten Steinschriften zu mustern.
Darunter ist der sacrale Zweck ohne weiteres klar für den (5) Stein
von Carnuntum (Archaeol. epigr. Mitth. XVI, 1893, 176; *CIL.*
III S. n. 11186 vgl. p. 2281) mit

$$A\,B\,C\,de\,fg\,|\,I\,I\,K\,L$$
$$M\ \ N\,o\,pqrs\,|\,T\,V\,X\,Y\,Z$$
$$\text{EX VISV}$$

der in einem Dolichenus-Heiligthum gefunden ist. — Hingegen ist
nicht minder klar , dass das Fragment (6) aus Lambaesis (*CIL.* VIII,
3317) auf der Rückseite eines Pilasters mit Kapitell

$$A\,A\ \ B\,B\ \ C\,C\ \ D\,D$$
$$G\ \ H\ \ I\,K\ \ L\ \ M\,N$$

$$\text{G I S}\qquad\text{E P S I B}$$

$$\text{M I M F SRIVTA}$$

wiederum nur Schreibübung eines Steinmetzen ist. Die grossen Buchstaben in der Mitte erinnern an ET SIBI, was als Schluss von Grabschriften ebenso häufig ist, wie D.M.S. als Anfang. Ebenso wenig kann ich einen Grund sehen, das bei Aquileia gefundene Säulenstück (7), auf dem in schlechten Buchstaben das Alphabet A-Z eingeritzt ist (Archaeol. epigr. Mitth. 1881 p. 124 n. 16; Pais, *suppl. vol.* V 218) für etwas anderes zu halten als für eine Schreibübung.

Zweifelhaft bleibt der Charakter zweier rechteckiger Steinstücke, aus der Sammlung Hernandez in Trapani, die Mommsen (*CIL.* X, 8064, 1, 2) als *formae lapideae* bezeichnet. (8) Vereinigt man beide, wie beistehende Figur zeigt (¹) so erhält man zwei Alphabete von 22 Buchstaben, das eine Mal zu 10 + 12, das andere

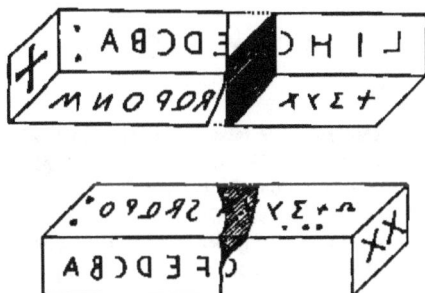

Fig. 2.

zu 12 + 10 gruppiert. Ob sie überhaupt antik sind und zu welchem Zweck sie gedient haben, bleibt unklar. Wie vorsichtig man sein muss mit derartigen Stücken, zeigen die verschiedentlich als antik publizierten Stäbchen und Würfel mit der rätselhaften Inschrift: NH, LS, ND, TA, SZ, NG, deren Auflösung man Eph. epigr. VIII, p. 527 nachlesen kann.

(¹) Mommsens Originalabschrift lag mir durch Dessaus freundliche Vermittelung vor. — In der letzten Zeile ist nach 0 zu ergänzen k i l m n, obwohl Mommsen keine Lücke oder Verletzung angiebt. Das V fehlt in beiden Reihen nur zufällig.

Es bleibt (9) die Platte aus Verona (*CIL.* V, 8892), welche
in runden Vertiefungen je einen Buchstaben zeigt:

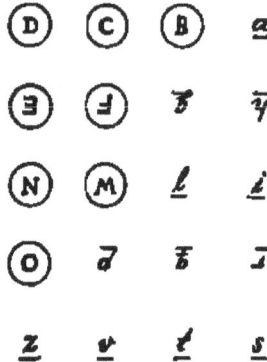

Fig. 3.

(Mommsens Abschrift; die jetzt verlorenen Buchstaben B, M, O
nach Venturi, *storia di Verona* I, 195: das Original ist leider,
nach freundlicher Mitteilung D. Antonio Spagnuolos, in Museo ci-
vico nicht mehr aufzufinden). Die eigentümliche Anordnung der
Buchstaben (welche mit dem gleich zu erwähnenden römischen Fragmente n. 11 stimmt) läset mir auch hier eine sacrale Verwendung
möglich erscheinen.

    Diesen Inschriften hinzuzufügen sind nun drei weitere, die
Dieterich unbekannt geblieben sind. Erstens (10) die i. J. 1901 im
Kloster S. Francesca Romana gefundene Platte mit

$$i \mid O \cdot M \cdot D$$
$$a\,b\,c\,d\,|E\,F\,G\,H\,I\,K\,L\,M$$
$$n\,o\,p\,q\,|R\,S\,T\,V\,X\,Y\,Z$$

(von mir herausgegeben in Lehmanns Beiträgen zur A. G. 2, 235
p. 7): wie die Anfangszeile bezeugt, ein Anathem an Dolichenus.
Sodann (11) ein Fragment einer Marmorplatte im Magazin der
Diocletiansthermen, beiderseitig beschrieben:

Vorderseite (Buchst. 0,018):

$$\begin{array}{ccc} & \text{ZX} & u\ t\ s \\ r\ q & \text{ON} & m\ l\ i \\ h\ g & \text{FED} & c\ b\ a \end{array}$$

Rückseite (Buchst. Z. 1. 2 hoch 0,008, Z. 3. 4 hoch 0,01):

$$\begin{array}{cccc} h\ {\iota}\ {\iota}\ {n} & \text{XZ} & \\ v\ q\ p\ o\ t & \text{CHI} & f\ u\ u\ o\ d \\ z\ x\ u\ l & \text{SRQ} & p\ o\ n \\ m\ l\ i\ h & \text{DEFG} & c\ b\ a \end{array}$$

Die Art wie hier das Alphabet von 22 Buchstaben (ohne K und Y)
in linksläufiger Schrift sich findet, legt allerdings die Vermutung
nahe, dass es zu mystischen Zwecken verwendet gewesen sei. —
Als letztes (12) führe ich ein Fragment einer grossen Marmortafel
im Antiquarium des Orto Botanico bei S. Gregorio an, welche in
schöner Schrift nur die 6 cm. hohen Buchstaben enthält

$$\boxed{A\ B\ C\ D\ E}$$

Fassen wir unsere Beobachtungen über diese erste Gruppe
zusammen, so ergiebt sich:

Sacrale Bestimmung haben, ausser dem an der Spitze stehenden
          Puteolaner Stein, sicher n. 5. 10, vielleicht auch 9. 11.
Praktischen Zweck haben 2. 3.
Schreibübungen sind 1. 6. 7.
Unsicher bleiben 8. 12.

Von den sicher sacralen sind zwei Votive an Dolichenus; auf
orientalischen Geheimkult weist durch seinen Bildschmuck der Pu-
teolaner Stein, durch linksläufige Schrift wohl auch der Veronen-
ser n. 9 und der römische n. 11. Von einem Zusammenhang mit
Unterwelts- und Totencult ist nichts nachzuweisen.

Den Uebergang zu den Graffiti mag der merkwürdige Stein
aus dem Circus Flaminius bilden, der von de Rossi (*bull. crist.* 1881,

136; *IChr.* 2, p. 46) und vollständiger von mir (in diesen Mitth. 1894, 92; *CIL.* VI, 29840 *a*) herausgegeben ist. Dieterich, der nur die Publikation de Rossis kennt, legt Wert darauf, dass das lateinische Alphabet nur bis X reicht: das sei das « im Zauber festgebliebene altertümliche Alphabet ». Er hat dabei übersehen, dass der Stein nach X verletzt ist, und dass dem Raume nach zu schliessen die Buchstaben Y und Z nicht gefehlt haben. Uebrigens gehört die Inschrift, wie ich a. a. O. auseinandergesetzt habe, nicht ins VI. oder VII, sondern erst ins VIII. oder IX. Jhdt n. Chr.

Die umfangreichste Gruppe der Graffiti liefert natürlich Pompeji. Zu den vol. IV n. 2514-2540 *c* verzeichneten Alphabeta kommen in den Addenda desselben Bandes die n. 3208-3222; die Supplementa, welche mir durch Mau's Freundlichkeit zugänglich sind, werden über fünfzig weitere, griechische und lateinische, Reihen bringen. Seit Nissens und Zangemeisters einleuchtender und naturgemässer Erklärung hat Niemand daran gezweifelt, dass diese Alphabete von Müssiggängern, namentlich von Kindern, eingekratzt seien: eine verhältnismässig grosse Zahl stehen in geringer Höhe über dem Boden. Dieterich will auch diese Kritteleien in den Bann seines « Alphabetzaubers » ziehen. « Es hat », sagt er S. 96, « immer Verlegenheit bereitet (wem?), dass die lateinischen pompejanischen Wandalphabete alle mit X schliessen, obwohl es doch sicher ist, dass die meisten von ihnen geschrieben wurden, als längst Y und Z im Gebrauche waren. Eine seltsame Methode in der Hartköpfigkeit der pompejanischen Schuljungen, über ein Jahrhundert kein Y oder Z zu adoptiren!» Damit wird ignoriert, dass, wie Zangemeister längst *CIL.* IV p. 164 bemerkt hatte, nicht nur Kaiser Augustus sein Alphabet mit X beendigte (Sueton. Aug. 88), sondern auch der Fachmann Quintilian zwei Dezennien nach dem Untergange Pompejis das X als *nostrarum ultima* bezeichnet. Es wird ignoriert, dass ein grosser Teil der Alphabete die Anordnung AX BV CT DS usw. zeigt, welche, wie Cavedoni (*bull. dell'Ist.* 1853, 163) aus einer Stelle des Hieronymus nachgewiesen hat, einer bekannten Schreibübung in römischen Schulen entspricht. Die für die Beurteilung so wesentliche Tatsache, dass die Zeichen sehr häufig am untersten Teile der Wand stehen, wird erwähnt, ohne dass zur Widerlegung der Vorgänger ein Versuch gemacht wird. Schliesslich: Dieterich spricht von der

« erstaunlich grossen Anzahl » der Alphabete auf pompejanischen
Wänden. In Wirklichkeit sind vollständige Alphabetreihen ziemlich
selten: vier Fünftel aller im Corpus gesammelten brechen nach dem
achten, fünften, vierten, zweiten Buchstaben ab. Wie erklärt es sich
Dieterich, dass nur so selten die löbliche Absicht, ein Haus durch
eine altertümliche Alphabetreihe vor bösem Zauber zu bewahren.
nicht vollständig zur Ausführung gekommen ist? Denn Vollstän-
digkeit gehört ja zum Zauberspruch. — Ich glaube eher, dass in
den meisten Fällen dem jungen Schreibkünstler die Sache zu lang-
weilig geworden ist — wenn ihn nicht eine kräftige Ohrfeige des
Atriensis in seiner litterarischen Tätigkeit unterbrochen hat! —
Wie die apotropäischen Symbole aussahen, durch die der alte Pom-
pejaner sein Haus vor dem *malocchio* zu schützen suchte, wissen
wir doch gut genug — sie sind, wie das der Zweck mit sich bringt,
auch ganz anders augenfällig, als die fein gekritzelten, nur mit
Mühe zu entdeckenden Alphabetreihen.

Kurz hinweggehen kann ich über die Alphabete, die sich
auf Ziegeln vor dem Brennen eingegraben finden (*CIL.* III p. 962.
III S. 11438. Arch. epigr. Mitth. VIII 46. Brambach *CIR.* 110):
sie haben mit Alphabetzauber ebensowenig zu thun, wie das gelegentlich auf einem Ziegel eingeritzte *Arma virumque cano* mit
der Verwendung von Vergilversen zu mystischen Zwecken. Ein Wort
aber muss noch gesagt werden über das gleichfalls vor dem Brennen
eingeritzte Alphabet auf einem kleinen in Maar bei Trier gefundenen Thongefässe (Korr. Bl. der Westd. Ztschr. 12. 1893 p. 201 ff.)
Hier steht das Alphabet am unteren Rande des Kruges, die Buchstaben kopfüber; um den Bauch des Gefässes in richtiger Stellung
die Worte

ARTVS FVTVTOR

ART LIGO DERCOMOGNI FVTVTOR.

dies alles vor dem Brennen in den nassen Thon eingegraben; hinter
der Doppelzeile, mit einem spitzen Instrumente nach dem Brennen
eingeritzt, APRILIS FESTO (?). Für Dieterich ist dieses Gefäss
ein Hauptargument. « Es handelt sich », sagt er S. 61 « um einen
Defixionszauber und es muss hier ausdrücklich bemerkt werden,
dass das Gefäss auf dem römischen Gräberfeld ausgegraben ist »;
später figuriert es nochmals als « heidnische Graburne », deren Al-

phabet in altertümlicheren Formen gehalten sei. Dagegen ist zu
bemerken: das Gefäss ist keine «Graburne» — konnte auch, bei
17 cm. Höhe und einer oberen Oeffnung von er. 2 cm. Dm., niemals
als Aschengefäss dienen; Lehner (Korr. Bl. a. a. O.) bezeichnet es
immer als «Kröglein». Einige Buchstabenformen des Alphabets
sehen etwas anders aus als die der Inschrift, haben aber keines-

Fig. 4.

wegs besonders archaische Formen; ich kann in der Inschrift nichts
weiter erkennen als die müssige Kritzelei eines Töpfers, die in einer
Linie steht mit den zahlreichen ähnlichen poetischen und unpoe-
tischen Ergüssen germanischer und dacischer Ziegelstreicher. Treffend erinnert Lehner an das «vulgär-naturalistische» *billet doux*
auf dem Ziegel aus Dortelweil (Korr. Bl. d. Westd. Ztschr. X, 1891,
161). — Endlich die Mainzer Urne (Becker p. 110 n. 6), über die
ich der Freundlichkeit Dragendorffs und Schumachers genauere Mitteilungen verdanke, ist allerdings als Graburne verwendet gewesen;
sie enthält noch calcinierte Knochenreste ([1]). Aber ob sie für diesen

([1]) Schumacher ist geneigt, die Urne nach Form und Technik spätestens
hadrianischer Zeit zuzuweisen; zusammen mit ihr gefunden sein soll eine

Zweck eigens angefertigt ist, möchte ich bezweifeln; dass das Alphabet mit seinen Interpunktionszeichen keinen andern als ornamentalen Zweck gehabt hat, scheint mir, bei der Stellung der Schriftzüge (s. Fig. 4) ziemlich gewiss.

Das Resultat unserer Nachprüfung also ist: die Monumente lateinischer Schrift wissen nichts von einem «Alphabetzauber», der sich seit Urzeiten durch alle Jahrhunderte hindurchzöge. Bestände die apotropäische Bedeutung, die Dieterich, namentlich auch in Bezug auf Tod und Grab, voraussetzt, so müssten die zehntausende von Grabmonumenten schon mehr Belege geliefert haben, als die eine «Columbarientafel», die keine ist. Mit welchem Material die Verfasser der *tabellae defixionum* arbeiteten, können wir an hunderten von Beispielen darthun; D. hat nicht ein einziges Beispiel seines Alphabetzaubers von einer bleiernen Verfluchungstafel beibringen können. Also auch die Monumente schweigen, wie die litterarische Ueberlieferung. Wir werden danach schliessen, dass jener supponierte uralte Glaube an die Zauberkraft des Alphabets wenigstens auf römischem Boden überhaupt nicht existiert hat. Aber zum gleichen Resultat würde eine Prüfung der von D. beigebrachten italischen und griechischen Alphabete führen, auf die ich nicht in gleicher Ausführlichkeit eingehen kann (¹).

Münze mit *Aurelius Caesar Aug. P. Fel. trib. pot. VIII cos. VI.* Das würde den Schluss nahe legen, dass die Urne erst geraume Zeit nach ihrer Anfertigung zum Begraben verwendet worden ist.

(¹) Nur auf einige Details sei hingewiesen. Unter den schriftlichen Monumenten figuriert auch eine Grabplatte aus Frascati mit

ΑΒΓΔΕΖΗΘΙΚΛΜ
ΠΟΝΤΙΙ

' Le lettere del greco alfabeto sono tutte tagliate nella loro base da un solco rettilineo (also getilgt)..... l'alfabeto e il titolo sono di mani diverse' sagt ausdrücklich de Rossi *bull. crist.* 1881, 131. Trotzdem behandelt Dieterich (S. 81) beide als zusammengehörig, und vindiziert dem Alphabet sepulcrale und mystische Bedeutung. — Und gar die Buchstaben ΑΒΓΔΕΖ auf der Schriftrolle, die ein kahlköpfiger Alter auf der pompejanischen Lampe *bull. dell'Istituto* 1871, 253 hält, sollen apotropäischen Zweck haben, während sie natürlich nichts sind als Andeutung von Schrift im Allgemeinen. Besonders willkürlich aber ist die Interpretation eines griechischen Papyrusfragments,

Freilich bleibt, nach Beseitigung aller willkürlich gedeuteten Denkmäler noch eine kleine aber merkwürdige Gruppe von Alphabetinschriften übrig, zu welcher die gehört von der unsere Untersuchung ausgieng. Sie zeigen das Alphabet als Anathem für Gottheiten. Die beiden einzigen sicheren Fälle (oben n. 5. 10) gehören dem syrischen Dolichenuskult an.

Aus dem Orient, aus Syrien und Aegypten ist in der späteren Kaiserzeit die mystische Verwendung des Alphabets auch nach dem Westen gelangt. Bessere Kenner orientalischer Superstitionen mögen uns darüber belehren, auf welchen Factoren dieser Aberglaube sich in seinen Ursprungsländern aufbaute. Es ist verständlich, wenn auch die christliche Kirche den mystischen Alphabetspeculationen — so viel sie auch davon als häretisch bekämpfte — nicht ganz fern geblieben ist. Ein klassisches Beispiel bietet der (von de Rossi *bull. crist.* a. a. O. S. 140-146 ausführlich erläuterte) rituelle Gebrauch der Alphabete bei der Einweibung einer Kirche, den auch Dieterich als effektvollen Schluss seines Aufsatzes verwendet hat. Aber wenn er schliesst « wie die Alphabete von der Kirche offiziell ausgedeutet werden, weiss ich nicht. Ich denke wir wissen genug » — so werden wir es ablehnen, dieses Wissen zu begründen auf einen angeblich in die Anfänge aller Cultur zurückführenden Alphabetzauber, statt auf eine ganz localisierte und vielleicht nicht einmal sehr alte orientalische Superstition.

Rom.   CH. HUELSEN.

---

das für D. einen Eckstein seines ganzen Gebäudes bildet, indem es die Deutung der Reihen ' unmittelbar nahe legt ' (S. 95). Unter den Papyrus, die mit der Sammlung Anastasy ins Leydener Museum gekommen sind, befindet sich ein Blatt welches beiderseitig mit Reihen wie α βα γα δα ζα — ε βα γε δε ζε u. s. w. beschrieben ist. « Dass jenes Papyrusblatt aus dem Grabe zusammengehört mit den grossen Zauberbüchern gleichen Fundorts, die mit ihm zusammen erworben worden, darf wahrscheinlich genannt werden » sagt Dieterich S. 50, und so wird denn das Syllabar zu einem Grabzauberbuch. — Aber Anastasy hat seine Papyri im Laufe seiner jahrelangen diplomatischen Thätigkeit in Aegypten zusammengekauft, nicht für einen ist der Fundort überliefert, und dass das fragliche Blatt mit den grossen Zauberpapyri zusammen erworben sei, ist blosse Vermutung D.'s.

ANTIKE ARCHITEKTURMALEREI.

Meine erste Reconstruction der Ara Pacis (oben 1894 S. 211ff.) gab Anlass, die gleichzeitigen Wandmalereien der römischen Häuser auf dem Palatin und im Trastevere zum Vergleich heranzuziehn. Als letzte Consequenz der im sogen. zweiten Stile waltenden Tendenz, durch auf die Wand gemalte Baulichkeiten die Wand selbst scheinbar aufzulösen, den engen Raum des Zimmers zu erweitern, zu öffnen, stellte sich dabei die in jenen Wandmalereien so beliebten Mittelstücke dar. Was hier meist unter einer zweisäuligen Prostasis — um einen griechischen Namen statt des unbequemen lateinischen 'Aedicula' und statt des modernen 'Pavillon' zu gebrauchen — sich dem Anblick darbot, erschien wie andern auch mir im Ganzen und im Zusammenhang jener vor- und zurückliegenden Gebäude, jener teils geschlossenen, teils sich öffnenden Wände als durch eine Wandöffnung gesehene Wirklichkeit, während Man, dies ablehnend, sie als eingerahmte Tafelbilder erklärt hatte. Als ich dann acht Jahre später die Ara Pacis mit bereichertem Material abermals behandelte und dabei auch den künstlerischen Gedanken nachging, durch welche die Auswahl und Anordnung ihres ornamentalen und figürlichen Schmuckes bestimmt worden war, da trug die Vergleichung der Wandgemälde reifere Frucht. Ganz besonders deshalb, weil unsere Kenntniss jener Architekturmalerei durch die inzwischen erfolgte Entdeckung der Villa von Boscoreale sich bedeutend erweitert hatte (¹). In diesen neugefundenen Malereien, meinte ich, seien uns ältere einfachere Phasen jenes 'Architekturstiles' erhalten, welche schrittweise zu jenen gewölbten Prostasen mit Ansblick, die in den römi-

(¹) S. Barnabei, *La villa pompeiana di P. Fannio Sinistore* Rom 1901.

schen Wandmalereien als etwas Fertiges vorlägen, den Uebergang
bildeten (¹).

Dem gegenüber hat Mau (oben 1902 S. 179 ff.) seine frühere
Ansicht sehr ausführlich dargelegt mit einer Modification, durch
die er von meiner Auffassung noch etwas weiter abrückt. Zu dem
Rahmen des 'Tafelbilds', als welcher ihm schon früher die ge-
säulte Prostase erschien, und den er nunmehr ' Bildträger ' nennt,
hat er jetzt auch noch einen ' Wandschirm ' erdacht : das Wort
wird sogleich seine Begründung erhalten. Was mir und andern
Prospekte oder Ausblicke sind, erklärt er nach wie vor für Tafelbilder, und keine Entwickelung führe zu ihnen von den Boscorealewänden hinüber; über die Entstehung und Bedeutung des Mit-
telbaus mit Bild an den römischen Wänden sei dort wo ich
ihren Ursprung erkennen wollte ' absolut nichts zu lernen '. Die
beste Widerlegung solcher absprechenden Behauptung wird die
positive Darlegung der von Mau abgeleugneten Entwickelung im
II. Teile bilden; aber auch seine eigenen Anstellungen glaube ich
vorweg in einem negativen I. Teile erörtern zu müssen, weil zwar
vieles Einzelne daran in seiner Unhaltbarkeit leicht erkannt wird,
über gewisse Grundvorstellungen dagegen mir wenigstens zur Klarheit zu kommen nicht so leicht geworden ist.

Man beobachtet und beschreibt auch die kleinsten Dinge mit
grosser Genauigkeit; nur zu oft aber legt er dem Nebensächlichen
mehr Werth bei als der Hauptsache. Wer das bei so phantastischen
und widerspruchsvollen Gebilden· tut wie es die Architekturmalereien des zweiten Stiles sind, der gelangt unfehlbar dazu die
Dinge auf den Kopf zu stellen, ganz besonders wenn unrichtige Voraussetzungen hinzukommen und Einzelheiten in den Wandmalereien
falsch interpretiert werden. Es tut mir leid ein so hartes Urteil
auszusprechen, aber ich werde es an einigen der Beispiele begründen
aus denen Mau seine Theorie vornehmlich abgeleitet hat. Die Figuren die ich citiere sind die seines Aufsatzes. Sie sind im sepa-
raten Bande leichter zu vergleichen als wenn sie hier wiederholt
würden. Nur drei Stücke aus Boscoreale, hier S. 125 und 128 f.,
citiere ich als Fig. 5ᵃ, 5ᵇ und 5ᶜ.

(¹) Ara l'acis Augustae S. 148 ff.

I. Kritik der Wandschirm- und Bildträgertheorie.

1. Wandschirm. Ein Wandschirm, d. h. eine 'spanische Wand', die, mit reichem Schmuck versehen, gleichsam als Maske vor die unverzierte Wand gestellt wird, ist weder im ersten noch im zweiten Stil nachzuweisen. Solche Maskierung der Wände scheint griechischem Kunstgeschmack wenig zugesagt zu haben, wird durch schriftliche Ueberlieferung nicht empfohlen ([1]), und was Man in unsern römischen und campanischen Wandmalereien dafür ansgibt, ist vielmehr überall und immer die Wand selbst ([2]).

Im ersten Stil ist es der Gegensatz des oberen unverzierten Wandteils zum verzierten mittleren, welcher ihm die Idee eines Schirmes hervorrief, der diesen Teil decke, jenen nicht; und zwar deshalb nicht, weil er die (schmalen) Schlitzfenster nicht habe zudecken dürfen. Als ob es nicht möglich gewesen wäre, die Schlitze auch im Schirm anzubringen. Zugegeben aber dass das doch nicht möglich gewesen wäre, und dass kein andrer triftiger Grund auszudenken wäre, den Oberteil der Wand unverziert zu lassen: weshalb hätte dann der Schirm nicht wenigstens auch den unteren Teil verdeckt, dessen simples Gelb, einerlei ob es mit Man als Holzverkleidung zu verstehen ist oder nicht, von dem Schmuck des mittleren doch ebenso absticht wie der obere ([3])? Wie soll man sich

([1]) Semper, Stil I² 276 ff. hat manches über Wandschirm und ausgespannte Teppiche gesammelt. Aber auch S. 283. wo er sagt, das Motiv der Wandmalereien Pompejis sei 'nichts weiter als die Nachahmung solcher mit Draperieen und Scherwänden ausgestatteter Etoen', denkt er Teppiche und Scherwände nicht vor sondern anstelle von Wänden. Dass Teppiche auch vor Wände gehängt wurden ist gewiss, und danach wurden auch Wände mit Teppichmustern bemalt, wovon früher schon Beispiele in Pompeji gefunden wurden und neuestens wieder.

([2]) Man sehe doch nur die Laibungen, namentlich da wo diese Scherwände im rechten Winkel gebrochen herausspringen wie in Fig. 4 und 8, ihr Gesims in Fig. 3, 4, 5, 12 und gar die Gebälkverkröpfungen in Fig. 9, 13, 16. Nur zweimal so viel ich sehe erkennt M. auch wirklich eine Wand dahinter, S. 210 in Fig. 6 und S. 185 im Peristyl von Boscoreale, beidemal ohne Grund. Ebenda zu einer Wand von Pompeji (Gesch. IV) ist der 'Wandschirm' ihm selbst die Wand.

([3]) Man S. 181 fasst nur den Gegensatz des Oberen ins Auge, und S. 184 nennt er den Sockel von der übrigen Decoration unabhängig.

7

ferner den Schirm auf diesen unteren Teil gestellt denken, der,
wenn eine Holzverkleidung, doch nicht genug Ansladung haben
kann, noch hat, um eine spanische Wand darauf zu stellen? Auch
entgeht es Mau natürlich nicht, dass der Idee einer 'spanischen
Wand' nichts mehr widerspricht als grade die für diesen Wandteil
im 1. Stil übliche Imitation von Spiegelquadern farbigen Marmors
mit dem gleichfalls plastischen Zahnschnittgesims als oberem Abschluss (¹).

Mau sagt S. 179, das Grundmotiv des 1. Stiles erkenne man
besser in kleineren Zimmern als in den Atrien und Peristylien.
'Besser' sagt er, muss also doch auch in jenen das Grundmotiv
noch kenntlich finden. Ich wüsste jedoch nicht, wie einer es fertig bringen wollte, an solchen Wänden wie Mau, Gesch. Taf. I, II
zwischen den Pilastern einen Wandschirm zu sehen oder zu denken;
und was hier unmöglich ist kann dort nicht richtig sein.

Der obere unverzierte Teil dieser Wände ist in seiner Schmuck-
losigkeit auf alle Fälle indifferent, und es macht für die Vorstellung wenig aus, ob man mit dem Zahnschnittgesims nur
die Decoration oder auch die Wand abgeschlossen denkt. Das
Letztere wird durch die weitere Entwickelung empfohlen; denn im
2. Stile sind nun faktisch solche niedrige Wände, die oben noch
mitunter mit Zahnschnittgesims, meist mit einem leichteren und
nicht plastisch sondern nur malerisch gestalteten Sims abgeschlossen
sind, durchaus das Normale: 'Schirmwände' könnte man sie al-
lenfalls nennen, keineswegs aber Wandschirme; denn immer sind
sie selbst Wand, von einer ihrer Höhe entsprechenden Stärke;
auch in den, irre ich nicht, zwei einzigen Fällen, wo Mau dahinter
eine Wand entdeckt. Hat er sie doch auch selbst früher 'die niedrige Wand' genannt.

Der Zweck dem diese Scherwände in der Gesamtconception
der Wände 2. Stiles dienen wird sich im zweiten Teile als ein
sehr einfacher herausstellen. Dass es in antiker Architektur seit
Jahrhunderten derlei Scherwände gegeben hatte, über die hinaus
der Blick sich in zurückliegende Räume eröffnete, ist in meiner

---

(¹) Mau S, 181 f. Er hat sich eine recht künstliche Entwickelung aus-
gesonnen, und erschliesst aus denselben Wänden 1. Stiles alle Elemente dieser Entwickelung, sowohl den Wandschirm wie die mit wirklichen Quadern
verzierten Wände, wie deren Uebertragung auf den Wandschirm.

Ara Pacis S. 153 mit Beispielen belegt. Wie häufig sie grade
in derjenigen Zeit und Sphäre waren, welcher unsere Wandgemälde
entstammen, zeigen vortrefflich die beiden übereinstimmenden Seitenwände des *cubicolo* von Boscoreale. Darüber dürften hier ein
paar Worte am Platze sein, nicht blos deshalb, weil wohl noch
niemand darauf aufmerksam machte, sondern auch, weil es für die
Realität der in jenen Wandmalereien ausgesprochenen Baugedanken
ein gewisses Zeugnis ablegt, das grade auch Mau gegenüber an-
gerufen werden darf.

Nicht weniger als viermal finden sich, in jeder der beiden
Wände (s. Fig. 5ᵇ) fast gleich, solche Scherwände zwischen Säulen
oder Pilastern der dort übereinander aufgetürmten Gebäude: e r -
s t e n s bei dem tempelartigen Säulenbau sind die Säulenweiten
fast bis zu halber Höhe durch Schranken geschlossen; noch höher
sind solche z w e i t e n s bei der (ionischen?) Stoa daneben; d r i t-
t e n s ist bei dem nach, links bez. vorspringenden Erker
die grosse seitliche Oeffnung im unteren Teile dicht, darüber
durch Gitterwerk bis etwa zu halber Höhe geschlossen. Am merk-
würdigsten ist v i e r t e n s die unten an glatter Wand gleich neben dem geschmückten Tore herauskragende Loggia ([1]): unten
Kragbalken, darauf ein Sockel, über welchem vier schlanke Säulen
oder Pilaster Gebälk, verzierten Fries und flaches, mit Stirnziegeln
geschmücktes Dach tragen. Die Pilaster sind wieder bis zu etwa
halber Höhe durch Schranken verbunden. An zwei Bauten muss
diese Loggia erinnern, an einen wirklichen durch ihren Aufbau, an
einen imitierten durch ihr Vortreten aus der Wandfläche, und
diese plastische wie jene gemalte Imitation nöthigt an reale Bauten als Vorbilder der Wandmalerei zu denken. Der wirkliche Bau
ist die A r a P a c i s. Sie hat an beiden Fronten dieselbe Gliederung
wie die gemalte Loggia des *cubicolo*: Sockel, vier Pilaster, zwischen diesen Raumschluss unten, (scheinbare) Raumöffnung oben.
Sogar die an Bukranien aufgehängten Festons und die von e i n e m
Kelch sich ausbreitenden Ranken unten und Figuren im darüber
liegenden Teile kehren in gleicher Folge wie am Altarbau an der

---

([1]) Die hier angezogenen Beispiele von Scherwänden sieht man am besten an der linken Seitenwand des *cubicolo*. Nur auf deren linkem Seitenfeld sind an demselben Haus auch noch zwei ähnliche Loggien sichtbar, gegen deren eine aussen eine Leiter lehnt.

Loggia wieder, nur hier, wegen der **wirklichen** Raumöffnung
oben, um eine Stufe tiefer herabgerückt. Eine erstaunliche Uebereinstimmung!

Der andre nur imitierte Bau, welcher mit der Loggia gemeinsame Vorbilder hat, ist die gleichfalls doppelt, in den Fauces der
Casa del Fauno (Mau, Pompeji S. 276 f. Fig. 140 links) Jederseits zierlich und sauber in Stuck ansgeführte tempelförmige
Loggia. Diese hat ein Giebeldach, nicht ein flaches wie die andre,
aber sie kragt ebenso aus der Wand heraus und zwar ebenso, sei's
zum Schutz sei's zur Beaufsichtigung, neben dem Haupttor ([1]).

Also Scherwände, über die man aus dem Innern von Hallen,
Loggien, Tempeln hinausblickend die verschiedensten Dinge sehn
konnte, waren in alter, speciell in spätbellenistischer Zeit etwas
sehr Gewöhnliches.

2. Bild trä ger. Nicht sogleich von derjenigen Form dieses
vermeintlichen 'Möbels' soll die Rede sein, die Mau an den römischen Wänden das ' Tafelbild ' umschliessend findet, sondern zu-
vor von einem mixtum compositum aus ' Wandschirm ' und ' Bildträger ', das er an der Hauptwand des palatinischen Trikliniums
zu erkennen vermeint, ein Hauptbeispiel seiner nicht einwandfreien
Betrachtungsweise (Fig. 8, *Mon.* XI, 22). Widersprüche zwischen
einzelnen Teilen der Darstellung gibt es da genug, aber keinen,
soviel ich sehe, der nicht auf die Incongruenz der künstlerischen
Conception und ihrer Ausführung hinausliefe. Ganz andrer Art
sind die Widersprüche die Mau findet, und aus denen er unhaltbare Schlüsse zieht. Ziel und Schluss seiner Argumentation ist:
das Jobild sei nicht wie Wirklichkeit anzuschauen sondern als ein
Tafelbild. Seine Argumente, soweit sie zunächst aus der umgebenden Architektur, noch nicht aus dem Bilde selbst genommen sind,
lassen sich in folgende Sätze fassen:

1. nicht ein ' Wandschirm ' stehe da sondern zwei ' isolierte ', nicht bis in die Ecken reichende 'Wand'- oder 'Mauerstücke ';

2. diese roten Wandstücke hätten je ein Zwischengesims,
und, um sie vorm Umfallen zu sichern, wären Mauer und Gebälk

([1]) Mau S. 183 vergleicht sie, wie mir scheint, nicht zutreffend mit den
'kleinen Architekturen', die im 1. Stil nur ganz vereinzelt, öfter im zweiten
aber der Scherwand erscheinen.

un rechten Winkel gebrochen, das Gebälk vorn von Säulen unterstützt;

3. die beiden Mauerstücke hätten keinen andern Zweck
als das Tafelbild zwischen sich zu nehmen, das, in eine violette
Tafel eingelassen, mit den zwei Mauerstücken eine Nische bilde;

4. diese Nische soll aber durchaus kein Fenster sein, weil
sich die Architektur nicht gegen die Mitte steigere und nicht in
der architektonischen Einfassung des Fensters gipfele. ' Hier ist
im Gegenteil alle Sorgfalt darauf verwendet, die beiden Mauerstücke als soliden Bau ('), die Bekrönung des Bildes als leichtes
sie verbindendes Holzwerk erscheinen zu lassen. Sie gehört eben
nicht mehr zur Architektur; wie würde man auch in dieser einen
Fries so auf die beiden Gesimsenden legen '.

Von diesen Sätzen ist auch nicht ein einziger richtig, und
das Resultat auch an sich nicht annehmbar. Hier wie öfters muss
ich fragen, ob Mau sich wohl einmal das als existierend vorgestellt
hat was er mit seinen Argumenten zu erweisen glaubt. Welch
riesiger Aufwand um ein Tafelbild aufzustellen! Also gewiss ein
sehr kostbares Bild? Wie könnte man ein solches aber unvor-
sichtiger aufstellen? Das freilich trifft hier nicht zu was er S. 209
unbedenklich findet, dass ein solches Bild wohl oben und an den
Seiten aber nicht unten einen schützenden Rahmen habe, sondern
direkt auf den Boden gestellt sei; aber was schützt das Jobild
rückwärts, wie es vorn durch die Mauervorsprünge geschützt ist?

Und was ist denn nun eigentlich für ein Unterschied zwischen dem so mit allem Aufgebot bekämpften ' Fenster ' und der
von Mau statuierten Nische? Kein andrer als dass die Wandöffnung
mir nach beiden Seiten offen, ihm rückwärts durch das Bild geschlossen ist. Wie gross ist denn ferner der Unterschied zwischen
der architektonischen Krönung die Mau für ein Fenster verlangt,
und dem was tatsächlich hier über der Wandöffnung vorhanden
ist? Ist die Krönung mit Giebel oder *cresta* nicht wirklich
vorhanden? Wie sollte sie noch stattlicher sein? Macht sie einen
leichten, eleganten Eindruck. muss sie deshalb nothwendig von
Holz sein? Grade für solche *creste* habe ich früher 1894 S. 220
und jetzt APA. S. 145 ein ganz ähnliches Beispiel (sogar drei-

('). S. 198 heisst es von denselben: ' sie sind also eine Art Möbel '.

fach) in Marmor nachgewiesen. Man hat offenbar von dem was
antike Steinmetzen in Stein ausführten keine genügende Vorstellung,
und seine gelegentlichen Bestimmungen des Materials, aus dem
seiner Meinung nach der Wandmaler sich einzelne Teile der
phantastischen Constructionen gedacht habe, sind willkürlich und
auch deshalb misslich, weil es gar nicht nöthig ist, dass der Maler
sich das Material eines jeglichen Teils so bestimmt vorgestellt
habe. Wäre das der Fall, so würde damit die Phantastik derselben erheblich gemindert werden. Man's willkürliche Materialbe-
stimmungen sind aber auch deshalb misslich, weil sie meistens,
wie im vorliegenden Fall, ein Theil seiner Beweisführung sind (¹).
Dass der Oberbau über der mittleren Wandöffnung aus anderem
Material zu denken sei als die ihn tragenden Wände, ist aus
der Darstellung selbst nicht zu entnehmen; dass er von Holz sei
folgt gewiss nicht daraus dass sein Fries oder Gebälk sich auf
' die Gesimsenden legt '; denn niemand kann zweifeln, dass Gebälk auf Gebälk liegen soll. Aus der schmalen Unteransicht ist es
deshalb nicht zu folgern weil die Perspektive grade in diesem Punkte
in unsern Malereien oft mangelhaft ist; zweitens aber auch deshalb
nicht, weil Stein sich sehr wohl in so dünnen Platten sägen liess.

Bei seiner Beurteilung der Nischenkrönung hat Man aber ganz
das Stück roter Wand ausser Acht gelassen, das auf der Nischenüberdachung hinter der *cresta* sich .erhebt und sich oben mit
dem von Wandende zu Wandende über Pilastern und Säulen liegenden Gebälk verbindet. Dies jetzt fast ganz zerstörte aber sicher ergänzte Gebälk bildet mit den Eckpilastern, neben denen
aber auch noch ein Stück roter Wand steht (unten durch violette Pi-

---

(¹) Ein charakteristisches Beispiel bei Mau 8. 182. Er findet im 2. Stil
statt des Zahnschnittgesimses andre, ' die zwar architektonische Formen zeigen '; aber doch vielfach deutlich als in Holz gebildet erscheinen. Daraus
schliesst Mau ' dass den Erfindern (?) dieser Decorationen hölzerne Wandschirme eine geläufige Vorstellung waren '. Schade dass Man kein Beispiel
solcher hölzernen Gesimse aufführt. Wenn er aber gleich darauf als Beispiel
eines solchen hölzernen Wandschirms den ' Plankenzaun ' der Ara Pacis (Petersen S. 39) anführt so verstehe ich nicht recht was er denkt, ob etwa, dass
der Marmorwand eine spanische Wand, und zwar eine aus Planken gezim-
merte vorgesetzt scheinen solle; oder dass die Mauer selbst als leichter Schirm
sich darstellte, während ich gemeint hatte, dass sie den Zaun des Grün-
dungsfestes verewige.

laster verdeckt) und mit dem Sockel einen ununterbrochenen, den
ganzen ' Bildträgerwandschirm ' umschliessenden Rahmen. Dieser
Rahmen hat eine gewisse Tiefe, die oben an der Kassettendecke,
seitlich an der Wandlaibung im l. Durchgang, unten am Sockel
deutlich zu erkennen ist. In der Wandlaibung sieht man sogar
ein Fenster, so dass Hohlräume innerhalb des Rahmens zu denken sind. Mit diesem umgebenden Rahmen ist nun aber der ein-
gebaute vermeintlich isolierte Bildträger nach unten, nach den
Seiten hin und nach oben verbunden: nach oben durch den roten
Aufbau über der Kassettendecke; nach unten dadurch dass er
auf dem Sockel steht, und dass sogar die Gliederung des Sockels
derjenigen des ' Bildträgers ' durchweg angepasst ist. Nach den
Seiten endlich schliesst der Bildträger mittels der violetten Tür-
überdeckung an den Rahmen an. Auch hier sucht Mau wieder
den Zusammenhang zu negieren (S. 202). Den ' leichten dunkel-
farbigen Holzbau ', durch welchen die Verbindung hergestellt wird,
kann man ihm wohl zugeben, das Holz eben deshalb, weil er für
Spannung das naturgegebene Material war, aus dessen Leichtigkeit ' also keine besonderen Schlüsse zu ziehen sind. Leicht und
dünn musste die Verbindung sein, weil von der niedrigen Scherwand über der Tür nur wenig übrig war, und die schwerere, hohe
Krönung der Mittelöffnung zur Auszeichnung dienen sollte. Mit
Erstaunen liest man dann aber bei Mau S. 203: ' weshalb der
Maler diesen (Bildträger) durch jenen leichten Holzbau mit den
Ecken verbunden hat, ist nicht recht klar; wir müssen uns damit abfinden; vielleicht schien es ihm erwünscht einen über die
ganze Wand reichenden Verschluss herzustellen '. Mit andern Worten: Mau versteht nicht recht, weshalb das da ist was nach seiner Auffassung nicht da sein darf, und was er vorher geleugnet hat,
jetzt als bestehend anerkennt.

Wer nun noch einmal auf die Farbentafel blickt, wird ja
ohne Zweifel auch verstehen dass das violette ' Holz ' nicht nur
da vorhanden zu denken wo es sichtbar wird, in den Oeffnungen,
welche die roten Wände lassen, sondern dass dies nur die hier
allein sichtbaren Teile einer violetten Wand sind, die von einem
Ende bis zum andern geht, und vor der jederseits nicht eine
sondern zwei rote Wände stehn. Von diesen steht die eine, nie-
drigere weiter vorn, die andre, höhere weiter zurück, unmittelbar

an der violetten, so dass zwischen den beiden roten ein Abstand
bleibt. Dass dieser Abstand dicht an der Mittelöffnung nicht ebenso
deutlich sich darstellt wie weiter nach aussen ist einer jener Widersprüche die uns nicht beirren dürfen. Schliesslich ist doch
die Dicke aller drei Wände von einem bis zum andern Ende
gleich gross: die Gerade, an welcher die roten Wände unten enden,
bildet die vordere Grenze, auch auf der Schwelle des l. (und r.)
Durchgangs. Wichtiger noch ist zu beachten, dass dieselbe Gerade, welche, mit der Wandlaibung bündig, die Schwelle des Durchgangs hinten begrenzt, auch die Schwelle oder die violette
Wand in der mittleren Wandöffnung hinten abschneidet. Also
wird mit Unrecht von Mau behauptet, dass Johild sei in die violette Tafel ' eingelassen ' (¹); vielmehr liegt die vordere
Grenze des Johildes genau ebenso hinter der mittleren Wandöffnung, wie das Strassenbild links unmittelbar hinter der Schwelle
und Wandlaibung des l. Durchgangs.

Grade an den violetten Durchschnittsflächen dicht am Jobild macht nun Mau noch eine von seinen minutiösen Beobachtungen, denen er mehr traut als dem Augenschein des Ganzen:
' auf dieser beleuchteten Fläche ' (der unteren, im Gegensatz zu
den beiden nicht beleuchteten seitlichen) ' sieht sich seitwärts an
den Ecken und an dem hinteren Rande ein schmaler dunkler Schatten hin '; er bezeichne die Ecken. ' Also die Bildfläche ist nicht
eine Licht- sondern eine Schattenquelle, sie ist eben eine Tafel
nicht eine Oeffnung ' Die Beobachtung wird richtig sein; das Original ist zu zerstört, um sie heut nachprüfen zu können, aber
die Erklärung der Dunkelung längs der hinteren Kante ist es
nicht. Gesetzt auch dass eine schwächer beleuchtete Horizontalfläche
in Wirklichkeit, gegen eine stärker beleuchtete Vertikalfläche ab-
setzend, gegen den Winkel hin dunkler würde, (obgleich Ueber-

(¹) Ebensowenig wie hier ist das z. B. bei Fig. 6, wo Mau S. 103 es
findet, oder irgendwo sonst kenntlich. Mit dem palatinischen Bilde *Annali*
1875 tav. d'agg. K, von dem Mau S. 201 spricht, hat es eine eigene Bewand-
niss. Das vorspringende Gesims sollte zweifellos grade die Wandöffnung mar-
kieren. Getrübt wird der Eindruck durch den dunklen Strich, der, wie so oft
das Licht des Durchblicks stärker hervortreten lassen sollte, hier aber nachträglich ohne Rücksicht auf das Gesims, gedankenlos auch über dies weg gemalt ist.

legung dafür keinen Grund findet und Beobachtung sogar das Gegenteil fand, indem der Reflex sich auf der Horizontalfläche je näher
dem Winkel desto stärker zeigte), so wird doch solche Feinheiten
in der Schattengebung jenen Wandmalern niemand zutrauen, der
beobachtet, auf wie wenige Hauptsachen sie sich in dieser Hinsicht zu beschränken pflegen. Jeder von ihnen hat seinen eigenen
Maasstab; sie haben auch nicht alle gleiches Princip: einige lassen das Licht von einer Seite einfallen, andre wie durch ein Centralfen-
ster das Licht den Schatten nach beiden Seiten hin werfen. Der Maler
der palatinischen Wand, einer der tüchtigsten, gibt den Mauern, Gebälken, Sockelvorsprüngen Säulen vorn und rechts Licht, links Schatten, und begeht dabei solche Fehler, dass er z. B. die Stirn der gelben herausspringenden Gebälke, nicht beide licht, sondern die
linke beschattet malt; solche Inconsequenzen, dass wohl die Sok-
kel der grossen Säulen, nicht aber die Unterstützungen der kleinen,
auch die Säulen selbst keinen Schatten auf die Wand werfen ([1]).
Es ist völlig undenkbar dass derselbe mit jenen problematischen
' Eckschatten ' Mau hätte den Gefallen tun wollen, die Jo als
Tafelbild zu charakterisieren. Jene Dunkelungen leugne ich wie
gesagt nicht; sie erklären sich aber sehr einfach aus der Mal-
technik: wo immer eine beleuchtete Fläche gegen eine andre
von noch lichterem Farbenton absetzt, ist die Färbung jener gegen die Grenze etwas dunkler gehalten ([2]); umgekehrt etwas lichter,
wo sie gegen eine dunklere grenzt. Das geschieht eben des Ab-
setzens und schärferer Markierung wegen, wie am besten die grüne
Sockeloberfläche neben der für Mau so bedeutungsvollen Schnittfläche der ' violetten Tafel ' erkennen lässt. Was in dieser von
Mau beobachtet wird, wiederholt sich genau in jener. Am aller-
lehrreichsten ist aber der Pfeiler mit dem Götterbild. Die ganze
Joansicht hat, woraus ich keine Schlüsse ziehe, dieselbe Beleuch-

---

([1]) Als Beispiel studierterer und gleichwohl inconsequenter, z. T. arg
verfehlter Schattengebung führe ich *Mon.* XII, 10 (in Fig. 16 ist grade dies
wenig kenntlich) an.

([2]) Der gleichen Wirkung wegen sind z. B. in den esquilinischen Odysseelandschaften die trennenden Pilaster nach innen in leuchtendem Rot gemalt, nach aussen, gegen das Tageslicht in der Landschaft in dem dunklen
Violett, das auch an dem andern palatinischen Bilde (vgl. S. 96, 2) als Einfassung hinzugemalt wurde.

lung wie das Strassenbild im linken Durchgang und wie die ganze
Scherwand; also der Pfeiler hat vorn und rechts Licht: man sehe
aber den Schattenstreif, der die lichte Vorderseite von der noch
lichteren r. Nebenseite absetzt (¹)

Aus der Architektur der Scherwand ergibt sich also keineswegs, dass das mittlere Bild anders anzusehen sei als die seitlichen. Im Gegenteil. Fassen wir die bunte und complicirte Architektur dieser vorgespiegelten Scherwand noch einmal im Ganzen
ins Auge, um, durch ihren Reichtum und ihre Widersprüche unbeirrt, die Hauptsache auf uns wirken zu lassen. Vom Sockel bis
zur Decke und vom linken bis zum rechten Ende steht alles in
unlöslichem Zusammenhang, eben durch die in den Rahmen ein-
gespannte Scherwand. Die drei hintereinander liegenden Mauern,
aus denen sich diese zusammensetzt, haben dieselbe Dicke wie die
Kassettendecke. Dem Vortreten des Sockels mit seinen Säulen entsprach, jetzt wenig zu erkennen und allem Anschein nach perspektivisch nicht korrekt, das vordere Gebälk dieser Decke.

Das Hintereinander der Mauern und Säulen, die Durchbrechungen oder die Oeffnungen und Durchblicke, oberhalb der Scherwand und durch dieselbe, entspringen aus dem Princip dieser Wandmalerei, dessen Entwickelung im II. Teile zu verfolgen sein wird.
Leuchtet es denn nun nicht ein, das der ganze Aufbau der Scherwand stufenweise gegen die Mitte ansteigt, wo auch die Säulen
höher werden und stärker vortreten, und damit eben das sich
erfüllt was Man für ein Fenster in der Mitte verlangte; dass dies
Alles, in so symmetrischer Anordnung, zu den zwei seitlichen Durchblicken auch den dritten centralen heischt? Findet sich doch im
Sockel unter ihm dasselbe schwarze Ornamentfeld wie unter den
seitlichen. Es fragt sich also nur noch, ob sich denn durch seine

(¹) Nachdem Man aus den vermeintlichen Eckschatten beweisen haben
will, dass die Jobildfläche nicht eine Licht - sondern eine Schattenquelle,
eine Tafel nicht eine Oeffnung sei, findet er S. 200 dass im 1. Durchgang,
der auch nach Man's eigener Ansicht eine Wandöffnung darstellt, die Wandlaibung und die Schwelle gleichfalls nach hinten dunkler werden. Er erklärt
das auf seine Weise. Soviel aber bleibt gewiss, dass der Maler hier nicht daran
gedacht hat, die Wandöffnung als Lichtquelle erscheinen zu lassen. Also fordere
man es auch bei der andern nicht.

Malweise das Jobild von den seitlichen Durchblicken so wesentlich
unterscheidet.

3. Das Tafelbild. Auch das Jobild selbst hat Mau eingehender besprochen als die meisten andern seiner Tafelbilder.
Allerdings sind in der Reihe der Fälle, ‘ In denen ein Tafelbild
in unzweideutiger Weise gekennzeichnet ist ’ (S. 195), noch zwei andre Beispiele vorangestellt. Bei keinem von beiden ist irgend
ein positives Kennzeichen eines Tafelbildes nachgewiesen. Bei dem
zweiten (Gesch. VIII) ist das auch gar nicht möglich, weil das
Bild schon im Altertum ausgebrochen ist, und auch von Mau
nichts Sicheres darüber gesagt werden kann. Bei dem ersten (Mau
Fig. 0 = Gesch. V f.) wird sogar vielmehr das Gegenteil, nämlich
der Durchblick, durch die Teilung der Oeffnung mittels eines
Querbalkens zur Gewissheit. Wir werden dasselbe Mittel die Raumöffnung durch teilweisen Verschluss nur wirksamer zu machen,
schon fast ebenso in Boscoreale angewandt finden (Mau Fig. 4). Im
pompejanischen Bild ist das Blau des Himmels im oberem Abschnitt (zwischen dem Laube) dasselbe wie im unteren Abschnitt.
Mau leugnet es, aber seine Abbildung (Gesch. VI) widerspricht ihm.
Er erkennt oben auch einen Durchblick auf den Himmel; mittels
einer Interpretation, die sogleich besprochen werden soll, erklärt er
indes, dieses Stück Himmel sei nicht der wirkliche Himmel, auch
nicht ein Theil des Bildhimmels sondern vom Rahmenfabrikanten
auf den Rahmen gemalt, zu dem auch der Querbalken gehöre. Am
meisten hörbar ist noch was Mau über gewisse Bilder des Trasta-
verehauses sagt; auf sie wird uns der II. Theil führen.

Bei dem Jobilde legt Mau besonders auf die Verschiedenheit
desselben von dem wirklichen Prospekt derselben Wand Gewicht;
dadurch soll erwiesen werden, dass jenes kein Prospekt sein kann.
Man wundert sich dass Mau ganz über einen Unterschied hinweg-
sieht, der seiner nüchternen Betrachtungsweise, wie man meinen
sollte, zuerst aufstossen müsste, dass wir es nämlich hier mit alltäg-
licher Gegenwart nächster Umgebung, dort mit längstvergangenem
in fernem Lande abgespielten mythischen Vorgange zu tun haben.
Der Einwand wäre treffend gegen denjenigen der behaupten wollte,
es sei bei diesen vorgespiegelten Baulichkeiten, Ausblicken u. s. w.
auf mehr als ein Auge und Sinn erfreuenden Schein, also
auf ernstliche, auch den Verstand gefangen nehmende Täuschung

abgesehn, woran natürlich kein vernünftiger Mensch denkt ([1]).
Worauf Man Gewicht legt ist dagegen, dass in dem 'wirklichen
Prospektbild die verschwimmenden Farben der Luftperspektive, die
unbestimmten Formen und Farben auch der Figuren keinen
Zweifel lassen über die Absicht, dies alles als entfernt erscheinen zu lassen'; dagegen seien im Jobilde die Figuren 'so klein
und doch mit vollkommener Deutlichkeit jeden Details und aller
Lokalfarben' wie man doch 'nie wirkliche Gestalten sondern nur
die auf die Bildtafel gemalten' sehe. In diesen Worten ist die
fernende Luftperspektive in dem einen Bilde ebenso übertrieben, wie in dem andern herabgesetzt. Alles Nebensächliche im
Jobilde, wie Landschaft, selbst Götterbild und Basis ist viel weniger
conturenscharf als die Häuser im Strassenbild. Mit den Figuren
ist es umgekehrt: Jo, Argos und auch Hermes sind sehr viel genauer und feiner ausgeführt als jene Frauen unten auf der Strasse
oder die oben sich über die Brüstung von Pforte und Altan lehnen.
Diese sind ja aber auch nicht grösser als dort das Götterbild, kaum
halb so gross wie Jo, also auch ferner als diese. Dass auch sie
als fern gesehen sein müssten ist hier wie bei dem S. 218 besprochenen Bilde eine völlig eigenmächtige Forderung Man's. Und
liegt es nicht auf der Hand, weshalb die mythischen Figuren so
viel näher gerückt und grösser erscheinen? Sie sind Individuen,
jedem bekannt ihr Geschick, der Vorgang von spannendem Interesse; die andern sind gleichgültige, bedeutungslose Statisten.
Aus solcher Darstellung Jo's und der beiden Gegner ist nicht zu
folgern dass der Maler 'nicht ferne Wirklichkeit sondern ein nahes
Bild zeigen wollte'. Gibt es doch nicht blos ferne sondern auch nahe
Wirklichkeit, und zwischen naher Wirklichkeit und nahem Bilde,
überhaupt zwischen Wirklichkeit und Bild zu scheiden lag den
Alten viel ferner als uns. Will doch Man S. 202 sogar einräumen: 'durch den giebelförmigen Schnitt des oberen Rahmens
soll die Vorstellung einer tür- oder fensterartigen Oeffnung erweckt
werden, durch die man auf das Dargestellte hinausblickt'. Da

([1]) Ich würde daher auch keinen Anstoss an der Verschiedenheit solcher
Ausblicke wie Fig. 12 und 16 nehmen, der eine 'in den Licht- und Farben-
tönen der Wirklichkeit' der andre in wesentlich andern Tönen, nur sicherlich
nicht wie Man meint in altertümlicher Zeichenmanier sondern denen einer
Statuengruppe. Vgl. S. 102 Anm. 2 und II.

scheint in der Tat die Differenz seiner und meiner Auffassung zu
verschwinden; doch hören wir, wie er dies Zugeständnis sogleich
wieder aufzuheben sucht: ' Aber diese Vorstellung will nicht der
Zimmermaler in uns erwecken; er will uns nur sagen, dass der
Rahmenfabrikant oder sein Auftraggeber diese Wirkung beabsichtigte '. Also die Geschichte unseres Bildes wäre nach Mau diese:
ein Tafelbild, darstellend Jo zwischen Argos und Hermes, wird
von einem Rahmenfabrikanten so eingerahmt dass das Bild wie
durch ein Fenster gesehene Wirklichkeit erscheint. Also jener
Mann, der vor unserm Wandmaler da war, sah das Bild grade
so an wie wir; er war freilich nur ein Tischler. Dann aber kam
der Wandmaler und malte das Jobild mit des Tischlers Rahmen auf
die Wand. Was soll nun der unglückliche Deschauer tun? Soll er
es mit dem Tischler halten oder mit dem Maler; mit jenem die leibhaftige Jo zu sehn glauben oder mit diesem —? Ja, wie hat denn
nun eigentlich der Wandmaler das Bild angesehen wissen wollen?
Wir sind da auf einen Gedanken, ein Argument gestossen, von
dem Mau öfters Gebrauch macht. Es scheint sich da ein Zwiespalt
aufzutun, über den wir noch etwas mehr ins Klare zu kommen
versuchen müssen.

4. Zwiespältige Illusion. Durch Incongruenzen in einigen Prostasen, die bald zursprache kommen werden, hatte Mau
sich zu einer Auffassung gedrängt gesehen, der er dann auch da Raum
gab, wo sie ihm nicht gefordert zu sein schien. Die Prostasen,
seine ' Bildträger ', sind ihm nicht ein integrierender Bestandteil
der übrigen Scheinarchitektur von welcher sie umgeben sind sondern etwas davon scharf Geschiedenes. Wie unrichtig das ist wird
im nächsten Abschnitt 5 gezeigt werden; in engem Zusammenhang
damit steht die Vorstellung, die er sich von solchen Bildträgern
der Wirklichkeit gemacht hat. Er, der sonst an reale Vorbilder
solcher Baulichkeiten, wie sie uns der 2. Stil vorführt, nicht viel zu
glauben oder zu denken scheint, nimmt doch an, dass diese Bildträger
mit sammt ihren Fehlern von den Wandmalern nach wirklichen
copiert worden seien. Schon früher hatte er diese Bildrahmen sich
vorgestellt mit wirklichen Dreiviertelsäulen und Gebälk, deren Ergänzung mit Pilastern und Kassettendecke lediglich auf den Rahmen
gemalter Schein gewesen sei. Gegen diese Annahme erhob ich
(oben 1891 S. 217. 2) Einspruch: Das sei *una illusione sopra l'al-*

tra e — peggio — l'una all'altra contradicente. Man (S. 226) weiss
nicht recht wie das gemeint sei; Widersprüche seien ja doch nicht
selten in jenen Malereien ([1]). So macht er denn jetzt noch häufige-
ren Gebrauch von seiner Unterscheidung von zweierlei Absicht und
Willen in derselben Decoration, des Tischlers, der einen Bildrahmen als ein Gemisch von Wirklichkeit und Schein anfertigt,
und des Wandmalers der einen solchen Rahmen seiner gemalten
ten Architektur einfügt, in der nun auch das Wirkliche nur
Schein ist wie das andre es vorher schon war. Also eine Unterscheidung von Schein erster und Schein zweiter Hand, von Imitation des Wirklichen und Imitation der Imitation. Wird der Beschauer das unterscheiden können? Verstandesmässig und in Worten
nichts leichter als das. In Worten kann man auch von einer ' Fiction
dritter Potenz ' sprechen, wie Man S. 224. Prüfen wir ob der Anschauung dasselbe gelingt. In der bereits angeführten Wand (Man
Fig. 8 = Gesch. V, VI oben S. 99). wo Man das erste Beispiel
eines unzweifelhaften Tafelbildes findet, auf dessen Rahmen der blaue
Himmel, aufgemalt, eine Illusion aus zweiter Hand wäre, sieht er
rechts und links von dem ' Bildträger ' zwei farbige Statuen (ähnlich Fig. 13, s. unten S. 105) aber der Wandmaler habe sie nicht
als Statuen gemalt sondern, da der vorspringende dunkelviolette
Band als Rahmen fungiere, als Tafelbilder; nur deren Verfertiger
habe Statuen malen wollen. ' Also der Wandmaler zeigt uns ein
Tafelbild, dessen Maler eine Statue '. Ob eine Statue ein angemes-
sener Vorwurf für ein Tafelbild sei ([2]) kümmert Man ebensowenig
wie, ob denn hinter dem dunkelvioletten Rand nicht vielmehr eine
Nische mit rotem Grund und eingetieftem Boden zu verstehen sei.
Kann man denn aber nicht mit demselben Recht behaupten; die

([1]) Auch in seiner Entgegnung hält sich Man S. 226 an Nebensachen.

([2]) Man versucht nachzuweisen dass, wenn das Aphroditebild von Fig. 10
auch letzthin auf eine statuarische Gruppe zurückgehe, doch unser Wandmaler nicht diese sondern ' eine damals schon Jahrhunderte alte malerische
Darstellung derselben ' wiedergegeben habe. Ich bedaure keines seiner kunst-
geschichtlichen Urteile annehmen zu können, weder den altertümlichen Charakter der Zeichnung, noch das Unvermögen des augusteischen Künstlers, noch
die Vorstellung von der Art, in der ein solcher hätte die Gruppe malen müssen; noch kann ich gar in so früher Zeit eine solche Darstellung einer Statue
im Gemälde denken. Vgl. übrigens II.

Früchte in den gläsernen Vasen oberhalb jener gemalten Statuen
seien nicht wirkliche Früchte sondern stellten Imitationen in Wachs
oder Stein dar: ' der Wandmaler zeigt uns Wachsfrüchte, der
Wachsbildner wirkliche'? Wäre das nicht ganz wie Mau auch S. 215
(zu Fig. 9 == *Mon.* XII, 24) ' der Wandmaler... täuscht uns den
Bildträger vor, der Verfertiger des Bildträgers mindestens alles
das was rückwärts der Bildtafel zu liegen scheint'?

Ein Beispiel, lehrreich zur Beurteilung dieser Fictionen zweiter und dritter Hand, liefert die Erklärung welche Mau zuletzt,
S. 203 dem Architekturprospekt auf der S. 92 ff. besprochenen palatinischen Wand gibt, meinend ' dass die Wand bei dieser Auffassung
an Verständlichkeit gewinnt'. Mau nimmt daran Anstoss, dass die
grosse Kassettendecke vorn ausser von zwei Ecksäulen auch von zwei
Säulen dazwischen getragen würde, wogegen hinten solche Zwischen-
stützen fehlten. Wenn sie da also nicht aus purer Bequemlichkeit
weggelassen wären, möchte er annehmen, dass die Decke rückwärts
auf einer Wand läge, und dass die Baulichkeiten, welche durch die
Wandöffnung und oben darüber sichtbar werden, nach der Idee des
Malers nicht einen Ausblick ins Freie sondern die Imitation eines
solchen auf einer Portikuswand darstellen, also wieder eine Illusion
zweiter Hand. Ob die Wand nun wirklich verständlicher geworden ist?

Ehe wir darauf antworten, fragen wir noch, ob denn und in
welchem Umfang eine Malerei, wie diese 2. Stiles, neben Wirkli-
chem auch Gemaltes vorspiegeln kann. Dass diese Wandmaler, im
Bestreben Palast- Haus- oder Bühnenwände darzustellen, die mit
allem Reichtum künstlerischen Schmuckes der hellenistischen Zeit
ausgestattet waren, neben Statuen und Reliefs auch Malereien, Gemälde wiederzugeben in die Lage kamen versteht sich von selbst.
Sollen doch wahrscheinlich die vielen Darstellungen kleiner ein-
gerahmter Wandfelder als Gemälde wirken, und ganz sicher die
vielen Bilderchen die in Rahmen mit geöffneten Klapptüren auf
die Gesimse gestellt zu sein pflegen. Hier jedoch weiss der Beschauer
sofort was gemeint ist: er unterscheidet auf den ersten Blick die
Illusion zweiter und erster Hand; so auch in einem andern Beispiel,
wo der Maler sie absichtlich nebeneinander gestellt hat. Auf der
besprochenen Wand (Gesch. V. VI, letztere für den Augenblick
allein inbetracht kommend) sind grade unter den Glasgefässen

mit Früchten fast ebensolche Fruchtgefässe noch einmal mit fast
denselben Farben gemalt: die Darstellung selbst macht es aber
sofort klar, dass dort die wirkliche Vase, hier eine gemalte — wie
die daneben gemalten Greifen — zu verstehen sind. Wie das Ding
selbst und das Bild des Dinges zwei verschiedene Dinge sind, so
sind auch Nachbildungen beider zu unterscheiden, nicht nur im
Begriff sondern auch in der Anschauung.

Gilt das nun aber auch von den Fällen, wo Mau solche Unterscheidung macht? Erproben wir es zunächst an der Portikuswand,
die Mau zwar nicht mit voller Entschiedenheit oder doch sehr gern
im palatinischen Triclinium hinter der Scherwand sehen möchte. Der
Maler der einen solchen Ausblick ins Freie auf eine Portikuswand
malt, kann keine andre Absicht haben als anstatt des Raumschlusses
Raumöffnung vorzuspiegeln, den Blick, statt auf nahe Schranken
stossen, lieber in freie Weite schweifen zu lassen. Kann denn aber
der Wandmaler, einerlei ob er die vermeintliche Portikuswand selber
erdachte oder von einem andern übernahm, irgend eine a n d r e Absicht dabei gehabt haben? Mit andern Worten: in diesem Falle
wäre die Illusion erster und die zweiter Hand nicht zu unterscheiden; man aber wird man nicht aus zweiter Hand nehmen wollen
was man aus erster haben kann, und auch der Künstler kann unmöglich die indirekte der direkten Wirkung vorgezogen haben. Für den
nüchternen Verstand bleibt die Wand freilich Wand und alles drauf
Gemalte farbiger Schmuck, und wenn er nun einen Teil des Schmuk-
kes als Wandschirm-Bildträger zu sehen sich gewöhnt hat, so
mag er ja froh sein im Uebrigen die Wand zu erkennen, vor der
nun schön bestätigend, der Schirm steht. Der nicht phantasielose
Beschauer wird dagegen in Anschauung unmittelbar verstehen was
der Künstler ihm zeigen will; eine niedre Wand mit reichem Schmuck
quer eingespannt in eine weitere, aus gleichen Elementen aufge-
baute Einfassung, zwischen beiden durch hier und dort die Aussicht
sich öffnend, nicht wieder auf eine Wand sondern ins Freie.

Auch in den Fällen aber, für die Mau das Argument der
Illusion erster und zweiter Hand eigentlich ersonnen hat, ist die
Unterscheidung nicht möglich, für den Beschauer so wenig wie
für den Maler. Wie soll man denn an einem auf die Wandfläche
gemalten Bildrahmen erkennen, dass an dem wirklichen Bildrahmen,
den nach Mau's sehr anfechtbarer Voraussetzung der Wandmaler

als Vorbild im Auge hatte, ein Teil seiner Architekturform körperlich, der andre auch schon nur auf die Fläche gemalt war? ' Daran dass nicht alles stimmt ' wird Mau antworten. Ist denn aber dafür nicht eine sehr viel einfachere Erklärung die überall vor Augen liegende Tatsache, dass die Maler welche diese Wände ausmalten ihr Wollen nicht immer durchzuführen imstande waren, zu deutlichem Beweise, dass sie, wie geschickt auch immer, nur unselbständig die Muster reproduzierten, die Grössere ihnen hinterliessen. Also etwas scheinbar Aehnliches wie Mau will, aber schon mit dem Hauptunterschied, dass bei ihm der Wandmaler der Bessere ist, der (auch nur für gewisse Teile) die F e h l e r seines Vorgängers nicht ganz beseitigen kann oder will. Wir müssen auch dies noch an einigen Beispielen prüfen.

Am leichtesten versteht man was Mau will und wie verfehlt es ist an dem Bildträger der hellen Wand, seiner Fig. 13 = *Mon.* XII 23. Auch hier berechtigt durchaus nichts, auch nicht die Grade des roten Sockels, wovon nachher, das Bild z w i s c h e n statt h i n t e r den grünen Anten und der Kassettendecke befindlich zu denken. Diese Prostase, die organischer als irgend eine andre mit der Architektur der niedren Wand verbunden ist, erscheint Mau in ihrem oberen Teil als ' ein vorn und seitwärts offener Pavillon von quadratischem Grundriss, dessen Front nur sehr wenig vor den Wandschirm vortritt '. Wer seinen Augen traut und sieht, dass die Kassettendecke fünf Felder breit und nur eines tief ist, wird denken dass Mau hier und in andern Fällen ' quadratisch und rechteckig verwechselt hat ' ([1]). Doch man höre weiter. Hier oben sollen die grünen Pfeiler beträchtlich hinter dem Wandschirm stehen, unten dagegen ganz oder fast in einer Flucht mit ihm: ' oben ist der Pavillon quadratisch, unten hat er nur ganz geringe Tiefe '. So ergibt sich für Mau ' ein Widerspruch, der sich wohl nur löst, wenn wir alles was innerhalb der Säulen und ihres Gebälkes liegt als nicht wirklich vorhanden sondern auf den Bildträger gemalt denken ', und so gelangt er zu der zweifachen oder zwiespäl-

---

([1]) Einen ' quadratischen ' Pavillon sieht Mau auch in Fig. 7 S. 220; S. 223 an einer Wand dritten Stiles, Gesch. XII; gleich zu Anfang des nächsten Absatzes aber scheint ' viereckiger Pavillon ' gleichbedeutend zu sein. Ebenso spricht Mau zu Fig. 6 auf S. 195 von einem viereckigen, auf S. 219 von einem quadratischen Pavillon.

tigen Illusion in derselben Wandmalerei: die Säulen hat der Wandmaler als wirklich gemalt, die Kassettendecke hatte gleichfalls als
wirklich der Rahmenmacher gemalt, der Wandmaler aber, der sie
wiedergab, hat die Decke nicht als wirkliche malen können (¹). Das
Unbegreifliche, Unverständliche dieser Anstellung liegt, wenn ich
nicht irre, darin, dass ein für die Anschauung Gemachtes nicht als
Ganzes angeschaut und aus der Anschauung sondern aus irgend einer
Sonderbeobachtung verstanden wird. Man kann getrost einen Preis
ansetzen für den, welcher nach vorstehendem Referat angesichts des
Originals oder der Farbentafel der *Monumenti* zu begreifen oder
auch nur zu erraten vermag, wo der Widerspruch zwischen der
grossen Tiefe des Parillons im oberen und der geringen im unteren
Teile aufgestochen ist, da kein unbefangenes Auge anders sehen
kann als dass das auf den Anten liegende Gebälk die Fortsetzung des
Wandgebälks ist, und dass Säulen wie Anten senkrecht, also oben
in gleichem Abstand wie unten stehn. Also man höre: ' die ganz
schmalen Schatten, die von den Säulen auf die beiden Gebälke
fallen ', sie sollen beweisen, dass die Säulen oben dicht an der
Wand stehn, dichter als wir nach der Ansicht des Seitengebälks
annehmen müssten. Deshalb also soll der ganze Pavillon oben hinter
den Wandschirm zurückzuweichen scheinen, und da dies unzulässig,
wird die Malerei auf dem Bildrahmen supponiert. Hatte ich Recht
zu sagen dass Man nicht die Hauptsache vor allem ins Auge fasst,
sondern auf Nebensachen das Gewicht legt, und dass er nicht schaut
sondern klügelt? Ist dies hier nicht ein würdiges Gegenstück zu
der Folgerung aus den ' Eckschatten ' (oben S. 96 f.).

Wenn jene Schatten der sonstigen Beleuchtung der Säulen und
dem sonst wahrnehmbaren Abstand der Säulen von den Anten nicht
genau entsprechen, und wenn selbst der Abstand der Säulen von
den Anten oben ein wenig grösser als unten scheinen sollte (was
doch wohl nur Wirkung der Säulenverjüngung ist), wer wird das irgendwie anders erklären wollen als so, dass der Wandmaler sich

(¹) Vielleicht will Man nicht alle Fälle von Fiction zweiter Hand gleich
gelten lassen. Er operiert auch im 3. Stil noch damit (S. 223) und möchte
das mähliche Verblassen des Wirklichkeitsscheines und der Körperlichkeit an
der immer noch beibehaltenen Form der Prostase daraus erklären dass die
zurückweichenden Teile derselben ' ursprünglich nur als aufgemalt gedacht
waren '. Wie künstlich!

ein wenig verzeichnete? Wer wird nicht ebenso darin, dass das Rot
der Sockeloberfläche nicht noch um den Bruchteil eines Millimeters
zwischen den Seitenflächen der grünen Anten hinaufgeführt, sondern
vielmehr schlechtweg in einer Geraden quer durch abgeschlossen
ist, eine zweite geringfügige Unachtsamkeit des Malers erkennen? (¹)
Dass Mau auch daraus folgert: auch ' das Zurücktreten der Bildtafel hinter die grünen Pfeiler und ihren Architrav (sei) nicht als
wirklich sondern als auf eine bis an die Säulen reichende Tafel
gemalt ', das wird nun niemanden mehr wundernehmen.

Nach dieser ausführlichen Behandlung eines Beispiels wird
es genügen in kurzem auf ein paar Beobachtungen ähnlicher Art
hinzuweisen, durch welche Mau in erster Linie zu seiner seltsamen
Theorie von der zweifachen Illusion verleitet worden ist. Es sind
zwei Wände des palatinischen Hauses *a* Fig. 10 = *Mon.* XI 23,
b Fig. 11 = Gesch. IX. Auch hier ist beidemal der erste und
letzte Eindruck der einer Prostasis mit *cresta* oder Giebel vor der
Wand, die nun unterhalb der Kassettendecke nicht, wie im vorbe-
sprochenen Fall, bis zum Gebälk offensteht sondern nur bis zu
einem flachen Bogen. Also unter einer Arkade mit gestaltem
Vorbau öffnet sich der Blick auf das Heiligtum. Ob dieses als
Wirklichkeit oder Tafelbild anzusehen sei ist für den Augenblick
gleichgültig. Diese so einfache Auffassung gebt Mau darüber verloren, dass in *a* die Verbindung von Wand mit Arkade und Wand
mit Seitengebälk und Kassettendecke nicht angegeben ist, und dass
in *b* das Verhältnis der Archivolte zur hellroten Seitenwand wie
auch zur dunkelroten Hinterwand, sodann dieser beiden Teile zur
Kassettendecke und zur Säule nicht klar und praecis dargestellt
ist. So viel ist aber doch ganz gewiss dass beide Auslegungen,
die Mau aus jener unbedeutenden Nebensache und ungenauen
Ausführung herausklaubt, beide nicht richtig sind, wie denn auch
nach Mau selbst ' keine zu einer ganz befriedigenden Lösung
führt '. Die eine ist wieder, die Kassettendecke nur als gemalt
(d. h. zweiter Hand) zu verstehn. Er zieht das andre vor, die
Archivolte von der dunkelroten Wand abzutrennen: sie soll mitsammt dem ' Tafelbild ' als dessen Rahmen nach vorn an die

(¹) Eine andre Unachtsamkeit ist z. B. dass die Seitengeisa plötzlich
aufhören, ganz anders als in Fig. 6.

Säule heranrücken, so dass zwischen Rahmenbild und Wand ein
hohler Raum entstände ([1]). Da das, als wirklich gedacht, zu wun-
derlich wäre, wird auch hier die zweite Hand aufgeboten: wir
sollen ' alles das was wir zwischen Bogen und Epistyl sehen nicht
plastisch vorhanden sondern auf die Vorderfläche des Bildträgers
aufgemalt denken, und dass auch der Wandmaler alles dies nicht
als wirklich vorhanden sondern als gemalt vorstellen wollte '
Was hilfts? Wenn ein solcher ' hohler Kasten ', vorn teilweise
mit einem Bild geschlossen, eine Absurdität ist, wie sollte der
Rahmenmacher auf den Wrichten Gedanken verfallen sein, den
Schein dieser Absurdität hervorzurufen? Nein, auch hier lösen sich
alle Anstände viel einfacher. Das eingetiefte Zwickelfeld zwischen
Archivolte, Gebälk und Seitenpilaster ist ja ganz regulär; am
Constantinsbogen z. B. lagern darin, von jenen Gliedern eingerahmt, die Flussgötter. Der Wandmaler hat nur der Archivolte und
der mit ihr gleichweit vorspringenden seitlichen Einfassung eine
zu starke Erhebung gegeben; dass jedoch unter allen Umständen
der bogentragende untere Pilaster und der auf ihm stehende (d. h.
die seitliche lichtrote Einfassung) beide h i n t er der Säule stehend
zu denken sind bleibt trotzdem gewiss und augenscheinlich ([2]).

Kurz, an den vermeintlichen Bildträgern ist nur eine e i n-
f a c h e und einheitliche Architekturmalerei zu erkennen. Sie mag
die Prostasen, mit oder ohne Arkade, nicht immer in allen Teilen
völlig widerspruchslos darstellen: die Hauptsache steht jedenfalls
stets unmissverständlich vor unsern Augen. Wenn an den römischen
Wänden die Arkade bevorzugt ist, so spricht sich auch darin
deutlich das Bestreben aus das Bild selbst als Ausblick oder
Prospekt wirken zu lassen. Denn der Arkade eigentümlichste Verwendung ist zweifellos, beide Fronten frei zu haben.

5. Die Verbindung von 'Bildträger' und 'Wand-

([1]) Dieser Nonsens kommt an der pompejanischen Wand, Oesch. VIII
wirklich vor, aber durch antike Restauration. Wie es vordem gewesen kann
man nicht sagen; dass es so wie jetzt gewesen sei sagt Man zur Unterstützung
seiner Auslegungen. Ausser diesem gibt es dafür keine Analogie. Denn bei
Fig. 6, wo Man S. 220 gleichfalls den hohlen Kasten annimmt, beruht es
auch auf Augentäuschung.

([2]) Man S. 223 gelangt dahin, auch die Archivolten nur für auf den
Rahmen vom Tischler aufgemalt zu halten.

schirm'. Man hatte sich früher die Sache so vorgestellt dass der
wirkliche (vom Wandmaler wiedergegebene) Bildträger oder Bildrahmen vor den Wandschirm (damals seine niedrige Wand) gestellt
sei (vgl. S. 215). Jetzt scheint ihm das nicht mehr nötig (S. 217),
vermutlich deshalb, weil es ein bischen viel des Voreinanderstel-
lens wird: vor der Wand der Schirm, vor dem Schirm der Bildträger.
Indes bleibt es doch öfters bei der alten Vorstellung (¹), und
auch diese setzt Dinge als wirklich, die ungehonerlich anmuten:
Wandschirme, die fast die ganze Zimmerwand von unten bis oben
bedecken, doppelt seltsam die Existenz einer solchen von der Wand
abgesonderten, auf einen leichten Schirm übertragenen Decoration,
die doch lediglich erschlossen wird aus Wänden, welchen die Decoration selber anhaftet und aufgemalt ist. Gleichviel jedoch, ob
der Bildträger dem Wandschirm eingefügt oder nur davorgestellt
sei, immer ist für Man Axiom die absolute Verschiedenheit beider
Teile. Dass beide, Bildträger und Wandschirm, im gleichen Ar-
chitekturstil ausgeziert sind stört ihn nicht: die in der Anschauung unmittelbar gegebene Einheit beider ist für ihn nicht
vorhanden. In der Mehrheit der Beispiele muss Man selbst eine
engere Verbindung beider Teile zugehen, aber da sieht er Verdunkelung der ursprünglichen Idee (²). An der palatinischen Wand
sind für 'die Gestaltung des Bildträgers die Motive des Wandschirms benutzt' — einerlei: In der uns vorliegenden Entwickelung
dieser Malerei, wie Man sie versteht, gibt es keinen Uebergang
vom Wandschirm zum Bildträger; dieser kommt als etwas Neues
und Fremdartiges hinzu, und wenn er, wie Man sagt, die alten
Motive jäh unterbricht (³), so ist das ebensowohl räumlich von
jeder einzelnen Wand als zeitlich vom ersten Auftreten des Bildträgers zu verstehn. Ich werde das Gegenteil dartun und zeige
im II. Teil, dass die jähe Unterbrechung der Entwickelung, hier,
im I., dass die absolute Verschiedenheit von Bildträger und Wand-

(¹) So z. B. S. 209, 227, und hier lässt er beide Auffassungen zu.

(²) Vgl. S. 217, 219, 226, 228 unten.

(³) S. 194: 'dagegen ist für den Mittelbau der späteren Wände doch
grade das charakteristisch, dass er mit dem Wandschirm und den übrigen älteren Motiven keinerlei Zusammenhang hat, dass er sie jäh unterbricht'
u. s. w.

schirm ebenso wie des Wandschirms von der Wand selbst auf Einbildung, nicht auf Wahrheit beruht.

Wie Mau die völlige Verschiedenheit heider Teile versteht sagt er S. 211 zu Fig. 9 = Mon. XII 24: 'ihre Motive und Gliederungen gehen in keiner Weise in einander über', ähnlich S. 219 zu Fig. 6. Unter den Gliederungen müssen voranstehn Gebälk und Fries oben, der Sockel unten. Dieser, stets unverkennbar einheitlich durchgehend von einem zum andern Ende, passt sich in seiner mit der Zeit immer reicher gestalteten Gliederung durchaus dem auf ihm Stehenden an, namentlich pflegt er mit der Prostasis herauszuspringen. Die unbezweifelte Einheit des Sockels beweist allein schon die Einheitlichkeit dessen was auf ihm steht, d. h. der ganzen niederen Wand mitsamt ihrem ausgezeichneten Mittelteil.

Ebenso ist die Einheitlichkeit des Gebälks und Frieses über Wand und Mittelbau das Normale. Herausspringend muss es auf den zwei Säulen dieses Vorhaus perspektivisch höher scheinen als auf der Wand; im einzelnen Fall ist es durch Verzeichnung etwas zu hoch geraten; dann löst es sich von dem Gebälk der Wand und wird mit Absicht höher gelegt, so dass von einer Verzeichnung nicht die Rede sein kann. Also was nach Mau Verdunkelung des Ursprünglichen, das ist eben das Normale, das leicht Verständliche und Ursprüngliche; was ihm das Ursprüngliche, ist vielmehr Abweichung. Nirgends ist die Einheit und organische Verbindung der Prostase mit der Scherwand deutlicher ausgesprochen als auf der schon S. 105 ff. besprochenen Wand, Fig. 13 = Mon. XII 23. Es ist richtig: die Farben, die Ornamente, z. T. sogar die Profile sind an heiden Gebälken nicht übereinstimmend. Es kann Mau aber doch unmöglich entgangen sein, dass die Kunstrichtung, welcher unsere Wandmalerien angehören, in ihrem Streben nach Abwechselung und Reichtum die aus- und einspringenden Teile derselben Gliederung zu differenzieren liebt. Ich brauche keine Beispiele anzuführen, weil es eben die Regel ist. Die Continuität der Wand muss selbstverständlich durch die Prostase unterbrochen werden, hört darum ihre Einheit und Continuität auf? Ist diese Unterbrechung etwas wesentlich andres als die Unterbrechung der Wand durch eine Thür oder selbst durch einen Pilaster? Sollte denn Mau etwa meinen an den Wänden 1. Stiles, die er

Gesch. I. 11 abbildet, seien die Türen und die Pilaster etwas der
übrigen Wand durchaus Fremdes, weil sie ja doch auch die vorhandenen Gliederungen jäh unterbrechen? Wo an den Wänden
2. Stiles ausser Gebälk, und Fries noch ein zweites tiefer liegen-
des friesartiges Ornamentband vorhanden ist, wie im vorliegenden
Beispiel (Fig. 13), muss es an hohen Anten notwendigerweise enden.
Kann dies unmöglich gegen die Einheit von Wand- und Mittelbau sprechen, so spricht sicherlich für die Einheit das symmetrische
Verhältniss der Mittelhaussäulen zu den andern Säulchen. Prüfen wir
im Ueberblick die fraglichen Wände auf diese Punkte.

Am nächsten kommt Mau Gesch. VII; die mancherlei Un-
klarheiten werden niemanden irro machen, dass alle die Säulen
Pilaster, Scherwände u. s. w. gleiches Recht haben als wirklich
verstanden zu werden; noch wird der Wechsel in Form und Ornament der Gliederung an der Einheit des ganzen Gebäudes Zweifel erregen. Ein andres Beispiel liefert Mau selbst S. 218.

Ebenso ist bei Fig. 6 = Gesch. V. VI die Einheit des Wand-
und Prostasegebälks in den seitlichen Schrägen des Gesimses
anschaulich zu machen versucht; die grobe Verzeichnung sonst
hebt das nicht auf.

In den übrigen Prostasen des 2. Stiles wird die Ansicht begrenzt durch den Bogen, der bald flacher, bald gerundeter ist, und
als dessen Varianten auch die dreieckigen Abschlüsse an der palatinischen Wand (Fig. 6) und einer Wand der Trastevarehauses
(Fig. 15 und 17) gelten müssen. Diese Arkaden- oder Dreiecksform
des Wandausschnitts scheint einen doppelten Grund zu haben, die,
einer wie der andre, Mau's Grundanschauung entgegen sind. Einmal nämlich wird damit der Eindruck der Wandöffnung verstärkt,
den Mau selbst in gewissem Sinne für den Dreiecksausschnitt über
dem Jobilde zugab. Zweitens ermöglichte man durch die Arkade
die Verbindung der Mitte mit den Seitenteilen noch inniger zu
machen. In der Mehrheit der Fälle setzt nämlich der Bogen auf
der Verlängerung des unteren Ornamentbandes auf, so Fig. 12,
15, 16, 17 in der pompejanischen Wand *Annali* 1882, Y, und
wohl auch in Fig. 11, wogegen keine Beziehung der Arkade zum
Ornamentband in Fig. 9 und 10 stattfindet ([1]). In allen genann-

([1]) In Fig. 9 bildet der Blattring am Säulenschaft in Höhe des Ornamentbandes (ein wenig perspektivisch nach oben verschoben) einen Ersatz.

ten Beispielen (ausser Fig. 13 und 14) ist zugleich das Gebälk der Mitte und der Seiten eines, wenn es auch in Fig. 9 ein wenig zu hoch geriet, und die Perspektive verschieden behandelt ist, z. B in Fig. 12 alle senkrechten und wagrechten Schnittflächen sehr schmal, und hier wie anderswo auch keine oder nur sehr geringe Unteransicht der Decke gegeben ist.

Summa summarum: der Wandschirm ist nichts andres als die niedre Scherwand, der ' Bildträger ' nichts andres als die bei symmetrischer Wandteilung notwendige ausgezeichnete Mitte, beide, Seiten und Mitte sind einheitliche Teile eines Ganzen. Die wirkliche Wand trägt selbst ihren Schmuck, der sie gleichsam verwandelt, an die Stelle des Einfachen ein ausserordentlich Reiches, Mannigfaltiges setzt. Dieses ist lediglich Augentäuschung, auf die Fläche gemalter Schein, aber dieser Schein will überall, in allen Teilen: Sockel, Scherwand, Pilastern, Säulen, Gebälk und Decken, Sims und Krönung gleichmässig als Wirklichkeit gelten, so auch die als schmückende Ausstattung der Architektur eingefügten Statuen und Gemälde als wirkliche Statuen und Gemälde, und wo etwas gemalt ist, das an sich ebenso wohl ein wirklicher Vorgang des Lebens wie ein wirkliches Gemälde dieses Vorgangs sein könnte, da werden wir fragen, ob das Gemälde durch Grössenverhältnisse oder Art der Anbringung oder etwa Rahmen und Schutzvorrichtungen wie die Klapptüren der kleinen Rahmenbilder als Gemälde charakterisiert sind. Die Rahmen des Jobildes und andrer haben sich als Wandarchitektur herausgestellt; Schutzvorrichtungen waren nicht vorhanden, während eine Gittertür, wie eines wirklichen Durchgangs, an einer der Prostasen (Oesch. X) sehr unzweideutig dargestellt ist.

Die Zweifel die über die Auffassung dieser in der Prostase gesehenen Darstellungen noch bleiben, werden durch die geschichtliche Betrachtung sich lösen. Dass freilich unabänderlich stets nur eines oder das andre Geltung gehabt haben könne, diese Praesumption (Mau S. 195) wird man von vornherein als geschichtswidrig abweisen müssen.

II. Wie die Prostasis an der Scherwand sich herausbildete.

Die Prostasis vor der Wandöffnung ist in den römischen Häusern, mit einzelnen bedeutungsvollen Varianten, regelmässig vorhanden; auch in Pompeji fehlt sie nicht ganz; meist verflacht, bleibt sie da auch dem dritten und vierten Stil eigen; nur in Boscoreale findet sie sich in fertiger Form nicht. Dass die Malereien der Villa einem früheren Stadium des zweiten Stiles angehören, ist auch von Mau anerkannt. Sind doch auch Reminiscenzen an den ersten nicht selten, ganz besonders im Tablinum, das ich wie die andern Räume des Hauses mit den Namen nenne, die ihnen der Herausgeber Barnabei gegeben (¹). Es gilt nun zu zeigen, dass daselbst die Prostasis, wenn sie auch nicht voll entwickelt ist, doch Schritt für Schritt sich vorbereitet, so dass zuletzt kein Sprung sondern kaum ein Schritt noch übrig bleibt. Dass in dem einen Landhause so verschiedene Phasen der Entwickelung sich neben einander finden, daraus darf weder auf eine sehr rasche Entwickelung des Decorationsstiles, noch auf eine sehr langsame Aufeinanderfolge der einzelnen Malereien geschlossen werden: auch diese gleichzeitige Verwendung von Motiven, die nicht von Anfang an gleichzeitig sein konnten, wird sich vielmehr aus der Benützung von Musterbüchern erklären, in welchen sich ältere Muster neben jüngeren forterbten.

Vom zweiten ins letzte Jahrhundert v. C. reicht die Decoration des sogen. 1. Stiles. In grossen Peristylien und Atrien wie in kleinen Gemächern verzierte man den mittleren Teil der Wand vom schlichten Sockel bis zum unverzierten Oberteil mit einer plastischen Imitation von Spiegelquadern oder Tafeln gleichwie farbigen Marmors, mit gesuchtem Farbenwechsel. In den grossen Räumen durch Pilaster geteilt, können diese Quadern auch in den kleinen keine andre als die, hier reichlich monumentale, Bedeutung haben die sie unmittelbar aussprechen. Jenen Pilastern stehen oder standen natürlich Säulen gegenüber; in den kleinen Räumen dienen nur bisweilen kleine Säulen den Fries zu teilen und das Gesims

(¹) Vgl. oben S. 87, 1, auch die Photographien Espositos.

zu stützen, das nach späterer Stilmischung Triglyphen mit Zahn-
schnitt vereinigt. Was über dem Gesims liegt, pflegt sich durch
glatte Fläche oder Farblosigkeit oder durch beides zusammen als
künstlerisch indifferent, gleichsam negativ darzustellen, einerlei ob
Fensterschlitze darin liegen oder nicht. Die Wand erhob sich in
Wirklichkeit bis zur Decke; für das Auge, decorativ, nur bis zum
Gesims. Hier war der Keim der weiteren Entwickelung.

Bis jetzt also war die wirkliche Wand und die ihr aufge-
prägte Kunstform, so wenig diese auch Ausdruck der inneren
Struktur jener war, doch räumlich eins; für das schauende Auge
war die Grenze dieselbe wie für die tastende Hand. Selbst da wo
das abschliessende Gesims, von kleinen Halbsäulchen getragen, vor
der Wandfläche vortrat, sollte der Abstand zwischen dem Vor-
und dem Zurücktretenden kaum grösser scheinen als er in Wirklichkeit war. Erst als man anfing die bisher plastischen, also
wirklichen Abstände z. B. von Säulen die in Wirklichkeit vor
der Wand standen, blos durch Farbe und Schattenwirkung wiederzugeben, den Schein anstelle der Wirklichkeit treten zu lassen,
war die Bahn beschritten, auf der man nunmehr von Anfangs geringerer zu immer grösserer Raumvertiefung fortschritt. Das Princip
der Scheinwirkung stellte und löste immer neue Aufgaben.

Den Ausgang nahm man von der niedrigen Soberwand, die
in Wirklichkeit wie in künstlerischer Wiedergabe der Wirklichkeit
in mancherlei Weise existiert hatte (¹). Diese Wand, die bisdahin
mit der wirklichen für Auge und Vorstellung eins gewesen war,
wird jetzt selbst zum Schein auf die wirkliche Wand gemalt, durchaus nicht um mit ihr für eins zu gelten, sondern stets als mehr
oder weniger hinter ihr zurückliegend zu erscheinen. Sie ist das
Hauptmittel der Raumerweiterung, indem sie für alles was als
scheinbar davor stehend gemalt wird, den Hintergrund bildet, und
zugleich vermöge ihrer Niedrigkeit das was man hinter ihr befindlich denken soll, überragen und sichtbar werden lässt.

Fig. 1. (Mau; Barnabei S. 53) gibt die Mitte der Rückwand des
grande triclinio, das mit dem Altarhof der Pax fast gleiche Dimensionen hatte (s. A. Pacis S. 148 f.). Diese Wand, deren Malerei

(¹) Vgl. Ara Pacis S. 153: Scherwände und Schranken in alter Architektur. Vgl. oben S. 91 zu Fig 5 b.

nur in Zeichnung sich erhielt, steht in mancher Hinsicht mit Recht
am Anfang der Reihe, während sie doch zugleich in sehr eigen-
artiger Weise dem was ich als das Endziel bezeichnet habe,
schon nahe kommt. Die Scherwand, mit Triglyphon wie im 1. Stil
abgeschlossen, geht in grader, ungebrochener Linie von Ecke zu
Ecke durch; ebenso der ziemlich weit vortretende Sockel, der sie
trägt (¹). Vor dem Sockel stehn die Pilaster in den Ecken, und dazwischen je zwei uncannelierte Säulen mit Bossen; auf dem Sockel
je (hinter den Säulen) Pilaster, und zwar nahe der Vorderkante
des Sockels, wärend man sie nach aller Analogie an die Scherwand gestellt denken sollte. Auch die Kassettendecke, die von
Säulen und Pilastern getragen, von einem zum andern Ende der
Wand sich hinzieht, wahrscheinlich die wirkliche Holzdecke unseres Saales in Malerei fortsetzend, wird man, namentlich wenn
diese Voraussetzung richtig ist, so weit reichend denken wie die
Erweiterung des Saales bis zur Scherwand, also auch diese noch
deckend, obgleich es, auch wenn die Pilaster an der Wand ständen,
nicht unmittelbar gegeben wäre. Also täuscht die Malerei dem
Beschauer zunächst eine Erweiterung des Innenraumes des so schon
beträchtlich grossen Saales vor. Dazu eröffnet sich dann der Blick,
zwischen Scherwand und Kassettendecke durch, auf zurückliegende
Peristylien, oder deren eines wenigstens, grade hinter dem mittleren
Intercolumnium und seitlich je eine abgehende Säulenreihe. So wie
diese Säulen jetzt gezeichnet sind, ergeben sie freilich etwas Wirk-
lichkeitswidriges: das sechs Säulenweiten breite Peristyl würde
ja danach kaum breiter sein als der Abstand der beiden Pilaster
auf dem Sockel. Es bleibe dahingestellt, ob im Musterbuch die
über den Seitenteilen der Scherwand sichtbaren Säulen die Fortsetzung der beiden schrägen Seitenstoen waren. Das wäre erheblich
schwerer zu zeichnen gewesen.

Der Fehler und die Unklarheit dieses rückwärtigen Peristyl-
bildes können nicht irre machen an der Hauptsache, der perspektivischen Schrägansicht der Seitenstoen und der Gradansicht der
verbindenden hinteren Säulenreihe. Ebensowenig darf ein andres,
bequemliche Auslassung mehr als Fehler, an der Realität solcher
Durchblicke oder solcher Peristylien zu zweifeln veranlassen:

(¹) So einfacher Sockel findet sich auch noch später, z. B. Fig. 13.

wie würde der Maler die Klarheit seiner Idee getrübt haben, wenn er auch Dach und Wand der Stoen darzustellen versucht hätte ([1]). Wir werden sehen, wie jene zwei schrägen Säulenstellungen mit der verbindenden graden ein lang fortwirkendes, auch in starken Abbreviaturen später immer noch kenntliches Motiv dieser Wandmalerei waren.

Betrachten wir nun das in Fig. 1 sich darstellende Mittelfeld der Hinterwand im Ganzen, und vergleichen wir es mit derjenigen Form der Prostasis, die uns als die am meisten normale organische erschien, also etwa Fig. 13 oder Gesch. VII. Säulen und perspektivisch einwärts erscheinende Pilaster hinter ihnen tragen eine Kassettendecke und rahmen so das Hauptstück der Wand ein, scheiden es von den ungefähr gleich grossen Seitenteilen; ist das nicht dasselbe hier wie dort? Beachten wir indessen auch die Unterschiede. Das Geringste ist die ungleiche Höhe der Säulen, die im Boscorealesaal vor dem Sockel stehen, daher höher sind als die Pilaster ([2]). Wesentlicher ist dass Mitte und Seiten in Boscoreale noch mehr gleichartig sind: die vorderen Stützen treten alle gleich weit vor; über Mitte und Seiten liegt dieselbe Kassettendecke; ebenso geht die Scherwand durch, und in allen drei Teilen ist der Raum unten geschlossen, oben geöffnet. Anders später, wo der Regel nach die Prostase allein vor der Wand vortritt, ihren Säulen wohl mitunter gleich hohe aber nicht gleichwertige Stützen an den Seiten entsprechen, die keine Decke zu tragen haben; wo der Gegensatz von Raumöffnung und Raumschluss sich anders verteilt, nicht durchweg unten geschlossen, oben offen ist sondern unten teilweis geöffnet (unter der Prostase), oben teilweis geschlossen. Leider ist bei der Zerstörung der oberen Teile hier oft nicht genau festzustellen wie es war. Ein ziemlich sicheres und sehr lehrreiches Beispiel gibt aber die palatinische Jo-Wand, und hier ist, von den seitli-

---

([1]) Man S. 187 f. findet diese 'Säulenmalerei ganz phantastisch'. Diesem Peristyl spricht er die Realität ab; seinen 'Bildträger', so z. B. dem aus dem palatinischen Jobilde Fig 8 ermittelten, an dessen Gehalt, wenn man ihn vom Sockel abheben wollte, die Säulen hängen würden, erklärt er für ein 'Möbel', dessen Vorhandensein in hellenistischen Palästen ihm durchaus glaublich scheint.

([2]) Vgl. hierzu das was am Schlusse über die spätere Ausgestaltung des 2 Stiles gesagt ist.

chen Durchgängen abgesehen, ebenda wo unten geöffnet ist oben geschlossen, dieselbe Anordnung die auch in andern Wänden nach-zuweisen ist und selbst später noch nachwirkt. Diese palatinische Wand wird sich mehr und mehr als jetzt bedeutsamstes Bindeglied älterer und jüngerer Decorationsweise herausstellen.

Sehr merkwürdig ist nun aber wie im Boscorealesaale der Versuch gemacht ist, grade im Mittelfeld der Hauptwand den Raumschluss unten zu durchbrechen oder als nicht vorhanden anzu-sehn. Die Hauptwand ist sie, von anderem abgesehen, deshalb weil hier allein Götter, an den andern Seiten augenscheinlich Menschen dargestellt sind. Für die Hauptwand sind im linken Seitenfeld Dionysos und Ariadne, im rechten die Chariten(?) von Sogliano be-zengt([1]); in der Mitte stand Aphrodite mit dem kleinen Eros, diese sogar in rasch genommener Zeichnung (Fig. 1) grösstenteils überliefert. Diese lebensgrossen Figuren, einzeln oder zu zweien und dreien, sind ein Unicum dieses Hauses, dieses Saales. Ihre Farben und ganze Erscheinung lassen nicht zweifeln, dass sie als leibhaftige Wirklichkeit verstanden werden sollen. Wir dürfen sie als einen Versuch ansehen, als einen Schritt auf dem Wege, den wir zwar nicht in grader Linie aber in gleicher Hauptrichtung weiterführen sehen werden. Die Aphrodite des Hauptfeldes ist in Beziehung zu andern Figuren gesetzt, die in demselben Felde gleich-falls in Farben der Wirklichkeit([2]) aber viel kleiner und ferner gemalt sind, als wären sie ziemlich weit hinter der Scherwand. Doch wie könnten wir durch diese hindurchsehen? Der Triglyphen-fries und Sims sagt uns ja deutlich genug dass diese Figuren auf die Wand gemalt sind. So findet denn Mau S. 192 f. keine Schwie-rigkeit, indem er die Scherwand, als Wandschirm, als ' Holzwand ' denkt, hier die erste Bildtafel zu constatieren und, indem er Aphro-dite, wozu ich selbst Anlass gegeben hatte, als Statue versteht ' ein aus Malerei und Skulptur zusammengesetztes Ganzes ' anzu-nehmen. Ich eigne mir gern Mau's Gesamtbild an, das nun freilich, einerlei ob in seinem oder in meinem Sinne aufgefasst, dies Feld mit seiner Einrahmung den späteren Prostasen noch viel näher

---

([1]) Barnabei a. a. O. S. 54.

([2]) Das Meer blau, die Säulen hinter Psyche wie Porphyr, purpurn Psy-ches Gewand.

bringt. Der kleine Eros, der auf Aphrodites rechtem gehobenen Oberschenkel steht, zückte mit erhobener Rechter einen Pfeil wie einen
Speer gegen Psyche, die fern vor einem Tempel stand, ob mit auf
dem Rücken gebundenen Händen ist nicht ganz sicher. Durch
die kleinen Eroten, die in ihrer Nähe, um sie unbekümmert, aus
dem Meere, das zwischen dem rotsäuligen Tempel und einem
andern der Fortuna, gegenüber, und nach vorn sichtbar war, Fische
angeln, wird es nahegelegt. Als sicher darf man die Beziehung
des Eros in Aphrodites Arm zur Psyche nehmen ([1]). Hätten wir
da also nicht in diesem gleichsam erst werdenden Prostasenbilde
halb Mau's halb meine Auffassung, balb Tafelbild, halb Wirklichkeit? Man nimmt Aphrodite als Statue, um Alles zum toten
Bildwerk zu machen: ich möchte, von der als leibhaftig und le-
bend dargestellten Göttin (und den andern lebensgrossen Figuren)
ausgebend, auch die kleinen Figuren im Hintergrunde als Wirklichkeit verstehen, keineswegs als Illusion zweiter Hand sondern
als offenbaren Widerspruch, dessen sich der Maler bewusst war.
Er konnte nicht umhin sich zu sagen, dass entweder alle Figuren als auf die Wand oder eine Tafel gemalte darzustellen, oder
mit Durchbrechung der Wand alle als leibhaftige in einige Entfernung nach hinten zu versetzen waren, ferner als die allzu grossen
Figuren vorn auf dem Sockel vor der Scherwand, näher als die
in die Ferne gerückten, allzu kleinen Eroten und Psyche.

    Ein solcher Versuch wie dieser hier musste von selbst wei-
ter führen, und wie sehr dies Bild nun endlich auch durch den
Gegenstand, eine Gottheit und Heiligtümer, den Prostasenbildern
praeludiert, das wird bald klar werden.

    Das nächste Bild von Boscoreale (Fig. 2) führt uns dem
Ziele kaum näher. Die l. Seitenwand des *triclinio ordinario* hat
keine symmetrische Gliederung, daher nichts was einer Prostasis zu
vergleichen wäre; aber auch diese rhythmisch componierte, dann
durch ein nachträglich eingebrochenes Fenster gestörte Wand zeigt
vor der Scherwand zweierlei, behufs leichterer Unterscheidung verschieden charakterisierte Säulen, bossierte, die näher, cannelierte,
die weniger nah an der Wand stehen, eine der letzteren grad in
der Mitte zwischen zwei ihres gleichen und zwei Eckpfeilern. Alle

---

([1]) Vgl. oben. 1901 S. 63, 1.

Säulen, auch die Eckpfeiler stehen auf dem graden Sockel. Das
Obere ist vom Zeichner wohl kaum richtig, jedenfalls sehr lük-
kenhaft wiedergegeben: die Kassettendecke scheint wie die der
Jo-Wand rückwärts nicht unterstützt zu sein. Jedenfalls wird zwischen ihr und der Scherwand eine grosse Stoa sichtbar, wieder
die seitlichen Reihen schräg, die verbindende grad gesehen, jene
sehr kurz, diese sehr lang gedehnt und zwar zweireihig. Die
Säulen der vorderen Reihe werden durch über dem Gebälk stehende Vasen markiert. Rhythmisch wie diese war auch die Wand
des *peristilio* angeordnet.

Alle andern Wände zeigen dagegen nicht nur symmetrische
Composition sondern auch eine stark hervorgehobene Mitte, vor-
erst Fig. 3 und 4, zwei Wände des Sommertriclinium.

In Fig. 3 stehn hintereinander zweimal zwei Säulen zwischen Wandpfeilern, die ersten mit sehr weitem Mittelintercolum-
nium, die zweiten enger, so dass ihre Wandpfeiler hinter den
Säulen der vorderen Reihe stehn, schwer realisierbar und auch
sonst noch widerspruchsvoll und unverstanden. Alle Säulen und Pilaster haben oder sollten haben besondere Sockel, die auf gemeinsamer niedriger Stufe stehn, wie auch die noch fast im 1. Stil
decorierte Scherwand. Diese ist in der Mitte durch eine Thür schon
grad so ' jäh durchbrochen ' wie später von der Prostase. Die
Thür ist geschlossen, trägt über dem Sturz einen Jagdfries und
darüber eine *cresta* der Form die auch den späteren *creste* (vgl.
z. B. Fig. 8) zugrunde liegt. Die Tür wird als Hauptstück gehoben durch zwei wie von Ranken umwundene ionische Säulen; sie
selbst ist geschlossen; über ihr wird über herabgelassenem Vorhang
ein horizontal schwebender Kranz oder Reif oder, wie Barnabei
sagt, ein *piatto* ähnlich einer grossen Lampe sichtbar, auf dessen
Mitte auf einem Kelch oder Kapitell eine männliche Figur mit
grossen kaum entfalteten Schwingen zu stehn scheint (¹). Beide Motive: die in gleicher Kurve herabgelassenen Vorhänge (²) und die

---

(¹) Sehr ähnlich ist der im oberen Teil eines Durchblicks hängende Gegenstand in (Dati) *pitture antiche della Villa Negroni* Taf. II und IV. Ebda
V und VII sind die seitlichen Durchblicke auf kassettierte Decken von Seitenschiffen zu vergleichen.

(²) Die Vorhänge, in Boscoreale Fig. 3, 5, auf dem Palatin besonders
Fig. 10. Im Trastevererhause nur *Mon. ined.* XII 18 sind die besten Illustra-
tionen des Theatervorhangs.

auf überragendem Kapitell stehende Flügelfigur finden sich in den Häusern aus dem Palatin und im Trastevere wieder (¹). In den seitlichen Intercolumnien endlich erscheinen über der Scherwand, zunächst je im ersten die schräge Säulenreihe (ionisch mit Diagonalkapitellen) und ihr Gebälk, im zweiten die Mauern und das Gebälk, also die überdeckten Seitenschiffe etwa einer Basilika, die durch denselben perspektivischen Fehler, der zu Fig. 1 bemerkt wurde, kaum grössere Breite zu haben scheint als vorn die fünf Intercolumnien des Vorraums. Die Querverbindung der schrägen Säulenreihen durch eine grade hinten ist nicht sichtbar: sie würde, wenn vorhanden, durch den mittleren Vorhang verdeckt sein.

Das Architekturbild der andern Wand dieses Zimmers Fig. 4 ist viel weniger klar: einiges mag, bei der schlechten Erhaltung nicht blos der oberen Teile, der Zeichner missverstanden haben; das meiste hat wohl schon der Maler nach seinem Musterbuch ungenügend ausgeführt. Eins ist aber jedenfalls gewiss, dass das Streben nach Raumvertiefung, vorn mit ähnlichen Mitteln wie hinten wirkend, noch um einen Schritt weitergegangen ist. Dieselben Schrägen die wir bis dahin nur hinter der Scherwand jenem Zwecke dienend fanden sind hier auch vorn angewandt, indem die Scherwand wieder durch fünf Intercolumnien quer läuft, in den beiden letzten rechts und links dagegen in rechtem Winkel gebrochen nach vorn geht. Entsprechend stehen die Säulen: vier mit zwei mittleren Pilastern vor der Hauptwand, je drei vor den Flügeln in Tiefenrichtung, deren vorderster jederseits noch ein Pilaster entspricht, so dass wir in der Tiefe drei, in der Front sieben Intercolumnien zählen. Den beiden äussersten Intercolumnien entsprechen wieder die diesmal mit gewölbter Kassettendecke überdeckten Seitenschiffe (²), oder, da die Weite des Raumes so viel grösser scheint (obgleich wieder nur ungefähr gleich den sieben Säulenweiten des Vorraums), die Seitenstoen eines grossen Peristyls, dessen hintere Querverbindung eigentlich sichtbar sein müsste aber aus Bequemlichkeit weggelassen wurde.

(¹) Vgl. Fig. 10. Mon. XII 19 und besonders XII 17.

(²) Wie zu den flach gedeckten Seitenschiffen des vorigen Bildes bietet die Villa Negroni auch zu den gewölbten dieses hier bei Butl Taf. VIII ein Gegenstück.

Das Merkwürdigste aber auch z. T. Unverständlichste ist leider das was für uns das Wichtigste ist. Statt der schmalen Tür von Fig. 3 steht hier ein Portal, ein Propylon, das die ganze Mittelweite zwischen den Pilastern einnimmt. Gegen diese Tür steigt die Scherwand in den je zwei seitlichen Intercolumnien von den Ecken her stufenförmig an und weist den auch sonst schon, an den Gliederungen der römischen Häuser bemerkten Formen- (und Farben-?) wechsel auf; die dritte höchste Stufe bildet das Gebälk des Portals mit dem tempelförmigen Giebel. Die Front des Propylon hat zwischen den hohen Pilastern, die es so viel wir sehen einfassen, noch zwei Säulen, hinter denen Wandpfeiler eine breite Mittel- und zwei schmale Seitenöffnungen lassen, diese wie es scheint durch eine niedrige Mauer geschlossen. Auch die mittlere Hauptöffnung ist bis zu halber Höhe durch eine oben mit Spitzen bewehrte Gittertür geschlossen, dahinter durch zwei kleine Säulen vor Wandpfeilern in einen breiten Mittel- und zwei schmale Seitendurchgänge geteilt, und über dem Gebälk der kleinen Säulen bleibt oben noch das Oberteil des ganzen Mitteldurchgangs offen ([1]). Dieselbe Gitterpforte mit Zacken oben werden wir sogleich wieder antreffen, und haben sie schon oben als Verschluss der Arkade einer pompeianischen Prostase späten zweiten oder dritten Stiles gefunden. Die Teilung des Mitteldurchgangs, nicht zwar durch Säulen, aber durch den Querbalken gleich wie eines Fensterkreuzes trafen wir in einer andern Prostasis, oben S. 99, und zwar mit demselben Feston, der von einem Bukranion über der Mitte nach beiden unteren Ecken der Oeffnung sich windet. In beiden Fällen dienen alle diese die Raumöffnung durchschneidenden Dinge, den Contrast zwischen dem freien Durchblick und dem was ihn hemmt anschaulich zu machen, wie wir es auf der farbigen Tafel Mau's allerdings besser zu würdigen vermögen als in der Zeichnung und selbst der Photographie. Uebrigens steht auf der Boscorealewand zwischen den Festons, der gleichen Wirkung hal-

([1]) Dieselbe Teilung der fensterartigen Oeffnung durch einen von zwei Säulchen getragenen Querbalken, dazu auch die Festons in der oberen Oeffnung sieht man neunmal im oberen Wandteil bei Mirri, camere delle Terme di Tito n. 45. Ebda. n. 27 ist in den beiden oberen Durchblicken (vgl. über die ganze Wand unten S. 139, 1) rechts und links ein dem Propylon ähnlicher Bau sichtbar.

9

ber, auch noch ein Gefäss; es ist zwar durchaus andrer Form, muss aber gleichwohl an die zwei Glasvasen erinnern die in dem verglichenen pompejanischen Bilde auf dem Gebälk neben der Prostasis stehen. An der Boscorealewand sollen wir den Eindruck einer grossen reich, namentlich mit Säulen und Giebelkrönung geschmückten Oeffnung in der Scherwand bekommen, die zu dieser sich in Breite und Höhe ähnlich verhält wie die normale· Prostasis. Einen wirklichen Durchblick hat der Maler uns freilich nicht gegönnt oder vielmehr sich zu malen erspart, und eben deswegen hat er die den Durchblick hemmenden Dinge so vermehrt. Gleichwohl sollen wir hier nun ausser den Seitenstoen des Peristyls auch in der Mitte desselben noch etwas sehen und zwar etwas mehr als an der Hinterwand desselben Zimmers (Fig. 3), nämlich einen Rundtempel, das dürfen wir bei aller Zerstörung doch sagen. Säulen und Gebälk, das neben und hinter diesem Tempelchen erscheint, ist völlig unklaren, wie es scheint unmöglichen Zusammenhange; das Tempelchen selbst könnte auf hohem Unterbau auch in Wirklichkeit so gestanden haben (¹). Die schlanke Vase, die grade in dem mittleren Intercolumnium steht, werden wir indessen richtiger als Akroter des Propylon verstehen.

Hier reiht sich, man darf sagen, unmittelbar die Schmalseite des überaus wichtigen *cubicolo* an (Fig. 5). Diese eine Wand nimmt Mau zur Not noch in den bisher verfolgten Zusammenhang auf; dann reisst er ihm ab, grade da wo er am bedeutsamsten, allerdings für Mau's These am verhängnissvollsten wird.

Nach dem Säulenwirrwarr des letzten Bildes (Fig. 4) erscheint diese Viersäulenfront mit Halbsäulen an den Seiten äusserst einfach: viel einfacher als auch nur der mittlere Theil von Fig. 3 u. 4 allein, von denen 4 durch das Portal mit Giebel ähnlicher scheint, 3 durch das Gesammtverhältniss der vier Säulen (wenn man die Stufe zudeckt) und der Scherwand in den Seitenintercolumnien, des herabgelassenen Vorhanges im oberen offenen Theil und der schrägen Stoen, denen hier die verbindende Grade nicht fehlt. Hinzu kommt aber der Rundtempel, der hier nun richtig im Mittelpunkt des hinter der Scherwand gelegenen Säulenhofs steht. Dieser Tempel war ja aber schon in Fig. 4 vorhanden, nur sehr

(¹) Vgl. a. B. Fig. 13.

in die Höhe gerückt, weil er erst über dem Giebel des Propylon
sich zu zeigen Platz fand, und auch da nur dadurch dass das Portal, zwar nicht im Verhältniss zur Scherwand, aber zum Sockel
möglichst nach unten gezogen war. In 5 hat man nun umgekehrt
den Tempel herabgezogen, ihn offenbar auf gleichem Boden mit
dem umgebenden Peristyl stehend gedacht, und das Portal hinaufgerückt: unter seinem Gebälk werden, wie unter dem Viersäu-
lengebälk von 3, die schrägen Stoen sichtbar. Bis hierher also
kein wesentlich neues Element. Das ist auch der Vorhang in
der grösseren mittleren Säulenweite nicht (vgl. 3); nur tiefer her-
untergelassen ist er, im Verhältniss zur Portalhöhe etwa ebenso
tief, wie in Fig. 4 bis zur Gittertür der freie Raum hinabreicht.
Wie diese Gittertür muss geöffnet werden können, obgleich das
nicht sichtbar gemacht ist, so wird in 5 der Vorhang ganz
fallen können; und selbst wenn die niedere Schranke, an die
zwei verknüpfte Lorberzweige lehnen, nicht ebenso geöffnet werden
könnte, so hebt doch die Zugehörigkeit des Cultgeräths (Rauchaltar,
zwei Ständer mit Früchten) das vor der Schranke steht zu dem
Tempel dahinter die Trennung so gut wie auf. Gleichwohl ist
Schranke und Vorhang in der Mitte, mit Scherwand und Vorhang an den Seiten zusammengenommen, für das Auge immer
noch wesentlich dasselbe wie in 1-4: Raumschluss unten, Raumöffnung oben; aber wie niedrig geworden ist der Raumschluss, wie
viel bedeutender geworden was in der oberen Durchsicht vor
Augen tritt. Das Wichtigste ist freilich dass das heilige Mittelstück dieses Durchblicks die Hauptsache desselben geworden ist.
Die Idee des Heiligtums war allerdings auch in dem Tempelchen
von 4, in dem Eros von 3 und viel bedeutender, alles Folgende gewissermassen anticipierend, in der Aphrodite mit Eros in 1 schon
enthalten.

Mit 5 habe ich auch früher schon die pompejanische Wand
zusammengestellt, die bei Mau, Gesch. VII, von Sikkard restauriert erscheint. Was hier neben dem Viersäulenbau links und
rechts erscheint, findet sich im Boscoreale-*cubiculo* an der anstossenden Wand des Alkovens; der Mittelbau erinnert durch die drei
Säulen jederseits in Tiefenrichtung, parallel zur Arkadenmauer an
die vorbesprochene Fig. 3, zugleich an die palatinische Jowand
(Fig. 8), ganz besonders auch durch doppelten Wandschluss in den

Seitenintercolumnien, höheren hinter niedrigerem. Mit der Boscorealewand 5 hat das pompeianische Bild gemeinsam die Scherwand
in den Seiten, den Durchblick auf den Rundtempel im mittleren.
Von dem umgehenden Peristyl ist, da Alles in das eine Intercolumnium sich zusammendrängt, nur die linke Schräge geblieben, und
diese eine ist zu einem Tempel geworden. Wer nicht grundsätzlich
Gegner der historischen Entwickelung dieser Bilder ist, kann, wie
mir scheint, sie hier nicht verkennen (¹). Dazu kommen ja noch
eine Anzahl kleiner Züge, die in ihrer Gesammtheit nicht zufällig beiden Tempelbildern gemeinsam sein können: die Bekrän-
zung ist auf den Tempel selbst übergegangen; ebenso liegen auf
dessen Sockel die Zweige und Früchte; ja selbst die Schranke erkenne ich wieder und zwar zweimal, zwischen den Säulen des Rundtempels und links von ihm. Gleich hinter dem 1. Pilaster setzt eine
Schranke an, oben wie aus Planken zusammengesetzt: ich vermuthe
dass sie ursprünglich die ganze Oeffnung der Prostasis unten schloss,
und dann erst der Maler auf den Gedanken kam, den Tempel bis
unten auszuführen, auch die zwei Verehrerinnen der im Tempel
sichtbaren Anadyomene und ihre Weihegaben auf dem Sockel zu-
zufügen. Die Schranke liess er dann an der Ecke des grossen Tempels umbiegen und führte sie bis zum Rundtempel in der nämlichen
Form, die uns von Fig. 4 bekannt und im *cubicolo* sogleich noch
an sehr entsprechender Stelle wiedervorkommen wird. Der Haupt-
grund, die Schranke links als Rest eines einst durchgehenden Ver-
schlusses anzusehn ist dass sie so wie sie jetzt ist völlig unverständlich bleibt, dass die obere Schräge nicht zu der des grossen Tempels passt, und dass die untere Begrenzung verwischt ist.

Wäre diese Erklärung zutreffend, dann wäre diese Prostasis
zugleich die letzte (von der schon angeführten, späteren, Gesch. X
abgesehen) mit und, die erste ohne unteren Verschluss. Der Zusammenhang der Boscorealeprospekte mit den späteren Prostasen
beruht indessen keineswegs auf dieser eben dargelegten Gleichung:
das stärkste Bindeglied sind oben die andern Malereien des *cubicolo*.

Da ist zunächst die Rückwand im Alkoven, dessen Schmal-

(¹) Man S. 230 'es fehlt das Wesentliche der Portikusprospekte, die
Säulenhallen'.

seiten Fig. 5 gab, dreigeteilt durch zwei rankenverzierte Säulen, die gleich wie die Pilaster hinter ihnen auf dem Sockel stehen; dieser geht wie das Gebälk der Säulen von Eckpilaster zu Eckpi-

Fig. 5ᵃ.

laster durch, wie in Fig. 1. Leider ist nur das rechte Feld und ein anstossender Teil des mittleren erhalten (Darnabei Taf. IX mit einem Teil der Seitenwand, hier in Fig. 5ᵃ nach einer Photographie Esposito's, die nur das Erhaltene der Rückwand wiedergibt). Das Mittelfeld ist, soweit erhalten, unten durch eine Schranke und

Vorhang dahinter geschlossen. Auf die Schranke ist in chiaroscuro,
wie ferngesehen, eine ganze Stadt gemalt. Das Seitenfeld ist vom
Sockel bis zum Gebälk in der ganzen Breite und Höhe offen. Also
das Gegenteil von dem was man gewöhnlich sieht: nicht die Mitte
sondern die Seitenfelder ganz offen.

Wodurch sich die drei Felder von den normalen Prostasen
(Fig. 13) unterscheiden, sieht jeder: hauptsächlich dadurch, dass
das Mittelfeld weniger dominiert; ebenso klar ist, dass das Gemeinsame doch viel bedeutender, ja die Hauptsache ist. Die Uebereinstimmung im Ganzen würde noch grösser sein, wenn die
Mitte ganz geöffnet und die Seiten unten durch Schranken geschlossen wären, statt dass jetzt im Gegenteil die Seiten offen, die
Mitte unten geschlossen ist. Ist es denn aber nicht sonnenklar,
dass, wenn man diese Anordnung hier und ebenso das Aphroditebild im grossen Saal mit dem später Ueblichen vergleicht, die
Boscorealemalereien einer Zeit angehören, wo man noch sucht
bald so, bald so dem nahezukommen was dann, einmal gefunden,
vorherrschend bleibt?

Im rechten Seitenfeld erhebt sich oben eine weinberankte Pergola; unten öffnet sich eine düstere Grotte, deren zerklüfteter Eingang von Epheu überrankt und von bunten Höhern belebt ist. Am
Eingang rechts steht derselbe Brunnen, wie in dem vorher mit
Fig. 5 verglichenen Gemälde (Gesch. VII), dessen schräg gesehene
Arkaden nun auch da sind, aber im erhaltenen Teile des Mittelfeldes, oben. Man wird nicht fehlgehn, wenn man in diesen Arkaden die man durch die Pfeiler durchgehenden *bini longurii*,
die ja auch im Seitenfeld vorhanden sind, eine Fortsetzung der
Gartenbildes, und zugleich in der schrägen Umzäunung ([1]) die
umgewandelten Stoen des Tempelhofs wiedererkennt: in geringerer
Verwandelung werden wir sie sogleich wieder antreffen. Die Einfriedung an den Seiten (und hinten?), Schranke und Vorhang vorn,
die grosse Fruchtschale rechts auf der Schranke, selbst der grosse
Vogel vielleicht (vgl. *Annali* 1875 K L) und vor allem die Mittelbilder der beiden Seitenwände legen nahe zu denken, dass auch
hier das Hauptstück des Mittelfeldes ein Heiligtum, ein Götterbild
war, wie wir es an den Seitenwänden finden.

([1]) Vgl. Ara Pacis S. 155, 2 zu dem Zaun mit *longurii* bei Varro R.
R. I 14 K.

Auch diese sind, ohne den Alkoven, dreiteilig, und bezeichnet
man die drei Teile nach der Abfolge vom Eingang her gegen den
Alkoven jederseits mit A B C so sind die Nebenfelder A und C
jeder Seite sich fast gleich, die einander gegenüberliegenden A-A
und C-C aber entsprechen einander noch genauer. Daher genügt die
Abbildung von A B der linken Wand, Fig. 5^bc (¹). Wer nun über
dem Reichtum der Einzelausführung nicht die Hauptsache aus
den Augen verliert, kann unmöglich verkennen, dass die Grundzüge,
die diesen Malereien von Fig. 1 an eigen waren, auch hier völlig
bewahrt sind : nicht allein der gemeinsame, aber in der Mitte
tiefer eingezogene Sockel, darauf die teilenden Säulen und Pilaster
mit dem Gebälk, sondern auch Raumschluss im untern Teil aller
drei Felder oder Intercolumnien, Raumöffnung und Durchblick im
oberen. Dazu ferner, in diesem Durchblick durch alle drei Felder
(wie in 3-5) hindurchgehend, die perspektivischen Schrägen an
den Seiten, die verbindende Grade im Mittelfelde. Es ist nicht
das alte einfache Peristyl, und doch unverkennbar davon abgeleitet.
Ist doch in dem vorderen Teil A jederseits sogar die Stoa geblieben, nur hoch hinaufgerückt, um Raum zu lassen für den
Aufbau der verschiedenen Häuser. Im Mittelfeld setzt sich der
glatte Unterbau der Stoa fort, hier augenscheinlich als Peribolosmauer gedacht, mit der im andern Nebenfeld nun die einzige
Schräge der mit einem starken Gesims gekrönten Mauer in der
Verlängerung zusammentrifft. An diesem Ende ist keine Stoa, aber
an der l. Wand — an der r. hat der Maler es sich erspart oder
vergessen — sind Loggien von der schon besprochenen Art (S. 191),
ein Beweis, dass auch hier ein der Stoa entsprechender Innenraum entlang lief. Ueber die hoch sich aufbauenden Häuser ist
kein Wort weiter nötig, weder über die andern, deren Perspektive
einigermassen richtig und übereinstimmend, noch über das eine,
dessen Schrägen alle vier Male grad entgegengesetzt sind, was
man sich schwer erklärt.

Und nun der Raumschluss unten oder die Scherwand. Ist es
möglich sie zu verkennen? An jedem Ende der ganzen dreige-

(¹) Barnabei Taf. X: A B C links, S. 74 f.: a links und rechts, Taf. IX c
rechts und was von der Hinterwand des Alkovens sich erhielt, samt dessen
r. Seitenwand.

teilten Wand setzt sie in halber Höhe der Pilaster an, fällt nach
kurzer Strecke um mehr als ein Drittel ihrer Höhe fast senkrecht
ab, um in solcher Höhe bis an bie trennende Säule zu gehn, frei-

Fig. 5ᵇ.

lich gröstenteils unterbrochen oder verdeckt durch einen Portalbau,
dessen Perspektive wieder arg verfehlt ist. Fehler sind: dass eine
Gesimsecke oben hinter der Scherwand liegt, dass das Tor selbst
schief an der Front sitzt, dass die linke Seite weniger als die
rechte von der Scherwand absteht, dass hier rechts sogar ein

Zwischenraum zwischen ihr und dem Torbau zu sein scheint. So
mangelhaft ausgesprochen der Gedanke ist, so wenig kann der
Sinn doch zweifelhaft sein. Will jemand statt eines Torbaus lieber

Fig. 5c.

eine Art Heiligtum verstehn, es kommt wenig drauf an. Der ganze
Bau so wie alle Dinge, die vor seiner und der Scherwand glatter
Fläche stehn: zwei runde Einfassungen (wie der *Acus* auf den
Forumsschranken) für Gebüsch und Palmen, der Erker, endlich
das Götterbild auf der Säule und der Altar daneben sind in erster

Linie zur Belebung der Fläche da. Altar und Götterbild, das man
trotz der Flügel vielleicht Hekate nennen darf, lassen sich auch
auf das Tor beziehn. Die Scherwand, auf- und absteigend auch in
Fig. 4, sahen wir überall durch vorgestellte Säulen belebt, durch
prächtige von geflügelten Figuren bekrönte Kandelaber in Fig. 3.

Die Mitte hat an beiden Wänden ihre besondere Scherwand,
bei der sich dasselbe wiederholt. Sie ist wie die rückwärtigen Stoen,
wie die Scherwand von Fig. 4, in der Mitte quer, an den Seiten
im r. Winkel vorspringend; das mittlere Stück ist nur um seine
obere Krönung höher als die schlichtere Scherwand der Seitenfelder.

Vor den Seitenstücken der mittleren Scherwand stehen Bänke
mit Vasen, vor dem Mittelstücke ein runder Altar; vor diesem
liegen am Boden Früchte.

Hinter dem Altar sperrt den Durchgang die von Fig. 4 (auch
Gesch. X und zwischen den Säulen des Rundtempels ebenda VII)
bekannte Gittertür mit der Zackenwehr und dahinter der herab-
gelassene Vorhang. Auch hier gehört was vor der Schranke sichtbar
ist zu dem hinter ihr liegenden Heiligtum, unlöslich damit verbunden, wie schon in Fig. 5, noch nicht in 4. Zieht sich doch die Schranke
sogar stark einwärts gegen das Idol. Im Mittelbild des Alkovens
werden wir in der Lücke Gittertür, Vorhang und Heiligtum wie
in allen Mittelbildern des *cubicolo* voraussetzen müssen. An den
Seitenwänden in в ist das Idol links eine archaisierende Artemis
(Fig. 5c) mit kurzer Fackel in jeder Hand, das andre mal ein freier
bewegtes farbiges Marmor(?)bild einer nicht sicher zu benennenden
Göttin. Beide Bilder stehn in fast gleichen, hinten wie vorn offenen
Aediculen (¹): zwei starke Pfeiler von gradem phantastischen Gebälk,
mit niedrem Aufsatz, auf welchem Vasen als Akroterien stehen.
Ausserdem mit Kränzen, Teppichen, Masken geschmückt, stehen
diese Aediculen zwischen Bäumen im heiligen Hain, offenbar auf
einem Stufenunterbau, da das Götterbild bis zu den Knien abwärts
sichtbar wird. Sie stehen zwischen der vorderen Schranke und der
hinteren Peribolosmauer: diese ist jener in allen drei Teilen parallel.

Fassen wir zusammen was sich uns als das Wesentliche in

(¹) Eine durchaus ähnliche Aedicula, mit einem Bild der Tyche veröffentlicht Löwy (Hirschfeld-Festschrift S. 421), der den hellenistisch-alexandri-
nischen Charakter dieses und der andern Wandbilder des Traslevershauses
mit Recht betont. Vgl. zu dem angeführten Bilde noch unten S. 135.

der Decoration der Boscoreale-Wände heronstellte, als das woran
eine Entwickelung sich nachweisen liess. Damit wird dann nachher
zu vergleichen sein, was etwa derart in den römischen und späteren Decorationen sich findet.

In allen vier Räumen der Boscoreale-Villa (Fig. 1-5 und unsere 5ᵃ und 5ᵇᶜ) zeigte sich im unteren Teile der Wand Raumschluss, im oberen Raumöffnung. Den Raumschluss bildet eine
Scherwand, die für einen Wandschirm oder eine spanische Wand zu
halten nie und nirgends der geringste Anlass ist; über diese niedere Wand hinweg öffnet sich der Ausblick in rückwärts liegenden Raum, der von Säulen und Mauern eingefasst, als Säulensaal
(Basilika (?), Fig. 3) oder Säulenhof oder grosser Peribolos sich darstellt. Charakteristisch für diesen Raum sind namentlich die zurückweichenden Schrägen der Säulenreihen und Mauern an den Seiten,
deren Tiefenerstreckung wir grösser oder geringer zu denken haben,
je nachdem die sie im Hintergrunde verbindende Grade sichtbar
wird oder nicht.

Die Scherwand sehen wir zugunsten des dahinter Liegenden
von Fig. 1 bis 5 und 5ᵃᵇᶜ niedriger werden, teilweise sogar ganz
verschwinden; immer aber bildet sie und besonders die vor sie
gestellten Säulen eine Einheit mit dem hinter ihr liegenden Peristyl; dies mögen wir als den Innenraum verstehen, jenes als
den Vorraum. Solche Vorstellung der Zusammengehörigkeit beider Räume, augenfällig schon durch das Aneinandertreffen der
Gebälklinien der inneren und der äusseren Säulenstellungen, besonders im Sommertriclinium (Fig. 3 und 4), wird noch eindrück-
licher durch die ebenda aber auch im *cubicolo* (Fig. 5, 5ᵃ ᶜ) in die
Mitte der Scherwand gelegte Tür oder türartigen Einschnitt. Denn
mit solchem Durchgang vom Vorraum zum Innenraum ergibt sich,
auch wenn die Tür noch geschlossen ist, wie in Fig. 3, doch für
die Vorstellung die Möglichkeit eines Durchblicks. Ja in Fig. 3
eröffnet selbst über der Tür sich ein Blick auf das Centrum und
Hauptstück des Innenraums. Auch in Fig 4 sieht man solches
Mittelstück noch oberhalb der Tür, aber auch diese selbst liess
wenigstens Luft und Licht durch ihr Gitterwerk und die obere
Oeffnung durchscheinen. Die Tür bleibt geschlossen noch im *cubicolo* (Fig. 5, 5ᶜ), aber hier ist das dahinter Liegende schon so
gut wie in ganzer Grösse sichtbar.

Es ist nur ein scheinbarer Widerspruch, dass wo doch so
deutlich sich das Streben zeigt, grade in der Mitte die Scheide-
wand zu durchbrechen, an der Rückwand des *cubicolo* die Oeffnung
der Seitenfelder weiter geht als im mittleren, indem dort jede
Schranke gefallen ist. Denn eben weil man darauf bedacht war die
vorn gesehene Architektur mit der weiter zurückliegenden in Beziehung zu setzen, musste die Schranke vorn schwinden, wo auch
hinten nur Gartenlandschaft und keine andre Architektur steht als
eine Pergola (s. oben S. 131). Freilich sehn wir auch an den Seitenwänden des *cubicolo* die Verbindung des Vorraums mit dem Inneren eine andre, freiere werden. An den Seitenwänden ist es innerhalb
des Alkovens (Fig. 5) noch fast ebenso wie in 1-4; draussen (Fig. 5ᵇ),
wo zwischen Scherwand und Peribolossäulenschräge noch die bunte
Masse der Häuser steht und die alte einfache Linienverbindung jener beiden unmöglich macht, ist dafür ein andrer Zusammenhang
hergestellt: es ist klar dass das reichgeschmückte Portal hier denselben Zweck erfüllt wie die Tür seit Fig. 3 im Mittelfeld. Ausserdem ist in gleichem Sinne, d. h. den Vorraum und das Innere
zur Einheit zu machen, wirksam der Erker neben dem Portal an
der Scherwand, da derselbe Erker ja auch an den Gebäuden drin-
nen mehrfach bemerkt wurde; überhaupt ist der Reichtum von Dingen die vorn die Scherwand beleben ganz entsprechend dem Reichtum der Architektur im Innesen. Wie sich bei den Mittelbildern
(Fig. 5ᶜ) die Zusammengehörigkeit und Einheit dessen was vor und
dessen was hinter der Schranke sich befindet, ausspricht, ward schon
S. 130 gesagt: der Cultusapparat, Altar., Vasen, Früchte gehören
dem Götterbild, dem durch die Türe sich nähern mag wem es zukommt. Das Heiligtum selbst lassen wir noch einen Augenblick
bei Seite.

Solche Wandverzierungen wie die von Boscoreale gab es nun
auch anderswo. In Pompeji bietet das Haus des Gavius Rufus
(Gesch. IV) ein Beispiel der einfacheren Art, wo über undurchbro-
chener Scherwand andre, nicht weit zurückliegende Räume sichtbar
werden, allerdings kein Peristyl. In Rom bilden die berühmten Odysseelandschaften vom Esquilin eine so zusammenhängende Aussicht
durch die obere, nur von den innen roten, aussen dunklen Pilastern
unterbrochene Wandöffnung, dass unten notwendig ebenso zusammen-
hängend geschlossene Scherwand vorausgesetzt werden muss. Oef-

ters ist mit diesen Landschaften das Nereidenbild aus der Villa des
Diomed (Gesch. VII) verglichen, nach dessen Analogie Mau sogar
auch jene bis zum Wandsockel herabrücken wollte. Doch liess sich
aus dem Ausgrabungsbericht noch ermitteln, dass die Odysseebil-
der höher, oberhalb der Scherwand angebracht gewesen sind ([1]).
Es mag gewagt erscheinen aus dem Vergleich jener zwei Beispiele
auf einen Entwickelungsgang schliessen zu wollen, der die ursprünglich hoch gelegenen Durchblicke allmählich tiefer rückte; aber das
ist ja grade das was an den Boscorealewänden von Fig. 1 bis 5
zunehmend bemerkt wurde. Und wer nun noch einen Blick auf jene
Figg. 1-5 wirft und nicht blos die niedriger werdende Scherwand
ins Auge fasst, sondern auch die dahinter sichtbaren Säulen, kann
nicht umhin zu gewahren, dass sie nach ihren ganzen Verhältnissen
mehr und mehr den im 'Vorraum' gesehenen Säulen gleich werden und mit ihnen auf dasselbe Bodenniveau herabkommen. Nirgends ist der Unterschied der älteren Hoch- und der corrigierten
Tiefstellung deutlicher als bei dem im Mittelfelde sichtbaren Rundtempel in Fig. 4, 5 und Gesch. VII: in 4 steht er so hoch, dass
ein Unterbau angenommen werden musste; in 5 kann der Beschauer
ihn auf gleichem Niveau wie er selbst stehend denken; auf VII sieht
er das mit Augen. —

Und nun die Wände des palatinischen und des Trasteverе-
hauses. In beiden Häusern gibt es auch 'rhythmisch', nicht nur
symmetrisch um eine Prostase angeordnete Wanddecoration. Im
trastevernischen sind die rhythmischen oben geschlossen; nur die
weisse (Mon. XII 5) bewahrt noch eine Reminiscenz über die
Scherwand weg gesehener Landschaften; im palatinischen reicht
in beiden 'alae' die Wandöffnung über der Scherwand rings herum, unterbrochen nur durch die schmalen Wandpfosten hinter
den Säulen. Man erblickt aber weder Architektur noch Landschaft
durch diese Oeffnung, nichts als die nach aussen vortretende Kassettendecke, diese ähnlich wie im Triclinium. Anders ist es in den
symmetrisch angeordneten Wänden. Hier ist überall der Raumschluss durch die Scherwand unten, Raumöffnung über derselben
kenntlich, wenn auch letztere meist sehr reduciert, nur an wenigen
Wänden, wie Fig. 8, 10, 13, noch breiter geöffnet ist.

[1] Vgl. oben 1894 S. 213, 2; 1893 S. 231 Ara Pacis S. 139, 2.

In allen diesen Beispielen, ausgen. Fig. 6, 10, 11, erkennt man noch, und das ist ein schwerwiegender Beweis für den Zusammenhang der Prostasewände mit denen von Dioscoreale, ein sicheres Rudiment der seitlichen Säulenschrägen, die ursprünglich das innere Peristyl bildeten. Wie die seitlichen Säulenreihen der Peristylien setzen auch diese Rudimente, meist nur ein par Säulen — mehr waren aber auch in Fig. 1-4 nicht sichtbar — jederseits an der Ecke oben an, sogar in direkte Verbindung mit dem Oberbau der Scherwand gesetzt wie in Fig. 9, 13, und, wenn dieser Oberbau von den Seiten her sich mehr und mehr schliesst, einwärts geschoben wie in Fig. 12, sehr stark in Fig. 16 (besser zu sehen *Mon.* XII 19)[1], auch in *Mon.* XII 5ᵃ (in Fig. 15 nicht sichtbar) über der Hauptwand; entstellt über der Nebenwand, wo die einander so nahen und kurzen Schrägen zu einem Ganzen verbunden sind. In *Mon.* XII 17 (unvollständig in Fig. 17) sind sie von den Ecken der oberen Scherwand abgelöst, und jedem Rudiment ist nach aussen ein correspondierendes Gegenstück gegeben. In mehreren dieser Beispiele wie z. B. Fig. 13 sind diese Säulenschrägen einwärts gerundet, was die Abkunft von den Seitenstoen nicht zu verdunkeln vermag. Ist diese doch auch bei der auswärts gerundeten, von der Ecke losgelösten Säulenreihe über der Seitenöffnung der palatinischen Jowand Fig. 8 noch unverkennbar.

Wir dürfen ja aber auch nicht blos diese Rudimente an und für sich betrachten, sondern müssen ihr Verhalten zum Ganzen ins Auge fassen, wie sie sich gegen einander und gegen die Mitte kehren. Daselbst befand sich (in den Dioscorealereduten) das von dem Peristyl Umschlossene: erst undeutlich, dann immer sichtbarer das Götterbild, oder der Rundtempel, die Aedicula mit dem Bilde, erblickt durch die Thür oder Wandöffnung in der Mitte der Scherwand. Und wenn wir nun an den römischen Wänden alle die alten Elemente wiederfinden, durch fortschreitende Entwicklung verändert, meinetwegen entstellt doch immer noch kenntlich: vorn die Scherwand, dahinter, überragend die Säulenschrägen, in der Mitte die Wandöffnung, darin wieder das Götterbild im Heiligtum, da könnte man den Zusammenhang, die Abkunft auch dieses Teiles von jenen älteren Compositionen leugnen wollen? Wenn dann das Mittelstück

[1] Hier sind die Säulen von Sikkard offenbar zu kurz ergänzt.

der Scherwand als Bildrahmen, das von ihm Umschlossene als
Tafelbild unzweideutig gekennzeichnet wäre, müsste man doch immer einräumen, dass das was frühere Wandmaler als wirklich
durch die Wandöffnung gesehen darstellten, hier, verflacht, als eingerahmte Gemälde verstanden werden wolle. Im I. Theil haben
wir ja aber gesehen, dass eine Nötigung Gemaltes statt Wirklichkeit durch die Prostase hindurch zu erblicken im Allgemeinen
keineswegs vorliegt, dass vielmehr im Architektonischen die Wandöffnung zwischen Pilastern und im Figürlichen der Schein der
Wirklichkeit nicht verkannt werden können. Ist doch auch das
nicht bedeutungslos, dass es in den späteren Phasen des 2. Stiles
immer noch ein Heiligtum ist, was man im Mittelfelde sieht,
grade wie schon in Boscoreale. Für Tafelbilder wäre das eine unbegreifliche Einseitigkeit und Wahlbeschränkung; wogegen diese
Constanz sofort erklärlich wird, wenn das Urmotiv das Sacellum
inmitten des Säulenhofes war. Schon im anticipierten Mittelbilde
von Boscoreale Fig. 1 war es Aphrodite mit Eros; Eros allein in 3;
in 4 und 5 ein Rundtempelchen, dessen Gottheit nicht sichtbar wurde; in 5ᶜ und seinem Gegenstück Artemis und eine andre
Göttin. In der Prostasis Gesch. VII, die Fig. 5 von Boscoreale so
ähnlich sah, wurde im Rundtempelchen Aphrodite sichtbar;
Hera (?) ist es im Jobilde Fig. 8, an dessen Stufenbasis die Schutz-
flehende Jo sitzt; ähnlich Fig. 9, 13, 15, 17, wo das Bild nicht
mehr immer ganz deutlich; nur das heilige Symbol der Artemis
ist es in 11; ein niedriger primitiver Altar wie in 11 auch 10, ein
Heroon (?), die Amphora auf einer Säule, Annali 1875 k. Grade vor
dem Beschauer steht das Bild des Bacchus Fig. 6, aber der Gott
selbst sitzt nicht gegen ihn gewandt sondern, als nahten Anbeter im
Bilde von links, wo vielleicht Spuren von solchen blieben ([1]). Aehnlich in Schrägansicht, ohne dass Anbeter vor ihr mitdargestellt wären, Aphrodite von Peitho geschmückt mit vor ihr stehendem Eros
als chryselephantine Gruppe zur Seite gewandt in Fig. 16, und besondere Beachtung verdient die Abwendung des Götterbildes vom
Beschauer auch in Fig. 12. Wir haben darin einen für die kunst-

---

([1]) Hier ist das oben S. 130, 1 angeführte Bildchen das Löwy veröffentlichte
zu vergleichen. Die Aedicula mit dem Tychebilde ist nach links gekehrt, wo
anbetend eine Frau steht.

geschichtliche Bestimmung der Composition belangvollen Zug zu
erkennen, dem hier nur einen Augenblick nachzugehen ist.

Die Darstellung Fig. 12 hat so zu sagen zwei Axen, deren
eine nach dem Beschauer des Gemalten, die andre nach dem im
Bilde dargestellten archaischen Dionysosbilde gerichtet ist. Das
Idol steht auf einer Säule grad gegenüber einem Bogentor, und
stellen wir uns vor, wir schauten von aussen durch dies Tor auf
das Idol, so würde dasselbe uns ähnlich erscheinen wie das Götterbild unter dem Bogen in Fig. 5ᶜ oder sein Gegenstück auf der
rechten Wand des *cubicolo*. Dort waren wir die Beschauer, in Fig. 12
sind die Beschauer in Gestalt der durch das Bogentor eingetretenen
Frauen selbst mit gemalt und Teil des Bildes geworden, und wir
sind die Beschauer dieser Beschauer, die kaum eingetreten freilich
den Blick zur Seite gegen den Beschauer und die rechts sitzende
Frau wenden. Diese Frau mit dem Kinde stellt nun, erst recht wenn
es das Dionysknäblein sein sollte, als Gegenstück zum Idol, mit
diesem und den stehenden Frauen die nach der andren Axe, in
welche auch der kleine typische Altar fällt, gerichtete Gesamtcom-
position dar. Ist nun aber nicht auch die Bogenöffnung zweimal
da? Einmal in der Axe des Idols und der gemalten Beschauer das
Bogentor im Bilde; das andere mal in der Axe des alten wie des
modernen Beschauers, die Arkade der roten Wand. Eine wie die
andre befindet sich in einer Scherwand. die eine mit, die andre
ohne Prostasis; aber der Bacchus der auf der einen lagert ist im
Motiv nah genug verwandt den zwei Satyrn auf der andern. Sind
diese Bemerkungen zutreffend, so bestätigt sich hier aufs Neue dass
die Prostasen dieser Wände nicht Bildrahmen sondern Tür- oder
Fensterrahmen sind, dass das darin Gesehene nicht ein Gemälde
sondern Wirklichkeit vorstellen soll. Etwas Aehnliches, eine Tür
hinter der anderen, werden wir in einem andrem Bilde sehn.

Eine unbillige und geschichtswidrige Forderung wäre nun
dass diese Erklärung der Prostase, um richtig zu sein, auf alle
Beispiele gleichmässig passen müsste. Ist es doch bekannt genug
dass das Schema der Prostasis sich im dritten und vierten Stil
erhält, aber teils verflacht, teils in phantastische Willkür und
Spielerei ausgeartet, immer weniger ernstlich zu nehmen ist; ebenso
bekannt dass das Bild in der Prostasis zusammenschrumpft und
nur noch einen kleinen Teil der Prostasisrückwand einnimmt,

und nun vor Allem deswegen nicht mehr als Ausblick durch die Wand verstanden werden kann, weil die Wandöffnung nicht mehr so wie früher angezeigt ist. Gleichwohl gibt es auch im 3. Stil immer noch Wände, in denen das Ursprüngliche noch ganz oder fast ganz unverwischt ist und noch mehr im vierten, der ja nicht an den dritten sondern gleich wie dieser an den zweiten anknüpft.

Im 3. Stil bietet die etwas kahle Wand Gesch. X noch die Prostasis mit Arkade, und durch diese und die von Boscoreale her bekannte Gittertür mit Zackenwehr darüber wird, gleichfalls dürftig, das Heiligtum erblickt in dem faden blassbläulichen (¹) Ton der auch in Fig. 13 in Harmonie zu den lichten Tönen der ganzen Wand steht. Wegen der Farbenwirkung schliesst hier auch Fig. 10, die Aphrodite aus dem Trasteverehause an. In andern Beispielen (Gesch. XII f. auch XV f. und Fig. 13) kann man beinahe schon das Flächenbild erkennen; doch nimmt es fast noch die ganze Prostasis ein, nur ein geringer Streifen sondert es rings von deren Gliederung, und die architektonischen Elemente innerhalb des Bildes, dazu in XII der grosse Durchblick auf die Kuppelkassetten oben, erinnern noch so auffallend an die älteren Motive des 2. Stils, dass man die Idee des Durchblicks auch unten kaum leugnen kann (²). Ist doch in XII auch das Heiligtum noch vorhanden, wie auch der obere Durchblick in allen genannten Beispielen.

Vierten Stiles sind zwei Wände die von früherher noch alles Wesentliche erhalten haben Niccolini IV, 2 XVI und XVIII: normale Prostasis mit Kassettendecke, zwischen den Pilastern ganz geöffnet; dadurch sieht man vor einem Hintergrund von Bäumen in XVI, mittels einer niedrigen Mauer verbunden, zwei kleine Heiligtümer, je mit Götterbild, vorn in der Mitte einen Altar, also den normalen Durchblick. In der niedrigen Mauer dann nochmals eine Tür, halb offen, durch die ein Hund sich drängt, also ein Durchblick durch den andern hindurchgesehn, ein Seitenstück zu Fig. 12 (s. oben S. 136). Wenig anders das zweite Bild XVIII:

(¹) Bei Mazois IV 26 ist gar kein Unterschied der Färbung zwischen Arkade und Durchblick; anders bei Niccolini IV, † 6.

(²) Man vergleiche aus den *Pitture antiche della Villa Negroni* Taf. II, und IV. In allen acht Wandbildern daselbst ist die Idee des Durchblicks an der Wandlaibung noch sehr deutlich gewahrt.

10

ein Altar, dahinter ein kleinerer Tempel vorn, und ein grösserer grad
hinter ihm und der Scherwand; in der Mitte des ganzen statt der
zwei Tempel profane Gebäude an den Seiten zuletzt wieder Bäume.
Es fehlt auch nicht der obere Durchblick, doch hier in drei kleine
Durchsichten zusammengezogen, von denen die mittlere noch die
Säulenschrägen von Fig. 1 ff. her bewahrt ([1]).

Eine raffinierte und sehr phantastische, aber in ihren Absichten
klare Decoration gibt Niccolini III 2 xx: Mittelprostase und Ne-
benbauten, aber in gelbem Ton völlig offen und durchsichtig, bis
zum letzten Landschaftsausblick.

Aehnlich Niccolini IV 2 vɪ Mittel-und Seitenprostasen mit
Durchblicken nach rückwärts, hier aber nicht dies die Hauptsache
sondern die vom Inneren des Bühnenhauses (denn diese Decoration
gibt, wie Puchstein im Arch. Anz. 1895 S. 166 f. erkannt hat, die
Skene des pompejanischen Theaters wieder), der zur Preiskrönung
unter Tubaklängen herausgetretene Sieger im Wettspiel. Eine andre
Decoration desselben Raumes zeigt uns wieder drei Prostasen, in den
seitlichen durch geöffnete Schrankentüren wieder leibhaftige Athleten, solche auch in der mittleren Prostasis. Die letzteren in dem
schon üblichen reducierten Felde der Prostasenwand, das meist als
Flächenbild zu fassen ist, hier jedoch ein unklares Mittelding zwischen Bild und Wirklichkeit genannt werden muss, d. h. von dem
Maler noch als Wirklichkeit gemeint war, dargestellt aber in dem
späteren Schema des Flächenbildes.

Wo nun im 4. Stil ein solches Flächenbild die Rückwand
der Prostasis einnimmt wie z. B. im Vettierhause Dirke, Pasiphae,
Ariadne und Bacchus, Ixion, Pan und Eros ringend (Niccolini IV,

---

([1]) Eine grosse Wand bei Mirri le camere delle Terme di Tito n. 27 zeigt
über durchgehendem einfachem Sockel eine sehr reiche zweigeschossige Architektur. Eine Menge Durchblicke öffnen sich sowohl im oberen wie im unteren
Geschoss, und rückwärtige Hallen und andre Säulenbauten werden durch die
oberen wie die unteren erblickt, die einen wie die andern ganz selbständig
aber untereinander zu einer gewissen Einheit verbunden. Besonders bemerkenswert ist, dass im Mittelstück unten über einer Scherwand, welche zwei Drittel
der Bogenöffnung sperrt, mit einer davor sitzenden Figur, die Giebelfront eines Tempels sichtbar wird, während in den beiden nächsten Durchblicken rechts
und links die Säulenschrägen umgebender Hallen erscheinen. Also bei offenbar
'viertem Stil' noch unleugbar lauter Motive, die von Boscoreale her — selbst
den grossen Figuren des Triclinium — durch die Wandmalerei hindurchgehen.

2 II ff.) da ist auch, wie diese Beispiele zeigen, der Zusammenhang mit dem alten Motiv auch insofern gelöst, als nicht mehr ein Heiligtum mit Idol oder Altar sondern irgend ein beliebiger mythischer Vorgang ohne solches dargestellt ist. Dagegen sind die im vierten Stile immer häufiger werdenden seitlichen Durchblicke neben der Prostase, auch sie noch ein Erbteil alter Zeit, beweisend auch für einstige Wandöffnung in der Mitte. An den Boscorealewänden sahen wir in den drei durch Säulen abgeteilten Wandfeldern den oberen Durchblick zur Hauptsache werden, nach unten wachsend und die Scherwand gleichsam aufzehrend. Einen Versuch dieser Art stellte die Hinterwand des *cubicolo* dar, mit den ganz offenen Seitenfeldern und niedriger Schranke im mittleren; einen andern die Seitenwände desselben Schlafgemachs. Diesem letzten steht die palatinische Jowand am nächsten, die in den Säulenstellungen vor der Scherwand mit Boscoreale Fig. 3 und 4 so grosse Aehnlichkeit hat. Sie gibt das früheste Beispiel des dreifachen Durchblicks: in der Mitte und an den Seiten; an allen drei Stellen die Tendenz, den Durchblick von oberhalb der Scherwand nach unten, in das natürliche Gesichtsfeld herabzuziehn, völlig zum Ziele gelangt. An allen dreien aber bewahrt sie den Zusammenhang mit dem früheren; es brauchen nur die Säulenschrägen oben an den Seiten, das Götterbild in der Mitte genannt zu werden. Jene hat man in der Höhe gelassen aber mit ihnen unterwärts verbunden (nur dass die Verbindung selbst durch den Türsturz verdeckt wird) Häuser wie in Fig. 5[b], von wo sogar die geschlossene Wand mit der Tür sich herleitet.

Dreierlei Lösungen der Prospektaufgabe gibt es nun in der späteren Wandmalerei, namentlich Pompejis, die z. T. neben einander bestehn bleiben, erstens dreifache Prostasis mit dreifachem Blick in den Innenraum, zweitens zweifache mit geschlossenem Mittelfeld, drittens einfache mit geschlossenen Seiten; der obere Wandteil bleibt dabei ganz oder teilweise an drei oder zwei Stellen oder nur einer geöffnet. Von dreifacher Prostasis sind Beispiele vierten Stiles genannt; nur scheinbar ist eines des Trastevorehauses (Mon. XII 5[a]). Die einfache wird im entwickelten zweiten Stil, in den römischen Häusern bevorzugt, und zwar ist hier unverkennbar zum Ersatz dafür dass in der Mitte die Wandöffnung bis zum Sockel herabreicht, die Scherwand im Uebrigen erhöht, in deut-

lichem Gegensatz zu der von Fig. 1 bis 5 waltenden Neigung
sie zu erniedrigen; und auch oben baut man noch Teile eines niedrigen Geschosses darauf. Infolge solcher Zweigeschossigkeit erreichen die Säulen im Vorraum, d. h. vor der Scherwand nur noch
die Höhe dieser, während sie sie früher (Fig. 1-4, andere schon 5)
bedeutend überragten.

Die dritte später weitaus überwiegende, oft freilich ganz sche-
matisch gewordene Lösung ist der zweifache untere Durchblick ins
Innere, der dicht an die Mittelprostase herangezogen ist und oft deutlich als Einheit erscheint, die durch Wandschluss oder vielleicht
nur einen Teppich in der Mitte unterbrochen ist. So z. B. Niccolini IV 2 XXX, III 2 LIV, II 4 LIX und besonders III 2 XXII,
wo nur eine Hälfte gegeben, hier aber zweimal übereinander im
Durchblick das alte Motiv der schräg gesehenen Seitenstoen angewandt ist. Anschaulicher fast als in den grossen unteren Prospekten
ist die Teilung des einen Durchblicks in zwei durch teilweisen
Raumschluss in der Mitte in den zwei oberen Feldern des schon
angeführten Bildes Niccolini IV 2 XVI und XVIII.

Die wirkliche Wand durch darauf gemalte Architekturteile
gleichsam zurükzuschieben und teilweise ganz zu durchbrechen das
ist das Princip, der Grundgedanke, der alle diese Lösungen und den
erstaunlichen Reichtum von Gebilden hervorgerufen, die entwicke-
lungsgeschichtlich dennoch in sehr enggeschlossenem Zusammenhang stehen. Ohne ein solches Princip gäbe es natürlich keine
Entwickelung, und die Entwickelung die sich uns dartat, kann sich
nicht ohne ein Princip vollzogen haben.

E. PETERSEN.

BAUGESCHICHTLICHES AUS MITTELITALIEN.

Im Sommer des Jahres 1903 unternahm ich im Auftrage des deutschen archäologischen Institutes eine Forschungsreise durch Mittelitalien, deren Zweck es war, festzustellen, welche Reste von Tempeln vorkaiserlicher Zeit noch vorhanden sind. Dabei bin ich den in der bisherigen Litteratur enthaltenen Angaben nachgegangen und habe ausserdem bei den Einheimischen mich erkundigt; nur in ganz vereinzelten Fällen habe ich die Denkmäler nicht selbst besucht — wenn entweder Nachrichten von zuverlässiger Seite vorlagen oder vertrauenswürdige Ingenieure versicherten, dass es sich um eine der sehr häufigen schwindelhaften Angaben der Lokalgelehrsamkeit handele. Neben den Tempeln richtete sich meine Aufmerksamkeit auf antike Architektur im Allgemeinen; es ist auch sonst nicht viel vorhanden. Was einem anderen dienlich sein könnte, der in denselben Gegenden reist, gebe ich in den folgenden Zeilen: zunächst kommt eine nach Orten geordnete Uebersicht — wobei ausreichend veröffentlichte Denkmäler nicht erwähnt werden, z. B. Terracina und Aufidena; dann eine kleine Zusammenstellung dorischer Capitelle — der einzigen Zierglieder die sich in grösserer Anzahl finden, — sowie einiger Basen und eines Gebälkes. Man wird selbst sehn, dass die nachstehenden Seiten den Charakter nicht eines durchgearbeiteten Aufsatzes, sondern eines rasch geschriebenen Reiseberichtes haben und also weder glatte und ausdrucksvolle Sprache, noch umfassende Erläuterung der hier den Fachgenossen vorgelegten Denkmäler verlangen. Auch die Skizzen können natürlich eine absolute Genauigkeit nicht in Anspruch nehmen.

Ferentinum. Aquinum. Fregellae.

Für Ferentinum ist die beste Veröffentlichung noch immer diejenige Marianna Dionigis von 1809 ([1]). Die Stadt hat eine Burg und einen äusseren Mauerring. Die äussere Befestigung besteht aus einer Stützmauer von normalem Kalksteinpolygonal, die oben abgeglichen ist, und darüber einer beiderseitig freiliegenden Mauer aus mehreren verzahnten Reihen starker, nur roh bearbeiteter Tuffquadern; zu oberst steht noch eine dünne Wand aus spätem Mörtelwerk. Besonders deutlich sieht man diesen Zustand bei Porta Sanguinaria. Das Thor selbst hat Laibungen aus Polygonal und einen Bogen aus Keilsteinen. Die Thatsache, dass die Stützmauer überall dort, wo sie in ganzer Höhe sich erhalten hat, oben abgeglichen ist, lässt soviel sicher erkennen, dass der Oberbau der Befestigung nie aus Polygonal bestand; ob man ihn nach bekannter Art anfänglich aus Lehmziegeln errichtet denken muss, die später erst durch Tuffquadern ersetzt worden wären, oder aus Fachwerk, oder ob endlich die Quadermauer vielleicht doch ursprünglich ist — darüber möchte ich mich des Urteils enthalten. Das Thor von S. Maria, ein späterer Einbau in den Technik der » servianischen « Befestigung Roms ist gut abgebildet in Richters römischer Topographie ([2]).

Auch die Akropolis hat Stützmauern aus Polygonalwerk. An der östlichen Ecke sind römische Kasematten angebaut, aus Quadern etwa des » servianischen « Formates; man sieht einen tonnengewölbten Corridor mit anstossenden ebenfalls tonnengewölbten Gemächern. In der Mitte der Akropolis stand noch am Anfange des neunzehnten Jahrhunderts ein spätantikes Kastell, das jetzt verschwunden ist. Der bischöfliche Palast ruht auf einem antiken Unterbau; zu unterst liegt das Polygonal der Befestigung, völlig normal geschnitten, fein geglättet und genau gefugt; der obere Teil der Mauer stürzte einmal herab und wurde ersetzt durch Quaderwerk; es sind langgestreckte niedrige Blöcke von etwas schwankenden Längen, aussen mit voller rundlicher Bosse und scharfem Saum-

---

([1]) Dionigi T. 5-20. Dodwell, pelasgic remains T. 97-101.
([2]) Richter* Tafel 4 zu S. 40.

schlag; in den Stossfugen haben sie Anathyrosis mit schmalem
Bande und stark vertieftem Feld. Die oberste Quaderschicht ist
glatt und trägt die Inschriften CIL X, 5837. 5838. welche von
den Epigraphikern in sullanische Zeit gesetzt werden; mit diesem
Ansatze stimmt vorzüglich der hellenistische Character des oberen
Mauerwerkes (¹).

Die beiden von Frau Dionigi gezeichneten Tempel bei Ferentinum erwiesen sich als Nieten; der eine ist ein Raubschloss
und der andere eine Klosterruine.

In Aquinum (²), bei der Kirche « Vescovado » steht einer der
wichtigsten und besterhaltenen Strassenbögen Italiens, den ich
bald mit reichlichen Abbildungen herauszugeben hoffe.

An der Thalseite war das alte Aquinum durch einen Agger
befestigt, dessen innere Stützmauer freiliegt — unregelmässige,
schlecht schliessende Kalksteinquadern. Den Eingang zur Stadt
bildete hier *Porta S. Lorenzo*; ein Doppelthor des « servianischen »
Typus, aus etwas ungleichmässig geschnittenen Quadern erbaut,
eingedeckt mit einem Kreuzgewölbe aus *opus caementicium*; an
der inneren Front die lesbisch profilierten Basen zweier Pilaster. Auf
der entgegengesetzten Seite der Stadt finden sich strichweise lose
Blöcke einer normalen Befestigung aus Kalksteinpolygonal.

Nördlich des Cardo — dessen Pflaster mehrfach zu Tage tritt —
liegt die Basilica, von welcher das Tribunal erhalten ist (Vgl.
Abb. 1). Man sieht den Kern aus opus caementicium und die
Mauern der Apsis die beinahe 10 m. hoch aufrecht stehn: zu unterst
ein zweifach geteilter Sockel — vom unteren Absatz nur das Krö-
nungprofil freiliegend —, darüber noch 15 Quaderschichten. Das
Material ist ein harter löcheriger Kalkstein, die Technik etwas

---

(¹) CIL. X. 5837 5838; dort Litteratur; der Thatbestand ist vollkommen richtig beurteilt von Garrucci, *Bullettino napoletano* n. s. II S. 36; irre-
geführt durch das wenig sachverständige Gutachten eines Ingenieurs hält
Mommsen im CIL. auch das Polygonalwerk für sullanisch. Alle existierenden
Abbildungen der betreffenden Mauern sind schlecht.

(²) In nächster Zeit erscheint eine Monographie des Herrn Grossi in
Belochs Studien; sie wird einen Stadtplan von Aquinum bringen, und pho-
tographische Abbildungen der wichtigsten Denkmäler.

primitiv, ohne Anathyrosis oder Klammern, mit starken Schwankungen der Maasse.

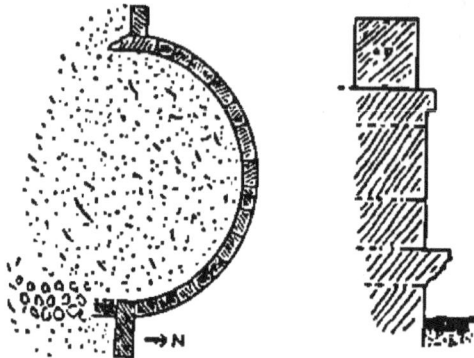

1. Basilica in Aquinum; Plan 1:200, Schnitt 1:50.

Die sehr verschütteten Reste eines ausgedehnten Gebäudes ungefähr gleicher Technik sind mir nicht so klar geworden, dass ich sie beschreiben möchte.

Vom Theater sieht man in der Nähe der Basilica radial gestellte Mauern aus opus caementicium, verkleidet mit mässigem Reticulat.

Eine Datierung der genannten Bauten im Einzelnen scheint nicht wohl möglich. Man wird nur sagen können, dass die Reste der Polygonalmauer das Aelteste sind, und Alles Uebrige in das zweite bis erste vorchristliche Jahrhundert gehört; blos das Theater mit seinem Reticulat stammt erst aus der Kaiserzeit.

In S. Giovanni Incarico sind der Tempel der Victoria und die Stadtmauer verschwunden; man findet nur noch die Quaderpfeiler zweier Brücken (1).

Cora. Setia. Fundi. Teanum. Cales.

Die polygonalen Mauern von Cori (2) entsprechen denen von Signia, Norba, Praeneste u. s. w.

(1) Romanelli III S. 360.
(2) Piranesi, le antichità di Cori, Rom o. J. Canina. VI T. 101. CIL. X. 6517.

Die einzigen guten Aufnahmen der Tempel sind nach 150 Jahren noch immer die Piranesischen, die hoffentlich bald einmal neu gedruckt werden.

Für den dorischen Tempel ist Piranesis Zeichnungen und Mitteilungen Folgendes hinzuzufügen:

Das Podium wurde modern ausgemauert und verputzt, so dass man die Säulenfundamente nicht mehr sieht; die Seiten sind durch Treppen verdeckt, kaum dass man das obere Podienprofil mit der Hand nachfühlen kann. Die Stümpfe der Cellawände hinter den Anten, die Piranesi noch vorfand, sind nicht mehr da. In Allem Vergleichbaren sind seine Aufnahmen für die modernsten Ansprüche vollkommen korrekt und erschöpfend.

Den korinthischen Castortempel hat er nicht im. Einzelnen studiert; schon zu seiner Zeit fehlte das Gesims des Gebälkes, aber man sah noch die Fundamente der beiden Säulen, die seitdem in eine Mauer eingeschlossen worden sind. In dem Durchgang hinter den Säulen liegen noch eine Basis, Schaftstücke, die obere Hälfte eines Capitells, eine den Säulenbasen genau entsprechende Antenbasis, doch nichts davon an seiner Stelle; zwei weitere Capitelle finden sich im Kreuzgang von Santa Oliva, dort auch Kassettenblöcke von einem grösseren Gebäude und aus demselben Kalkstein wie die Tempel; Canina hat sie auf den Castortempel bezogen, was discutierbar ist.

In *Santa Oliva* ferner zwei Büstencapitelle, vom Typus des aeolisch-dorischen Tempels in Paestum, sehr beschädigt; und in der Stadt mehrfach Bautrümmer der Tuffperiode.

S e z z e [1] ist wichtig durch seine Mauern aus quaderartigem Polygonal. Die Stirnseiten der Steine sind von der Form eines verschobenen Vierecks mit etwas ungleichen Seiten; sie tragen sehr starke Bossen mit breitem Saumschlag; in den Stossfugen sieht man Anathyrosis mit breitem aber nicht scharf abgesetztem Rande. In dieser Art ist der dreifache Mauerring der Stadt erbaut — Thore sind nicht erhalten — und ferner zwei Terrassen vor dem jetzigen Eingang, am Berghange nach der pontinischen Ebene zu. Die tiefer gelegene, namenlose, hat ungefähr quadratischen Grund-

---

[1] Dodwell, pelasgic remains T. 116. 118-120. Fonteanive S. 149 f.

riss von rund 5: 5 m; die obere sehr viel grössere und höhere ist gestreckt, etwa 20 m. lang; an ihre vordere Stützmauer lehnen sich spätere Bögen aus *opus caementicium*; die Ruine heisst Grab des Saturn und soll nach früheren Angaben eine unterirdische Kammer enthalten, von der aber jetzt niemand etwas weiss.

Es wird gestattet sein, anzunehmen, dass die Stadtbefestigung bei der Deduction der römischen Colonie im Jahre 392 vor Christus angelegt worden sei; also verwandte man damals bereits quaderartiges Polygonal, weshalb das echte Polygonalwerk noch nicht ausser Gebrauch gewesen sein muss.

Fondi (¹) erwähne ich nur, um zu bestätigen, dass seine Stadtmauern aus normalem Polygonal erbaut sind, und zu sagen dass der « Tempel der Isis » vor dem südlichen Thor eine niedrige Terrasse ist, deren Stützmauern aus quaderartigem Polygonalwerk bestehn; wer sie sehn will, frage nach casa delle Monache, jetzt Villa Amante.

Teano (²) besitzt zwei apokryphe Tempel; derjenige der Juno Populonia liegt an der Strasse nach Calvi und ist ein römisches Ziegelgrab, der zweite, ein Fortunentempel, besteht aus einer Reticulatsubstruction.

Calvi (³) hat ein leeres Museum und spärliche Reste eines römischen Amphitheaters; im Turm der prachtvollen Kathedrale ist ein langobardischer Sarkophag eingemauert: zwei Eroten halten die *imago clipeata* einer byzantinisch gekleideten Frau. Ein Seitenstück befindet sich im Museo Campano.

Alba Fucens. Cicolano.

Für Alba Fucens ist Promis' Beschreibung noch immer voll giltig; natürlich bemerkt der modern geschulte Archäolog Einzelheiten, die früher nicht als wichtig galten, aber fast alle sind so unbedeutend, dass sie erst bei einer neuen Bearbeitung der Ruinen zur Sprache zu kommen hätten; daher füge ich nur das Sockelprofil der Cella von S. Pietro in richtigerer Aufnahme bei (vgl. Abb. 2); wie S. Pietro überhaupt an etruskische Tempel erin-

(¹) Fontanive S. 162 f.
(²) *Elenco degli edifisi monumentali in Italia*, S. 403.
(³) Romanelli III S. 434 f.

nert, findet diese Profilierung ihre Analogieen an den Felsgräbern von Norchia und verwandten Denkmälern. In dem Vorwerk des Grafen Pace, das an die Kirche stösst, werden Cippen und allerlei Kleinfunde aufbewahrt.

2. S. Pietro in Alba Fucens, Cellasockel.

Cicolano.

Die Ruinen des Saltothales erregten zuerst das Interesse der Archäologen, als im Anfange des neunzehnten Jahrhunderts die Beschäftigung mit « pelasgischen Mauern » üblich wurde. Die Initiative zur näheren Erforschung der Reste ergriff die Regierung Napoleons des Ersten. Ein italienischer Architekt, M. Simelli aus Rieti, wurde im Jahre 1810 von der Pariser Académie des inscriptions in das Cicolano entsandt [1]; sein Tagebuch und seine Aufnahmen waren im Jahre 1832 in den Händen Petit-Radels auf der Bibliothèque Mazarine in Paris. Was seitdem daraus geworden ist, weiss ich nicht; die Skizzen sollen sich im Besitze des Herrn Lanciani in Rom befinden [2]. Felice Martelli, der selbst im Cicolano zu Hause war, verlieh den erhaltenen Resten antike Namen und predigte mit fanatischer Glut, dass die polygonalen Mauern unter Janus I von Latium durch die Siculer oder Kyklopen erbaut worden seien. Im Jahre 1830 erschien dann Dodwell im Thale des Salto, begleitet von dem römischen Architekten Vespignani, der in der Camera lucida die polygonalen Mauern zu zeichnen hatte. Nach Dodwells Tode sind diese Zeichnungen in den Besitz seiner Familie

[1] *Annali* 1832 S. 1-19. 233-254 (Petit-Radel). *Annali* 1834 S. 35 (Bunsen).

[2] [Vgl. darüber Mitth. 1902, 142. D. Red.]

übergegangen. Im Bullettino 1831 kam ein kurzer Reisebericht,
den Dodwell seinem Landsmann Gell zur Verfügung gestellt hatte;
Dodwell erscheint darin ganz abhängig von Petit-Radel (s. u.)
dessen antike Ortsnamen er hinnimmt, und gleich dem er in jeder
beliebigen Polygonalmauer einen pelasgischen Tempel sieht; die
modernen Ortsnamen schreibt er sehr ungenau.

Im Jahre 1832, als die Annali in Paris erschienen, veröffent-
lichte Petit-Radel darin zwei Aufsätze über sabinische Städte.
worin er mehrmals von den Denkmälern des Cicolano spricht, auf
Grund der Simellischen Zeichnungen und einiger anderen, die ihm
Dodwell geschickt hatte. Dodwells Berichte veranlassten Bunsen,
1834 das Sallothal zu besuchen, mit wesentlich geographischen
Interessen; für die einzelnen Monumente führt er meistens Gells
Worte an. Von dem klaren und grossen Plan zur Erforschung der
Abruzzen, welchen Bunsen dem Institut vorlegte, hat man nie wie-
der etwas gehört.

Gelegentlich erwähnt werden die Denkmäler des Cicolano in
dem Briefwechsel zwischen Petit-Radel und Gerhard über polygonale Mauern, der in den Memorie des Institutes veröffentlicht ist ([1]).

Ich zähle nunmehr die Bauten des Sallothales — soweit ich
sie gesehn habe — nach geographischer Reihenfolge auf, von Süden nach Norden fortschreitend.

In Santa Anatolia in einem Garten der Familie Placido unterhalb der Kirche Santa Anatolia ist ein etwa zwanzig Meter
langes Stück einer Stützmauer aus Polygonalwerk erhalten.
Dicht bei demselben Orte liegt am Berghang eine Terrasse, gen-
nant *Ara dei Turchi* — die Türkentenne. Sie wird gehalten von
einer Stützmauer aus grobem Polygonal ([2]); in ihrem Rücken ist
der Fels unregelmässig abgeschrofft, und es kleben an ihm dicke
Patzen von *opus caementicium* — also trug die Terrasse irgend
einen Oberbau ([3]).

([1]) Bullettino 1831 S. 43 f. (Gell). Felice Martelli, Le antichità del
Nicoli, Aquila 1830. Annali 1834 S. 99. Antichi stabilimenti Italici. ebd.
S. 25 f. Memorie I S. 56 f.

([2]) Promis, *Le antichità di Alba Fucense*, Rom 1836.

([3]) B. 1831 S. 45 (Gell nach Dodwell); A. 1832 S. 17 (Petit-Radel nach
Simelli, der anscheinend in die Ruine zu viel hineingesehn hat). A. 1834
S. 115. *Ara dei Turchi* wird in diesen Schriften *Ara della Turchetta*
genannt.

Rechts der Landstrasse, die von Turano nach Borgocollefegato führt, in der Tiefe zwischen Maisfeldern eine Ruinenstätte, » Sanlestro » genannt. Einigermassen kenntlich ist nur ein Tempelpodium, auch dieses aber so verschüttet, dass eine genauere Aufnahme nicht möglich war. Man sieht ein Mauerrechteck, etwa 15,50 : 6 : 1,20 m gross, westöstlich gerichtet; die Wände sind 2 m starke Bänke aus opus caementicium, verkleidet mit fein geschnittenem Polygonal. Das Mörtelwerk trug vermutlich die Cellamauern; abgesehn von den Maassen glich also das Bauwerk dem Tempel C in Alba Fucens, der aus den Aufnahmen von Promis bekannt ist [1].

An der Landstrasse kurz vor Borgocollefegato ist ein Stück von der Stützmauer eines Weges erhalten; sie besteht aus normalem Kalksteinpolygonal mit einem rechteckigen Strebe-Pfeiler; der obere Teil ist einmal herabgestürzt und dann durch Pseudoreticulat aus grossen Brecciastücken ersetzt worden. Auf der Mauer steht jetzt die Kirche Madonna delle Grazie [2].

Die Kirche S. Giovanni dicht bei Borgocollefegato erhebt sich auf den Resten eines mit gutem Polygonalwerk verkleideten Podiums; Steine von drei Seiten befinden sich noch an ihrer Stelle [3].

Gleich oberhalb des Ortes Civitella (westlich Borgocollefegato) liegen einige Terrassen mit Stützmauern aus Polygonalwerk. Zwischen den Felsen sieht man ein Rechteck aus Mörtelwerk, wohl die Ruine eines neueren Bauernhauses [4].

In den Bergen südlich von Civitella finden sich einige spärliche Reste eines Tempels (?) der Kaiserzeit; der Platz heisst Il Monumento. Man sieht ein kleines Stück Mörtelwerk und herumliegende Kalksteinquadern mit breitrandiger Anathyrosis, Dübellöchern und Klammerlagern, ferner ein quadratisches Pfeilercapitell von 0,60 m. Seitenlänge, aus schmutzigweissem mittelkörnigem Marmor, in den korinthischen Formen der frühen Kaiserzeit. An dieser Stelle soll einmal ein goldener Finger gefunden worden sein.

[1] B. 1831 S. 45; A. 1834 S. 115.
[2] B. 1831 S. 45; A. 1834 S. 115.
[3] B. 1831 S. 146.
[4] B. 1831 S. 46; A. 1834 S. 117.

Westlich von Sant' Elpidio in den Bergen an dem Platze *Collaresaguagia* sind mehrfache Reste polygonaler Stützmauern erhalten, wohl von einer Ansiedelung; der Platz liegt sehr fest und verborgen. In der Nähe sollen sich aus Ziegeln gemauerte Grabmäler befinden, wie ich zu spät erfuhr ([1]).

Auf derselben Thalseite, in beherrschender Stellung am Ende eines Bergrückens liegt eine römische Burg, genannt *Collaraetteri*, das heisst der Berg mit der alten Tenne (vgl. Abb. 3). Man sieht ein gestrecktes Rechteck von etwa 20 : 30 m., dessen dem Abhang zugewandte Hälfte von Stützmauern aus feinem Polygonal gehalten

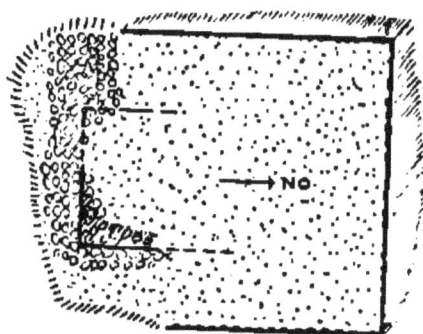

3. Römische Burg Collaraetteri; 1 : 500.

wird; an der rückwärtigen Schmalseite liegt Mörtelwerk, und etwa in der Mitte eine Cisterne, ebenfalls aus Mörtelwerk, deren eine Ecke vom Schutte einigermaassen befreit ist. An der dem Bergrücken zugewandten Seite sieht man schwer deutbare Spuren von Aussenwerken und das Pflaster einer antiken Strasse. Vermutlich ist hier eine der Burgen erhalten, welche die Römer nach der Bezwingung der Aequicoli anlegten, um ihren Besitz zu sichern. Die Technik entspricht ja in ihrer Verbindung von Polygonal und Mörtelwerk genau derjenigen, die von den römischen Colonisten bei der Erbauung der Aussenwerke in Alba Fucens gebraucht wurde ([1]).

([1]) *B.* 1831 S. 46.

([2]) *B.* 1831 S. 46 fälschlich Colle Altieri oder Ara Jani genannt; Ara Jenni ist ein Dorf in der nämlichen Gegend *A.* 1834 S. 114.

Oberhalb Sant' Elpidio bei Alsano, auf halber Höhe am Berg-
abhang findet sich eine Terrassenanlage, genannt *Grotta dei cavaliere*, nach einem gleich zu besprechender Bauwerke (vgl. Abb. 4).

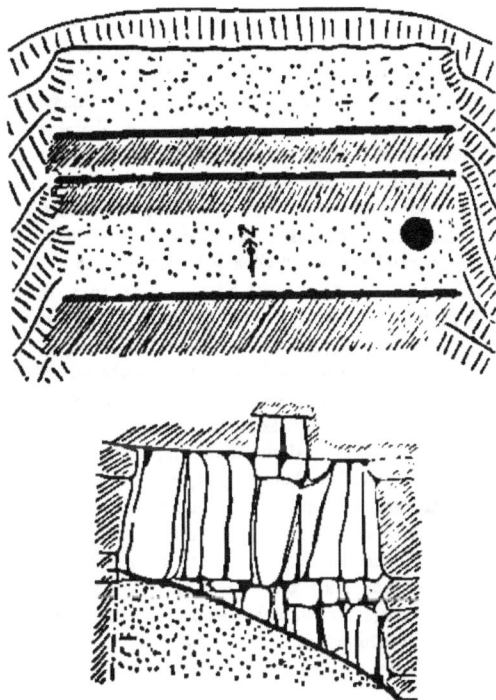

4. Grotta del Cavallere bei S. Elpidio; Lageplan 1:500, Schnitt 1:50.

Drei nach Süden gewandte Terrassen liegen übereinander, zusammen über 10 m hoch und etwa 30 m lang; sie haben Stützmauern
aus feinem Polygonal; im Rücken der obersten ist der Fels grob abgeschrofft; die unterste Terrasse ist die breiteste und höchste. An
ihrem östlichen Ende liegt eine unterirdische Kammer. Sie ist fast
cylindrisch, nur wenig nach oben verengt, im unteren Teile mit

Schutt gefüllt. Die Wände bestehn aus mächtigen rohen Steinen. meist langen, hochkantig gestellten Blöcken. Die Decke bilden zwei riesige Platten mit einer runden Einsteigöffnung, die durch einen schweren Stein verschlossen ist. Darüber liegt Erde — die Kammer ist jetzt nur durch ein Loch in der Wand zugänglich.

Es wird schwer zu sagen sein, welchem Zwecke die Terrassen mit der Kammer dienten. Um eine Thalsperre, wie sie Persichetti bei Aquila nachgewiesen hat (¹), kann es sich nicht handeln, denn die Terrassen liegen am glatten Abhang; eine Cisterne war die Kammer nicht, denn ihre Wände sind nicht wasserdicht. Je nachdem man sie für einen Silo oder eine Favissa hält, wird man hier eine Villa rustica oder mit Petit-Radel den Tempel des Mars bei Suna ansetzen; doch ist zu bedenken, dass wie meine Führer sagten, niemals irgendwelche Devotionalien gefunden worden sind (²).

Die Terrasse, auf welcher die Kirche *S. Lorenzo in Vallibus* unterhalb Fiamignano liegt, hat eine gut gebaute polygonale Stützmauer (³).

Eine verhältnissmässig wohl erhaltene archaische Cultstätte findet sich nördlich von Fiamignano (⁴) am Abhange des Monte Aquilente, zur linken des Saumpfades, welcher von Fiamignano durch die Berge in das Thal des Velino führt (vgl. Abb. 5).

Eine kleine, an den Abhang gelagerte Kuppe ist oben planiert, ihre thalwärts gewandte Nordwestseite wird gesichert durch mächtige Stützmauern aus sorgfältig gefügtem Polygonalwerk. In der Mitte der Oberfläche liegt eine nach SO geöffnete Cella und ringsum erkennt man noch andere Baureste, die aber ohne vorhergehende Aufräumungsarbeiten nicht verständlich sind; nur der Platz eines grösseren Gebäudes aus lockerem Mörtelwerk wird daher auf dem Uebersichtsplane angegeben. Die Cella ist ein Rechteck von 5.29 : 8,40 m, mit einer Thüre von nur 0,65 m lichter Weise. Die Grundmauern werden gebildet von einer Steinpackung oder von roh zugerichteten Platten. Fast alle Wandquadern der untersten Schicht sind noch an ihrer Stelle, nur wenige etwas verschoben. Sie bestehn aus dem dichten harten Kalkstein des Gebirges; die

(¹) Römische Mittheilungen 1902 S. 134 f.
(²) *B.* 1831 S. 47 *A.* 1832 S. 15 1834 S. 114.
(³) *B.* 1831 S. 47 *A.* 1832 S. 14 *A.* 1834 S. 114.
(⁴) *B.* 1831 S. 47 (Gell nach Dodwell).

Blöcke sind gut winkelrecht geschnitten und glatt gemeisselt, einige haben kräftige Anathyrosis ohne Rand. Die Quaderbreite beträgt in der Regel 0,44-0,45 m, breiter, nämlich 0,50-0,53 m

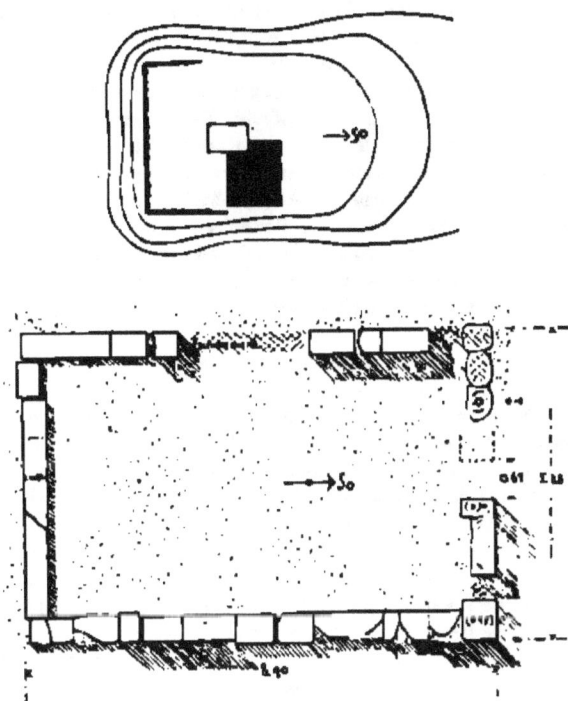

5. Tempel bei Fiamignano;
Lageplan ungefähr 4 : 1000, Quaderplan 1 : 100.

sind die erhaltenen Steine der Eingangswand und einige Blöcke der SW-Mauer, die nach aussen vortreten — weshalb, ist vorläufig nicht zu sagen. Die Höhe der Wandquadern schwankt zwischen 0,15 m, 0,30 und 0,45 m, wechselt aber nicht regellos, vielmehr liegen immer gleichhohe Steine in Gruppen nebeneinander; der un-

11

terste Block des rechten Thürgewändes ist 0,70 m hoch. Die Längen der Steine sind alle verschieden, und zwar innerhalb weiter Grenzen.

Im Inneren der Cella finden sich wenige Wandquadern und eine Menge faustgrosser Feldsteine; danach dürfte sie über einem Quadersockel Wände aus Lehm und Kieseln gehabt haben, vielleicht mit einem Gerüst aus Holz.

Ueber das Alter und die Stellung des Bauwerkes kann man sagen, dass es sich den mittelitalischen Denkmälern des sechsten und fünften Jahrhunderts ungezwungen anschliesst. Quadermauern, deren Blöcke beliebig lang und nur streckenweise gleich hoch sind, bieten die Befestigungen etruskischen Städte, z. B. von Volaterrae und Faesulae ([1]), oder die Maussoloen in den Gräberstrassen bei Orvieto ([2]); im letzten Falle auch mit orientalischer Anathyrosis. Die Raumform — antenlose Cella mit enger Thür — haben zahllose etruskische Grabkammern.

Amiternum. Corfinium.

Amiternum hat ein gut erhaltenes kleines Theater, ungefähr augusteischer Zeit und die radial gestellten Mauern eines Amphitheaters, aus Ziegelwerk mit Reticulat; die Façade enthielt Halbsäulen, von denen Reste umherliegen. Der unförmliche Mörtelkern eines römischen Grabmals wird als Tempel des Janus bezeichnet.

In Corfinium ist von den Ruinen so gut wie nichts zu sehn, nur eine Masse aus *opus caementicium*, wohl von einem Tempel: das Bauwerk war mir nicht zugänglich. In dem Museum, das die Sorgfalt des Herrn de Nino vereinigt hat, hauptsächlich Cippen, und Kleinfunde aller Art. An der Piazza hoch in einer Wand vermauert ein marmorner Kopf des Claudius, in einer namenlosen Gasse ein Frauenkopf des vierten Jahrhunderts nach Christus.

Bovianum vetus.

Der Tempel von Pietrabbondante wurde in den Jahren 1857-58 ausgegraben; ausführliche, allerdings grossenteils ziemlich dunkle

---

([1]) Micali *Monumenti* (1832) T. 9. 11-12.
([2]) *Notizie* 1867 T. 7-9. Photographie Moscioni.

Berichte liegen vor; ihre Benützung wird erst rätlich sein, wenn
das Denkmal wieder vom Schutte gereinigt und genau vermessen
ist. Ich gebe deshalb im Folgenden blos eine Beschreibung des gegenwärtigen Zustandes (¹) (vgl. Abb. 5).

Die rechteckige Area des Tempels ist eingesenkt in den östlichen Abhang des Berges Caraceno. Im Westen, Norden und Süden
mussten daher Stützmauern aufgeführt werden, die aus feinem Polygonal errichtet sind; an der Ostseite läuft ein breiter Saumweg, der
mit Blöcken vom Tempel gepflastert ist. Der Tempel ist wieder verschüttet, bis unter das Gesims des Podiums. Das Podium ist gestreckt
und nach Osten gerichtet. Es hat einem Kern aus opus caementicium,
welcher an den Aussenseiten mit Orthostaten und Gesimsblöcken aus
hartem Kalkstein verkleidet war; von diesen sind an der Westseite
die meisten erhalten, an der Nordseite einige wenige, an der Südseite keiner. Die Steine sind bearbeitet mit Spitzhaue, Meissel und
Zahneisen; in den Stossfugen haben sie normale Anathyrosis; der
Werkzoll wurde anscheinend erst am Bau abgenommen. Dübel und
Klammern sind nicht verwendet, die Maasse wechseln regellos innerhalb enger Grenzen. Die Rückseiten der Gesimsblöcke sind roh,
da sie im Mörtelwerk stecken. Das Gesims ist profiliert mit starker
Deckplatte und glattem lesbischen Kyma, das von den Orthostaten
scharf absetzt. An der Ostseite des Tempels lag vermutlich eine
Freitreppe, von der aber nichts mehr vorhanden ist.

Der Oberbau des Tempels bestand aus einer ungefähr östlich
gewandten Cella mit geschlossenem Prodomos. An ihrer Stelle erhalten sind nur wenige Wandquadern der untersten Schicht und die
Thürschwellen. Der nordwestliche Eckblock der Cella steht etwas
zurück gegen die Flucht der Orthostaten des Podiums; die Qua-
derhöhe ist 0,54 m, die Stärke der Nordwand 0,42 m, der West-
wand mehr, etwa 0,50 m; auf den Gesimsblöcken der westlichen
Seite des Podiums sieht man die Aufschnürungen und Stemm-
löcher für die dort anschliessenden Wandquadern, deren Längen-
maasse man nach genauer Verzeichnung dieser Lehren wird an-
geben können. Der Eckblock ist an den Aussenseiten glatt, an den

(¹) M. Ruggiero, scavi delle provincie Napoletane S. 614 ff. Giornale
degli scavi di Pompei, nuova serie II S. 117. Archaeologische Zeitung 1866
XXIV S. 205 f. Bullettino napoletano VI S. 1857. Inschriften: Conway, the
italic dialects I S. 168 f; dort Litteratur.

Innenseiten rauh, mit Bosse im Winkel; die östliche Stossfläche und auch die obere Lagerfläche haben Anathyrosis mit breitem Rande und formlosem Feld, das Spuren des Rundmeissels erkennen lässt. Die Ecke ist durch Pilaster verstärkt, in der Mitte jeder

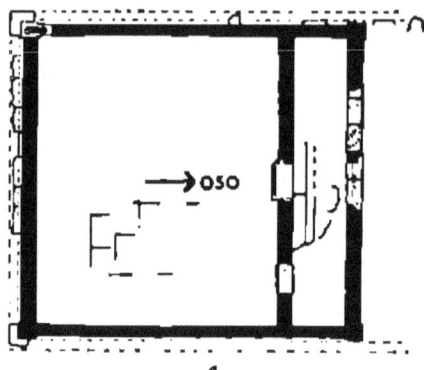

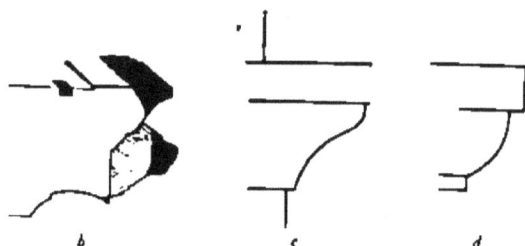

6. Tempel in Bovianum vetus (Pietrabbondante); *a* Plan 1:200.
b Gesims 1:20, *c* Profil des Podiengesimses 1:20. *d* Profil
eines Postamentes 1:10.

Seite haben die Pilasterstücke je ein tiefes glattes fingerstarkes Bohrloch. Von der östlichen Aussenwand des Cellenhauses sind die drei nördlich an die Thürschwelle anstossenden Blöcke erhalten. die beiden südlichen messbar, 0,00 m lang und 0,59 m breit, alle drei so beschädigt, dass man die Bearbeitung nicht mehr erkennt.

Ein Block vom Fundamente der inneren Quermauer liegt südlich der inneren Schwelle, etwa 0,10 m. unter deren Niveau. Er ist grob bearbeitet, mit ungefüger Anathyrosis an den Stossflächen und zwei Stemmlöchern in der oberen Lagerfläche. Da er kaum 0,50 m. breit ist, dürfte die Quermauer schwach gewesen sein, wie die Längsmauern der Cella.

Die Schwelle der äusseren Thüre besteht aus zwei Blöcken; nach Westen zu hat sie einen niedrigen Absatz, in die feingeglättete Oberfläche sind Bettungen für die beiden Angelpfannen und Löcher für zwei senkrechte Riegel eingemeisselt.

Von der Schwelle der inneren Thüre ist nur der nördliche Teil erhalten; er hat ebenfalls nach Westen zu einen niedrigen Absatz. Am nördlichen Ende sieht man die ganz schwach vertieft Standspur des nördlichen Thürgewändes; südlich und östlich neben dieser Standspur liegen tiefe Dübellöcher, in denen einmal eine hölzerne Thürumrahnung befestigt war. Die innere Thür wurde vermutlich nur durch einen Vorhang verschlossen, da keinerlei Lager für Angelpfannen oder Riegel vorhanden sind.

Oestlich, also ausserhalb, stösst an die innere Schwelle eine glatte Steinschicht, mit einem Absatz nach Osten zu; ihre obere Fläche liegt nur drei Centimeter unter der Schwelle.

Innerhalb und vor der Cella finden sich Reste eines Pflasters aus grob bearbeiteten und sorglos gefügten Platten; vermutlich lagerte dies Pflaster auf den erwähnten Absätzen der Schwellen und diente als Unterlage für einen Estrich.

Ueber der nördlichen Hälfte der Cella steht spätes Gemäuer, in welchem auch Quadern und Säulentrommeln des nahen Theaters verbraucht sind; bisher galt dieser Zusatz für antik.

Von den Gelsonblöcken sind mehrere vorhanden. Sie waren ohne Anathyrosis aneinander gefügt, auf den Scheitelflächen verklammert. Die Profilierung ist nicht-dorisch, straffe Hohlkehle, concave glatte Hangefläche, senkrechte Stirn bekrönt von einer Leiste, die wohl im Stuck zum lesbischen Kyma weitergebildet war, geschwungene Sima, grosse Löwenköpfe von denen nur die Hälse mit den Mähnen erhalten sind.

Die Cella hatte anscheinend nur einen freien Vorplatz, keine Prostasis.

In der Cella liegt die Deckplatte eines Piedestals oder Altars, 0,87 m. im Quadrat messend. profiliert mit Platte und Viertelstab; die Lagerflächen sind beide verdeckt (vgl. Abb. 6, d).

Ueber das Alter des Tempels werden ernstliche Meinungsverschiedenheiten sich kaum erheben. Die Technik ist diejenige der unteritalischen Tuffperiode, und auch der Schnitt des lesbischen Kymas, die Cella mit Eckpilastern, das Podium erinnern nahe an pompejanische-Denkmäler oskischer Zeit. Bovianum vetus befindet sich in der Einflusssphaere Campaniens, wie das nach seiner geographischen Lage ja auch zu erwarten ist.

Das prachtvolle Theater von Pietrabbondante habe ich nicht sehr eingehend besichtigt, weil ein gründlicheres Studium erneute Aufräumungsarbeiten verlangen würde. Es scheinen alle Fundamente der Skene erhalten zu sein, mit einem grossen Teil des Oberbaus; die Orchestra und die Sitzreihen sind fast intakt. Nach Technik und Stil ist das Theater etwas älter als die Bauten der pompejanischen Tuffperiode und erinnert eher an sicilisch- hellenistisches. Hoffentlich kann es bald einmal vollständig veröffentlicht werden.

Ich stelle nun die wichtigsten der vereinzelten Bauglieder zusammen, die ich gefunden habe; das Material ist Kalkstein und die Arbeit normal, wo nichts Besonderes bemerkt wird. Einen vollständigen Commentar zu geben ist mir nicht möglich, da zur Abfassung dieses Berichtes mir nur wenige Tage zur Verfügung stehn.

Capitelle.

1. Im Garten der Familie Cayro in S. Giovanni Incarico liegen Stücke einer glatten, verjüngten Kalksteinsäule: die letzte Trommel des Schaftes trägt oben einen Ring; dann folgt ein dorisches Capitell mit breitem Halsstreif. Der Echinus hat ungemein hohe, straffe Schulter, der Abacus ist sehr stark. Ein genaues Gegenstück aus Mittelitalien scheint zwar nicht beizubringen, aber man kann Belege für das Einzelne aufweisen. Der Schaft mit dem Schlussring entspricht denen der Prostasis von S. Pietro in Alba Fucens (1) abgesehn von ihren Basen: und einen Ring an gleicher

(1) Promis, Alba Fucense T. 3, A, 5. Die Capitelle fehlen.

Stelle hat auch ein Capitell von einer Grabkammer bei Falerii das jetzt im Museum der Villa di Papa Giulio aufbewahrt wird; in römischer Zeit sind dann Halsringe unter dorischen Capitellen sehr häufig; die Form hat alle hellenistischen Invasionen überdauert und kehrt vom Pompejustheater bis zur Hadriansvilla immer wieder. Das Fehlen der Riemchen am Echinus ist in Mittelitalien nichts Auffälliges. Für die hohe straffe Schulter wüsste ich aus Italien kein Analogon, sondern nur von der östlichen Peripherie der griechischen Welt ein Capitell aus Edde in Phoenikien (¹).

Genetisch wird man die Säule vermutungsweise griechisch-archaischen anschliessen dürfen; breite Schulter und glatten Echinus haben die ältesten Capitelle des Heraion von Olympia und ähnliche wurden im Heraion bei Argos gefunden; um allerdings eine dorische Säule mit so tief sitzendem Ring zu finden, müsste man bis auf das 'Tempelfresko' von Knossos zurückgreifen (²). Das Cay-rosche Capitell ist wohl eine 'durative' Bauform, deren Ursprung etwa im siebenten vorchristlichen Jahrhundert liegen mag.

2. Ein zweites dorisches Capitell, welches in Torre di Taglia bei S. Elpidio vor dem Rathause steht, hat schweren torusartigen Echinus und darunter breiten Ablauf mit feiner Platte. Diese Form des Torus ist allgemein altertümlich; für den Abschluss des Schaftes giebt eine nahe Analogie die von Mau veröffentlichte (³) archaische Säule aus Pompeji, also aus dem Einflussgebiete von Kyme. Sollte auch das Capitell von Torre di Taglia der Abkömmling eines altchalkidischen sein?

3. Ein Capitell in Aquino in Via Giovenale, aus Kalkstein gearbeitet, steht dem eben genannten nahe, doch ist die Hohlkehle runder und ist gegen den Schaft zu abgesetzt. Auch diese Form erinnert an vorklassische griechische, obwohl ich ein ganz genau

---

(¹) Renan, Phénicie S. 228 → Perrot-Chipiez S. 115 F. 90.

(²) Olympia I T. 92, 5, 6, 8. Waldstein, Heraion S. 113, JHS XXI, 1901 T. 5.

(³) Mau in Römische Mitteilungen 1902 S. 304 f. T. 7; dort wäre vielleicht nachzutragen, dass die Kerbe über dem Echinus hocharchaisch-griechisch ist, vgl. 313. Waldstein, Heraion S. 112. B, M, und dass ein Zwischenglied, das Abacus und Echinus trennt, in abgelegenen Ländern auch in nachmykenischer Zeit vorkommt, z. B. in Kangowar, vgl. Texier, l'Arménie I T. 67; hier ist es allerdings ein glattes dorisches Kyma.

entsprechenden archaisches Capitell im Augenblick nicht finde.
Späterhin hält sie sich nur im mittelitalischen Kunstkreise, al-

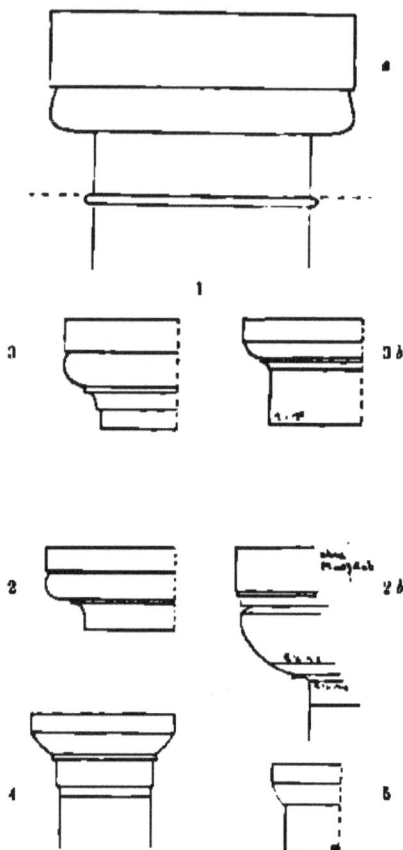

7. Dorische Capitelle; 1 : 20.

lerdings mit modernisiertem, strafferem Echinus; Beispiele sind
häufig in der pompejanischen Tuffperiode, so in der Gladiato-

renkaserne und in Casa d'Inaco — aus Rom wären die Halbsäulen des Tabulariums zu nennen, und anderwärts erwähne ich
blos noch ein Capitell in den Catacomben von S. Vittorino, dem
alten 'Amiternum' (vgl. Abb. 7, 3 *b*) so wie zwei Säulen aus Assisi (¹).

4. Aus der Tuffperiode stammt ein zweites Capitell im Garten
der Familie Cayro zu S. Giovanni Incarico, ein straff geschnittenes
dorisches mit breitem Riemchen und Halsmantel, ein Abkömmling
der Form, die am Mausoleum Souma in Nordafrica auftritt (²) —
und, wie ich an einer anderen Stelle ausgeführt habe, wahrscheinlich ihrem Ursprunge nach hocharchaisch-griechisch ist. Weitere
Belege hellenistischer Zeit aus Italien werden an dem in der Anmerkung genannten Orte aufgezählt; ein letzter Nachklang sind die
Säulen der unteren Porticus im palatinischen 'Stadium' des Do-
mitianus (³).

5-6. Einige ganz glatte Capitelle über glatten Schäften seien
nur erwähnt, um nicht zu verschweigen, dass auch diese einfachste
Form in Mittelitalien vorkommt; einige sind verbaut in der Crypta
von S. Giovanni bei Borgocollefegato, ein anderes vor der Kirche
S. Lorenzo in Vallibus, unterhalb Fiamignano.

7-8-9. Es erübrigt noch die Besprechung dreier *Simacapitelle*, um einen Ausdruck für dorische Capitelle mit geschwungenem
Echinus vorzuschlagen (vgl. Abb. 8).

Das erste liegt in Alba Fucens im Vorwerk des Grafen Pace
neben S. Pietro, das zweite ist in die Crypta der Hauptkirche
von S. Elpidio verbaut; das dritte wird mit zwei Seitenstücken
im Museum zu Corfinium aufbewahrt.

Die Form ist in Italien nicht über das zweite vorchristliche
Jahrhundert zurückzuverfolgen, in welche Zeit etwa eine Porticus
in Pompeji, dicht hinter Porta marina gehören dürfte, die Capitelle und unteren Trommeln bestehn dort aus Travertin, die Schäfte
aus Ziegeln. Doch spricht entschieden für ein höheres Alter der
Umstand, dass an den drei hier zur Besprechung stehenden Ca-

(¹) Antolini, *il Tempio di Minerva in Assisi*, Mailand 1828, T. 2, 3, 6.
(²) *Exploration de l'Algérie* I T. 64. R. Delbrück, Forum holitorium
S. 44 f.
(³) *Monumenti dei Lincei* V, 1895, S. 31, F. 6.

pitellen zweimal der geschwungene Echinus mit archaischen Zier-
formen verbunden ist, einmal mit doppelt abgesetzter Hohlkehle.

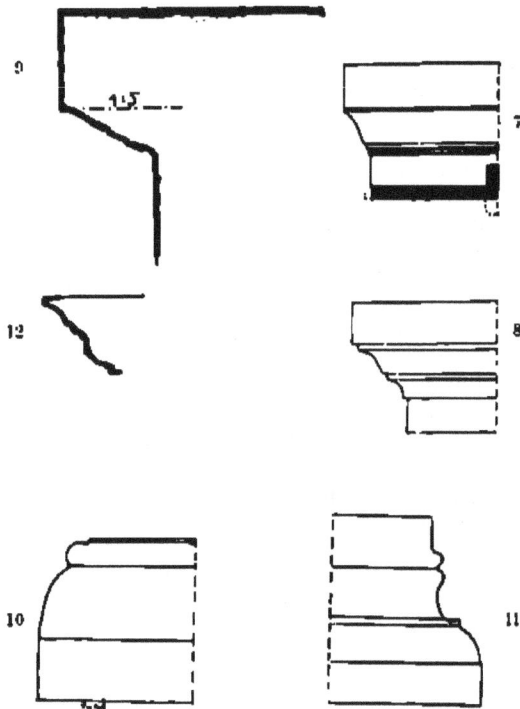

8. 7-9 Simacapitelle 1 : 20; 10-11 Basen 1 : 10; 12 Gebälk 1 : 20.

einmal mit platten breiten Riemchen; es sind ja auch unter den
Capitellen der Stelen aus dem Perserschutt zwei den Simacapi-
tellen sehr nahestehende Formen nachzuweisen ([1]).

([1]) Jahrbuch III, 1888, S. 275; Antike Denkmäler I, T. 29, 1.

Basen und Gebälke.

10-11-12. Eine merkwürdige Säulenbasis findet sich in Pentima (Corfinium), Via Italica 34: eine Glockenbasis über runder Standplatte, oben mit schwerem Rundstab; sie schliesst sich der Glockenbasis von Satricum an — die aber weder Standplatte noch Rundstab hat — ist ihrem Ursprunge nach aegyptisch, dürfte aber nach Italien wohl erst von den Griechen gebracht worden sein.

Eine Basis und ein Gebälk aus der Crypta von S. Elpidio bilde ich nur ab, ohne hier näher auf sie eingehn zu können.

R. Delbrück.

FUNDE

Rom: Ara Pacis Augustae-Ausgrabung.

Meiner Veröffentlichung (APA. in den Sonderschriften des Oesterreichischen Archaeologischen Institutes in Wien Band II 1902) des aus den Trümmern reconstruierten Augusteischen Denkmals folgte in weniger als Jahresfrist der Aufbau der im Thermenmuseum lagernden Reste, den A. Pasqui für den historischen Congress ausführen liess, und mit dem er nicht wenig beitrug das Monument dem allgemeinen Interesse und Bewusstsein näher zu bringen. Nur wenige Monate später wurde unter Pasqui's Leitung die Ausgrabung in Via in Lucina und, mit gütiger Erlaubniss des Herrn Almagià, auch im Bereiche des Palastes Fiano-Almagià begonnen. Unter mannigfachen Schwierigkeiten und Hindernissen fortgeführt, ist sie zwar noch lange nicht an dem wünschenswerten und notwendigen Ende angelangt, hat aber bereits so erfreuliche Ausbeute geliefert, dass ein kurzer Bericht darüber auch hier am Platze sein dürfte.

Was man vor Allem suchen musste und zu finden gewisslich hoffen durfte, war der am ursprunglichen Platze befindliche Unterbau der Altareinfriedung, über den niemals, auch nicht bei der Ausgrabung des Jahres 1859, irgend etwas genaueres kund gegeben war. Was von der Einfriedung eingeschlossen war, und was wiederum sie selbst eingeschlossen hatte, das musste, sofern es erhalten war, dabei gleichfalls zutage kommen. Der Graben, welcher nach den APA. S. 5. 130 ff. gesammelten Nachrichten gezogen wurde, legte nun wirklich in 5·6 m. Tiefe einen Teil vom Kern des Altarbaus und des östlich davor, parallel zum Corso liegenden Marmorsockels frei, dessen praecise Arbeit sofort die beste Epoche anzeigte. Nach und nach hat man die Oberfläche des Sockels, der innen von dem Altarbau, aussen von, wie unten zu sagen, späterer Aufhöhung des Bodens verdeckt wird, bis zum nördlichen und südlichen Ende dieser Seite freigelegt, an beiden auch die Umbiegung im r. Win-

kel und ein Stück der anstossenden Nordseite (die unter dem Palast liegt).

Eine Grabung, die nach der Ahmessung meiner Reconstruction
westlich in einem Keller des hier nach Süden ausspringenden Palastes vorgenommen wurde, legte in gleicher Tiefe einen Teil des
westlichen Sockels blos, übereinstimmend in Maassen, Material
und sorgfältiger Technik mit Metallverdübelung und überaus deut-
lichen Lehren des einst darauf Gegründeten. Der Sockel soll — ich
selber habe ihn nicht frei von Wasser oder einschliessendem Mauerwerk gesehn, noch getastet — durch Tastung kein andres Profil als
einen unteren Vorsprung verraten.

Von dem Aufbau fand sich, auf dem Sockel haftend, bisher
nur die Basis des Pilasters links neben der Osttür. Aber zu unserer Ueberraschung ergab sich zu der einen Tür, die sich uns
durch Marken auf dem Sockel wie daneben gefundene Trümmer
gleich auf dem erstgefundenen Ostsockel angezeigt hatte, auf dem
westlichen, gegenüber, durch die Lehre des südlichen Türgewändes
(das nördliche konnte noch nicht freigelegt werden) noch viel deutlicher angezeigt, eine zweite Tür. Unwillkürlich gedenkt man der
doppelten Türen des Janus, deren Oeffnen und Schliessen Krieg
und Frieden bedeuteten. Die Türen zum Friedensaltar weisen aber,
dem Begriffe der *securitas* entsprechend, keinerlei Vorkehrungen
zum Verschliessen auf: sie scheinen nur offene Eingänge ohne Flügel
gewesen zu sein, und grosse oder kleine Buben haben auf der freien
Schwelle der Osttür, schwerlich so bald nach Augustus, ihre *tabulae
lusoriae* eingegraben.

Vor der Westtür lag, etwas breiter als sie, eine Marmor-
treppe mit niedrer Wange, die (ebenfalls nur im südlichen Teil
freigelegt) auf fünf niederen (0,12 m.) Stufen (von denen die
oberste fehlt), mit breitem (0,22) Auftritt, wohl der Opfertiere
wegen, auf die Höhe des Sockels führt, ganz wie auf dem Domitianischen Münzbild der Ara Pacis, APA. Fig. 60.5. Der Abstand
des westlichen vom östlichen Sockel, also die Seitenlängen der Einfriedung wurde gemessen mit 10,52 m., d. i. genau das APA.
S. 141 aus den Trümmern ermittelte Maass von 10,18 m. plus
0,343 für die Ausladung der Basis (ebda. S. 17 und 128), und die
zu 36 römischen Fuss fehlenden 0,17 m. dürften in dem erwähnten
Sockelvorsprung enthalten sein.

Ein genaues Quadrat, wie APA. S. 140 f. angenommen war,

bildete die Einfriedung indessen nicht, denn die Ostfront wurde
mit 11,60 m. gemessen. Jedoch besteht diese Abweichung von
meiner Reconstruction lediglich in der grösseren Türweite. Diese
war, da jede Möglichkeit direkter Maassbestimmung fehlte, nach
Verhältniss des Türgewändes und nach Gleichung mit der Rückwand geschätzt, in welcher dem Tellusrelief ein centraler, der Tür
der Vorderwand entsprechender Platz gegeben war. Diese Berech-
nung erweist sich jetzt als falsch: die Uebereinstimmung beider
Fronten war noch grösser als sie angenommen war; sie erstreckte
sich nicht blos auf die Seitenteile von je 2,44 m. zwischen Eck-
und Mittelpilastern, sondern auch auf die Tür mit dem glatten Feld
um das Gewände, und die Tür war nicht 2,37 m., sondern unten
3,50 m. im Lichten weit. Die Höhe der Türöffnungen konnte aber
nur ungefähr gleich dieser Weite sein, wenn sie mitsammt Sturz
und Verdachung selbstverständlich nicht höher als bis an das Gebälk hinauf reichte.

Denn der Aufbau stellt sich nach allen Funden nicht anders als in der Reconstruction dar: über dem Sockel die Basis
(h. 0,30 m.), dann die 1,82 m. hohen Rankenplatten, die nun,
wenn auch zertrümmert, zunächst von der Ostfront wohl ziemlich
vollständig sich zusammenfanden, von der Südseite, bei Erweiterung der Grabung, ebenso vollständig zu finden sein werden. Darüber die Mäanderschichte (0,33 m.) minder vollständig wie auch
die Basis vermutlich weil wie diese zur Benützung geeigneter.
Darüber, zwischen den oberen Pilasterendigungen und ihren Capitellen, der Fries h. 1,55 m., über dem das Gebälk liegen musste,
von dem auch jetzt wieder noch kein sicheres Stück gefunden ward.
Doch ist kaum zu glauben, dass nicht, wenn es auch gleich Basis
und Mäanderschicht zur Wiederverwendung geeignet sein mochte,
bei vollständiger Aufräumung ein oder das andre Bruchstück davon
sich finden werde.

Grösseres Interesse noch als das Gebälk beansprucht allerdings
der Fries wegen seiner historischen Darstellungen. Von ihm konnte
man freilich, wenn meine Reconstruction richtig war, nicht noch
viel zu finden sich versprechen; und dadurch dass beide Fronten
eine Tür hatten, fällt nun sogar von den fünf kurzen Friesteilen
die ich angenommen hatte, einer, nämlich der centrale der Rückseite, weg und bleiben nur vier, je einer jederseits neben jeder Tür
von je 2,44 m. übrig. Bevor noch ein Wort über die Veränderun-

gen die diese Teile durch die neuen Funde erleiden, gesagt wird,
fassen wir erst die beiden Hauptfriese der Seiten ins Auge. Sie
wurden als l i n k e r und r e c h t e r bezeichnet von der vorausge-
setzten einen Tür aus gesehen, deren Lage und Orientirung ja unbekannt war. Jetzt wissen wir dass die vier Seiten der Altareinfriedung nach den vier Himmelsgegenden orientiert waren, und dass
zwei Türen sich nach Ost und West öffneten. Nach welcher von
beiden waren die zwei Festzüge der Seitenfriese gerichtet? Lässt
sich das durch Fundtatsachen ermitteln, so ist damit gewiss die
Hauptfront bestimmt. Oder ist etwa schon durch einen Unterschied in der baulichen Anlage eine der Türen bevorzugt? Allerdings scheint der Westtür durch die Treppe ein solcher Vorzug
verliehen; aber man würde den Gedanken, dass auch zur andern
Tür ein Aufgang führte, wohl erst dann aufgeben, wenn sicher erwiesen wäre, dass auch nicht eine Spur von einem solchen zu finden sei. Das aber ist bis jetzt noch nicht der Fall. Also sind
vielleicht die Friese beweisend?

Die in meinem Horizontalschnitt des Frieses APA. S. 36 ein-
gezeichneten Platten des ' linken ' Frieses III-VI, sowie die des
rechten XIV-XVIII waren alle schon im 16. Jhdt. gefunden, ohne
dass wir diese Funde irgendwie genauer localisieren könnten. Von
den jetzt gefundenen Friesteilen (¹) sind zwei, die solche Localisation
zu gestatten scheinen, und zwar so dass der ' linke ' Fries nördlich,
der ' rechte ' südlich war, beide also die Richtung nach der Westseite hatten, als wäre der Festzug durch die Via lata und Flaminia
dahergezogen gekommen. Damit wäre also die Westtür, eben die vor
welcher jetzt noch tatsächlich die Treppe liegt, als die Haupttür, die
Westfront als die vordere und Hauptfront bestimmt. Von den genannten zwei neuen Friesstücken ist das eine an der Nordostecke
der Einfriedung gefunden. Noch 0,50 m. breit, stellt es einen Knaben
in Toga mit Bulle am Halse und mit dem Ring am vierten
Finger der Linken dar, der (neben einer Frau) nach rechts zieht.
Das Fragment gehört also an das Ende des linken Festzugs, wo
allein noch eine Lücke von etwa 1,0 m. blieb (APA. S. 79),
die durch dies Stück fast halb ausgefüllt wird. War der linke
Zug der nördliche, dann befand sich das Ende des Zugs einst eben da

---

(¹) Die vielen neuen Bruchstücke vom Fries, die für die Hauptfragen
einstweilen von keiner Bedeutung sind, bleiben unerwähnt.

wo das Stück gefunden wurde. Doch ist auf das Stück noch zu-
rückzukommen.

Wichtiger ist das zweite Stück, das vor dem 1. Ende der
Ostseite gefunden wurde. Es ist ein 1,15 m. langer schmaler
Streifen der, selbst noch aus drei Stücken zusammengesetzt, dem
oberen Teil einer Platte angehörte, aber, wie die geringe Dicke
und die gerauhte Rückseite anzeigt, ein eingesetztes Flickstück,
doch zweifellos ursprünglich zugehörig, wie solche Flickstücke jetzt
mehrfach sich fanden. Rechts vollständiger, zeigt es hier sogar
einen Teil des oberen Plattenrandes, und seitlich die glatte Schnittfläche. Nach links wird der Streifen immer schmaler und spitzer,
und hier werden die Köpfe der Figuren — es sind im Ganzen
sechs — immer unvollständiger, während sich rechts sogar noch
der Hals und etwas von den Schultern mit erhielt. Die erste Figur
rechts ist augenscheinlich eine hervorragende Persönlichkeit, die
einzige die unter der den Kopf deckenden Toga den Kranz trägt.
Die leider bestossenen Gesichtszüge haben Aehnlichkeit mit Augustus, namentlich in der Bildung des Mundwinkels (¹). Die Würde
des Mannes wird auch hervorgehoben durch den zweiten, der sich
mit mehr als Vierteldrehung gegen ihn kehrt. Es ist ohne Weiteres
klar dass die Richtung dieses Zugteils durch die erstgenannte in
scharfem Profil nach links gewandte Figur angezeigt wird. Die
weiter links stehenden Köpfe gehören nach Ausweis der Fasces,
von denen je ein Stück an der l. Schulter eines jeden von ihnen
erhalten blieb, sämtlich Liktoren. Sie zeigen aber den für die Likto-

---

(¹) Gleichwohl kann Augustus nur in Fig. 9 dieser Seite erkannt werden.
Was in Helsch's (Wiener Studien XXIV) Ansatz zutreffend war, hat v. Domaszewski in den Jahresheften 1903 S. 57 f. aufgenommen und weitergeführt.
Dass der apex Augustus nicht als pontifex maximus sondern als flamen und
zwar Diri Iuli bezeichne erscheint mir zutreffend. Wenn damit auch die
in den Friesen dargestellten Feiern auf die Gründung, nicht auf die Einweihung
bezogen werden, so ist doch durch die Darstellung der Ara Pacis in dem
einen Kopffriese auch auf die letztere schon durch eine Prolepse eine Beziehung gegeben. Eine quasi Momentaufnahme wie sich v. D. nach S. 61 f.
denkt ist dem ganzen Geist dieser Kunst zuwider. ' Vor dem allsehenden Auge
des Künstlers, des wahren Weisen, löste sich der Schleier, der die dunkle
Zukunft des julischen Hauses verbarg ' sagt v. D. S. 65. Doch worauf dies
geht, das sind nicht die Friese selbst sondern v. D.'s Erörterung, Visionen
eines geistreichen Historikers aber nicht methodische Bilderklärungen. So die
den dargestellten Personen zugeschriebenen Empfindungen, so Schwertgurt
und Soldatentoga (!) des Drusus; so das Durcheinanderwogen zweier Ord-
nungen, der cultlichen und der familiären. Die Anmerkung S. 63,35 über eine
Lücke zwischen den Platten XIV und XV war, bevor sie geschrieben wurde,
bereits widerlegt, APA. S. 93.

ren typische auch an 7, 8 und 10-12 des rechten Zuges APA.
Taf. VI wahrzunehmenden Richtungswechsel.

Der Block in welchen dieser Flicken eingesetzt war (¹) gehörte also sicher zur vorderen Hälfte der rechten, d. h. der nach links schreitenden Procession. Nun zieht Pasqui gewiss richtig das jetzt gefundene Mittelstück (0,28 m. br.) eines Mannes mit kurzer Tunica, der nach rechts nicht zu schreiten sondern sich umzuwenden scheint, zu demselben Blocke, wo er dann zu dem letzten Kopf links (eher als zu einem noch weiter links verlorenen) gehören müsste, der in der Tat nach rechts gewandt ist. Bis zur 1. Schnittfuge würde der Block dann noch etwa 0,1 m. mehr gemessen haben, und die an diesem Stück links sichtbare Stossfläche, welche die Figur halbiert, könnte die im Grundriss APA. S. 36 zwischen Block XIX und XVIII b angegebene sein. Der Block würde dann zwischen jene beiden einzuschieben sein; zwischen XVIII b und a deshalb nicht, weil dann das bewundernde Publikum von Augustus zu weit abstände; zwischen XVIII und XVI (also als XVII) deshalb nicht, weil von den vier Liktoren auf dem neugefundenen Stück zwei oder vielleicht drei sich nach rechts wenden, gut erklärlich nur, wenn der Fürst rechts von ihnen sich befand, noch erklärlicher wenn sie eben am vorderen Ende des Langfrieses neben dem Pilaster standen. Da auf dem hinzuzuziehenden Kurzfries mit dem Stieropfer zwei Liktoren, auf dem neuen Stück XVIII c vier, auf XVIII a fünf sichtbar sind, fehlt von zwölfen nur einer, der wohl noch auf der Schmalseite von XIX, neben dem schon erwähnten auf XVIII c nur halb dargestellten, sich befand. Die Fundstätte der Liktorenköpfe am Südende der Ostseite ist nun allerdings dem südlichen Fries näher als dem nördlichen, würde aber gleichwohl von dem Kopf der rechten Procession, um die es sich handelt, ebenso weit entfernt sein wenn diese südlich war, wie wenn sie die Nordseite der Einfriedung schmückte. Dieser Fund entscheidet also die Frage der Hauptfront weniger als das Stück mit dem Knaben.

Wichtig ist er aber für die Reconstruction der rechten Procession. Um die Vermutungen über deren fehlende Teile einzudämmen wird es nützlich sein die Rechnung über das Vorhandene neu zu machen, wobei ich die Platten XVIII a b c, wie schon eben,

(¹) Dass er über eine Fuge übergegriffen habe ist aus verschiedenen Gründen nicht anzunehmen.

von rechts her zähle und, wie APA. S. 104, von der rechten Hälfte
des Langfrieses, weil sie unverändert bleibt, absehe.

Block XVII   sei angesetzt mit x   m.
    XVIII a wie früher, gemessen mit . 1.10 m.
        * b wie früher, gemessen mit . . 0,78
        * c Liktoren 1.25
    XIX Schmalseite 0.41
                                    ─────────
        zusammen . . . . 3,54 m.

Es fehlen an 4.705, und bleiben für x mithin nur 1,165 m.,
oder noch etwas weniger, da zwischen den Figuren 5 und 6 jedenfalls etwas fehlt, wenn auch der zweite Larenträger keinen besonderen Raum heischt (¹).

Die Platten XVI und XVIII a ohne Zwischenstück zu verbinden und Fig. 14 und 13 für eine zu halten verbietet sich ja von selbst.

Die Frage der Hauptfront durch Fundtatsachen zu den Kurz-
friesen zu entscheiden ist bis jetzt kaum möglich. Der einzige
früher gefundene Block über den wir etwas wissen ist VIII, das
Sauopfer: aber die Fundamentverstärkung des Palazzo Fiano, bei
der er im J. 1859 zutage kam, konnte ebensowohl das Nord-Ende
der Ostseite der Einfriedung berühren wie die Westseite. Es ist
aber jedenfalls unabweislich, so weit möglich, schon jetzt die Consequenzen zu erwägen, welche sich aus der Verschiebung des Tellus-
reliefs und aus den neugefundenen Teilen der Kurzfriese ergeben.

Es waren deren in meiner Reconstruction fünf angenommen,
von denen, wie bereits gesagt ward, der mittlere der Rückseite weg-
fällt, da auch hier eine Tür die Mitte einnahm. Notgedrungen muss
also die Tellus jetzt in eines der Seitenfelder einrücken, und zwar
vermutlich ein linkes, weil ihre Kopfwendung nach rechts im rechten
Seitenfeld eine auf sie bezügliche Darstellung zu heischen scheint (²).

(¹) Ein l. männlicher Unterarm mit Hand und Teil der Brustfalten von
einer nach links schreitenden Togafigur könnte vielleicht zu Fig. 13 also zu
Platte XVII gehören. Das Stück misst von der Stossfläche links 0,29 m.
(²) Die Tellus hat Ussing in Oversigt over det kgl. Danske Videnskabernes
Selskabs Forhandlinger 1909 für Italia erklärt. In dem Karthagischen Relief
(APA. S. 174), das auch er für originalen hält, deutet er die Frau links mit
den Fackeln für die beleuchteten Alpen (Alpenglühn?), zu ihren Füssen den Pa-
dus. Im römischen Relief sei allein der Fluss geblieben, dem Eridanos ge-
glichen, und der verwandelte Freund des Phaethon, Kyknos trage eine der un-
verwandelten Schwestern Phaethons durch die Lüfte. An der andern Seite sei
nicht eine weibliche sondern eine männliche (!) Figur, Repraesentant des
Meeres; zwischen Po und Meer (welchem?) Italia. Gewiss eine originelle Aus-
deutung, die für ihren Urheber volle Gültigkeit haben wird.

Jedenfalls bleiben dann nur drei Kurzfriese von je 2,44 m.
übrig, also zusammen 7.32 m. Zu deren Ausfüllung bieten sich
a von früher dazu gerechneten Stücken

1 das Sauopfer in einer Ausdehnung von   1,0 m.
2 der Marstempel in einer »   »   1,10 »
3 der Matertempel in »   »   »   0,87 »
4 der geführte Stier in »   »   »   1,275 »
5 der schlachtbereite Stier »   »   1,17 »
  b von neugefundenen Stücken (¹) wahrscheinlich
6* die ficus ruminalis in einer Ausdehnung von   0,79 »
7 Schoss einer nach l. Sitzenden   »   »   0,38 »
8* Fragment mit Weibegaben (?)   »   »   c.   0,50 »
                                       also zusammen   7,145 m.

Die Ausdehnung des Erhaltenen kommt also dem Maasse des
damit anzufüllenden Raumes bereits so nahe, dass man fragen
muss, ob nicht etwas auszuscheiden und in einem der Langfriese
unterzubringen sei, weil sonst für die namentlich zu 4 und 5 uner-
lässlichen Ergänzungen kaum der erforderliche Raum bliebe.

Das ist aber so viel ich sehe nur beim Matertempel möglich;
ja für ihn muss sogar ein Platz ausserhalb der Kurzfriese gesucht werden, da er weder mit dem Sauopfer, noch mit dem schreitenden, noch mit dem schlachtbereiten Stier verbunden werden kann.
Dies sind aber nach wie vor die gegebenen Grundbestandteile der
drei andern Kurzfriese, und zwar das Sauopfer von der Tellus
nicht weiter zu trennen als durch die Tür, statt früher durch Dop-
pelpilaster. Die Stiere können ebenfalls nur als Kopfstücke, der eine
des linken, der andre des rechten Langfrieses Platz finden, und zwar
schwerlich anders als im Grundriss APA. S. 30 Pl. II und XIX.

Der Matertempel findet, wenn er nie vollständig dargestellt
war, sondern nur mit drei Vierteln seiner Front — soviel neben
dem Pilaster sichtbar ward — grade Platz am l. Ende der linken
Procession. Der bärtige Mann mit dem überarbeiteten Gesicht (²)
ist nun freilich nicht der Kaiser sondern ein Togatus im Zuge,
und da wo der Restaurator Arm und Schulter einer modernen Figur
ansückte wird der oben erwähnte Knabe mit der Bulle sich anfü-

(¹) Der * bei 6 und 7 bedeutet, dass hier auf der Rückseite auch etwas
vom Innenfriese der Festons erhalten ist.
(²) Reisch kann mit seinen (Wiener Studien XXIV) geäusserten Zweifeln
aber die Zugehörigkeit nur an das Original und was ich darüber gesagt habe
verwiesen werden.

gen, hinter und neben dem noch Gewand einer andern Figur erscheint, ein Teil von APA, Taf. V 43, wie ich vermuthe. So wird
der Tempel auf das am l. Ende des linken Frieses fehlende Maass
von 1.1 m. kommen.

Der Marstempel würde an der gleichen Stelle nicht Platz
haben, und noch weniger an der entsprechenden Stelle des rechten
Langfrieses, erst recht nicht wegen des neben ihm nach rechts
schreitenden Dekränzten ([1]).

Da für ihn im l. Fries auf keine Weise Platz ist, muss er einem der drei Kurzfriese gehören. Wessen persönliche Empfindungen ihn denn nun nicht neben dem Tellusaltar auf den Carinen und
dem Penatentempel auf der Velia([2]) dulden, der versuche es nur
ihn bei einem der Stiere unterzubringen. Ich sehe einstweilen noch
keinen Grund, den schreitenden Stier mit seinen Begleitern nicht
aussen an der Ara Pacis-Porticus vorbeiziehend zu sehen und weiter rechts die wartenden Götter vorauszusetzen. Darüber weiter
unten noch ein Wort.

6* Der Kurzfries rechts von der Hauptthür bekommt aber
ein unerwartetes Licht durch das Stück mit der *ficus ruminalis*.
Als dieses am dritten Tage nach dem Beginn der Ausgrabung etwa
10 m. östlich von der NOEcke, wie wir jetzt sagen können, also jedenfalls verschleppt, zutage kam, war meine Ansetzung des Marstempels
noch nicht hinfällig geworden, und aus technischen Gründen schien
das neue Stück in keinem der drei andern Kurzfriese unterzubringen. Die Nachbarschaft des Lupercal und der Mater begünstigte
die Vermutung.

Seit aber die Tellus ein Kurzfeld n e b e n der Tür beansprucht,
muss die *ficus* dennoch mit einem der Stiere sich verbinden. Denn
mit dem Sauopfer, gar dem Baum über dem Tellusaltar, kann sie
sich nicht einen; schon deshalb nicht, weil jedes von beiden Stücken
hinten die Patera über dem Feston hat. Das Stück 6* ist 0.79 m
breit und etwas weniger hoch, hat oben einen Teil der oberen Lagerfläche bewahrt und, rechts von aussen, links von der Festonseite
gesehn, einen Teil der glatten Stossfläche. An der Aussenseite sieht
man links einen breitästigen Baum, der, ohne dass Blätter sichtbar

([1]) Dieser wird allerdings jetzt weniger verständlich sein als früher.
([2]) Ihn will Wissowa in Roschers Lexicon, Penaten S. 1890 nicht zu-
lassen. Möchten die Indes unsichtbaren Penaten im Vestatempel und die sichtbaren in den Hauskapellen zehnmal so bedeutend sein wie die sichtbaren
an der Velia, so waren doch in unserem Friese darstellbar nur die letzteren.

wären, doch an dem Wuchs als Feigenbaum zu erkennen ist; als
heiliger Baum an einer Binde mit welcher der Stamm umknotet
ist, und an der nach links, wohin der Baum sich mehr als nach
rechts entfaltet, irgend ein Votiv hing. Auf einem nach links ab-
gehenden Zweige sind trotz starker Verschlissenheit die Krallen
eines Vogels sichtbar, die nun wohl die *ficus* im Lupercal ausser
Zweifel setzen (¹). Darunter müsste die erzene Wölfin der Ogul-
nier stehn, aber das Erhaltene reicht mit 0,64 m. nicht so weit
herab. Die Heiligkeit der Stätte und des Baumes wird aber durch
die rechts neben ihr stehende Figur verbürgt: ein Mann von dem
eigentlich nur links der nackte r. Arm und Schulter kenntlich
geblieben, sowie dass er einen Umwurf von Zeug oder Fell um Unter-
körper und Brust geschlungen trug. gegen dessen unter der r. Achsel
zusammengeschobene Faltenmasse ein schräggestellter Knotenstock
gestemmt ist, an den sich der r. Arm legt. Nach Gewand- und Stand-
motiv also keine Figur des römischen Lebens sondern eine nach
griechischem Vorbild geschaffene Idealfigur, etwa Faunus (²).

Dies Stück in einen der beiden Langfriese einzufügen wird wohl
niemandem in den Sinn kommen. Als Gegenstück zum Baum über
dem Tellusopfer mochte die *ficus* zuerst passend scheinen: jetzt bleiben nur die beiden Kurzfriese der Hauptfronte (die Kopfstücke der
Langfriese) und auch von diesen nur der rechte, da die Lücke des
linken nicht gross genug ist, um auch nur den Ficusblock allein, geschweige das zur Ergänzung des Fehlenden Notwendige anzunehmen.

Ich will aber auch nicht verschweigen was mich anfangs, da
ich noch ein andres Seitenfeld offen glaubte, von diesem Platze
absehen liess, und was auch jetzt noch eine gewisse Schwierigkeit
bereitet. Das zum Block XIX gerechnete Stierrelief (APA. S. 96
und Taf. VII rechts) misst 1,17 m, das verlorne Festonstück der
Rückseite mass also, da es um 0,61 m (nach APA. S. 41,1) kürzer
war, 0,56 m; die Innenseite des Ficusblocks misst vom linkssei-
tigen Schnitt bis zum Schalencentrum 0,58; das macht 1,14 m
für den halben Eckfeston. So viel beträgt dessen Maas in der Tat
(vgl. APA. S. 42), jedoch nur an den Langseiten, während an den

(¹) Vgl. Spiegel und Denns *Mon. ined. d. I.* XI. 3 (auch Roscher lex.
I 2 S. 1464 ff.) dazu *Annali* 1879 S. 39 f. Das *opus sectile* Röm. Mittell. 1886
Taf. 1 kann ich, seit Conze meinen Verdacht geweckt, nicht für echt halten.
Vgl. noch Lucas in diesen Mitt. 1899 S. 219.

(²) Was bisher über Faunusdarstellungen bekannt ist, ist für seine
Darstellung an dem Augusteischen Monument und grade bei dieser Gelegenheit
und Begebung schwerlich maassgebend (Vgl. Roschers Lexicon *s. v.*).

Fronten, wo die Seitenfelder aussen 2.44 m. innen nur 1.83 m. messen, 0,87 m für die eine, 0,96, für die andre Festonhälfte bleiben. Wie sich diese Schwierigkeit beseitigen wird steht dahin; sie muss eine Lösung finden, wenn doch die *ficus* nirgendwo anders Platz hat, und hier ihre Erscheinung zwar unerwartet, aber vielleicht nicht unpassend befunden werden wird.

Freilich das Gedränge der Figuren wird noch grösser. Wie zu der Skizze APA. S. 113 auseinandergesetzt wurde, treffen dort auf einem Raum von kaum 0.50 m. Teile des Stiers, eines Liktors, dreier Opferknechte und des Mars — denn wer Alles gehörig erwägt, wird ihn zugeben müssen — zusammen; und in dem zerstörten Teil des Reliefs unten ganz links muss nun gar auch noch ein Fuss des Faunus unterkommen ([1]). Ueber dem zum Schlage ausholenden und zufolge des weiten Ausschreitens niedrigeren Schlächters, erhob sich rechts Mars, links ' Faunus ', dieser mit seinem Lehnen nach links ihm etwas ausweichend. Dem links knienden Opferknecht wären noch etwa 0.53 m zu geben; reichte er schwerlich über den schräg gestellten Stab des Faunus hinaus, dann bleiben für den Stamm und die Wölfin unten noch reichlich 0,70 m. und über dieser wird Roma, tronend eher als stehend, sichtbar geworden sein. Wie gut an vorderster Stelle Mars steht braucht nicht gesagt zu werden. So hätten wir hier freilich nicht ein Opfer an der Ara Pacis sondern in dem von Augustus hergerichteten ([1]) Lupercal. Die Lupercalien des 14. Februar selbst scheinen nicht gemeint ([2]), sondern vermutlich ein bei Gelegenheit des Friedensfestes den Stadtgründern gebrachtes Opfer.

Damit wird nun aber auch das Verhältniss der beiden Langfriese wesentlich verändert. Früher wurde angenommen, dass beider Ziel die Ara Pacis sei, dass aber der linke Zug und sein Kopfstück in einem etwas früheren, der rechte in einem etwas späteren Zeitpunkt dargestellt sei. Jetzt scheint sich als Ziel des ersten Zuges das Lupercal herauszustellen, und wahrscheinlich ist dann die daselbst vorzunehmende Handlung ein Voract des Friedensfestes.

Das Ziel des linken Zuges bleibt dasselbe, die Ara Pacis oder

---

[1] Aber man sehe doch nur das Gedränge in den je sechs Tafeln des Benerventaner Bogens.

[2] Mon. Ancyr. ed. Mommsen IV 2, S. 78.

[3] A. Domaszewski (Jahreshefte 1903 S. 58.7 erklärt) den Togatus des linken Frieses APA. Taf. IV. 10 für einen *Lupercus* mit der *februs*. Was er für einen kleinen ansieht, ist indess nur eine Togafalte.

die voraussetzliche Portikus, welche sie umschloss. Der Zug wird
vom Matertempel auf dem Palatin sich entwickelnd gesehen, so
dass man denken könnte, der Princeps der in dem 1. Friese vergeblich gesucht wird, folge erst weiter hinten, hätte sich nur nicht
der Wechsel des Haupt- und Nebengefolges auch schon vor unsern
Augen abgespielt. Am Eingang des Friedensheiligtums werden wir
aber, schon des Bonus Eventus wegen, auch die Pax dem Zug entge-
genschauend voraussetzen. Wenn sie dort auf einem Trone sass,
so entsprach sie der Roma, wie ja auch der Münzbilder wegen zu
vermuten ist. Ihr gehörte wohl

7 der Schoss einer nach links sitzenden Frau, ein abgesplit-
tertes Stück ohne weiteres Merkmal. Sie entsprach also vielleicht
der Roma, freilich anders als in den Münzbildern.

8 ist ein sehr merkwürdiges Blockfragment. Auf der Vorderseite sieht man einen kleinen Ovalschild. zwischen einem Spiess ,mit
gewaltiger dreikantiger Spitze, der vor ihm erscheint, und einem un-
kenntlichen Gegenstand hinter ihm, von dem zwei Enden einer Binde,
mit welcher er umschnürt ist, über den Schild herabfallen. Man denkt
an Weihgeschenke, Tropäen, die an den Feigenbaum geknüpft sein
könnten, doch scheint es dass sie zu tief nach unten hingen würden.

Man sieht es gibt noch mancherlei Fragen die, trotzdem vom
Fries schon so viel gefunden ist, noch unbeantwortet bleiben; wir
können nur durch Weiterführung der Grabung und durch Befreiung
der in Villa Medici vermauerten Stücke von ihren unwürdigen Ver-
kleisterungen ihre Erledigung zu finden hoffen.

Im Inneren der Einfriedung lag der Fussboden in Höhe des
Sockels. Doch war, soweit bis jetzt zu sehen, nur ein reichlich
1 m. breiter Umgang rings von diesem Boden frei: weiter einwärts
stieg, das Innere zum grössten Teile füllend, der Altar empor.

Von ihm blieb indessen nur der Tuffkern und an verschiedenen
Stollen die erste Stufe der diesen Kern umschliessenden Marmorverkleidung. Ob sie sonst ganz zerstört worden, kann nur weiteres
Suchen lehren. Für ein Götterbild bleibt bei der Zweitürigkeit
wohl kein Platz.

Von der Portikus welche aus dem Kurzfries mit dem ge-
führten Stier (APA. Taf. VII links) erschlossen wurde konnte
bis jetzt nichts gefunden werden, weil die Ausgrahung nach keiner
Seite weit genug über die Einfriedung selbst hinausgekommen ist.
Jedenfalls sind aber sowohl westlich wie östlich die Reste einer
späteren Einfassung blosgelegt worden: eine Ziegelmauer, die
oben mit roh zugehauenen Travertinplatten abgedeckt war. Vier
bis fünf Meter vor dem Osteingang der Marmoreinfriedung öffnet
sich in dieser Mauer ein Eingang, ebenso breit wie jener. Aber
über wenigstens sieben Stufen stieg man von da gegen die Einfriedung hinab und stand, unten angelangt, nur etwa zwei Meter
vor jener. So hoch war an der Seite der Flaminia das Terrain

bereits aufgehöht, als diese Einfassung gebaut wurde, durch welche
das Vorhandensein einer älteren, würdigeren und weiteren Umschliessung doch wohl gesichert wird. Auch im Inneren dieser späten
Umschliessung hatte man den Boden bis zur Höhe des Sockels
mit Travertinplatten ausgelegt, wodurch eben die Beschaffenheit
des Sockels an seiner Aussenseite noch unkenntlich wird.

Was noch zu tun bleibt ist weit mehr als was getan ist. Im
Inneren ist die Form des Altars zu eruieren; von der Einfriedung
sind namentlich die Reste der Südwand aufzusuchen, wo möglich
im Inneren des Palastes auch diejenigen der West- und Ostwand,
soweit sie nicht schon früher geborgen wurden. Die fehlenden
Teile der Friese sind wenige aber von ausschlaggebender Bedeutung. Denn was hier über die Friese aufgestellt wurde, können
und sollen nur Richtlinien für weitere Forschung sein. Wie sodann
die, Umgebung der Einfriedung beschaffen war: der Fussboden, die
äusserste Grenze, die Portikus oder was sonst den Abschluss bildete, endlich wo möglich die Verbindung mit der Flaminia, und
vielleicht auch nach der andern Seite mit dem *Solarium*, das
alles verlangen wir zu wissen.   E. PETERSEN.

Die Nachricht vom Hinscheiden

THEODOR MOMMSENS

ist dem Sekretariat zugegangen, als dies Heft nahezu abgeschlossen war. Zeit und Raum mangeln, um zu sagen, was
das römische Institut, dem er seit fast sechzig Jahren als
Mitglied, durch Jahrzehnte als Berater und Führer angehörte, an ihm, dem grossen Meister auf dem Gebiete der
Altertumsforschung, dem unerreichten Organisator wissen-
schaftlicher Arbeit, dem treuen Freunde Italiens verloren
hat. Nur unserer Trauer über diesen unersetzlichen Verlust,
in der wir uns mit den Lesern dieser Mittheilungen eins
wissen, sei heut Ausdruck gegeben.

Abgeschlossen am 7. November.

ZUM GEDAECHTNIS THEODOR MOMMSENS.

Rede gehalten in der Institutssitzung am 11. Dezember 1903.

Als in den letzten Octobertagen die Trauerkunde zu uns
drang, Theodor Mommsen sei von schwerem Unfall betroffen, der
keine Hoffnung auf seine Erhaltung liesse, da standen wir alle,
die ihn kannten, bewunderten und verehrten, vor der Gewissheit
eines Verlustes, der nach menschlichem Ermessen in nicht langer
Zeit erwartet werden musste, und an den doch Niemand zu denken gewagt hatte. Nun ist das Unwiederbringliche uns genommen
und auf den harten Schlag des Verlierens folgt das weit schmerz-
lichere Gefühl des Vermissens. Erst allmählich werden wir inne
werden, welche Lücke Mommsens Abscheiden bedeutet: » der
Baum muss erst fallen, damit man sieht, wie weit er Schatten
gab «.

Auf dem Grabe eines grossen Baumeisters, der in seinem
bedeutendsten Werke auch seine letzte Ruhestätte gefunden hat,
stehen die Worte: ' monumentum si quaeris, circumspice '. Aehnliches könnte von Theodor Mommsen gesagt werden in diesem Saale,
in dem nicht wenige der heute Versammelten noch seinen Worten
gelauscht haben. Wenn die Bände unserer Bibliothek die Summe
der Arbeit darstellen, die auf dem Gebiete der klassischen Altertumsforschung geleistet ist, wahrlich, es möchte schwer sein, eine
Abteilung zu finden, in der nicht die Spuren Mommsens als eines
Förderers, Führers und Bahnbrechers vor unser Auge träten. Was
er auf dem Gebiete der römischen Geschichte, der juristischen
und antiquarischen Erforschung des römischen Altertums, der Epigraphik und Numismatik geschaffen hat, das ist auch solchen bekannt, die unseren Studien ferner stehen. Aber selbst Fachgenossen
waren erstaunt, als das Verzeichnis von Mommsens Schriften, das
Freundeshand ihm als Festgabe zum 70. Geburtstage darbot, ein-

13

mal übersichtlich zeigte, was er auch auf dem Gebiete der Philologie und Sprachwissenschaft, in der Erforschung des spätesten Altertums und frühen Mittelalters, ja, was man am wenigsten vermutet, auch auf dem Gebiete der 'archeologia figurata' geleistet hatte. Und seitdem ist dem Gefeierten noch ein halbes Menschenalter beschieden gewesen, in dem er mit fast unverminderter, uns Jüngeren alle beschämenden Arbeitskraft weiter schaffen konnte! Ausser seinen eigenen Werken aber — wie unendlich weit geht seine Teilnahme an fremden Arbeiten, wo er, und häufig wie die grossen römischen Kaiser *sine ulla inscriptione nominis*, ohne auch nur die Nennung seines Namens zu gestatten, thätige Hülfe geleistet und fruchtbare Impulse gegeben hat!

Eine so gewaltige Lebensarbeit in dieser kurzen Stunde auch nur in ihren Hauptzügen geschildert und gewürdigt zu sehen, werden Sie nicht erwarten. Aber was an dieser Stelle mit einigen Strichen gezeichnet werden kann, ist ein Bild der Beziehungen Mommsens zu Italien und zu unserem Institut. Wenn ich, dies versuchend, bei den früheren Jahren länger verweile, so geschieht es, weil die späteren in seinen monumentalen Werken vor aller Augen stehen, während jene Anfänge, in denen sich doch schon so viel von seiner späteren Grösse zeigt, bisher nur wenigen genauer bekannt sind.

Dass Mommsens italische Wanderjahre, 1845-1847, von entscheidendstem Einfluss auf seine ganze Entwickelung gewesen sind ist allbekannt. Er selbst hat das einmal, in einer an seinem 60. Geburtstage gehaltenen Rede so ausgedrückt: « der Jurist ging nach Italien — der Historiker kam zurück ». Und doch würde man irren, wenn man glaubte, der junge Forscher, der sich soeben, wie er selbst bekannte, « von Niebuhrs glänzenden Phantasien losgesagt hatte », sei auch schon mit dem bewussten Plane hierher gekommen, an Stelle jenes genialen aber nicht fest genug fundierten Gebäudes ein neues solideres zu setzen. Was ihn während jener ersten italiänischen Zeit durchaus erfüllt, ist etwas anderes, das freilich nicht minder als die « Römische Geschichte » sein Lebenswerk und sein unvergängliches Denkmal geworden ist: die Inschriftenarbeit. In welch trauriger Vernachlässigung damals in Deutschland — und nicht nur in Deutschland — die lateinische Epigraphik lag, wie beschämend der Rückschritt gegen die Zeiten eines Scaliger und Lipsius war, das zu schildern wäre nicht

leicht und nicht erfreulich. Mommsen hatte schon bei seinen ersten Forschungen die Wichtigkeit dieser « monumentalen Philologie » erkannt. Nicht die Einwirkung seiner akademischen Lehrer
oder gar der damals in Deutschland existierenden « Spezialisten »
für lateinische Epigraphik führten ihn dazu: wohl aber lehrten
ihn Boeckhs Untersuchungen, welch ein unvergleichliches Hülfs-
mittel « die Prüfung der Tradition an einsilbigen, aber unwan-
delbaren Zeugnissen » sei. Eine « Sammlung der auf altes Recht
bezüglichen Inschriften » war zunächst sein Plan. Einen überra-
schenden Fund, der eine damals viel behandelte Controverse über
ein altrömisches Gesetz endgültig entschied, hatte der vierund-
zwanzigjährige Student in einem selten gelesenen Buch aus dem
16. Jhdt. gemacht. Charakteristisch aber für ihn ist, dass er sich
dadurch nicht etwa bestimmen liess, solchen litterarischen Untersuchungen weiter nachzugehen, sondern dass es ihm von vorn
herein fest stand: nur durch Vordringen zu den Quellen, zu den
Monumenten selbst war zu erreichen, wonach er strebte.

Mommsen ging Ende 1844 über Paris nach Italien. Am Weih-
nachtsabend 1844 betrat er zum ersten Male Rom und fand in der
Casa Tarpea gastliche Aufnahme. Das Institut mit seiner damals
freilich noch recht bescheidenen Bibliothek bot ihm ein schätzens-
wertes Werkzeug für seine Studien: unvergleichlich mehr aber
war es, dass er hier einen Arbeitsgenossen und Freund fand, mit
dem er durch mehr als vier Dezennien in inniger, ungetrübter
Gemeinschaft geblieben ist, Wilhelm Henzen. Dieser, damals seit
drei Jahren in Rom. war gerade im Sommer 1844 in San Marino
gewesen, um sich von Bartolomeo Borghesi in die Inschriften-
kunde einführen zu lassen. Unter dem Einflusse Borghesis, in dem
damals ganz Europa nicht bloss den grösten, sondern fast den
einzigen Beherrscher der lateinischen Epigraphik erblickte, gewann
das Projekt Mommsens eine andere Gestalt: aus einer Sammlung
der *Monumenta legalia* sollte ein vollständiges *Corpus Inscriptionum* werden. Schon in Mommsens erstem capitolinischen Winter klärten die gemeinsamen Besprechungen und Arbeiten beider
Freunde das Projekt so weit, dass, als im Sommer 1845 die Berliner
Akademie, in der Absicht ihrer griechischen Inschriftensammlung
eine lateinische an die Seite zu stellen, sich nach Rom an das
Institut wandte, Mommsen bereits mit genialer Intuition die Grund-
linien des grossen Unternehmens vorzeichnen konnte. Unter den

für die Durchführung günstigen Faktoren, die Jahn in seiner besonders auf Mommsens Mitteilungen beruhenden Denkschrift vom Juli 1843 aufzählt, steht mit in erster Reihe « das Institut für archäologische Correspondenz, welches die Mittel seines ausgebreiteten Verkehrs gewiss eben so bereitwillig wie erfolgreich verwenden werde ».

Mit dem Institut und Henzen im Bunde hoffte Mommsen in einer kurzen Reihe von Jahren die grosse Aufgabe zu bewältigen. Von Henzen eingeführt, suchte er im Juli 1845 Borghesi in San Marino auf; wie tief der Eindruck war, den er dort empfing, schildert ein Brief, den er unmittelbar nach der ersten Begegnung mit Borghesi an den Freund in Rom schrieb. « Mir ist nie das Glück geworden, als ich Student war, mit Männern zu verkehren, die mir imponiert hätten: hier hole ich nach und reichlich; ich muss mich mit Gewalt daran erinnern, dass er aufhört und ich anfange, um nicht an meinen epigraphischen Studien ganz zu verzagen. Das kann ich Ihnen versichern, ich schäme mich fast, mit ihm davon zu sprechen, dass ich ein *Corpus Inscriptionum Latinarum* machen will, oder vielmehr soll ».

Aber es war nicht Borghesis Art, durch die überwältigende Wucht seines Wissens abzuschrecken: der Meister erkannte was von dem jungen *oltramontano* zu erwarten war, und wies ihm als Arbeitsfeld die Inschriften des Königreichs Neapel an, also ganz Mittel- und Süditalien, die damals epigraphisch am schlechtesten gekannten und durch Fälschungen am schlimmsten getrübten Provinzen. Zwei Jahre lang durchstreifte nun Mommsen das ganze Regno, von den Abruzzen bis zum Faro und darüber hinaus bis nach Sicilien. Ausser dem lateinischen Inschriftenmaterial eroberte er für die Wissenschaft die bis dahin noch ganz ungenügend bekannten Sprachdenkmäler der Osker und Messapier, liess sich von seinem Freunde und Reisegefährten Julius Friedländer in die Numismatik einführen, und knüpfte, häufig durch Vermittelung und im Interesse des Instituts, zahlreiche Verbindungen an, die für die deutsche wie für die italiänische Forschung die schönsten Früchte getragen haben. Mehr als einmal kehrte er zwischen diesen Provinzialreisen nach Rom zurück und fand dort auf dem Kapitol bei Henzen stets thätige Beihilfe und sachkundigen Rat. Dem archäologischen Institute, « dessen Verbindungen ihm in Italien die Wege geebnet hatten, und dem er auf jedem Schritte die we-

wentlichste Förderung verdankte », hat Mommsen im J. 1850 sein
Buch über die unteritalischen Dialekte, eine bahnbrechende Leistung auch auf philologischem Gebiete, gewidmet.

Ueber der grossen lateinischen Inschriftenarbeit schien freilich
zunächst kein glücklicher Stern zu leuchten: trotz der glänzenden
Leistungen, mit denen sich Mommsen in die Altertumswissenschaft
eingeführt, trotz Borghesis und anderer Freunde thätiger Wirksam-
keit, konnte sich die Berliner Akademie zunächst nicht entschlies-
sen, den Weg, der nach Mommsens fest begründeter Ansicht allein
zum Ziele führte, einzuschlagen. Nach siebenjährigen Mühen war
Mommsen auf dem Punkte, die ganze Unternehmung als geschei-
tert zu betrachten. Um « aus dem Schiffbruche wenigstens noch
einige Trümmer zu retten » entschloss er sich, den Teil der grossen
Aufgabe, den ihm Borghesi speziell vorgezeichnet hatte, zu lösen,
und die Inschriften Unteritaliens gesondert herauszugeben.

Man kann die Geschichte der Anfänge des *Corpus Inscriptionum Latinarum*, die neuerdings von berufenster Seite aktenmässig
dargestellt ist, nicht ohne Bedauern darüber lesen, dass viele kostbare Jahre, viel tüchtige Kraft damals unnütz aufgebraucht werden
musste, weil kleinliche Widerstände die Erreichung des grossen
Zieles hinderten. Aber andererseits dürfen wir wohl auch sagen:
wäre Mommsen schon sofort gezwungen gewesen, der Organisation
der Inschriftenarbeit seine beste Kraft auf Jahre hinaus zu widmen, wir hätten schwerlich sein glänzendstes Werk, seine Römische
Geschichte, so bald und so wie sie geworden ist, erhalten. Es war
in Leipzig, im Sommer 1850, wo er, teils eigenem Impulse, teils
einer äusseren Anregung folgend, die Römische Geschichte zu
schreiben begann. Noch unter den lebhaften Eindrücken der poli-
tischen Bewegungen der jüngsten Jahre, an denen er thätigen
Anteil genommen hatte, schuf er jenes Meisterwerk, das ihn mit
einem Schlage zu einem der bekanntesten und weit über Deutsch-
lands Grenzen hinaus bewunderten Geschichtsschreiber machte.

Das Erscheinen der *Inscriptiones Neapolitanae* (1852) liess
keinen Zweifel mehr darüber, wer der Mann sei, der die grosse
von der Berliner Akademie geplante Unternehmung verwirklichen
könne: die praktischen Consequenzen zog denn die Akademie auch
schon im folgenden Jahre, indem sie die Leitung des Inschrif-
tenwerkes in Mommsens und Henzens Hände legte. Als dritter im
Bunde trat bald darauf G. B. de Rossi hinzu, und i. J. 1854

konnte Mommsen, indem er seine Bearbeitung der Schweizer Inschriften den beiden römischen Freunden als « sociis operis futuris » widmete, auch der Oeffentlichkeit von dieser glücklichen Wendung Kunde geben. Wie er von dieser societas dachte, zeigt die Antrittsrede, die er bei seiner Aufnahme in die Berliner Akademie der Wissenschaften gehalten hat. « Eine Arbeit dieser Art » — heisst es da — « hat, wie die Verhältnisse einmal sind, ein doppeltes natürliches Domizil, in Rom und in Deutschland. Von Berlin aus und von Anfang an mit dem ausgesprochenen Zweck für lateinische Epigraphik vorzuarbeiten, wurde bereits vor dreissig Jahren die römische Anstalt begründet, ohne welche die lateinische Inschriftensammlung nie wäre begonnen worden, und die ein Angelpunkt unserer Thätigkeit von Haus gewesen und noch jetzt ist: ich meine das archäologische Institut ». Diese dauernde Verbindung Mommsens mit dem römischen Institute, dessen Leitung seit 1850 in Henzens Händen lag, hat denn auch länger als ein Menschenalter hindurch die schönsten Früchte getragen. Das Inschriftenwerk wäre nie so zu Stande gekommen, hätte nicht Mommsen in seinem römischen Freunde einen ebenso kundigen wie unermüdlichen Arbeitsgenossen gehabt, der, von seinen Landsleuten wie den Italiänern gleich geliebt und verehrt, durch seine Persönlichkeit nicht minder reiche Erfolge erzielte als durch seine spezielle wissenschaftliche Thätigkeit. Und andrerseits nahm Mommsen mit Rat und That den lebhaftesten Anteil an den Unternehmungen Henzens sowohl wie des Instituts überhaupt. Eine Reihe von Einzeluntersuchungen, die in den Annali und dem Bullettino der fünfziger und sechziger Jahre veröffentlicht sind, bilden Zierden unserer Institutsschriften; als man i. J. 1865 zu Gerhards Ehren den Band der Nuove Memorie herausgab, steuerte Mommsen den Aufsatz über die lateranische Inschrift des Caelius Saturninus bei, eine bahnbrechende Leistung auf dem schwierigen Gebiete der nachdiokletianischen Verwaltung. Aber auch über das epigraphische und römisch-antiquarische Gebiet hinaus bethätigte sich Mommsens Interesse für die Institutsaufgaben: so hat er, was wenig bekannt, schon i. J. 1860 betont, wie wünschenswert es sei, dass das Institut die Bearbeitung von Gesamtklassen einzelner Monumente, z. B. der Sarkophage, unter seine Aufgaben einbeziehe: die « Serienpublikationen », auf deren Förderung er damit nachdrücklich hinwies, begannen bald darauf mit Brunns etruskischen Urnen,

während bis zum Beginn des Sarkophagwerkes noch geraume Zeit
verging. — Das grossartige praktische Organisationstalent Mommsens aber kam dem Institute namentlich in der wichtigen Periode
1858-1862 zu Gute, wo der Uebergang aus der privaten Vereinigung in eine Staatsanstalt bewirkt wurde. Wie vieles damals Mommsen zu gunsten der Anstalt gewirkt, wie er beratend und vermittelnd
seinem römischen Freunde beigestanden hat, das lässt der Briefwechsel beider deutlich erkennen: und das ist so geblieben in den
mehr als zwanzig Jahren, die Mommsen der Institutsdirektion
als actives Mitglied angehört hat.

Von besonderer Bedeutung wurde in der Folge auch die Mit-
arbeit der jüngeren Institutsgenossen an dem Inschriftenwerk. Namentlich im Anfange der sechziger Jahre, wo die Arbeit in den
grossen römischen Museen von Henzen allein nicht bewältigt werden konnte, sind die meisten der *iuvenes Capitolini* mit herangezogen worden, und wenn auch die an sich oft einförmige Arbeit
nicht jeden reizen konnte, sich ganz der Epigraphik zu widmen,
so blieb es doch nicht ohne Frucht, einen Einblick zu gewinnen
in die Organisation der gewaltigen Arbeit. Und Mommsen verdankt
es nicht zum wenigsten dem Institut, wenn ihm für das *Corpus
Inscriptionum* der Stab von Mitarbeitern, der allmählich dafür
erforderlich wurde, herangebildet ward. Auch die Institutsreisen
in Italien und seit dem Anfange der sechziger Jahre nach Grie-
chenland und dem Osten brachten dem Inschriftenwerke reichen
Ertrag.

Wenn sich Mommsen daher bewusst sein konnte, dass der in
Italien zu besorgende Teil der grossen Arbeit in den besten Händen liege, und andererseits die Teile, deren Bearbeitung er selbst
sich zunächst vorbehalten hatte, der Orient und die Donauprovin-
zen waren, ergab es sich von selbst, dass er Italien und Rom für
einige Zeit fern blieb. Nur zwei Mal ist er in den sechziger Jahren
auf längere Zeit über die Alpen gezogen, 1862 und 1868, und nur
bei der ersten Reise hat er einen mehrmonatlichen Aufenthalt in
Rom genommen. Häufiger wurde sein Kommen, als in den siebziger
Jahren die besseren Reiseverbindungen die Entfernungen immer
mehr schwinden machten, und besonders als, nach Beendigung des
orientalischen und des oberitalienischen Inschriftenbandes, die Aufgabe an ihn herantrat, für das Corpus eine zweite Bearbeitung des
Meisterwerkes seiner Jugend, der *Inscriptiones Neapolitanae*, nach

denselben Principien, doch auf staltlich erweitertem Fundamente
auszuführen. Zu diesem Zwecke haben ihn grössere Reisen 1873,
1878, 1882 nach Italien geführt: bei den späteren standen oft bi-
bliothekarische Forschungen, namentlich für die von ihm in den
Monumenta Germaniae zu bearbeitenden Schriftsteller der Spätzeit,
im Vordergrunde. Und so oft er wiederkehrte, fand er in steigen-
dem Masse warme, begeisterte Aufnahme. Denn seine italiänischen
Freunde wussten, dass das Land, welches ein Menschenalter und
länger im Mittelpunkte seiner Arbeiten stand, für ihn mehr war
ein Objekt seiner Studien, dass eine starke und aufrichtige Sympa-
thie ihn einigte mit dem Lande und dem Volke. Als Mommsen
infolge der Ereignisse von 1848 seine Thätigkeit in Deutschland
jäh unterbrochen sah, schrieb er an Henzen: « ich freue mich mehr
als ich Ihnen sagen kann, dass ich in Rom eine zweite Heimat
habe, die mir wenn irgend etwas in der Welt die Entfernung aus
dem Vaterlande ersetzen kann ». Und so oft er wieder über die
Alpen zurückkehrte, äusserte sich, oft in herzlicher und ergreifender
Weise, diese Liebe zur *Italia diis sacra*.

So trauern denn an Mommsens Grabe zwei Nationen wie um
einen ihrer Grossen. Uns, seinen Landsleuten, ist diese Trauer des
befreundeten Landes, welches unserem Institute nun seit dreiviertel
Jahrhunderten eine gastliche Heimstätte bietet, ein Trost in den
gegenwärtigen Tagen des Leides nach schmerzlichem Verluste. Für
die Zukunft aber möge Mommsens Bild eine Mahnung sein, ein-
trächtig zu streben nach den gemeinsamen Zielen unserer Wissenschaft. Es hat dem grossen Todten in seinen letzten Jahren kaum
etwas so am Herzen gelegen, wie die internationale Organisation
der grossen wissenschaftlichen Unternehmungen, die über die Kräfte
einzelner, wenn auch bedeutender Körperschaften hinausgehen. Er
war sich bewusst, damit auch über die Grenzen der Spezialwissen-
schaften hinaus ein wichtiges Friedenswerk zu fördern, indem er
die Forscher von ganz Europa zu gemeinsamer Arbeit enger zu-
sammenschloss. Mögen auch wir das beherzigen und, unbeirrt durch
kleinliche Streitigkeiten des Tages, Hand in Hand arbeiten an dem
grossen Friedenswerke. Dann werden wir, Italiäner und Deutsche,
Angehörige des Instituts und die ihm ferner stehen, arbeiten und
wirken im Geiste Theodor Mommsens.

CH. HUELSEN.

DER PINIENZAPFEN ALS WASSERSPEIER.

Durch eine Anfrage Ch. Hülsens angeregt (¹), habe ich zusammengestellt, was sich zur Frage nach Ursprung und Bedeutung
des Motivs der vatikanischen Pigna vom Standpunkte des Kunsthi-

1. Paris. Gr. 64: Miniatur.

storikers aus sagen lässt. Es ergiebt sich, dass man auch da, wie in
so vielen Fällen, ein Verdienst fälschlich Rom zuschreibt. So hat
erst kürzlich Beissel (²) angenommen, die Pigna entwickle, in Rom

(¹) Vgl. oben S. 45.
(²) Bilder aus der Geschichte der altchristl. Kunst S. 256.

13*

selbst entstanden, die Formen der klassischen Kunst der Römer weiter und von de Rossi wurde gar mit Bezug auf die Nea des Basileios Makedon in Konstantinopel, die in ihrem Atrium ebenfalls zwei Brunnen mit Pinienzapfen hatte, behauptet, dass sie eine evidente Nachahmung der Peterskirche und ihres Atriums gewesen sei (¹). Es ist nicht immer das Beweismaterial vorhanden, um derartige Behauptungen zu widerlegen. Im gegebenen Falle jedoch reichen die Belege aus, zu zeigen, dass das gerade Gegentheil zu Recht besteht. Rom das Motiv vom Orient übernahm und in Konstantinopel die orientalische Ueberlieferung noch nach dem Bilderstreite so lebendig ist, wie sie es wohl in Rom überhaupt nie war, an eine Entlehnung von Rom her also nicht im Entferntesten gedacht werden kann.

Petersen hat im vatikanischen Katalog I, 001 f. die Ueberlieferung wahrscheinlich zu machen gesucht, dass die Pigna zuerst das Pantheon bekrönt habe und nachträglich erst zum Wasserspeier umgeändert worden sei. Thatsache ist, dass der Pinienzapfen sowohl in der einen, wie in der anderen Verwendung nachgewiesen werden kann. Ueber sein Vorkommen unter den Schmuckmotiven römischer Grabsteine und als Bekrönung von Denkmalen liegt bereits eine Arbeit vor (²). Wenn ich mich auch ihren Resultaten nicht durchaus anschliessen kann, so ist doch in ihr wenigstens das Material gewissenhaft vorgeführt (³), und ich kann mich daher um so eingehender der zweiten Gruppe zuwenden, in welcher der Pinienzapfen als Wasserspeier verwendet ist. Diese Denkmäler scheinen den Archäologen bisher entgangen zu sein. Der unleugbare Zusammenhang des Motivs mit dem Oriente wird vielleicht dazu führen, dass man auch die Frage nach Ursprung und Deutung des Pinienzapfens im Gräberkult einer Revision unterzieht.

Ein gutes Beispiel der Verwendung des Pinienzapfens als Wasserspeier bieten die etwa um 1100 entstandenen Mosaiken des Klosters Daphni bei Athen in der Darstellung der Verkündigung

---

(¹) *Inscr. christ.* I, ? p. 430 Anm.

(²) B. Schröder, Studien zu den Grabdenkmälern der römischen Kaiserzeit, Bonner Jahrbücher Heft 108,9 (1902) S. 46 f.

(³) Leider ohne Abbildungen. Vgl. dafür Hettner, die römischen Steindenkmäler des Provinzialmuseums in Trier S. 891 f.

an Anna (Abb. 2) (¹). Anna steht vor einem Brunnen, dessen
Becken die Form eines Vierpasses hat. Daraus fliesst das Wasser
nach vorn in eine Kufe ab. Oben ragt in der Mitte eine Röhre
hervor, die über einer Schale in einem Pinienzapfen endet, aus
dem vier Wasserstrahlen her-
vorschiessen. Das Motiv ist für
diese Verkündigungscene typisch. Wir finden es wieder in
den beiden Handschriften der
im elften Jhdt. in Konstantinopel entstandenen Homilien
des Jakobos Monachus. Im Pariser Exemplar (²) wie im vatikanischen (Abb. 3) (³) sieht
man denselben Springbrunnen
wie in Daphni, nur entströmt
dem Pinienzapfen das Wasser
auf allen Seiten in kleinen
Strahlen und in der vatikanischen Miniatur sieht man unter ihm zwei Arme mit Tier-
köpfen, die breite Wassermas-
sen nach der Seite speien. Da
sowohl diese Arme wie der Pinienzapfen selbst und die beiden Becken goldfarbig gemalt
sind, sollen sie wohl aus Metall gedacht werden.

2. Daphni (Athen): Mosaik.

Ausserordentlich häufig ist
der Pinienbrunnen verwendet als Krönung jener Arkaden, welche
die Canones d. h. die nebeneinander gereihten Parallelstellen am
Anfange der Evangeliare schmücken. Ich gebe hier als Beispiel vier
Krönungen aus dem Pariser Cod. gr. 64, den Bordier (⁴) noch dem

(¹) Meine Abbildung nach Millet, Daphni pl. XIX, 1.
(²) Bibl. nat. 1208 fol. 21 r; Abb. Byz. Zeitschr. IV S. 111. Vgl. auch
de Beylié, L'habitation byzantine p. 143.
(³) Cod. gr. 1162 fol. 16 r.
(⁴) Description des mss. grecs p. 103 f.

X. Jhdt. zuschreibt (Abb. 4-6) ([1]). Immer nimmt die Mitte der
Springbrunnen ein. Einmal werden ein Kamel und ein Elefant, ein
andermal Rinder und ein Pferd herangetrieben, dann folgen trin-
kende Reiher und Pfauen (Abb. 1), endlich Perlhühner und Enten,
die sich putzen. Immer wächst aus dem Wasserbecken die Mittel-
röhre hervor und trägt eine Schale von runder, quadratischer oder
Vierpass-Form. Darüber erscheint der Pinienzapfen, aus dem die
Strahlen nach allen Seiten spritzen. Reicher entwickelt erscheint

3. Vat. Gr. 1162: Miniatur.

derselbe Typus im Cod. Pal. 5 von Parma, wo der Brunnen mit
dem Pinienzapfen überbaut ist von einem *tempietto*, das von vier
Säulen getragen wird und mit einem bald spitz, bald rund mit dem
Kreuze schliessenden Dache endet. Auf fol. 3ᵣ sieht man daneben
Reiher und Greife, fol. 5ᵣ Perlhühner und Rehe ; dann erst beginnen die eigentlichen Canones, in deren Krönungen der offene
mit dem *tempietto*-Brunnen wechselt. Um diese Phialen ist fast
der ganze Tierkreis des Physiologus versammelt. Da kommt auch
der Löwe nicht nur zu Seiten des Brunnens, sondern fol. 8ᵣ auch
als Träger der Schale vor, auf deren Rande fol. 10ᵛ Vögel sitzen,

([1]) Meine Abbildungen nach Aufnahmen, die mir A. Haseloff freundlich
zur Verfügung stellte.

bezw. abfliegen, während fol. 9ʳ inmitten des Brunnens der goldene

4-0. Paris. Gr. 64 : Krönungen der Canones-Arkaden.

Phönix erscheint. Für uns am wichtigsten ist fol. 10, wo der was-

serspeiende Pinienzapfen über dem Kreuz aufsitzt (¹). Fol. 11ʳ ist
statt des Brunnens ein Kreuz gegeben. Ich werde diese Dinge unten
bei der Deutungsfrage zu verwerten haben. Es liessen sich noch
sehr viele Beispiele solcher Canoneskrönungen mit dem Brunnen
geben (²). Doch genüge hier der Hinweis auf die für unsere Frage
wertvollsten Handschriften.

Woher nehmen nun die Mosaicisten und Miniaturenmaler der
mittelbyzantinischen Zeit die Anregung für dieses ihr Lieblings-
motiv ? Die Antwort geben Beschreibungen einzelner Springbrunnen
in den Kirchen und Palästen Konstantinopels. Am bekanntesten
ist die Nachricht über die beiden Brunnen im Nordhofe der Nea,
jener von Basileios I Makedon 876-881 erbauten Marienkirche, die
für die Entwicklung des byzantinischen Kirchenbaues so grosse
Bedeutung gewonnen hat (³). «Gegen Westen und im Nordhofe der
Kirche standen zwei Brunnen, einer gegen Süden und einer gegen
Norden, welche alle Vortrefflichkeit der Kunst, Pracht des Materials und Freigebigkeit des Schöpfers dieser Werke an sich haben.
Der auf der Südseite ist von ägyptischem Stein, den wir römischen zu nennen pflegen, ausgeführt. Um ihn sieht man Schlangen
(δράκοντας), welche die Kunst der Steinmetzen aufs beste bildete.
In deren Mitte erhebt sich ein kreiselförmiger und durchbohrter
Kegel (καὶ εἰδὴς καὶ διάτρητος στρόβιλος = Pinienzapfen), umher
aber sind weisse Säulchen, die innerhalb leer einen Reigen darstellen (getrennt im Kreise stehend), aufgestellt, welche oben einen
herumlaufenden Kranz (ein Gesims) haben, [und] von denen allen
das Wasser in Strömen auf den Boden der Schale von oben her-
abfliesst und das darunter Liegende berieselt ». Ich denke, man
wird sich von diesem Springbrunnen leicht eine Vorstellung machen können, wenn man nochmals die Miniatur im vatikanischen

(¹) Meine Notizen darüber sind leider nicht ganz klar.

(²) Marc. 1, 8, Evangeliar der Thamar in Gelati, die Evangeliare
in Vatopädi, Panteleimon und Pantokrator, Vat. gr. 358, 364, 734 u. s. f. Ich
habe leider keine Notizen über das Vorkommen des Pinienzapfens in diesen
Handschriften.

(³) Theophanes contin. V 85 p. 327 D. Meine Uebersetzung nach Unger
bei Richter, Quellen der byz. Kunstgeschichte 354 f. (wo der Wortlaut mehrfach entstellt ist). Vgl. über die Kirche mein 'Kleinasien ein Neuland' S. 138
und 193.

Jacobus Monachus Abb. 3 ansieht: oben der Pinienzapfen, dann die Schlangen, dann die kleinere Schale, die in der Nea mit Säulchen geschmückt war und unten das grosse Becken.

«Der [Brunnen] auf der Nordseite wurde von sog. sagarischem Stein, welcher dem von einigen Ostrites genannten Stein ähnlich ist, verfertigt, hatte aber den durchbohrten Kegel ($\pi o\lambda i\tau\varrho\iota o\nu$ $\sigma\tau\varrho\acute{o}\beta\iota\lambda o\nu$ = Pinienzapfen), der ebenfalls aus der Mitte des Beckens anstieg, von weissem Stein. Ueber dem das Becken umfassenden Kranz (Gosime) aber waren vom Künstler Hähne, Böcke und Widder aus Erz gebildet, die aus gewissen Röhren Ströme von Wasser ergossen und gleichsam auf dem Boden unter dem Becken ausspieen». Die Anbringung von Tieren am Rande der Schole ist durch das oben angeführte Evangeliar von Parma bezeugt und auch sonst nachweisbar, so bei den verschiedenen Brunnen der Sophienkirche, wo einmal Löwen, wie in der Alhambra, ein andermal ebenfalls Löwen, dann Panther und Rehe ($\delta o\varrho\kappa\acute{a}\delta\epsilon\varsigma$), immer in der Zwölfzahl erwähnt werden (¹).

Der Pinienzapfen als Wasserspeier war auch schon typisch für die von Theophilos (820-42) in seinem Palaste errichteten Brunnen. Im Hofe des Sigma stand ein eherner Brunnen mit Silberrand. Er hiess der mystische Brunnen des Trikonchos und trug einen vergoldeten Pinienzapfen ($\delta\iota\acute{a}\chi\varrho\upsilon\sigma o\nu$ $\sigma\tau\varrho\acute{o}\beta\iota\lambda o\nu$) ebenso wie ein anderer Brunnen im Osten desselben Sigmas, wo zwei Löwen Wasser spien. Sein Becken war stets mit Früchten der Jahreszeit gefüllt, während aus dem Pinienzapfen ($\dot{\epsilon}\varkappa$ $\sigma\tau\varrho o\beta\iota\lambda\acute{\iota}o\nu$) Gewürzwein floss (²). — Dass aber die Sitte, den Pinienzapfen als Wasserspeier zu verwenden, nicht etwa erst in dieser späten Zeit aufkam, sondern zum alten Bestande der byzantinischen Kunst gehört, beweist das Theodoramosaik in S. Vitale zu Ravenna, eine Scene, worin die Kaiserin eben an dem Weihbrunnen vorüber beim Kirchenportal anlangt. Die Phiale (Abb. 7) ruht auf einer kurzen, cannelierten Säule mit einer Art korinthischem Kapitell, und zeigt die Form eines grossen Pokals mit Rillen auf dem Bauche. In der Mitte steigt eine Röhre auf, aus der die Zeichner das Wasser freilich gewöhn-

---

(¹) Anon. Band. IV p. 77. Vgl. auch den Pinienbrunnen mit aufspringenden Greifen an der Bronzethür des Domes zu Salerno abgeb. z. B. de Brylle l. c. p. 132.

(²) Theoph. cont. III, 43 p. 141 f. B.

lich unvermittelt in zwei Strahlen aufsteigen lassen (¹). Sieht man
aber genauer zu, so erkennt man, sogar in den Photographien, noch
den Ort des Pinienzapfens der einst über dem Mund der Röhre
aufsass und Strahlen entsendete (²). Ein Prachtbeispiel dieser frühen
Zeit besitzen die Kgl. Mu-
seen in Berlin in einer 1.43 m.
hohen, 1841 mit der Samm-
lung Pajaro in Venedig er-
worbenen Relief-Platte, die
schwerlich, wie der Katalog
annehmen möchte (³), eine
Arbeit des VIII. oder IX.
Jhdts. ist, sondern der Blü-
thezeit der späthellenistisch-
frühbyzantinischen Plastik angehört (Abb. 8). Wir sehen
das einst oben halbrunde, heute beschnittene Feld gefüllt
durch zwei Darstellungen übereinander. Unten steht über
einem Zahnschnittsockel ein
hirsch- oder rehartiges Tier
(wol die δορκάς des Anonymus
Danduri) hinter einem Springbrunnen, der demjenigen im
Theodoramosaik sehr ähnlich
ist. Ueber einem Säulenunter-
satz erhebt sich die Schale

7. Ravenna, S. Vitale: Theodora-Mosaik. und aus ihr steigt die Röhre
mit dem Pinienzapfen hervor,
der in zwei symmetrisch angeordnete Strahlen Wasser speit.

Man gestatte dass ich einen Augenblick bei diesem vorzüg-
lichen, wol als Spolie aus dem Oriente nach Venedig gelangten

(¹) Oefter auch mit Hinweglassung sogar der Röhre. Vgl. Lenoir, Archit.
monast. I p. 100. Holtzinger, Die altchristl. Architektur in system. Darstellung S. 17 und de Beylié, L'habitation byz. p. 132. Auch im Original existirt
der Pinienzapfen heute nicht mehr; aber er ist wohl nur wegrestaurirt.

(²) Vgl. dazu oben Abb. 2.

(³) Bode-Tschudi Beschreibung der Bildwerke S. 4. Nr. 7.

Relief verweile. Der Hirsch ist sehr geschickt in Seitenansicht gegeben und wendet den Kopf zurück nach der Schale, zweifellos mit Bezug auf Pa. 42, 2. Man vergleiche damit die ähnliche Darstellung auf der Rückseite des bedeutendsten ravennatischen Sarkophages (Pignattorum) demjenigen mit Verkündigung und Heimsuchung beim Dantegrabe (¹) und wird erkennen, dass der Tierkörper in der Berliner Tafel ungemein viel lebendiger und freier durchmodelliert ist. Wenn nun schon der Sarkophag zu den ältesten Werken der Skulptur in Ravenna, dem Anfang des V. Jhdt. (Kraus Geschichte I S. 188) von anderen gar dem III. Jhdt. zugezählt wird (Riegl, spätrömische Kunstindustrie S. 102), so muss die Berliner Platte mindestens eben so alt sein. Der obere Teil wird seitlich durch zwei Akanthusblätter eingeleitet, deren Schnitt zusammen mit der wie vom Winde umgelegten Krone ein charakteristisches Merkmal der kleinasiatisch-frühbyzantinischen Kunst ist (²). Darüber erscheint nochmals ein

8. Berlin, Kgl. Museen, Relief aus Venedig.

(¹) Photographie von Ricci 341.

(²) Orient oder Rom S. 56. Die vom Winde umgelegten Blätter sehen an der Basilika von Aladscha Kisle (Kleinasien, ein Neuland S. 471) und an Kalat Si'man (Vogüé pl. 146).

14

mit zwei gegenständigen Pfauen. Das Ganze schliesst mit einem Dreieck, bei dem zu fragen sein wird, ob ihm lediglich dekorative Bedeutung zukommt.

Mit diesem Stück sind wir bis in die Zeit zwischen Konstantin und Justinian gelangt und wenden uns nun der Frage zu, woher kommt denn überhaupt der Pinienzapfen als Wasserspeier in die christliche Kunst?

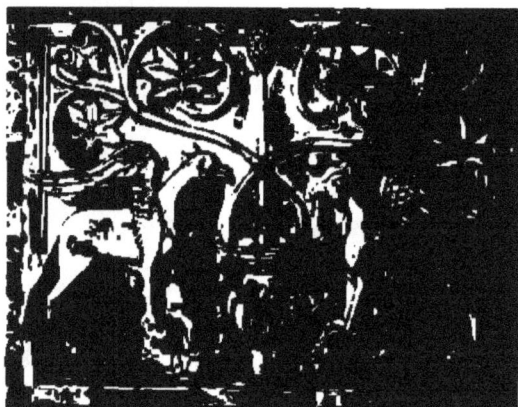

9. Venedig, S. Marco: Relief.

Ich möchte dabei ausgehen von einer Platte an der Aussenwand des Tesoro von S. Marco (Abb. 9) darstellend eine Vase, aus der zu Seiten eines langgestielten Pinienzapfens Weinranken emporwachsen und den Raum über zwei Greifen füllen, die in Wappenstellung zu Seiten der Vase erscheinen. Die Platte hat manches Fremdartige, so besonders die fast gotisch stilisierten Blätter, auf denen die Greifen stehen. Falls daher das Relief auch in Venedig ergänzt oder zurecht gearbeitet sein mag ([1]), so geht es doch auf einen alten Typus zurück, wie der Vergleich mit einer ähnlichen Platte an dem Kirk Tscheschme genannten Brunnen in

([1]) Venturi, *Storia* II p. 573 (fig. 401) schreibt sie dem Trecento zu.

Konstantinopel beweist (Abb. 10) (¹). Das Relief ist noch roher
gearbeitet und zeigt zwei Pfauen zu Seiten des Pinienzapfens und
unter den Zweigen. Letztere haben im Blattwerk schematische
Palmettenform, sind aber im Schnitt durchaus verwandt den Eckpal-
metten, die man in der venetianischen Platte oben sieht. Dieses
Relief von S. Marco nun scheint mir ursprünglich als Beute aus
derselben Gegend herübergebracht, aus der auch die benachbart

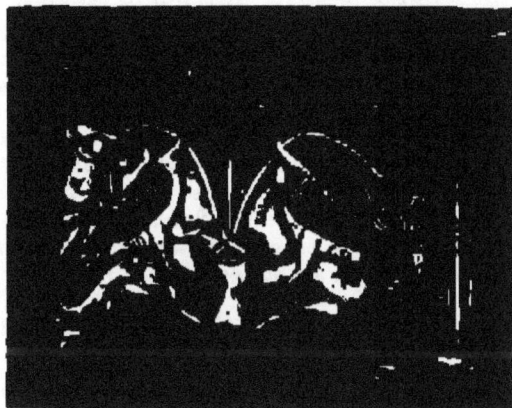

10. Konstantinopel: Relief der Kirk Tscheschme.

aufgestellten Pfeiler von Acre (²) und die beiden Porphyrgruppen (³)
stammen: aus Syrien. Möglich auch, dass sie in Byzanz nach einem
syrischen Muster gearbeitet ist. Ihre Motive berühren sich jedenfalls derart mit Meisterwerken aus antiochenischen Ateliers —
denen sie freilich in der Ausführung sehr nachstehen, — dass daran
nicht gut gezweifelt werden kann. Hauptbeispiel sind die Maxi-
mianskathedra und eben die Pfeiler von Acre. Motive wie die
Vase mit daraus emporrankenden Weinzweigen sind syrischen Ur-

(¹) Damit sind auch zu vergleichen einige Reliefs an der alten Metro-
polis zu Athen. Gute Abbildungen bei Illvoira, *Le origini dell'architettura
lombarda* I p. 203 f.
(²) Vgl. *Oriens christianus* II S. 423 f.
(³) Beiträge zur alten Geschichte II S. 105 f.

sprunges (¹). Dafür liegt, wie für so nozählige Fragen der Ueber-
gangszeit von der hellenistischen zur muhammedanischen Kunst
des Orients, jetzt als unumstösslicher Beweis die grosse Monumen-
talfassade von Meschetta vor, deren würdige Publication durch
Brünnow unmittelbar bevorsteht. Ich werde im zweiten Bande von
Brünnows Reisewerk und im Jahrbuch der Kgl. preussischen Kunst-
sammlungen 1904 näher auf diesen Markstein in der Entwicklung
der bildenden Kunst einzugehen haben. Hier sei nur gesagt, dass
auch an der Meschetta-Fassade neben vielen anderen Motiven jenes
der Greifen zu Seiten der Vase, aus der die Weinranke entspringt,
typisch vorkommt. Darüber liegt dort eine grosse Schmuckrosette.
In den Zwickel zwischen dieser und die Rankenstiele hat der Bildhauer statt des langgestielten Pinienzapfens eine Weintraube d. h.
ein Motiv gelegt, das diesem in der Form sehr nahe kommt. Weintraube, Pinienzapfen und Granatapfel aber sind jene symbolischen
Motive, die vom alten Orient her über Syrien in die hellenistische,
christliche, byzantinische und abendländische Kunst eingedrungen
sind. Ich trete dafür hier mit Rücksicht auf den Pinienzapfen den
Beweis an. (²).

Dass die Pinie nicht in Italien und ebensowenig in Griechen-

(¹) Sehr merkwürdig ist eine Tafel im Museum der böotischen Theben:
neben einer Scene des orientalischen Thierkampfes, einem Adler, der eine
Eule überfällt, erscheint ein kleiner Pinienbrunnen.

(²) Aus Syrien selbst sind mir bis jetzt Belege für die Verwendung des
Pinienzapfens reichlicher nicht bekannt geworden. Ich verweise jedoch auf die
Fenstertafel des Hauran, die Vogüé pl. 13 veröffentlicht hat. Hier seien noch
einige Belege für die Verwendung des Pinienzapfens erwähnt, die ich oben
nicht vorbringen konnte. So die zahlreichen Nadeln aus Bein, die ich in Ale-
xandria für das Kaiser-Friedrich-Museum (Inv. 608-610) erwarb und ähnliche Nadeln mit Pinienzapfenkrönung im Mainzer Museum. — Mit den vom
Orient ausgehenden Anregungen für die Entstehung der byzantinischen Ka-
pitellformen kam auch der Pinienzapfen als beliebte Ecklösung in einen bestimmten Typus kleiner Kämpferkapitelle: Hauptbeispiele an den Kiblasäulen
der Ibn Tulun zu Kairo und der Moschee in Kairuan. Andere in Topschilar,
der Studioskirche zu Konstantinopel u. s. w. Vom Orient aus drang der Pinienzapfen auch in das Ornament von Hellas im Mittelalter, wie zwei Archi-
trave im Keutrikon-Museum zu Athen beweisen. Einen habe ich δελτίον τῆς
ἱστορ. καὶ ἐθνολ. ἑταιρείας 1890 Ibr. A. abgebildet, der andere mit mehreren
Engeln ist noch unpubliziert. — Im Orient selbst hat sich der Pinienzapfen
in der Teppichornamentik erhalten. Vgl. Karabacek, Sasandschird S. 135. f.

land heimisch ist, hat schon V. Hehn erkannt. Mich wundert, dass
er nicht zugleich auf das Ursprungsland verwiesen hat. Die Pinie
gehört zusammen mit der Palme und der Weinrebe zum typischen
Bestande der assyrischen Landschaft (¹). Der Pinienzapfen spielt
in der assyrischen Ornamentik eine wesentliche Rolle (²). Dass er
auch symbolische Bedeutung hatte, belegt einmal seine Verbindung
mit dem Lebensbaum (³), dann dass er in der Hand der Genien
und Könige vorkommt (⁴). Den Versuch einer Deutung hat Bonavia (⁵)
gemacht. Er geht davon aus, dass die geflügelten Genien öfter neben
dem Pinienconus auch einen Eimer halten (⁶). « *Thinking over the
matter, it struck me that the metal bucket was intended to mean
a vessel containing holy water, and the cone a fir or cedar cone
used as an «aspergillum»; so that the sprinkling of holy water
round their date trees, round the person of their King, at the
entrance of temples, palaces, etc., may have been meant as protection from the evil eye, evil spirits, and other demons of that
sort; and as it was a spiritual protection, the figure was always
shown winged»*.

Ich erinnere hier im Vorübergehen daran, dass der geflügelte
Michael als Thorwächter (⁷) und der Weihbrunnen unserer Kirchen
zusammen noch markwürdig an diese Deutung anklingen.

Im Uebrigen kommen wir der Deutung des Pinienzapfens als
Wasserspeier näher, wenn wir beobachten, was davon durch Vermittelung der Perser in die späthellenistische Kunst durchgeträu-
felt ist. Der Pinienzapfen ist ein bezeichnendes Symbol des Mi-
thrascultes (⁸). Ich kann jedoch Cumont nicht beistimmen, wenn

---

(¹) Kulturpflanzen und Haustiere 4. Aufl. S. 244.

(²) Vgl. Layard, *The Monuments of Nineveh*; Perrot et Chipiez, Hist. II
201, 316, 321, pl. XIII und sonst.

(³) Rawlinson, *Ancient Monarchies* II p. 7, Perrot et Chipiez, *Hist.* II
p. 7, 566, 777 f., und sonst häufig, bes. bei Layard. Jüngere Beispiele z. B.
am Dom von Murano vgl. Rahlgens, S. Donato zu Murano S. 65. Seessel-
berg, Die frühmittelalterliche Kunst der germ. Völker S. 9 f. und sonst.

(⁴) Perrot et Chipiez II p. 318.

(⁵) *The sacred trees of Assyria*, *Transactions of the ninth int. congress of orientalists* II (1893) p. 249 f., bes. p. 257.

(⁶) Vgl. Bezold. Ninive und Babylon Abb. 70.

(⁷) Vgl. meinen Beitrag zu Ilg. kunstgeschichtliche Charakterbilder aus
Oesterreich-Ungarn S. 89.

(⁸) Vgl. Cumont, *Textes et monuments figurés* S. 216 Anm. 6.

er sagt (¹) erst die Magier Kleinasiens schienen den mystischen
Baum durch die Pinie ersetzt zu haben, die in den phrygischen
Culten dem Man und Attis geweiht war. Der Pinienzapfen muss,
wie gezeigt, als altassyrisch-persisches Symbol gelten. Für uns
ist von Bedeutung, dass er in den späten Kulten des Mithras und
Attis das Symbol der Fruchtbarkeit ist (²).

Damit ist auch eine Handhabe zur Deutung des Pinienzapfens
in christlicher Zeit gegeben. Jetzt verstehen wir, warum noch der
Brunnen im Sigma des Theophilos (oben S. 191) die μυστικὴ φιαλή
hiess: es ist die Tradition des alten Orients, die hier durchschlägt.
Die Lösung des Geheimnisses gab der Brunnen im Osten desselben
Sigmas, wo das Becken Pistazien, Mandeln und Piniennüsse darbot,
während das alte Symbol der Fruchtbarkeit, der Pinienzapfen selbst
Gewürzwein spendete (³). Im christlichen Sinne umgedeutet führt
uns am deutlichsten das Berliner Relief den Pinienzapfen vor: er
ist Christus und seine Lehre: « Wie der Hirsch schreiet nach
frischem Wasser, so schreiet meine Seele Gott zu Dir ». Als Symbol
der Befruchtung durch den göttlichen Geist, zum Leben in Gott,
erscheint der mystische Brunnen auch noch in den auf helleni-
stisch-orientalische Typen zurückgehenden Miniaturen der mit-
tel-byzantinischen Oktateuche. So sieht man in dem Oktateuch
von Smyrna fol. 106 und dementsprechend wol auch in den vatikanischen Exemplaren (⁴) Βεσελεὴλ κατασκευασμὸν τὴν τῶν
Ὀργιαμάτων σύνθεσιν mit Bezug auf Exod. 31, 2 f.: « Siehe, ich
habe mit Namen berufen Bezaleel... und habe ihn erfüllet mit
dem Geist Gottes, mit Weisheit und Verstand und Erkenntnis
und mit allerlei Werk »... Man sieht in der entsprechenden Miniatur den mystischen Brunnen aufgerichtet: auf vier Stufen ein
Schaft mit einer Schale, aus der aus höher Röhre der Pinienzapfen

---

(¹) A. a. O. II S. 196.

(²) Ebenda II S. 83 und 196. Pauly-Wissowa II S. 2247 f.

(³) Ich erinnere daran, dass der Pinienzapfen auch schon den Thyrsos
schmückt. Merkwürdig ist, dass er in der Hand des Aeskulap auf dem Bein-
kästchen aus Sitten, jetzt im Zürcher Museum erscheint. Vgl. darüber Anzeiger
für schweizerische Geschichte und Alterthumskunde 1857 S. 33 f. Wieseler,
Denkmäler d. alten Kunst II, 61. — Ueber eine Votivhand in Bronze mit einem Pinienzapfen (?) vgl. Arch. epigr. Mitt. II (1878) S. 57 f., Taf. III, 3/4.

(⁴) Ich habe das nicht nachgeprüft.

hervorwächst, nach allen Seiten Strahlen entsendend, an denen sich
zwei seitlich stehende Männer die Hände waschen. Darunter erscheinen Männer, die sich bereits » allerlei Werk » zugewendet haben;
der eine stampft, der andere kocht.

Der mystische Brunnen ist auch in unsere abendländische
Kunst übergegangen. Wir nennen ihn da den Lebensbrunnen. So
unerwartet es auch sein mag: gerade diese abendländischen Darstellungen geben den zwingenden Beweis dafür, dass das Motiv syrischen Ursprunges ist. Die Erklärung ist für den, der mein » Kleinasien, ein Neuland der Kunstgeschichte » gelesen hat, sehr einfach: die Wurzeln unserer romanischen Kunst liegen eben nicht
in Rom oder Byzanz, sondern im eigentlichen Orient. Nur so ist
die grosse Manigfaltigkeit der » romanischen » Formen gleich bei
ihrem ersten Auftreten und ihre Uebereinstimmung mit syrischen,
aegyptischen und centralkleinasiatischen Denkmälern zu verstehen.
Nur so auch die Thatsache, dass wir den syrischen Bilder-Cyclus
des Etschmiadsin-Evangeliars in der bedeutendsten karolingischen
Miniaturenhandschrift, dem Pariser Godescalc-Evangeliar wiederfinden: die vier Evangelisten, den thronenden Christus und den
Lebensbrunnen (¹). Letzteren zeigt Abb. 11. Wir sehen einen Rundtempel, vom Kreuz gekrönt und durch Gitter geschlossen. Im Inneren hängt eine Ampel; es fehlt nur die Hauptsache: der Brunnen. Dass er in dem führenden Typus zu ergänzen ist, beweisen
die beiden Darstellungen des Lebensbrunnens im Soissons-Evangeliar (²). Dort steht inmitten des Tempels eine sechsseitige Fontäne. Wie bei Godescalc dieses wesentliche Requisit fehlt, so liess
der Maler des Soissons-Evangeliars — leichter verzeihlich — den
Pinienzapfen am Mundstück des Springbrunnens weg. Man kann
fragen, ob das, wie bei dem Restaurator des Springbrunnens im
Theodora-Mosaik von S. Vitale, auf eine aus Unkenntnis entsprin-
gende Nachlässigkeit zurückzuführen ist oder ob auch schon die
syrische Vorlage den Pinienzapfen nicht mehr hatte. Es ist ein
wahres Wunder, dass wenigstens noch ein syrisch-armenisches Original dieser Gruppe, eben das Etschmiadsin Evangeliar erhalten

(¹) Vgl. darüber meine Byz. Denkmäler I S. 58 f.
(²) Abbildungen sehr häufig, so bei Bastard, Labarte, Leitschuh, Geschichte der Karolingischen Malerei S. 256. Kraus Gesch. II S. 70.

blieb (¹). Darin erscheint das *tempietto* (Abb. 12) auch schon,
wie bei Godescalc, ohne den Brunnen. Umsomehr kann also in der

11. Paris, Louvre: Miniatur des Godescalc-Evangeliars.

Vorlage des Soissons-Evangeliars der Pinienzapfen gefehlt haben.
Dass er ohne weiteres zu ergänzen ist, ergeben die S. 185. 189 ab-

(¹) Im J. 1895 fand ich noch ein zweites Exemplar dieses Typus in einem
armenischen Evangeliar des Patriarchats von S. Jakob in Jerusalem. Es
ist angeblich im J. 51 d. i. 602 geschrieben, was sicher nicht richtig ist. Das
tempietto ist keine directe Copie desjenigen von Etschmiadzin, denn es hat
z. B. die Säulen doppelt wie die karolingischen Miniaturen.

gebildeten Parallelen aus dem Pariser Evangeliar 64, wo ja der
Lebensbrunnen wie im Soissons-Evangeliar, aber ohne das *tempietto*
gegeben ist. In derselben Art, als Krönung einer Leiste erscheint
auch die zweite Darstellung des Lebensbrunnens im Soissons-Evangeliar fol. 11ʳ. Vor allem aber gehören hierher die Analogien in

12. Etschmiadsin, Evangeliar: Miniatur.

dem Evangeliar von Parma, die ja den abendländischen Lebensbrunnen zum Teil völlig genau wiedergeben.

Warum müssen nun die karolingischen Miniaturen Copien
syrischer Originale sein? Weil gerade das, was bei einem Vergleich
der beiden *tempietti* in Etschmiadsin und bei Godescalc von
letzterem dazu gethan erscheint, die Tiere mit ihren Zweigen, den
Stempel des Syrischen so zweifellos an der Stirne tragen, dass da-

rüber kein Wort zu verlieren ist ([1]). Und hellenistisch-orienta-
lisch sind vor allem auch die Tiere im Soissons-Evangeliar mit
ihren Glocken um den Hals ([2]). Dass sie nicht trinken, bei Godescalc vielmehr aus seiner Vorlage, syrischen Canonesarkaden zusammengestellt sind, und im Soissons-Evangeliar voller Respect
dastehen, erklärt sich daraus, dass man den mystischen Brunnen
nicht mehr verstand, ihn wie die Beischrift Godescalc's « SIC
MAT CAPL III » beweist, für ein Baptisterium hielt.

Der Pinienzapfen galt von Alters her als Symbol der Fruchtbarkeit, im christlichen Sinne der Erleuchtung, des Lebens in Gott.
Kann er diese Bedeutung auch in den Atrien der Kirchen gehabt
haben? Ausser den Belegen seines Vorkommens in der Nea zu Konstantinopel und in der Peterskirche([3]) kenne ich noch ein orien-
talisches Beispiel, das vielleicht für seine Anbringung in einem
Atrium spricht. Im Sulu-Monastir zu Konstantinopel fand ich 1889
einen etwa 1 m. hohen Pinienzapfen aus Granit. Spricht schon
Material und Grösse für monumentale Verwendung, so entscheidet
in meinem Sinne vor allem, dass er durchlöchert war ([4]). Es ist
also nicht unmöglich, dass dieses Symbol öfter, als sich heute
nachweisen lässt, in den Atrien der hellenistisch-christlichen Ba-
siliken verwandt wurde. Eusebius nennt diese Brunnen, « ἱερὸν
καθαρσίων σύμβολον » ([5]). Die Darstellung in den Oktateuchen
(oben S. 198) würde dafür sprechen, dass diejenigen, die sich mit
dem mystischen, aus dem Pinienzapfen niederfallenden Wasser die
Hände wuschen, auch als zugänglich für die Erleuchtung galten.
Und nur in diesem Sinne, als Symbol des Lebens in Christus, ist
wohl auch der mystische bezw. Lebensbrunnen am Anfange der
Evangeliare zu verstehen. Er steht dort in einer Reihe mit Chri-

([1]) Vgl. Byzant. Denkmäler I S. 60 f. und Zeitschrift des Deutschen Pa-
lästina Vereines XXIV S. 149 f.

([2]) Vgl. darüber meinen Theil des *Catalogue gén. du Musée du Caire*
Nr. 7320. Ferner eine Hdschr. in der Metamorphosis-Kirche des Pantokra-
torklosters auf dem Athos. In den Canones erscheint da u. a. auch die Giraffe
mit der Glocke um den Hals. Das Motiv ist allgemein hellenistisch geworden, wie seine Anwendung im vatikanischen Vergil 3225 (Aginccourt pl. XXV,
P. Ehrle *pict.* 44) bezeugt.

([3]) Und in S. Apollinare nuovo in Ravenna unten.

([4]) Ueber die Geschichte des Ortes vgl. Orient oder Rom S. 42 f.

([5]) Hist. eccl. X, 4,40. Holtzinger, Die altchristliche Architektur S. 14.

stus selbst und den Evangelisten. Möglich dass diese Darstellungen
sich anlehnten an die Form der Brunnen in den Kirchenatrien
und man die Tiere in der symbolischen Art des Orients direct
statt der Menschen setzte, die man täglich an diese Brunnen heran-
treten und sich reinigen sah. Das Waschen der Hände mit dem
aus dem Pinienzapfen spritzenden Wasser bedeutet im Oktateuch
von Smyrna Erleuchtung. Auf fol. 10ʳ des Evangeliars von Parma
sitzt der Pinienzapfen als Wasserspeier auf dem Kreuz auf. Damit
wäre seine Deutung im gleichen Sinne unzweideutig gegeben. Wenn
fol. 11ᵛ derselben Handschrift das Kreuz statt des Brunnens überhaupt gesetzt erscheint, so ist die Identität beider ausser allem
Zweifel. Die Umprägung des alten Symbols der Fruchtbarkeit in
diesem christlichen Sinne dürfte in Syrien erfolgt sein.

Dafür dass man auch im Abendlande Pinienzapfen als Wasserspeier in den Atrien der Kirchen aufstellte, liegt ein Beweis
nicht nur in der vatikanischen Pigna vor. Wenn Hülsen Recht
hat, wäre diese erst vor der Mitte des XII. Jhdts. in den Vorhof
von Alt-S. Peter gekommen. Zwar könnte man voraussetzen, dass
dies eben desshalb geschah, weil man gewohnt war, einen Pinienzapfen an dieser Stelle zu sehen und der ältere vielleicht zu
Grunde gegangen war. Ein Beweis würde aber doch erwünscht
sein. Wenn auch Hülsen nachwies, dass ein solcher für S. Peter
nicht erbracht werden kann und sich für Italien, scheint es, sonst
keine Parallelen finden[1], so ist der Beleg doch am andern Pole
der abendländischen Christenheit, in der Palastkapelle der Residenz
des römischen Kaisers, in Aachen erhalten. Dort steht in der
Vorhalle des Münsters, gegenüber einer Bärin[2] antiken Ursprunges,
ein Pinienzapfen aus Bronze wie der vatikanische, nur kleiner[3].
Merkwürdig ist, dass sich auch in Aachen fast genau die gleichen
Legenden bilden, die in Rom vorliegen. Wie die Pigna vom Dache
des Pantheons, so soll die Aachener Bronze nach Beber von der
Kuppel des Münsters stammen[4]. Dass das unrichtig ist, kann
wenigstens für das Aachner Exemplar unzweifelhaft nachgewiesen

---

[1] Ausser etwa in S. Apollinare nuovo.

[2] Keine Wölfin, wie die Localtradition deutet. Vgl. darüber meine
Schrift Der Dom zu Aachen, Einleitung S. 2 f.

[3] Die Basis war quadratisch, 0,615 m. Seitenlänge, Höhe 0,90.

[4] Abb. d. hist. Cl. der bayer. Akad. d. Wiss. XXII (1895) S. 205.

werden. Hier ist der Pinienzapfen in einem Stück gegossen mit einem niedrigen Untersatz, auf dem man heute noch zwei Verse

13. Aachen, Dom: Pinienzapfen in Bronze.

sieht, während zwei andere verloren sind, einer jedoch in einer älteren Copie vorliegt (¹).

> ✝ *Dant orbi latices quaeque incrementa gerentes* ✝
> [*Phison auriferis, Gehon sed mitior undis*]
> ✝ *Fertilis Eufrates velox ut missile Tygris* ✝
> ✝ *Auctori grates canit Oudalrich pius abbas* ✝

Schon diese Verse lassen keinen Zweifel an der ursprünglichen Bestimmung des Zapfens; ebensowenig gestatten eine Deutung des-

(¹) Jahrbücher des Vereins von Altertumsfreunden im Rheinlande XXVII (1859) 101 f. Vgl. auch Fr. Bock, Karls d. Gr. Pfalzkapelle und ihre Kunstschätze I (1856) S. 77 f.

selben als Krönung des Mausoleums Karls des Gr. die vier Flussgötter die über den Ecken des Basisquadrates reitend dargestellt
waren auf Krügen, aus denen grössere Wasserstrahlen flossen. Die
Inschrift bezieht sich in erster Linie auf diese leider fast zerstörten Personificationen; von einer sieht man noch den Unter-
körper, von anderen die auf den Krügen liegenden Hände. Wer
der Abt Udalrich war, der in dem letzten Verse genannt ist, weiss
man nicht; doch wird der Guss wol mit Recht dem XI. Jhdt. zugewiesen (¹).

Für uns ist zweierlei von Wert. Erstens dass auch in Aachen
ein Pinienzapfen als Wasserspeier Verwendung fand (²). Die neueren
Ausgrabungen haben die Localtradition, dass ein Atrium und ein
Kantharus da war und der Zapfen von diesem Kantharus stamme,
bestätigt (³). Zweitens dass er dort flankiert war von den vier Pa-
radiesesflüssen, wodurch für ihn selbst die Deutung auf den Baum
des Lebens nahegelegt wird. In der alexandrinischen Chronik
des V. Jhdt., deren lateinische Uebersetzung uns im Barbarus
des Scaliger vorliegt (⁴), war fol. 14 eine Miniatur zu sehen, deren
Beischrift « arbor vitae fluens aquas » sich als späthellenistischer
Beleg für eine ähnliche Darstellung verwerten liesse. Die Deutung,
die sich in Aachen für die Pinie bezw. den Zapfen ergiebt, ist
eine ähnliche, wie ich sie oben aus dem Mithrascult erschloss.
Wir werden in mancher der eingangs vorgeführten Darstellungen
die vier dem Pinienzapfen entströmenden Strahlen vielleicht auf
die Paradiesesflüsse deuten dürfen (⁵).

(¹) Näheres in meiner Schrift Der Dom zu Aachen S. 18.

(²) Auf ein zweites Beispiel im Norden macht uns Chr. Blinkenberg
aufmerksam. Es ist in Avenches (Aventicum) gefunden und in das Mitt. der
antiq. Ges. in Zürich XVI Abt. I Heft IV Taf. 18 S. 47 abgebildet (mir nicht
zugänglich). Dunant, *Guide illustrée du musée d'Avenches* (Genève 1900) p. 76
n. 1269 a-c erwähnt ein zweites Exemplar. — Die Angaben erinnern mich
entfernt an jene Gruppe von Bronzen die ich Jahreshefte des oesterr. arch. Instituts IV (1901) S. 200 f. behandelt habe. Vgl. dazu Der Dom zu Aachen S. 56.

(³) Vgl. Quix, Illst. Beschreibung der Münsterkirche S. 24 und über
einen neuerdings gefundenen Kanal, der das Atrium kreuzt, Rhoen, Zeitschrift
des Aachener Geschichts-Vereines VIII (1886) S. 61.

(⁴) *Eusebii chronicorum libri duo* ed. A. Schoene p. 190.

(⁵) Darauf hat mich schon Herr Prof. Petersen bei Durchsicht meines
Aufsatzes freundlich aufmerksam gemacht. Erst nachträglich fand ich die
Bestätigung in Aachen.

Ich habe nun im Ganzen drei freiplastische Pinienzapfen nachweisen können: zwei in Bronze in Rom und Aachen, einen in Stein
im Soln Monastir in Konstantinopel ([1]). Alle drei zeigen die einzelnen
Spitzen des Zapfens durchbohrt für das Ausspeien des Wassers.
Sollten diese Löcher wirklich, wie man annimmt, bei der vatikanischen Pigna erst nachträglich angebracht worden sein? Sollte
der Zapfen nicht vielmehr von vornherein von C. Cincius Salvius,
seinem Verfertiger, als Wasserspeier geschaffen sein? ([2]) Die Untersuchung hat gezeigt, dass die Verwendung solcher Pinienzapfen
nicht erst von den Christen aufgebracht wurde, sondern altorien-
talischen Ursprunges ist. Ist es nicht bezeichnend, dass Hülsen
einen bezw. zwei solche Brunnen im römischen Stadtplan gerade
beim Serapeum nachweisen konnte? Auch für Aachen ist die hellenistische Tradition wahrscheinlicher als römische Vermittelung ([3]).
Nach meiner Ueberzeugung wird es in Rom sehr viele Pinienzapfen,
sei es auf Brunnen, sei als Krönungen von Grabrotunden u. dgl.
gegeben haben. Die alten Localschriftsteller sprechen immer nur
von der einen Pigna, die sich heute im Vatican befindet. Woher
ihre Angabe stammt, dass diese Pigna einst die Spitze des Pantheons gekrönt habe, wissen wir nicht. Die Löcher sprechen jedenfalls dafür, dass auch dieser Pinienzapfen einst als Wasserspeier
gedient hat.

Graz.

JOSEF STRZYGOWSKI.

([1]) Ein vierter, ebenfalls in Stein, steht auf einer Säule im Vorhof von
S. Apollinare nuovo zu Ravenna an der Stelle des Atriums etwa, wo einst der
Kantharus gestanden haben könnte.

([2]) Vgl. Petersen, Vaticanischer Katalog I S. 897.

([3]) Vgl. mein Kleinasien S. 130 f. und die neue Schrift Der Dom zu
Aachen, passim.

IKONOGRAPHISCHE STUDIEN.

(S. Röm. Mitth. XIV, 1899, S. 81).

XVa. Alexander.

Seit seiner Jugend hat Lysipp Alexander den Grossen in vielen Werken abgebildet: *fecit et Alexandrum Magnum multis operibus a pueritia eius orsus*, sagt Plinius[1] und wir dürfen erwarten, mehr als ein einziges dieser Werke in Repliken kennen zu lernen.

In den letzten Jahren sind denn auch, ausser einer Reiterstatuette aus Pompei, drei verschiedene Darstellungen Alexanders von drei verschiedenen Seiten als mehr oder weniger getreue Wiederholungen von Werken Lysipps nachgewiesen worden. Darin liegt keinerlei Schwierigkeit, im Gegentheil, man wird eher noch mehr andere erwarten dürfen.

Aber es ist Pflicht in besonnener Weise vorzugehen bei der Identifizierung dieser Werke mit denjenigen wovon unsere Nachrichten sprechen. Und das ist keineswegs immer geschehen.

Alle jene drei von Winter[2] Murray[3] und Wulff[4] nachgewiesenen Alexanderstatuetten haben eine Lanze, und selbstverständlich hat jeder die seinige als den lysippischen Alexander mit der Lanze in Anspruch genommen. Winter hat es weiter dabei gelassen, Murray hat schon richtig das Epigramm auf das von ihm entdeckte Motiv bezogen, leider aber auch auf andere Epigramme verwiesen. Wulff bezieht unbedenklich die sämtlichen Stellen die

---

[1] *N. h.* XXXIV, 63.
[2] Arch. Anz. 1895 S. 163.
[3] *The Portfolio* n. 36 (April 1898); *Greek Bronzes* S. 87.
[4] *Alexander mit der Lanze*, 1898.

man bei Overbeck (¹) zusammengestellt findet, und denen er noch eine weitere hinzugefügt hat, auf die Statuette des Herrn von Neli-dow. Angenommen, dass dieses Werk wirklich antik ist, was ich,

Fig. 1.

ohne dasselbe gesehen zu haben, nicht zu bestreiten wage, so wird das Urbild allerdings wohl von Lysipp sein müssen; das möchte ich Wulff wegen der Uebereinstimmung der Bronze des Thermenmu-

(¹) Schriftquellen 1479-1484.

seums zugestehen. Sonst hätte ich allerdings das Original lieber
in eine spätere Zeit gesetzt, in die Nachblüthe der Lysippischen
Schule, die den sterbenden Gallier vom Capitol und den Gallier
der sein Weib tötet hat entstehen sehen. Dort passen die eckigen
Bewegungen. Ich will aber nicht bestreiten, dass diese Formen,
die zu den fliessenden Linien des Lysipp passen wie ein Werk des
Verrocchio zu denen des Donatello, trotzdem aus der Werkstatt
Lysipps, unter seinem Namen hervorgegangen sein können.

Auf keinen Fall aber gehen die beiden bekannten Epigramme
auf dieses Werk. Mit Recht hat, wie gesagt, Murray auf seine
Statuette das eine bezogen. Der aufgestützte Fuss bedeutet die Herrschaft über die Erde, der Blick wendet sich zum Himmel, wie es
Plutarch (¹) und Tzetzes (²) berichten und das Epigramm voraussetzt. Ich wiederhole es hier:

$$\text{αὐδασοῦιτι δ' Ἴσμεν ὁ χάλμεος εἰς Δία λεύσσων}$$
$$\text{γᾶν ἐπ' ἐμοὶ τίθεμαι, Ζεῦ, σὺ δ' Ὄλυμπον ἔχε.}$$

Das Original der englischen Statuette war eine offizielle Statue
des Königs, mit Diadem, Lanze und Panzer. Dieser entspricht in
manchen Dingen demjenigen den Alexander in der Reiterstatuette
trägt. Nicht nur die lang herab hängenden Lederriemen verweisen
auf dieselbe Mode, auch das Band das er als Gürtel umgebunden
hat, und dessen Schleifen seitwärts durchgezogen sind, ist beinahe
identisch.

Ikonographisch freilich ist die zwei Fuss hohe Statuette, eine
Brittannische Arbeit, mit Silber und Schmelz eingelegt, zu Barking
Hall, Suffolk gefunden, werthlos; so sehr, dass man zweifeln kann
ob Alexander selber dargestellt ist oder vielleicht ein anderer König
in seiner Gestalt. Ich möchte allerdings glauben, dass der Verfertiger Alexander darzustellen beabsichtigte und zwar den kurzge-
lockten der Babylonischen Zeit (³), aber jedenfalls bleibt sich das
für die Beurtheilung des Motivs gleich. Ein frei schaffender Künstler
war dieser Britte nicht.

Wenn man also angesichts dieses Werkes erst verstehen lernt

(¹) Plut. *de Alexandr. M. seu virt. seu fort.* II, 2.
(²) *Chil.* XI, 100.
(³) Diese Mittheilungen 1899 Bd. XIV S. 83 ff.

wie Archelaos oder Asklepiades zu dem Gedanken jenes Epigramms
gekommen ist, so passt darauf keineswegs auch das Epigramm des
Poseidippos [1]:

> Λύσιππε πλάστα Σικυώνιε, θαρσαλέη χείρ
> δάιε τεχνίτα, πῦρ τοι ὁ χαλκὸς ὀρῇ
> ὃν κατ' Ἀλέξανδρον μορφᾶς χέες· οὔκετι μεμπτοὶ
> Πέρσαι· συγγνώμη βουσὶ λέοντα φυγεῖν.

Die letzten Worte « verzeihlich ist es der Herde vor dem
Löwen zu fliehen » lernt man erst recht verstehen, wenn man die
Statuette der Bibliothèque nationale, die Winter auf Lysipp bezogen hat, betrachtet. Τὸ λεοντῶδες [2] Alexanders ist dort nicht allein im Kopfe mit der Löwenmähne ausgeprägt, sondern im ganzen
majestätischen Gang, ja sogar in dem Seitwärts-Wenden des
Kopfes.

Wie er dort ganz unbeschützt, ohne Helm und ohne Panzer,
nur mit der Lanze bewaffnet, mit grossen Schritten sich nähert,
erinnert er an Achill, der nach dem Fall des Patroklos durch seine
Erscheinung allein die Trojaner in die Flucht treibt [3].

Hat auch Lysipp dabei an Achill gedacht? Man möchte es
fast glauben wenn man sich an die grosse Verehrung [4] des Alexander für seinen angeblichen Ahnen [5] erinnert und bedenkt, dass
es doch einen Grund geben muss, warum eine menschliche Statue
in heroischem Kostüm gerade *statua Achillea* hiess. Er kann den
Alexander als Achill dargestellt oder aber in dem Motiv sich ganz
an eine berühmte Statue des Achill angelehnt haben. Jedenfalls
beweisen die Reiterstatuette und die Bronze des British Museum,
dass die Nacktheit noch keineswegs selbstverständlich ist für die
Königsstatue.

Vergeblich wird man hier vielleicht erwartet haben die Bronze-
statue aus München [6] oder die Statuette aus Parma [7] herange-

[1] Anth. Gr. II, 50, 14 (Planud. IV, 119); Himer. orat. XIV 11.

[2] Plutarch. *de fortuna Alexandri* II, 335.

[3] *Il.* XVIII, 202 ff.

[4] Plut. Alexander 5, 8.

[5] Curt. IV, 6, 29.

[6] Arndt Gr. und R. Porträts 188. 189; De Ujfalvy, *le type physique
d'Alexandre le Grand*, S. 51.

[7] Arndt Einzelverkauf 73; de Ujfalvy a. a. O. S. 121.

zogen zu finden. Aber die kleinlichen Züge der ersteren haben
nichts gemein mit dem grossen Eroberer der Welt, und in der inte-
ressanten Statuette zu Parma meine ich bestimmt eine andere Persönlichkeit zu erkennen (¹).

XIVb. Alexander mit Ammonshörnern.

In den « Griechischen und römischen Porträts » hat Arndt
unter n. 489 und 490, mit der Bezeichnung « unbekannter Dia-
doche » einen Kopf aus dem Vatican aufgenommen, mit dem ich
mich vielfach gequält habe, bevor ich zur Erkenntnis der Wahrheit
gekommen bin.

Allerdings hat mich die Vorderansicht, Taf. 489, sofort überzeugt, dass kleine Stierhörner, wie Helbig (²) und Arndt sich in
den im Kopf befindlichen Löchern denken, keineswegs ausreichen
um diese Partie zu einem einheitlichen und geschlossenen Ganzen
zu gestalten.

Offenbar sind die Locken so auf der Stirne aufgerichtet, dass
sie an beiden Seiten eine ziemlich breite Umrahmung verlangen
und ist der Kopf an den Schläfen so kahl, dass auch dort eine
Ausfüllung sehr not thut.

Ich habe zunächst an Flügel gedacht und meinte nach der
Photographie auch wohl Antiochos Theos erwarten zu dürfen, so
dass ich den Entschluss fasste, ihm Flügel anzupassen.

Als ich aber den Abguss erhielt, war ich zunächst sehr ent-
täuscht, indem sich ergab, dass dem Diadem die Schleifen fehlen,
die der bezeichnende Teil des Königsdiadems sind. Auch schien
mir die Bildung des Kopfes nicht individuell genug für ein Kö-
nigsporträt aus der Mitte des dritten Jahrhunderts.

Trotzdem habe ich, mit Hülfe eines jungen sehr talentvollen
Bildhauers, die Probe gemacht, die Lücken in der Gesamtwirkung

---

(¹) Dieser Aufsatz war seit mindestens einem Jahre fertig, als mir die
akademische Abhandlung Theodor Schreibers: Studien über das Bildniss Alexanders des Grossen zur Kenntnis kam. Den Aufsatz in polemischem Sinne
umzugestalten sehe ich keine Veranlassung, besonders da ich diesem Gelehrten
gegenüber mit einer ausführlichen Erörterung prinzipieller Fragen anfangen
müsste.

(²) Führer I n. 255.

des Kopfes mit Flügeln auszufüllen. Es ergab sich aber alsbald,
dass Flügel nicht passen wollten und die Einbettungen in dem Haar
auf nichts als Ammonshörner hinwiesen. Ich selbst habe dem Kopfe
dann zwei Ammonshörner anmodelliert, wobei es mir nicht auf
die feinere Ausführung, sondern nur auf den richtigen Verlauf
ankam. Ich habe mich dabei mehr von dem Ammonskopfe der

Fig. 2.

Doppelherme bei Overbeck ([1]), als von den Lysimachus-Münzen
leiten lassen.

Die Hörner passten sich nicht nur vorzüglich an, sondern ga-
ben dem Kopfe auch einen viel einheitlicheren und mehr geschlossenen Anblick. Diese Seite der Frage schien also gelöst. Die ziemlich tiefen und breiten, zum Einkitten bestimmten Löcher, die für
kleine Stierhörner unerklärt blieben, man mochte sie sich denken
wie man wollte, waren sehr geeignet zum Einkitten von marmor-
nenen Ammonshörnen, die ja doch schwerlich aus demselben Block
mit dem übrigen zu arbeiten waren.

([1]) Atlas der griechischen Kunstmythologie Taf. III, 12.

Jetzt drängte sich aber die Frage auf, ob denn hier ein Alexanderbildnis vorliegen könne, dessen Erkenntnis durch die falsch restaurierte Nase behindert würde. Ich schnitt die Nase, soweit sie modern ist, weg und liess eine neue anmodellieren, im Anschluss an die am besten beglaubigten Alexanderbildnisse. Dabei stellte sich als für diesen Kopf am meisten geeignet der Alexander von Ma-

Fig. 3.

gnesia heraus ([1]). Wir erhalten somit ein neues und schönes Alexanderporträt, das schon Graef ([1]) mit Lysippischer Kunst in Verbindung gebracht hat, wenngleich es nicht so individuell erfasst ist wie die Köpfe vom Alexander-Sarkophag oder von der Mosaik. Wolters ([2]) war, wie ich jetzt ersehe, der Wahrheit sehr nahe, als er den Kopf mit den Lysimachosmünzen, die des Königs eigenes

---

([1]) Jahrbuch 1899 Taf. I; Ujfalvy, le type physique d'Alexandre le Grand PL. VIII.

([2]) Rom. Mittheil. 1889 S 196 A. 1.

([3]) Bei Graef a. a. O.

Bildniss fuhren (Imhoof-Blumer, Porträtköpfe II, 14) verglich.
Hätte er sich genügend vergegenwärtigt, dass die Nase restaurirt,
und voraussichtlich falsch restaurirt ist, so wäre auch er wohl
schon auf die Lysimachosmünzen mit dem Alexander-Ammon gekommen. Ganz schlagend ist die Uebereinstimmung mit einem
Exemplar, das erst kürzlich zu meiner Kenntniss gekommen ist, aus
der Sammlung Perkins zu Boston (¹), Fig. 4, wo die Nase kräftiger,
die Lippen aufgeworfener, das Auge weiter geöffnet und die Backen
kürzer sind als in dem bei Imhoof abgebildeten Exemplare.

Fig. 4.

Den nächsten Vergleich von statuarischen Werken bietet eben
der Kopf der Statue aus Magnesia, der aber gegen den Vaticanischen in Grossartigkeit der Auffassung zurückbleibt.

In hohem Maasse lehrreich aber ist, wie gründlich der ganze
Kopf in Charakter und Ausdruck von der geänderten Nase beeinflusst wird. Der Unterschied ist so gross, dass man das neu restaurirte Werk kaum in der Bruckmannschen Photographie wieder-
erkennen kann. Es liegt darin eine Mahnung, bei Köpfen mit
restaurirter Nase nicht eher eine Bestimmung zu versuchen, als
die Restauration entfernt worden ist. Weiter mache ich darauf
aufmerksam, dass bei hoher Stellung des Kopfes die Aehnlichkeit
mit dem Alexander des Sarkophages nicht unbeträchtlich zunimmt,
woraus ich schliessen möchte, dass der Kopf des Vaticans auf
ziemlich hohe Aufstellung berechnet war (²).

(¹) Museum of Fine Arts, Boston. *Guide to the Catherine Page-Perkins
collection of Gr. u. Rom. Coins* pl. III n 267.
(²) Die Profilansicht Fig. 2 ist in gleicher Höhe, die Dreiviertelansicht
Fig. 3 von unten her aufgenommen.

Schliesslich möchte ich bemerken, dass dieser so aufgestellte und richtig restaurierte Kopf wohl das grossartigste Alexander-Porträt sein dürfte, das wir bis jetzt besitzen, indem es ein kräftigeres Leben und ein stärkeres Temperament zeigt, als die übrigen minderwertigen oder zu sehr beschädigten Bildnisse, dass es mit einem Worte, mehr heroisch ist.

XVII. Demetrius I Poliorketes
König von Macedonien.

Botho Graef [1] hat in einem an seiner Krone kenntlichen Kaiserpriester, den Arndt in unglücklicher Stunde als Diadochen vorgeschlagen, Antiochos Soter erkennen wollen. Auf Graefs Ausführungen möchte ich mich, trotzdem seine Resultate sicher falsch sind, berufen, wenn ich es wage, unter Hinweis auf die Münzen eine Porträtstatuette zu benennen, von der ich vergeblich eine Profilansicht des Kopfes zu erhalten versucht habe.

Ich meine die interessante Bronzestatuette in Parma, die Arndt, Einzelaufnahmen n. 79 und de Ujfalvy [2] als Alexander den Grossen publiziert haben. Schon die Arndtsche Aufnahme lässt aber klar erkennen, dass die Nase mit derjenigen Alexanders nichts gemein hat. Alexanders Nase ist zwar nicht besonders klein, aber durch die weichende Profillinie und ihre eigene Krümmung nicht stark hervorragend.

Die Statuette hat eine gerade, lange, spitze hervorragende Nase, so wie ich sie nur bei einem einzigen Diadochen kenne, bei Demetrios Poliorketes. Und zwar stimmen die jugendlichen Typen (Imhoof, Porträtköpfe II 7) noch mehr als die ältlicheren (Imhoof, a. a. O. II. 8, I. 4).

Keineswegs aber stimmt der Marmorkopf aus Herculanum, in dem Wolters [3] vor Jahren Demetrius hat erkennen wollen. Mir scheint Arndt [4] hat durch seine Zusammenstellung verschiedener, mit kleinen Hörnern versehenen Typen, klar gemacht, dass hier eher ein Flussgott zu erkennen sein wird.

[1] Jahrbuch XVII. 1902 S. 72.
[2] *Le type physique d'Alexandre le Grand* S. 121.
[3] In dieser Zeitschrift 1889 S. 37.
[4] Gr. u. Römische Porträts n. 233-7.

Die Statuette zu Parma wiederholt, in umgekehrtem Sinne, das Motiv des Alexander mit der Lanze, das wir oben besprochen haben und gemeint dadurch an eine Notiz aus Plinius die so lautet ([1]): *huius* (sc. *Euthycratis*) *porro discipulus fuit Tisicrates et ipse Sicyonius, sed Lysippi sectae propior, ut vix decernantur complura signa, ceu senex Thebanus et Demetrius rex* etc.

Es gab also eine Statue des Königs Demetrius von der Hand des Seikyoniers Tisikrates, die ganz im Stile des Lysipp gearbeitet war. Es liegt sehr nahe zu vermuthen, dass wir davon eine kleine Copie besitzen.

Wann dieses Werk entstanden sein mag ist nicht mit Gewissheit zu bestimmen. Statuen sind dem Städtebezwinger gewiss häufig errichtet, sowohl zu Athen als anderswo. Für ein Werk des Seikyoniers denkt man aber zunächst an den Aufenthalt in Seikyon, im Jahre 303 ([2]), drei Jahre also nachdem er sich die Königsbinde angelegt hatte und als er etwa 33 Jahre alt war, was zu dem Bilde vortrefflich passt. Auch wäre das Motiv der Statue sehr geeignet für den Künstler des in Demetrias umgewandelten Seikyon.

Von der Schönheit des Demetrius spricht Plutarch ([3]) mit überschwenglichem Lob: Δημήτριος δὲ μεγέθει μὲν ἐν τοῖ πατρὸς ἐλάττων, καίπερ ὢν μέγας, ἰδέᾳ δὲ καὶ κάλλει προσώπου θαυμαστὸς καὶ περιττός, ὥστε τῶν πλαττόντων καὶ γραφόντων μηθένα τῆς ὁμοιότητος ἐφικέσθαι. Τὸ γὰρ αὐτὸ χάριν καὶ βάρος καὶ φόβον καὶ ὥραν εἶχε, καὶ συνεκέκρατο τῷ νεαρῷ καὶ ἰταμῷ δυσμίμητος ἡρωϊκή, τις ἐπιφάνεια καὶ βασιλική σεμνότης. Οὕτω δέ πως καὶ τὸ ἦθος ἐπεφύκει πρὸς ἔκπληξιν ἀνθρώπων ἅμα καὶ χάριν.

Wenn die Statuette, so wenig wie die Münzen, jene Schönheit sehen lässt. so möchte ich das nicht in erster Linie dem Unvermögen der Maler und Bildhauer zuschreiben von dem Plutarch spricht, sondern vielmehr dem Umstande dass, was Plutarch zeichnet, eigentlich nicht die äusserliche körperliche Schönheit ist, sondern der Liebreiz einer einnehmenden Persönlichkeit, die in so kleinen Werken schwer zur Geltung zu bringen sein dürfte. Das

---

([1]) N. h. XXXIV. 67.
([2]) Diod. XX, 102, 2 ff.
([3]) Demetrius II. 2.

Jugendliche das er hervorhebt spricht wohl im Werke noch am meisten.

Hoffentlich werden diese Zeilen Jemanden der in der Lage ist, zu Parma eine Aufnahme zu machen, dazu anregen meine Vermuthung zur Klarheit zu bringen.

XVIII. Ptolemaios II Philadelphos.

In seinem Aufsatze «*Les monnaies de Ptolémée II, qui portent dates*»[1] hat I. N. Svoronos eine kleine Serie seltener Münzen der Jahre 20 bis 22 des Ptolemaios Philadelphos (266 bis 264 v. Chr.) zugewiesen und darauf ein wirkliches Bildnis des genannten Fürsten statt des gewöhnlichen Soterkopfes constatiert. Leider hat er die Gründe, wesshalb es eber der zweite als der dritte Ptolemaios sein soll, so viel ich weiss, bis jetzt noch nicht mitgeteilt. Dass diese kleine Gruppe vermuthlich nach Ephesos und Thrakien (Aenos?) hingehört, erklärt wahrscheinlich, warum die wirklichen Züge des regierenden Fürsten wiedergegeben sind.

Ich meine nach diesen Münzen das Bildniss des Ptolemaios II Philadelphos wiederzufinden in dem letzten der drei (ursprünglich vier) grossen bronzenen Königsporträts der Villa dei Papiri in Herculanum. Wolters[1] hat in dem einen unter allgemeiner Beistimmung Seleukos Nikator erkannt, ich selber habe für den zweiten Lysimachos vorgeschlagen[2]. Diesen gesellt sich nun als dritter, nicht der erste, sondern der zweite Ptolemaeer zu.

Svoronos beschreibt vier datierte Exemplare, wovon er dasjenige meiner Sammlung. Fig. 5, vom Jahre 20 und eines der beiden Athenischen Stücke vom Jahre 22, aus der Sammlung Demetrio auf Tafel I n. 9 und 10 abbildet. Ein schönes Stück des Jahres 21 und zwei undatierte giebt Poole, *Catalogue of greek coins, The Ptolemies, kings of Egypt*, Pl. IX. 4, 5, 6, wovon 4 und 6 besonders eng sich den beiden anderen mir bekannten Exemplare anschliessen.

---

[1] *Revue Belge de Numismatique* 1901.
[2] In diesen Mitth. IV (1889) S. 32 ff.
[3] Ebendort IX (1894) S. 103 ff.

Treffend ist zunächst die allgemeine Aehnlichkeit der Profilansicht der Herculaner Bronze bei Arndt. Griechische und Römische Porträts, n. 94 mit dem Münztypus, der nicht gestört wird
durch den schweren Hals, den die Münzen vom Soterkopf beibehalten haben. In dem Umriss des Kopfes steht der Bronze das
Exemplar der Sammlung Demetrio am nächsten. Dieses und das
meine geben am besten die Profillinie von Stirn und Nase wieder.
Auf den besser erhaltenen Stücken, In London, 4 und 6 dagegen,
auf letzterem besonders, lässt sich die eigenthümliche, nicht gerade
schöne Form der unten breiten Ohrmuschel am besten vergleichen. Und auch diese gestatten es das Haar, wie es unter dem
Diadem hervorquillt fast Locke für Locke zu verfolgen. Auf mei-

Fig. 5.

nem Stück aber, das auf der Schläfe etwas verrieben ist, kommt
das wirre Durcheinander der kleinen Löckchen, oben auf der
Stirne, die wir aus der Ansicht von vorne (Arndt n. 93 und Comparetti und de Petra, *la Villa Ercolanese* Tf. IX. 4) besser kennen,
schärfer zum Ausdruck. Wenn neben dem Diadem die Locken der
Bronze enger anliegen als auf den Münzen, so liegt das wohl nur
an dem plastischen Gefühl des Bildhauers dem Stempelschneider gegenüber.

Die hohe Begrenzung der Wangen, gegen die Nase hin, vom
unterliegenden Knochengerüst bedingt, vergleicht man wieder am
Besten der datierten Tetradrachme aus London, wogegen in meinem
ursprünglich feineren Exemplar eine ganze Partie um den Mund
von der Nasenspitze bis zum Kinn, besser zu stimmen scheint. In
der Abbildung bei Svoronos ist das aber noch mehr als das übrige
verwischt.

Im Ganzen ist das Münzbild voller und schwerer als die
Bronze. Dort ist der König ein vierziger: 309 v. Chr. geboren war

er in seinem 20. Regierungsjahre (266) 43, in seinem 22. (264)
45 Jahre alt. In der Bronze mag er wohl zehn Jahre jünger sein.
Das ist aber leicht möglich, da er schon 24 jährig zur Regierung
kam. Aus den letzten Jahren seiner Herrschaft wo er, schon ein
Sechziger, mit dem Leben unzufrieden, sich doch durch einen Le-
benstrank unsterblich zu machen suchte, ist das Bild sicher nicht.

Die litterarische Ueberlieferung lehrt uns leider nur sehr
wenig über das Aeussere des Königs; eigentlich nur, dass er blond
war, ξανθόκομος (¹), was sich eben in der Plastik schwer contro-
liren lässt. Nur kann man sagen, dass sich Art und Weise wie
sich das Haar an unserer Bronze kräuselt eher auf blondes, als
auf schwarzes Haar zu weisen scheint.

Ich möchte nicht grade behaupten, dass sich mir im Bilde
etwas von jener Körperschwäche, zeige die Strabo (²) bezeugt mit
den Worten: οὗτοι γὰρ ἐφρόντισαν τῶν τοιούτων, διαφερόντως δ' ὁ
Φιλάδελφος ἐπικληθείς, φιλίστορων καὶ διὰ τὴν ἀσθένειαν τοῦ σώ-
ματος διαγωγὰς ἀεί τινας καὶ τέρψεις ζητῶν καιροτέρας, aber
wenn seine Kränklichkeit, wie es scheint, mit Gicht zusammen-
hing (³), so kann er ja leicht ein scheinbar kräftiges und blühen-
des Aeusseres gehabt haben.

Eher liest man in den Zügen, besonders in dem mürrischen
Munde, einen unzufriedenen Zug. wie ihn der genusssüchtige Fürst
nur zu oft gezeigt haben mag. Zwar ist an dem Mund etwas restauriert wie aus der Beschreibung von Alcubierre in seinem Rapport vom 31. März 1754 hervorgeht: *es una pieza muy buena.
que representa hombre al natural, aunque le faltan los ojos
que tenia postizos. y tiene un poco de lesion antigua, que le
empieza desde el labio por el lado izquierdo hasta la barba.
pero es muy facil de acomodarse* (⁴). Aber Einfluss hat das kaum
gehabt. Die ehemals eingesetzten Augen aber werden einen leb-
hafteren Eindruck zuwege gebracht haben.

Uebrigens scheint es mir, dass die Voderansicht ziemlich
stark den Einfluss der Schule verrate, die wie ein Vergleich mit

(¹) Theokritos XVII, 103.
(²) P. 789.
(³) Athen. XII p. 536.
(⁴) Comparetti und de Petra, *la villa Ercolanese* 8. 107.

dem sogenannten Borghesischen Fechter, dem Sandalenbinder und
ähnlichen Werken lehrt, die Lysippische sein muss.

Interessanter ist aber das Profil, das in seinen feinen Formen viel mehr Intelligenz und Bildung verräth. Ich habe davon
den Eindruck, als ob der Fürst mit Andacht irgend eine Vorlesung
anhörte, als ihn der Künstler abbildete.

Dass der Sammler aus Herculanum sich ein Bildnis des Philadelphos verschaffen konnte, ist nicht zu bezweifeln. Weniger
weil es ein Bild von ihm in Olympia gab (¹), als weil man auch
eins in Athen fand (²) wo es im Odeion stand, nicht weil von dem
auch in Herculanum zusammen gefundenen des Lysimachos (³).
Auch das Vorbild des Seleukos kann aus Athen stammen. Dort
stand er an der Stoa poikile (⁴).

Fig. 6.

Ich brauche hier kaum mehr daran zu erinnern, dass der
angebliche Philadelphos der Cameen mit diesem nichts zu thun
hat und kann dafür auf Furtwängler verweisen (⁵), obgleich ich
seine Beziehung auf Alexander d. Gr. kaum billigen kann. Furtwängler selber wäre nicht abgeneigt, wie es scheint, die Deutung
des Petersburger Cameo auf Alexander Balas von Syrien, die ich
meinem Vater verdanke (⁶) anzunehmen. « Allein », schreibt er,
« das charakteristische vorgeschobene Untergesicht dieser Fürsten
weicht von dem Bilde des Cameo völlig ab, so dass von einer

(¹) Paus. VI, 17, 2.
(²) Paus. I, 8, 6.
(³) Paus. I, 9, 4
(⁴) Paus. I, 10, 1.
(⁵) Die antiken Gemmen, Beschreibung zu Tafel III, S. 160 ff.
(⁶) De Gorgone S. 73.

Bildnissähnlichkeit, die einen festen Halt gäbe, nicht die Rede sein, kann ». Gewiss giebt die Mehrzahl der Münzen ein mehr vorgeschobenes Untergesicht, aber ein ganz hervorragendes Exemplar meiner Sammlung, Fig. 6, dem sich das *Trésor de Numismatique et de Glyptique, Rois grecs* T. 44, 4 abgebildete anschliesst, stimmt hierin mehr zum Cameo als zu den meisten Münzen, und hiernach hat sich unsere Ansicht gebildet. Wie der Stempelschneider, so kann auch der Künstler des Cameo hierin gegen die Natur zurückgeblieben sein.

Die dargestellten Personen des Wiener und Petersburger Cameo für identisch zu halten ist mir jedenfalls unmöglich. Auch verräth der Stil ganz bestimmt eine andere Hand. Um das zu erkennen braucht man nur die Bildung der Augen zu vergleichen.

Amsterdam.

J. Six.

TAFELBILD ODER PROSPEKT.

In Petersen's Aufsatz oben S. 87 ff. liegt denn nun endlich einmal ausführlich vor, was für die Ansicht, dass die grossen Mittelbilder des » sogen. «, zweiten Stiles Prospekte seien, von einem sehr überzeugten Vertreter derselben vorgebracht werden kann. Dies ist so dankenswert, dass ich dafür gern Petersen's eigenartige und so überaus temperamentvolle Polemik, ja auch sein » so hartes « Urteil über meine — *sit venia verbo* — wissenschaftliche Persönlichkeit (S. 88) in den Kauf und nicht allzu tragisch nehmen will. Es ist ja schon bisweilen dagewesen, dass einem die der eigenen entgegengesetzte Auffassung » auf den Kopf gestellt «, die Interpretation des Gegners » falsch « erscheint (meistens beruht es auf Gegenseitigkeit), und dass man als Hauptsachen ansieht was für, als Nebensachen was gegen die eigene Ansicht spricht: P. geht darin recht weit. Ungewöhnlich ist es freilich, dies so gleich zu Anfang, vor jedem Beweis, mit solcher Zuversicht auszusprechen. Phantasie und Anschauungsvermögen, die P. mir abspricht, finde ich in seinen Ausführungen so wenig bethätigt, wie er in den meinen: da mögen Andere urteilen. Ich finde da nur die vor keiner Consequenz zurückschreckende Durchführung — mit Biegen oder Brechen (¹) — einer nach meiner Ueberzeugung voreilig gefassten Meinung. Verwahren muss ich mich nämlich gegen den Vorwurf, dass ich von » unrichtigen Voraussetzungen « ausgehe. Ich gehe von garkeinen Voraussetzungen aus, während P. eingestandenermassen mit einer vorgefassten Meinung an die Betrachtung und Analyse der ein-

---

(¹) P. wird nicht müde, den Wandmalern, die sich gegen ihn verschworen zu haben scheinen, Verzeichnungen, z. T. ganz unglaubliche, vorzuwerfen. Dies ist weiterhin im Einzelnen zu zeigen.

zelnen Wände geht. Schon *A.P.A.* S. 147 sagt P., seine Ansicht
ergebe sich aus dem Princip des zweiten Stiles « schon an und für
sich », der sicherste Beweis aber aus den Wänden von Boscoreale.
Und das ist auch noch sein Standpunkt ([1]). Mit dieser Voraussetzung
geht er an die einzelnen Wände, während meine Auffassung sich
ausschliesslich auf voraussetzungslose Analyse derselben stützt. Somit bestreite ich P. auch das Recht, sich mir gegenüber auf das
« unbefangene Auge » (S. 106) zu berufen.

Die Beweisführung aus dem Princip hatte ich 1902 S. 208
abgelehnt. P. antwortet (S. 120), die raumerweiternde Architekturmalerei sei ein Princip, und ohne Princip gäbe es keine
Entwickelung. Aber nicht darum handelt es sich, sondern erstens
ob wir die Mittel haben, das « Princip » hinlänglich zu formu-
liren — P.'s Formulirung genügt mir nicht — und in alle Consequenzen zu verfolgen. Zweitens ob sich diese Decorationen unentwegt aus dem « Princip » wie die Pflanze aus dem Samenkeim
entwickelt haben, oder ob, inmitten eines reichen Culturlebens,
andere Elemente hinzugetreten sind und Sprünge in der Entwik-
kelung vorliegen. Letzteres ist offenbar das an sich wahrscheinli-
chere.

Solcher Sprünge nahm ich zwei an. Einen von den Archi-
tekturwänden einschliesslich des Tempelhofes zu den Prospektwänden. Zweitens das Auftreten des an älteren Wänden fremden
Mittelbaues (Bildträgers). Dagegen bemüht sich P. nachzuweisen,
dass beide Male kein Sprung, sondern eine ununterbrochene Entwickelung vorliegt. Er findet in den Prospektwänden Anknüpfungen an die Architekturmalereien, namentlich den Tempelhof,
und sucht weiter zu zeigen, dass aus den Prospektwänden der
Mittelbau abgeleitet ist, woraus natürlich folgen soll, dass auch
er Prospekte zeigt.

. Er wäre endlos, alle die Anknüpfungen zu besprechen, die
P. hier zu finden glaubt. Mir scheinen sie gänzlich belanglos ([2]);
ich überlasse es aber dem Leser, sich über das Einzelne ein Ur-

---

([1]) Der von ihm vermeintlich nachgewiesene Zusammenhang soll für
meine Auffassung « verhängnissvoll » sein (S. 122).

([2]) Ich bemerke dies für diejenigen, die es trotz P. doch noch interes-
siren sollte.

teil zu bilden und beschränke mich auf einige allgemeine Bemerkungen.

Petersen operirt mit Rudimenten. Aber als solches ist doch
nur beweiskräftig. was da wo wir es finden unverständlich und
nicht existenzberechtigt ist; das aber ist hier nirgends der Fall,
wie auch nirgends die Uebereinstimmung evident ist. Mir will auch
scheinen, dass P. sich von dieser Entwickelung doch eine zu ab-
stracte und theoretische Vorstellung macht. als könnte man hier
frei nach Darwin auf Grund von Rudimenten eine Descendenzreihe
aufstellen. Alle diese Formen waren doch gleichzeitig in Uebung.
haben einander beeinflusst. und es konnten Motive aus der einen
in die andere übergehen, ohne dass man daraus Schlüsse ziehen
dürfte.

Uebrigens ist ja die Beziehung zwischen Architektur- und
Prospektwänden für unsere Frage gleichgültig. Die ganz entfernte
Aehnlichkeit aber des Mittelfeldes der Prospektwände (und der
Rückwand des *triclinio* in Ikoscoreale. wo übrigens kein Prospektbild ist) mit einer gewissen Form des Bildträgers — beiderseits Durchblick zwischen 4 Stützen (Säulen oder Pfeilern). ein ganz
uncharakteristisches Motiv — scheint mir völlig bedeutungslos und
der Unterschied weit überwiegend. Auf Wänden zweiten Stils unterscheiden wir doch einerseits die mit Epistyl und Decke eine Art Portikus bildenden Säulen oder Pfeiler, andererseits die unter dem Portikus stehende niedrige Wand und was sich aus ihr entwickelt. Nun
entsteht der gewöhnliche Mittelbau an (nach P. aus) der niedrigen
Wand, dagegen die drei Felder der Prospektwände sind die Intercolumnien des Portikus. Sie knüpfen also an an das was die gewöhnlichen Mittelbauwände, der Mittelbau an das was die Prospektwände beseitigen. Das Prospektfeld ist ein Wandabschnitt.
der Bildträger ein nach oben frei aufragender Bau (¹).

Wie immer man über die Beziehungen urteilen mag. die
P. zwischen den drei Classen von Wänden findet. der Schluss könnte
doch höchstens sein: sie können, niemals: sie müssen aus einander

---

(¹) Dies ist der Hauptunterschied, nicht die geringere Hervorhebung
des Mittelfeldes (P. S. 120). Es ist leicht mit Worten — Säule hier, Pfeiler
dort. Raumschluss hier, Raumöffnung dort — eine Art Analogie zu construiren.
Für das schauende Auge und im Gesammtbild der Wand ist der Mittelbau
etwas ganz anderes.

entstanden sein. Wie wollte man nachweisen, der Mittelbau habe
nicht anders als aus den Prospektwänden entstehen können? Deshalb habe ich auch 1902 S. 184 ff. es unterlassen, die dort aufgestellte Reihe irgendwie zu begründen — es genügte zu zeigen
dass sie möglich ist —, deshalb enthalte ich mich auch jetzt des
näheren Eingehens auf Petersen's Argumente (¹).

Vielleicht habe ich über alles dies schon zu viel Worte gemacht. Denn es ist doch eigentlich von selbst klar, dass etwas
so unsicheres wie eine mit unserem dürftigen Material aufgestellte
Entwickelungsreihe niemals für eine wichtige Interpretationscontro-
verse eine Entscheidung geben kann, die in Betracht käme gegenüber dem was sich aus der Analyse der einzelnen Wände ergiebt.
Eine sichere Entscheidung ist nur auf dem von mir eingeschla-
genen Wege zu finden, durch genaue Befragung der einzelnen
Wände, ob in ihnen das Tafelbild, ob das Prospektbild in unzweideutiger Weise kenntlich ist. Nur hier stehen wir auf festem Boden.
Wir präsumiren (²) dann, dass die in einigen Fällen gefundene
Antwort auch für die übrigen gilt.

Ehe wir uns aber dieser unserer Hauptaufgabe von neuem
zuwenden, muss eine Vorfrage erledigt werden, nämlich ob meine
Annahme, dass gewisse Architekturmotive auf den das Bild ent-
haltenden Mittelbau aufgemalt zu denken sind, durch P's Polemik
erschüttert worden ist. Das Urteil über eine der in Frage kom-
menden Wände ist hierdurch bedingt.

Ich kam zu dieser Annahme durch zwei Wände auf dem

(¹) Nach P. enthalten die Mittelbaubilder alle ein Heiligtum, wie der
Tempelhof der Architekturwände. Aber Sogl. 110 (Kyparissos) ist davon keine
Spur. In das Aphroditebild ist es künstlich hineininterpretirt. In den übrigen
Bildern spielt es meistens eine sehr untergeordnete Rolle, und nur Sogl. 381
und (Gesch. VII unten ist es ein Rundtempel wie auf den Tempelhofwänden.
Also Verwandtschaft der Idee, nicht des malerischen Motivs. Auf diesem
Wege kann ich P. nicht folgen, um so weniger als die pompejanischen Maler
in Bildern aller Art eine grosse Vorliebe für Heiligtümer zeigen, und die
Zahl der Mittelbaubilder 2. Stils sehr klein ist.

(²) Dies Wort (1902 S. 195) scheint P. S. 112 (vgl. S. 136) missverstanden zu haben. Und ich habe doch pleonastisch hinzugefügt: « wenn sich
nicht ein Gegenbeweis ergiebt ». Also von einer « geschichtswidrigen Forderung » ist keine Rede und kein Anlass sie « von vorn herein abzuweisen ».

15

Palatin, wo sich aus unlösbaren Widersprüchen kein anderer
Ausweg bot. Erst nachdem sie sich mir hier aufgedrängt hatte, habe
ich sie dann auch auf Wände angewandt, wo leichtere, auch allen-
falls als Ungenauigkeiten zu ertragende Widersprüche durch die
Erklärung fanden. Obgleich P. diesen Sachverhalt ausdrücklich
anerkennt, beginnt er doch seine Polemik mit ausführlicher Besprechung einer dieser letzteren Wände und beweist (nach seiner Meinung) triomphirend, dass es sich um Kleinigkeiten handelt. Er
rennt, geräuschvoller als nötig, eine offene Thür ein: wären die
Widersprüche so gering wie er meint, so hätte ich sicher nichts
aus ihnen geschlossen, vermutlich aber hätten auch die wirklich
vorhandenen grösseren mich nicht zu obiger Annahme geführt, wenn
nicht jenes Praecedens wäre. Auf dieses genügt es ihm dann, « in
kurzem hinzuweisen »; für die dort vorliegenden Schwierigkeiten
findet er eine ganz unglaubliche Lösung. Wir beginnen natürlich
mit Besprechung dieser entscheidenden Wände; auf jene andere
kommen wir später in anderem Zusammenhang.

Beistehende Zeichnung (Fig. 18) zeigt die Mittelpartie der Langwand des palatinischen Tricliniums. Die in Umrissen angedeutete
Ergänzung ist ganz sicher, da ein Stück der Kassettendecke, die von
ihr abwärts einspringende Wandecke und von dem in den Innenraum fallenden Schatten grade das eben diese Ecke bezeichnende
Stück erhalten sind. Die allein erhaltene linke Seitenwand des
Innenraumes ist heller rot als die Rückwand, weil das Licht von
rechts kommt, wo die Thür ist; ohne Zweifel war die rechte Wand
dunkler, wie in Fig. 19.

Alles dies findet sich ebenso in dem vollständiger erhaltenen
Mittelbau der Rückwand des sogen. Tablinums (1902 S. 211
Fig. 10), nur dass dort die Angabe der inneren Wandecken fehlt
und der zurückweichende Innenraum nur durch die Kassettendecke
bezeichnet ist. Doch sind die Wandecken in dem einfallenden
Schatten kenntlich, freilich mit einer kleinen Verzeichnung.

Es ist ganz unrichtig, wenn P. sagt, hier sei irgend etwas
« nicht klar und praecis dargestellt ». Alles dies ist vollkommen
klar: oben der Blick in den nach vorn offenen, wenn nicht quadratischen so doch ansehnlich tiefen Innenraum unter der Kassettendecke, unten die an den Vorderecken dieses Innenraumes
stehenden Pilaster, verbunden durch einen Gurtbogen, der seiner

Form nach bestimmt ist, eine über ihm aufsteigende Wand zu
tragen. Und hier ergiebt sich der Widerspruch. Diese aufsteigende
Wand (das Zwickelfeld) ist da; denn auf sie wirft zweifellos das
oberste, vorspringende Glied des Gurtbogens seinen schmalen Schat-

Fig. 18.

ten. Und sie ist doch auch nicht da; denn wo sie sein müsste sehen
wir ja in den Innenraum hinein. Dieser ebenfalls ist da und ist
auch nicht da, weil an seiner offenen Vorderseite das Zwickelfeld ist.
Wie finde ich da eine andere Lösung, als dass auf die wirklich
vorhandene Wand die scheinbar zurückweichenden Teile — Kassel-
tendecke und Innenwände — aufgemalt sind? Und wenn nun auch
noch eben diese Teile monochrom in Rot, also in der Farbe des

Zwickelfeldes gemalt sind (¹), ohne eigene Lokalfarben, und dadurch, also durch geringeren Realismus, deutlich sich abheben von den

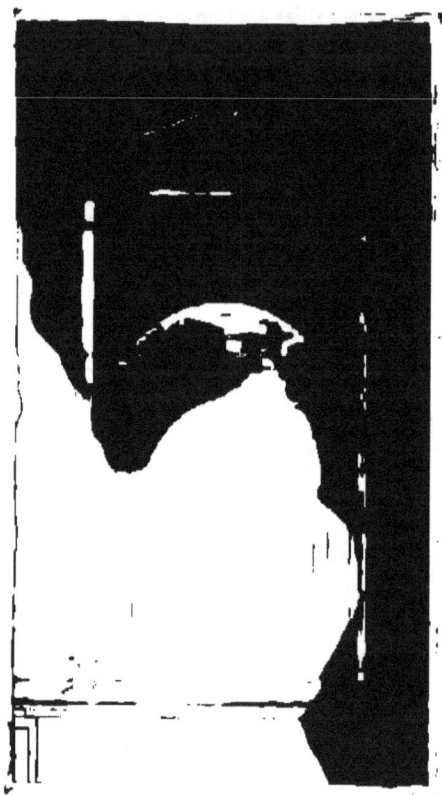

Fig. 19.

Teilen die als wirklich gelten sollen, so wird für mich obige Lösung unausweichlich. Hier heisst es nicht, etwas « herausklauben », son-

(¹) Dies ignorirt Petersen gänzlich.

darn einfach lesen was dasteht (¹). Man zeige mir eine bessere
Lösung, und ich werde sie gerne annehmen; mit dem aber, was
P. über diese Wände sagt, kann ich nichts anfangen. Es bliebe
nur der Ausweg, den Hohlraum hinter dem Bilde als wirklich, den
Gurtbogen als wirklichen Rahmen, seinen auf die Wand fallenden
Schatten als Ungenauigkeit zu fassen, womit wir auch wieder beim
Tafelbilde angelangt wären.

Eine Wand mit wesentlich gleichem Mittelbau befindet sich in
Pompeji, sehr verblichen; doch ist alles hier in Betracht kommende
vollkommen kenntlich. Ich bilde beistehend (Fig. 19) den Mittelbau
ab; es ist die Südwand des Zimmers links vom Tablinum des Hauses VI 13, 13 (*Gesch.* S. 264). Auch hier sehen wir oben in einen
nach vorn offenen Innenraum, während unten dieser Einblick durch
Pilaster, Gurtbogen und Bild gesperrt ist. Denn wenn wir auch
den oberen Einblick als aufgemalt fassen — auf der letztge-
nannten Wand ist nicht kenntlich, ob dies durch Monochromie angedeutet war, auch nicht ob der Gurtbogen einen Schatten warf —
so musste doch auch diesem Aufmalen eine Vorstellung zu Grunde
liegen, und dies konnte nur die oben genannte sein. Also werden Einblick auf den Mittelbau malte, fasste das Bild nicht als
Durchblick in das Freie, sondern als sperrende Tafel, Pilaster und
Gurtbogen als Einrahmung.

Dazu kommt nun noch der umstehend (Fig. 20) nach *Mon.*
XII 5ᵃ abgebildete l. (innere) Teil der Langwand eines Schlafzim-
mers des Hauses bei der Farnesina. Wieder derselbe Mittelbau;
nur ist, was nicht wesentlich, das Bild durch ein weisses Feld mit
einem Ornament ersetzt. Gleich hinter den Säulen Pilaster und
Gurtbogen, über dem also die Wand bis zum Gebälk aufsteigen
müsste. Statt dessen aber sehen wir hier wieder in einen zurückweichenden Innenraum, diesmal mit etwas gekrümmten Seitenwänden.
Hier tritt nun freilich ein wirklicher Nonsens ein: dieser Innenraum
hat keine Decke, sondern seine Seitenwände haben ihre Fortsetzung

---

(¹) P. dürfte nicht sagen, dass nach mir Pilaster und Gurtbogen an die
Säulen » heranrücken » sollen. Eben dahin hat sie der Maler in zweifelloser
Weise gesetzt. Nicht ich sondern P. thut dem, was deutlich gemalt ist, Gewalt
an, indem er sie von der Vorderseite an die Rückseite des Innenraumes schiebt.
So ist es hier wie überall: ich operire mit dem was da ist, P. mit dem was
nach seiner Theorie da sein müsste.

nach oben in einer Art Podium, auf dem die kleinen Architekturen
des oberen Wandteiles stehen. Es ist dies durchaus im Charakter
dieses Wandmalers, der auch sonst die Tendenz hat, Dinge, die
nicht zusammengehören, mit einander zu vermischen. Ist er es doch,
der einzige von allen, der eben hier und noch einige Male den
Wandschirm (Scherwand) mit den Pilastern des Mittelbaues ver-

Fig. 20.

bindet, diese als seine Endstücken erscheinen lässt, der in Fig. 17
(1902 S. 229) den Bildträger mit seitlichen Anbauten so seltsam
verstümmelt. Die Ausführung dieser Teile im Zwickelfeld ist auch
hier monochrom in Rot. Also dieselbe Vorstellung wie in den eben
besprochenen Wänden, dass nämlich Pilaster und Bogen auf der
Vorderseite des Innenraumes stehen und den unteren Teil des
Einblickes sperren, also zwischen ihnen nicht Durchblick sondern
Verschluss ist.

Diese selbe, im Verhältnis zu der geringen Anzahl in Betracht
kommender Wände überreichlich belegte, Vorstellung — viereckiger,
oben offener, unten durch die Bildtafel gesperrter Pavillon — findet
sich nun auch auf der Wand Gesch. VIII (*Mitth.* 1903 S. 107 Fig. 7).
Freilich in antiker Restauration. Und damit ist für P. diese Wand
ausser Betracht gesetzt. Aber so einfach liegt die Sache doch nicht.
Hier handelt es sich nicht um Restauration nach Zerstörung des
Früheren — die Wand war noch zur Zeit der Ausgrabung wun-
derbar gut erhalten — sondern um Ersatz eines herausgenommenen
Bildes. Das früher Gewesene musste dem restaurirenden Maler
vollkommen bekannt sein, und wo immer seine Arbeit sich mit
dem Erhaltenen berührt, schliesst sie sich genau daran an: offenbar
wollte er das Frühere herstellen, nur ohne das Bild. Wenn nun
dieses früher etwa auf der Rückwand des Pavillons (nach P. als
Durchblick) angebracht war — nur diese Möglichkeit kommt in
Betracht — was kostete es ihm, diesen ebenso, mit leerer, nur
durch das kleine Mittelbild belebter Rückwand herzustellen? Die
Wand hätte dadurch gewonnen: die grosse, leere, ganz vorn stehende Tafel wirkt ungünstig, während sie, mit einem grossen
Bilde ausgefüllt, das dominirende Mittelstück der Wand bildete.
Und eben diese Erwägung, dass die so angebrachte Tafel erst
durch das Bild ihre rechte Daseinsberechtigung erhält, bestärkt
mich in der Annahme, dass der Mittelbau so war wie jetzt ([1]).
Und dann: soll etwa der Restaurator dies eigenartige Motiv selbst
erfunden haben? Ich habe nicht den Mut, für diese kleine und
dürftige Leistung so viel Originalität und geistige Tätigkeit anzunehmen; für mich wäre dies ein unglaubliches Missverhältniss
zwischen Mittel und Zweck. Ohne Vorbild, und zwar zweiten Stiles,
würde er auch schwerlich diesen Verschluss so als durchaus körperlich gebildete Tafel gemalt haben, sondern mehr in der Weise
seiner Zeit (eher vierten als dritten Stiles). Arbeitete er aber nach
einem Vorbilde, so fehlt es an jedem Grunde, dies anderswo als
in dem früher hier Gewesenen zu suchen. Und fand er es anderswo,
so ist damit nicht weniger die Ueblichkeit des Motivs erwiesen.
Und selbst wenn er es erfand: er war doch auch ein antiker

---

[1] P. S. 108 Anm. 1: « dass es so wie jetzt gewesen sei sagt Man zur
Unterstützung seiner Auslegungen ».

Wandmaler: so gut wie er konnte auch ein Früherer darauf verfallen, und wenigstens die Möglichkeit ist auch so erwiesen.

Also diese Wand und die oben besprochenen stützen sich gegenseitig, und unsere Auffassung derselben wird weiter gestützt durch gleich zu erwähnende Wände (¹). Zu P.'s Verfahren kurzer Hand — antike Restauration, also fort damit! — können wir uns nicht bequemen.

Auch der Mittelbau des Epigrammenzimmers (*Gesch.* V. VI. *Mitth.* 1902 S. 196 Fig. 6) ist nicht wesentlich anders. Nur ist hier der Pavillon hinten offen, und die Tafel ist nicht ganz vorn, sondern etwas weiter zurück, etwa in der Mitte der Tiefe, angebracht. Auf diese Wand komme ich weiterhin zurück.

Endlich noch eine Analogie aus viel späterer Zeit. Fig. 21 zeigt eine (II) von zwei ganz gleichen Wänden aus Villa Negroni (Butl. *Pitture di V. N.* II. IV). Bekanntlich lehnen sich diese Malereien sehr eng an den zweiten Stil an (*Gesch.* S. 456 ff.). Hier ist der Mittelbau ein nach hinten gerundeter, etwa halbkreisförmiger Pavillon, hinten offen mit von zwei Säulen getragenem Gebälk. Dies ist oben sichtbar; unten ist der Einblick oder Durchblick geschlossen durch die unmittelbar hinter den vorderen Eckpfeilern stehende Bildtafel. Ihr Holzrahmen ist durch diagonale Eckfugen in zweifelloser Weise bezeichnet; sein oberer Rand ist bekrönt durch eine einfache Leiste, auf der sich ein Zackenornament erhebt, ganz ähnlich wie in dem Epigrammenzimmer.

Gegen meine Auffassung der beiden palatinischen Wände polemisirt Petersen auf S. 107-108. Ich muss mir gestatten, das dort Gesagte einigermassen seltsam zu finden. Der « erste und letzte Eindruck » ist ihm beidemale der « einer Prostasis mit *crasta* oder Giebel vor der Wand, die nun unterhalb der Kassettendecke nicht bis zum Gebälk offen steht, sondern nur bis zu einem flachen Bogen ». Das heisst in etwas deutlicheren Worten: die Kassettendecke liegt über einem Vorhau, der vor Pilaster und Bogen vorspringt; diese stehen also an der Rückseite des Raumes unter der Kassettendecke. Dass sie in zweifellosester Weise an seiner Vorderseite stehend gemalt sind, stört P. garnicht; das ist eine « unbedeutende

─────────

(¹) P. S. 108 Anm. 1: « ausser diesen » (nämlich meinen Auslegungen) « gibt es dafür keine Analogie ».

Nebensache und ungenaue Ausführung«. Mitten in dem dominirenden Hauptstück dieser vorzüglich sorgfältig und solide gemal-

Fig. 21.

ten Wand eine so kolossale, so unsinnige, das ganze Architekturmotiv vollkommen unkenntlich machende Verzeichnung! P. beruft sich auf die »überall vor Augen liegende Thatsache, das die Maler ihr Wollen nicht immer durchzuführen im Stande waren«. Damit

ist es nun doch nicht so schlimm. Kleine Ungenauigkeiten, natürlich. Aber Verzeichnungn, wie sie P. hier annimmt, so zu erklären,
ist ganz unmöglich. Soll denn d i e s e r Maler nicht im Stande gewesen sein, Pilaster und Bogen auf die Rückseite des Innenraumes zu
malen? War dies in seiner Vorlage, so war es viel leichter, diese zu
copiren, als sie so ganz perspektivisch richtig umzugestalten. Oder
soll d i e s e r Maler nicht im Stande gewesen sein, ein so einfaches
Motiv, wie es P. zu « sohanen » glaubt, zu verstehen? (¹).

Hat sich wohl P. einmal recht deutlich seinen « ersten und
letzten Eindruck » nicht als wirklich existirend — darauf kommt
wenig an — sondern auf die Bildfläche projicirt gedacht, ihn auf
seine decorative Möglichkeit geprüft? Die in Verkürzung gesehene
Seitenwand des Innenraumes als Trennungsglied zwischen den Pilastern und den Säulen, die sich so trefflich an einander schliessen,
die Pilaster ansetzend an die körperlose Wandecke? Das Zusam-
menstehen der Säulen und Pilaster ist für die decorative Wirkung
ganz unentbehrlich, und so giebt es denn auch keinen Bogenmit-
telbau, in dem diese beiden Elemente perspektivisch getrennt wären. Wie und wo die Pilaster wirklich ansetzen, das lassen alle
diese Maler weislich im Dunkeln. Nun wäre also nach P. der Erfin-
der (²) d i e s e r Decoration eines solchen unglücklichen Gedankens
fähig gewesen, der ausführende Künstler aber unfähig ihn wiederzugeben, und hätte rein aus Versehen das Bessere und allein
Uebliche an die Stelle gesetzt.

Auf S. 108 ist dann noch von dem « eingetieften Zwickelfeld » die Rede, das « ja ganz regulär » sei. Hier aber bleibt mir
der Gedankengang dunkel. Die Eintiefung der Zwickelfelder überschreitet doch meines Wissens nicht die Reliefhöhe der in ihnen
enthaltenen Figuren, und ich sehe nicht, was das hier zu thun hat.
Auch weiss ich nicht, wie hier die hellrote Seitenwand des Innenraumes dazu kommt, als Pilaster bezeichnet zu werden, der auf dem

(¹) Und nun soll ich es sein, nicht der Maler, der Pilaster und Bogen
nach vorn « herausrücken » lässt! Es ist auch ganz unrichtig, dass mir für die
Tablinumswand P.'s « so einfache » Auffassung durch die Nichtbezeichnung
der Wandecken verloren geht (S. 107). Im Gegenteil, durch sie würde die
Unmöglichkeit jener Auffassung noch augenscheinlicher werden.

(²) Ich weiss nicht, weshalb P. S. 94 Anm. dies Wort mit einem Aus-
rufungszeichen versieht.

unteren Pilaster stehen soll, während sie doch auf der genau entsprechenden Tablinumswand richtig als Seitenwand (« Wand mit Seitengebälk ») erkannt ist. Kurz, hier kann ich nicht folgen.

Ferner wendet P. gegen meine Auffassung ein, das Motiv des teilweise durch eine Bildtafel geschlossenen Pavillons sei eine Absurdität, ein Nonsens. Und wenn ich die Vertiefung als aufgemalt denke, « was hilfts ? wie sollte der Rahmenmacher auf den törichten Gedanken verfallen sein, den Schein dieser Absurdität hervorzurufen ? » Ja, wenn wir immer wüssten, wie die alten Wandmaler auf diesen oder jenen Gedanken verfallen sind! Obiges Motiv — Nonsens oder nicht — haben wir durch hinlängliche Analogien gestützt gefunden. Und dann stehen sich hier wohl zwei Methoden gegenüber. P. sagt: « es wäre absurd, also ist es nicht ». Ich sage: es ist; die Bemühungen, es aus der Welt zu schaffen, sind misslungen ; und wenn es mir absurd scheint, so liegt das wohl an der Lückenhaftigkeit meiner Kenntniss. Die den Architekturmotiven des Bildträgers zu Grunde liegenden Vorstellungen sind keineswegs so klar und einfach, wie P. glaubt. Wie man dazu kommen konnte, Architekturmotive auf den Bildträger zu malen, darüber habe ich 1902 S. 220 eine Vermutung ausgesprochen. Grade für dies Motiv mochten Wände zweiten Stiles Anhaltspunkte bieten, wie z. B. der Vorraum (L) des Zimmers *Gesch.* IV unten. Wir dürfen doch nie vergessen, wie lückenhaft unser Material ist.

P. beunruhigt sich darüber, dass, wenn gewisse Dinge als wirklich, andere als gemalt gedacht waren, der « unglückliche » Beschauer, da doch factisch alles gemalt ist, nicht wusste, was wirklich, was gemalt sein sollte. Nun, auf den beiden palatinischen Wänden und in Fig. 20 war ja diesem Unglück vorgebeugt, indem das auf den Bildträger Gemalte monochrom, also nicht realistisch erschien. Aber auch was andere Wände betrifft, denen dieser mildernde Umstand fehlt: ich kann nicht umhin, P.'s Bedenken etwas pedantisch zu finden. War ein Gegenstand einmal in die Wanddecoration aufgenommen, so gehörte er eben dieser decorativen Kunst an und wurde behandelt mit Rücksicht nicht auf das Unterscheidungsbedürfniss des Beschauers, sondern auf decorative Wirkung. Diese aber sucht der zweite Stil in der realistischen Architekturmalerei, und es ist eigentlich ganz selbstverständlich, dass alles, auch das ursprünglich als nicht wirklich gedachte, in diese Ausdrucksweise

übertragen wurde. Wenn der Beschauer Bildträger mit aufgemalter
Architektur kannte, so orientirte er sich leicht; wenn nicht, so
mochte er immerhin alles für wirklich halten; darüber machte
sich der Decorateur keine Sorgen. Ich denke, das ist im Wesen der
decorativen Kunst begründet (¹). Und wenn auf dem Bildträger der
palatinischen Wände der Einblick durch Monochromie als un-
wirklich bezeichnet ist, so sehe ich darin eine Spur des der Wirklichkeit entnommenen Vorbildes: die Assimilirung ist noch nicht
vollständig vollzogen. Sie ist es auf der stilistisch jüngeren Wand
Fig. 7.

Wir haben also fünf Wände zweiten Stiles, auf denen der
Mittelbau als ein vorn durch die Bildtafel teilweise gesperrter Pavillon erscheint. Die Zahl ist nicht gering, wenn wir bedenken,
wie wenig Wände mit Mittelbau erhalten sind. Dazu zwei sich an
den zweiten Stil eng anlehnende Wände späterer Zeit. Ich betrachte
demnach dies Motiv als vollkommen gesichert und finde dass dies
Resultat durch P.'s Polemik in keiner Weise erschüttert ist.

Kehren wir nun noch einmal in das palatinische Zimmer zurück und werfen wir einen Blick auf die Wandungen der Bildnische.
Das Licht kommt auf dieser Wand von rechts. So liegt denn ganz
richtig die rechte Wandung in tiefem Schatten; ebenso, da die Nische
ziemlich tief ist, der grösste Teil der linken; doch erhält diese an
ihrem vorderen Rande einen schmalen, hellen Lichtstrahl. Beschattet
war (so scheint es) auch die Unterseite des Gurtbogens (s. unsere
Fig. 18). Also diese Wandungen erhalten ihr Licht ausschliesslich von der Vorderseite, absolut nicht von aussen, was sie doch
müssten, wenn sich hier ein Fenster öffnete. Nun giebt es natürlich den Answeg, dies für eine Ungenauigkeit zu erklären. Aber
erstens bleibt doch bestehen, dass meine Auffassung sich an das
hält, was der Maler sehr ausdrücklich sagt, nicht an irgend etwas,
was er vermeintlich hätte sagen sollen. Zweitens wird obige Aus-
rede sehr erschwert durch die besonders sorgfältige, detaillirte
und offenbar bewusste Art, in der hier diese Beleuchtungsverhält-
nisse behandelt sind. Und endlich drittens auch dadurch, dass
dasselbe ausnahmslos an allen Mittelbauwänden zu beobachten ist

(¹) Wesentlich dies sagte ich 1902 S. 225. P. begnügt sich zu antworten: « Mau hält sich an Nebensachen ».

(ebenso detaillirt, mit dem Lichtstrahl r., an dem Aphrodite-
bilde der Farnesinahauses), während es bei offenbaren Prospekten
anders ist. So in dem Häuserprospekt der Langwand des palatinischen Mittelzimmers, so an allen sechs Prospekten im Hauptraum
des *cubicolo* von Boscoreale (Darnabei Tf. X). Freilich in dem
inneren Teil (« Alcoven ») dieses Zimmers (Baroabei IX) ist zwar
die Unterseite des Architravs belichtet, nicht aber die Seitenflächen der Pilaster. Was sich der Maler dabei gedacht hat, weiss
ich nicht; es kann nicht in Betracht kommen gegenüber dem
was zweifellos richtig und in der Mehrzahl der Fälle beobachtet
ist. Also auch von dieser Seite werden wir darauf geführt, hier
nicht einen Ausblick ins Freie, sondern eine durch die Bildtafel
geschlossene Nische zu erkennen.

Ganz falsch ist, was P. S. 97 über die Willkür der Wandmaler in der Schattengebung sagt. Sie sollen nicht alle gleiches
« Princip » haben, der eine das Licht von der Seite, der andere
von vorn auffallen lassen. Die Wahrheit ist, dass das Licht stets
von der Eingangsseite kommt, also die Seitenwände es von der
Seite haben, die Rückwand von vorn; letzteres mit der Modification, dass es etwas schräg entweder von beiden Seiten gegen die
Mitte oder von der Mitte nach beiden Seiten fällt. Regel ist es
auch, dass, aus rein decorativen Gründen, frei vorstehende Säulen
oder Pfeiler keinen Schatten auf die Wand werfen (*Gesch.* III. IV).
Den Irrtum, als sei *Mon.* XI 22 (Fig. 8) von den Stirnseiten der
herausspringenden Gebälke die eine belichtet, die andere beschattet,
hätte P. vermeiden können, wenn er sich an das Original, nicht
an die Publication gehalten hätte. Die Lichtverhältnisse sind grade
hier, an dem l. Gebälkende, besonders sorgfältig und verständniss-
voll behandelt. Die Töne der Stirnseite sind ganz gleich denen
der belichteten Langseite, nur dass auf das Vorderende dieser letzteren vom Zimmereingang her ein Lichtstrahl fällt, ganz wie auf
die oben besprochene Nischenwandung, und hellere Töne bewirkt.
Diese hat der Zeichner der Mon.-Tafel irrtümlich auf die ganze
Langseite ausgedehnt und, durch den Kontrast verführt, die Stirnseite dunkler gemacht. Hier aber fällt ganz deutlich auf den hellen
gelben Fries der Schatten des Gesimses, während er auf der wirklich
beschatteten Langseite des r. Gebälks in der Beschattung des Ganzen
verschwindet.

Jeder sieht, dass der obere Einblick schlecht zu der Umrahmung des Bildes mit Pilaster und Bogen, weit besser zu der
Bildtafel Fig. 7 passt. Die ungetrübte Form jenes Bildträgers,
mit über dem Bogen aufsteigender Wand ohne Aufmalung, finden
wir mehrfach im Farnesinahause (am besten Fig. 9). Und es
ist ja klar, dass diese engere Einrahmung, Pilaster und Bogen,
dahin zielt, das Bild als Durchblick erscheinen zu lassen. Aber
diese Vorstellung überschreitet nicht die Grenzen des Bildträgers.
Dieser enthält das Motiv des Durchblicks, und mit diesem hat
ihn der Wandmaler in seine Decoration aufgenommen; weder das
eine noch das andere scheint mir irgendwie unwahrscheinlich. Ob
nun der Beschauer hier einen Prospekt oder ein Tafelbild erkennen
mochte, das war dem Decorateur ganz gleichgültig (¹). Ja wir
können auch zugeben, dass er in Fig. 10 und 11 erstere Auffassung
durch die Art des Bildes begünstigt hat, und nichts ist wahrscheinlicher, als dass dies oft auch bei in wirklichen Bildträgern dieser
Form angebrachten Tafelbildern der Fall war. Also das entscheidet
nicht. Im Farnesinahaus enthält eben diese Umrahmung auch zwei-
fellose Tafelbilder.

Ich wende mich jetzt zu den 1902 S. 195 ff. besprochenen
Beispielen deutlich gekennzeichneter Tafelbilder. Sind diese durch
Petersen's Polemik zweifelhaft geworden? Ich glaube nicht.
Erstens die Wand des Epigrammenzimmers (1902 S. 196
Fig. 8, Gesch. V. VI). P. sagt (S. 99) es sei kein « positives Kennzeichen eines Tafelbildes nachgewiesen ». Ganz richtig: ich hielt
das positive Kennzeichen für unmittelbar evident und jedes Wort
für überflüssig. Also das Kennzeichen ist der Rahmen, der, hell-
violetter Farbe, das Bild auf drei Seiten einfasst. Unten ist er nicht
sichtbar; hier geht gleich über dem Sockel ein Ornamentstreif quer
über die Wand. Ihm kommt keinerlei Körperlichkeit zu, er ist eben
rein ornamentaler Geltung, aber er deckt, so hoch er reicht, alles
zu was hinter den Säulen des Mittelbaues und den Eckpfeilern
liegt. Freilich aber würde wohl auch wenn dieser Streif nicht

(¹) Anderes als die Not des Beschauers weiss auch P. bei Gelegenheit
des analogen Falls der Tablinumswand (S. 101) nicht einzuwenden. Kleine
Scherze wie « er war freilich nur ein Tischler » thun wohl nichts zur Sache.

wäre, hier unten der Rahmen nicht hervortreten. Nämlich innerhalb des Rahmens läuft um das Bild ein schwarzer Streif, durch einen ganz schmalen hellbraunen Streif vom Bilde selbst getrennt. Denken wir den Streifen auch unten, so bleibt wohl für den Rahmen kaum genügender Platz. Der Maler würde es dann wohl gemacht haben wie in dem palatinischen Mittelzimmer (Fig. 8), so

Fig. 22.

dass von dem unteren Rahmen nur die Schnittfläche sichtbar gewesen wäre. Um zu zeigen, dass es sich um einem wirklichen, ringsum gebenden Rahmen handelt, bilde ich hierbei (Fig. 22) das betreffende Stück der Rückwand desselben Zimmers ab, wo die Anordnung eine etwas andere ist, so dass auch unten der Rahmen zum Vorschein kommt. Er ist dann oben bekrönt durch einen friesartigen Ornamentstreifen, über dem auf einer sehr einfach profilirten Leiste ein Palmettenornament aufsteht. Ganz ähnlich, nur ohne das Fries-

ornament, S. 233 Fig. 21, wo der Rahmen auch noch durch die
diagonalen Eckfugen charakterisirt ist.

Dieser Rahmen war durchaus nicht notwendig; nichts hinderte,
das Bild mit etwas mehr Himmel die ganze Oeffnung des Pavillons einnehmen zu lassen. Wenn der Maler ihn doch angebracht
hat, so wollte er etwas bestimmtes damit sagen, und das kann,
soviel ich sehe, nichts anderes sein, als eben dass das Bild ein
eingerahmtes Tafelbild ist. Dazu kommt, dass der blaue Himmel
des Bildes unten und der des Durchblicks oben auf das Bestimmteste von einander geschieden sind: der erstere ist auf dieser und
der gegenüberliegenden Wand viel heller, wie *Gesch.* V richtig
angedeutet ist; die farbige Tafel VI ist in dieser Beziehung nicht
genau, indem auf ihr das obere Blau heller erscheint(¹). Der
Maler wollte offenbar keinen Zweifel darüber lassen, dass beide
nicht zusammengehören.

Hier einen Durchblick auf das Dargestellte zu sehen, wäre
mir ganz unmöglich, auch wenn ich sonst dazu geneigt wäre und
mit P. solche Durchblicke als letzte Consequenz dieser raumer-
weiternden Architekturmalerei betrachtete. Ich würde dann doch
verlangen, dass der Durchblick zu der Architektur in Beziehung
gesetzt wäre, dass sie sich öffnete und man durch sie hindurch
auf das Dargestellte sähe. In dieser Beziehung verstehe ich es,
wenn man in den oben besprochenen Wänden vom Palatin Prospektbilder erkennt. Hier aber ist die Beziehung zwischen Architektur und Durchblick absichtlich negirt durch die Einschiebung
eines neutralen, absolut nicht architektonischen Zwischengliedes.
Und nicht nur durch den Rahmen; auch noch durch den innerhalb desselben das Bild einfassenden schwarzen Streif (etwa einem
Passepartout vergleichbar) der auf einer Bildtafel trefflich geeignet
ist, die hellen Töne des Bildes noch kräftiger hervorzuheben, die
Vorstellung des Durchblickes aber gradezu unmöglich macht.

Petersen (S. 89) ermöglicht es, grade in dem Rahmen den
Beweis für das Prospektbild zu finden. Sehr flott wird der Fall
in fünf Zeilen erledigt. »Der Durchblick wird durch die Teilung
»der Oeffnung mittels eines Querbalkens zur Gewissheit. Wir werden
»dasselbe Mittel die Raumöffnung durch teilweisen Verschluss nur

(¹) Meine Berufung auf Taf. VI (1902 S. 195) war also nicht richtig

« wirksamer zu machen, schon fast ebenso in Boscoreale angewandt finden (Man Fig. 4) ».

Ist denn von alledem irgend etwas richtig? Ein Querbalken? Sieht denn P. nicht die Vertikalglieder beiderseits, die mit dem Horizontalgliede in ganz unarchitektonischer Weise zusammentreffen? Gehörte dies zur Architekturmalerei, so würden doch die tragenden Glieder als solche, als Säulen oder Pfeiler bezeichnet sein. So wie sie sind ist es eben ein Rahmen und nichts anderes. Und dass durch den Rahmen die Raumöffnung wirksamer wird, ist ein ganz unerhörte Behauptung: sollte es ein Durchblick sein, so konnte der bis zom Gebälk frei bleibende Himmel seine Wirkung nur verstärken. Es fehlt auch jede Spur einer Analogie für ein solches Verfahren. Die citirte Wand von Boscoreale hat mit dieser nichts gemein. Dort — es ist wild gewordene Architekturmalerei — sieht man durch die mittlere Thüröffnung einen Teil einer weiter einwärts liegenden Säulenreihe, zwei Säulen und Gebälk, fern und undeutlich gemalt (¹). Also nicht Teilung in der Oeffnung selbst, nichts rahmenartiges, sondern ferne Architektur, kurz etwas ganz anderes. Genau so ist es, noch deutlicher, auf der S. 121 Anm. zu der Wand von Boscoreale citirten Wand aus den Titusthermen (4. Stils).

Ich hatte für das Tafelbild noch geltend gemacht, dass auch der Wandschirm (Scherwand) als Bildfläche benutzt ist, diese Bilder also, auf der Rückwand den Mittelbildern ganz gleichartig, nur als auf ihn gemalt, nie als Prospektbilder gelten können, dass also wer die Mittelbilder zu Prospekten macht, Gleichartiges aus einander reisst. Von den beweisendsten dieser Bilder, denen der Rückwand, schweigt Petersen. Von den Gesch. V abgebildeten spricht er an anderer Stelle, S. 102: « ob eine Statue ein an- « gemessener Vorwurf für ein Tafelbild sei, kümmert Mau eben « so wenig wie, ob denn hinter dem dunkelvioletten Rand nicht « vielmehr eine Nische mit eingetieftem Boden zu verstehen sei ». Das kümmert mich in der That nicht. Nie werde ich etwas für nicht vorhanden erklären, weil es mir nicht « angemessen » scheint. Und dann ist doch dies Tafelbild zugleich Wandbild, da die Tafel Teil einer Wand ist. Eine Statue als Wandbild ist aber doch nicht

(¹) Auf der Photographie ist dies vollkommen kenntlich.

so unerhört: wir haben ihrer zwei zweifellos auf einer Wand des
Farnesinahauses *Mon.* XII 23 (*Mitth.* 1902 S. 221 Fig. 13). Dort
kostete es dem Maler nichts, sie auf die Oberfläche des vorspringenden
Sockels zu stellen und somit körperlich erscheinen zu lassen; indem
er sie oberhalb derselben auf die aufsteigende Fläche der Scherwand
malte, hat er die Körperlichkeit auf das bestimmteste negirt. Hier
ist nichts was man für eine Nische halten könnte. Aber auch auf
unserer Wand ist es ganz unmöglich, eine solche in der glatten, um
weniger als 1 cm scheinbar hinter den dunkleren Rand zurücktretenden Zinnoberfläche zu erkennen. Ich halte es für überflüssig
dies weiter anzuführen; man müsste schon sagen, der Maler habe
sich eine Nische vorgestellt, aber alles mögliche gethan, um diese
seine Vorstellung zu verbergen. Die ganze Decoration zeigt einen
Holzbau ([1]); an die Stelle der Marmorplatten des ersten Stils mit
ihrem vertieften Rande ist die Holztafel getreten: Rahmen und ver-
tiefter Spiegel; letzterer dient als Bildfläche. Und da dies hier so
vollkommen deutlich ist, müssen wir auch auf der Rückwand die den
Mittelbildern gleichartigen Darstellungen als auf eben diese Holzta-
feln gemalt fassen, nicht etwa als Ausblicke durch einen Holzrahmen dem der Spiegel fehlt. Ausserdem: Fenster in der Scherwand
sind an sich wenig wahrscheinlich, und wenn doch, so hätte der
Maler ihnen sicher eine architektonische Form gegeben; dies nicht
zu thun wäre gegen den Charakter des Stiles.

Mein zweites Beispiel eines sicheren Tafelbildes, *Gesch.* VIII
(1902 S. 197 Fig. 7) ist oben S. 231 f. besprochen worden. Es ist
jetzt nicht mehr eine einzelne Wand, sondern eine umfangreiche
Gruppe.

Das dritte ist die Langwand des palatinischen Mittelzimmers
Mon. XI 22 (1902 S. 199 Fig. 8). Nach P. (S. 92) ist meine Behandlung derselben ein Hauptbeispiel meiner « nicht einwandfreien »
Betrachtungsweise. Ob nun er hier wirklich mehr « geschaut »
und weniger « geklügelt » hat als ich, und ob die Art seiner Polemik einwandfrei ist? Der Leser mag urteilen. Eine etwas ausführ-
lichere Betrachtung mag gestattet sein, weil es doch auch an sich

---

([1]) Ich habe dies ausführlich begründet *Gesch.* S. 101 ff.

die Mühe lohnt, dies Meisterwerk des zweiten Stiles möglichst genau
und richtig zu verstehen. Wir bemerken vor allem, dass auch hier
wie in dem Epigrammenzimmer (oben S. 238) der Blick auf das im
Bilde dargestellte (Io und Argos) sich nicht in der Architektur selbst
öffnet, vielmehr die Beziehung zwischen dieser und dem Bilde aufgehoben ist durch Einschiebung eines neutralen, nicht architektonischen
Zwischengliedes. Denn die Oeffnung, durch die wir sehen, hat keinen
architektonischen Charakter. Der giebelförmige Schnitt oben kann
dafür nicht genügen: nach der Art dieses Stils müssten Pfosten
und Sturz architektonische Formen haben. Auf das Bild zu steigert
sich doch die Architekturmalerei; nun grade hier, wo der Haupt-
effekt, der Kontrast zwischen der nahen Architektur und dem Blick
nach aussen, stattfinden sollte, ein nicht architektonisches Zwischenglied einzuschieben, wäre widersinnig, wenn es sich hier überhaupt
um einen Ausblick handelte. Dagegen als Rahmen hat dies violette Zwischenglied seinen guten Sinn, und als solcher wird es
auch dadurch bezeichnet, dass seine Schnittfläche auch unten sichtbar ist, zweifellos andeutend, dass es sich nach unten, hinter
dem Sockel, fortsetzt: was so ringsum geht, ist eben ein Rahmen ([1]).
Wäre eine Thür gemeint — an ein Fenster ist nicht zu denken, da
die Oeffnung hinabreicht bis auf den Sockel, von dem Säulen und
Wand aufsteigen — so war es ja so einfach, die grüne Oberfläche
des Sockels bis an das Bild zu führen, wie es in dem wirklichen
Durchblick l. geschehen ist. Ferner: die untere Schnittfläche ist
belichtet, die seitlichen und die obere liegen in tiefem Schatten;
wäre hier eine Oeffnung, so müssten sie belichtet sein. Lehrreich
ist auch hier der Vergleich mit dem wirklichen Durchblick. Dort
sind die Decke ([2]) und die Unterseite der hinteren Sturzbohle des
Durchgangsraumes belichtet, natürlich von aussen, was zweifellos
deutlich wird durch die Beschattung der von der hinteren Oeffnung

---

([1]) Dies allein schon entscheidende Argument übergeht P. mit Schweigen.

([2]) Hier ist freilich eine Verzeichnung zu constatiren. Natürlich kann
das Hellviolett über der beschatteten Innenseite der hinteren Sturzbohle nur
die Decke sein. Irrtümlich aber ist die Bezeichnung der l. hinteren Innenecke
zu hoch, durch diesen Streifen hindurch, hinaufgeführt bis an den vorderen
Sturz, so dass nun der hintere Sturz höher als der vordere und die Decke
nach vorn geneigt erscheint. Ich habe diese Eckbezeichnung (eine weisse
Linie) stark im Verdacht modernen Ursprunges.

abgewandten Innenseite der Sturzbohle. Den belichteten Teilen
gleich, also auch belichtet, ist das Violett der Seitenwand; dass
dieses, und so auch das Grün weiter unten, nach hinten etwas dunkler wird, ist conventionelle Bezeichnung des Zurückweichens, wie
auch auf der Sockelplatte hier und noch oft (¹). Vgl. oben S. 236 f.

In demselben Sinne machte ich 1902 S. 199 f. den dunkeln
Eckschatten zwischen der unteren Schnittfläche und der Bildtafel
geltend. Dem gegenüber macht P. S. 96 die Bemerkung, dass sich
ähnliches Dunkelwerden gegen eine Ecke auch da findet, wo
zwei helle Flächen zusammenstossen und es gilt, sie von einander abzuheben. Für mich ist augenscheinlich der Eckschatten
unten am Bild gleichartig dem in den Ecken des Rahmens und
geht mit ihm zusammen; als Beweis ist er mir sehr entbehrlich.
P. giebt dann dieser Beobachtung eine ungebührliche Ausdehnung:
« wo immer eine beleuchtete Fläche gegen eine andere von noch
« lichterem Farbenton absetzt, ist die Färbung jener gegen die Grenze
« etwas dunkler gehalten, umgekehrt etwas lichter, wo sie gegen eine
« dunklere grenzt ». Das ist entschieden unrichtig. Um auf unserer
Tafel zu bleiben: l. vom Bild die belichtete Zinnoberwand wird
keineswegs dunkler, weder gegen die noch hellere Endfläche r. noch
gegen den Durchblick l. Und der Art könnte man viel anführen. Hätte
doch P. einige Beispiele gegeben, namentlich für derartiges Ab-
setzen nicht gleichfarbiger Flächen (abgesehen von einspringenden
Ecken): ich suche sie vergebens. Vielleicht würde er die Wandungen
der vermeintlichen Prospektöffnungen anführen, die alle nach hinten
dunkler werden; aber das wäre krasseste *petitio principii*; sie
werden dunkler, weil sie hier durch die Bildtafel geschlossen sind (²).

Blicken wir nun auf die das Bild umgebende Architekturmalerei. Hauptstücke sind ja offenbar die beiden roten Wände r.

(¹) P. S. 98 Anm: « soviel aber bleibt gewiss, dass der Maler hier nicht
daran gedacht hat, die Wandöffnung als Lichtquelle erscheinen zu lassen ».
Ich begreife nicht, wie P. so etwas sagen konnte.

(²) Was die seltsamen schwarzen Pfeiler der Odysseelandschaften hier
sollen, ist mir unerfindlich. Es ist übrigens « nicht einwandfrei », wenn P.
sagt, dass ich dieser Beobachtung mehr traue als dem Augenschein des
Ganzen: grade aus diesem habe ich meine Auffassung ausführlich begründet.
Hass P., da er so weitläufig die untere Schnittfläche behandelt, den tiefen
Schatten der seitlichen und oberen gar nicht beachtet!

und l., hervorgehoben durch ihre lebhaft rote Farbe, durch die
nur hier vollständigen, reich entwickelten, ja schweren Gebälke,
namentlich das obere; sie haben die Formen des monumentalen
Baues; auch am Sockel sind sie durch besonders vortretende gelbe
Stützen hervorgehoben ([1]). Die Incongruenz des oberen Teiles, der
nach der Mitte zu senkrecht über dem unteren steht, gegen die
Ecken aber zurücktritt und durch je ein herausspringendes Gebälk
mit der vor der Wand stehenden Säule verbunden ist, erkläre ich
mir aus rein decorativen Gründen. Das Mittelstück sollte eben
durch zwei solche herausspringende Gebälke eingefasst werden:
ein beliebtes Motiv (s. z. B. *Gesch.* VII unten, *A.P.A.* S. 151).
Von dem senkrecht über dem unteren Teil stehenden oberen Gebälk ausgehend wären diese zu dürftig ausgefallen; so liess man
es oben weiter zurücktreten. Hier mit P. einen Archetypus restituiren
zu wollen, in dem das alles korrekt gewesen, ist verlorene Mühe
und Verkennung des Charakters dieses Stiles.

Diese beiden Wandstücke stehen unter etwas wie einem Portikus, dessen grünliche Kassettendecke vorn von zwei Eckpfeilern
und zwei auf Vorsprüngen des Sockels stehenden Säulen, hinten
nur von zwei Eckpfeilern getragen wird. Die Schmalseiten des Portikus sind wenig erhalten und nicht sehr deutlich. Man sieht einen
roten Vertikalstreifen, von dem nicht klar wird, ob er die Wand
selbst oder einen aus ihr vorspringenden Pilaster bezeichnet; sein
unterer Teil verschwindet hinter dem hier angebauten grünen und
violetten Holzwerk.

Die beiden roten Wandstücke sind mit einander und mit den
Wandenden verbunden durch Dinge, die sich von ihnen auf das
bestimmteste als ungleichartig abheben und sich offenbar als Holzwerk geben. Letzteres giebt P. für die Verbindung mit den Ecken zu,

---

([1]) P. S. 93 Anm: « S. 193 heisst es von denselben: sie sind also eine Art
Möbel ». Als ob nicht auch ein Möbel die Formen des Monumentalbaues haben
könnte. Und gab es solche Möbel, warum konnten sie nicht auch in der Malerei
nachgeahmt werden? Damit ist natürlich nicht gesagt, dass der Bildträger,
in die Wirklichkeit übersetzt, aus Mauerwerk zu denken sei. Um die « zwiespältige » Illusion kommen wir nun einmal nicht herum. Es ist doch ein fun-
damentaler Unterschied zwischen dem Holzwerk, das sich unverhüllt als solches
giebt, und dem das sich mit allem Raffinement (ob freilich ganz vollständig?)
hinter den Formen des Monumentalbaues verbirgt.

» weil es (das Holz) für Spannung das naturgegebene Material war «(¹).
Nein, ich bitte recht sehr, nicht deshalb und nicht aus irgend
welchem apriorischen Grunde muss es zugegeben werden, sondern
weil der Maler es auf das unzweideutigste gekennzeichnet hat:
zweifellos erkennt man die ganz dünne Bretterdecke des Durchganges, getragen vorn und hinten von je einer auf die schmale
Kante gestellten Bohle. Auch der ganz dünne violette Pilaster
an der Ecke ist offenbar Holz, und mit ihm die anschliessende
violett-grüne Wand mit dem Fenster.

Eben so deutlich von Holz ist aber auch das was über dem
Bilde die beiden roten Wandstücke verbindet. Vergeblich sucht P.
dies zu bestreiten. Ich soll nicht wissen, was alles die Alten in
Marmor machen konnten: Dinge wie der phantastische Giebelauf-
satz und die dünne Friesplatte. Das ist mir nicht neu; aber dass
man mit einer solchen dünnen Marmorplatte das etwa fünfzig-
fache ihrer Dicke und zwölffache ihrer Höhe überspannt haben
sollte, das konnte auch dem Wandmaler nicht in den Sinn kommen.
Und wenn ich ein Gebälk sehe, das nur besteht aus einer solchen
dünnen aufrecht stehenden und einer horizontal darüber gelegten
Platte, letztere mit flachem eingekerbten Ornament am Rande,
verbunden in der einspringenden Ecke durch ein ganz winziges,
verschwindendes Profil, so erkenne ich hier ohne weiteres Tischler-
arbeit, nicht Steinconstructiono der Nachahmung derselben (²). Zu
dem Holzbau in der Ecke stellen sich diese Dinge auch durch ihre
dunkeln Farben; und das Violett des Giebelfeldes stimmt wieder
mit dem des Bildrahmens. Und wenn ein solches Gesims den obersten
Abschluss, den Gipfelpunkt eines Baues bildet, dessen untere Teile,

(¹) P. fügt hinzu: « aus dessen Leichtigkeit also keine besonderen
Schlüsse zu ziehen sind ». Also daraus, dass dies als leichter Holzbau erscheint,
die roten Wandstücke in monumentalen Bauformen, soll nichts (besonderes)
zu schliessen sein? Warum nicht?
(²) P. S. 91: « Aus der schmalen Unteransicht ist es deshalb nicht zu
folgern, weil die Perspective grade in diesem Punkte in unseren Malereien
oft mangelhaft ist ». Beispiele wären erwünscht. Freilich, wenn P. aus diesen
Malereien überall den Holzbau hinausconjiciren will, so mag er noch manche
zu schmal geratene Unteransicht constatiren. Ein solches Zurückgreifen auf
den Archetypus wäre berechtigt, wenn irgendwie feststände, dass dies alles
Steinbau sei. Die unbefangene Betrachtung muss sich an das halten, was
dasteht.

nach oben sich steigernd, monumentale, reich entwickelte Gebälke
haben, so erkenne («schaue») ich unmittelbar, dass hier dem
eigentlichen Bau etwas ihm fremdartiges aufgesetzt ist. Der monumentale Bau endet mit dem grossen, violett-gelb-grünen Gesims,
was darüber liegt, ist ein hölzerner Aufsatz ([1]).

P. billigt es überhaupt nicht, dass ich manchmal zu bestimmen suche, welcherlei Material gemeint ist. Dies sei erstens
willkürlich, zweitens «misslich», nämlich a, weil es gar nicht
nötig sei, dass der Maler an ein bestimmtes Material gedacht
habe, b, weil so die Phantastik gemindert werde, c, weil ich Folgerungen daraus ziehe. Ich bemerke zu 1, dass das doch von Fall
zu Fall zu erweisen wäre; in diesem Fall glaube ich das Gegenteil
erwiesen zu haben. Zu 2 a gebe ich zu, dass auch ohne bestimmte
Materialvorstellung gemalt werden konnte; damit ist aber nicht
die Pflicht aufgehoben, es zu beobachten, wo es deutlich charakterisirt ist. Zu 2 b: wo steht denn geschrieben, dass die Phantastik
nicht gemindert werden darf? Und wie so wird sie durch Mate-
rialbezeichnung gemindert? Sicher stärkt diese den Realismus, in
dem vielfach dieser Stil seine Wirkung sucht. Zu 2 c ist wohl die
Antwort überflüssig.

Wie ist nun dieser hölzerne Aufsatz mit dem Bildrahmen
verbunden? Wenn beide von Holz sind, so werden es wohl auch
die Zwischenglieder sein. Das Gebälk der roten Wände setzt sich
über der Rahmentafel fort, aber in anderen Farben. Nur das Epistyl behält sein Violett und tritt dadurch der etwas dunkleren
Rahmentafel näher. Der Grund des Frieses wird grün statt gelb.
Nicht etwa Schattenwirkung ([2]): das Grün erstreckt sich nicht
auf die beschatteten Teile der Gebälkenden der roten Wände, und
auch sonst wird nie im zweiten Stil Gelb im Schatten zu Grün
(vgl. den Sockel dieser Wand). Noch viel charakteristischer aber
ist das Gesims: statt grün, rot und weiss erscheint es einfarbig
violett, vollkommen und offenbar absichtlich gleichfarbig der doch
zweifellos hölzernen Kassettendecke. Diesen Farbenwechsel für be-

---

([1]) P. S. 93: «wie sollte sie noch stattlicher sein?». Und S. 94: «niemand kann zweifeln, dass Gebälk auf Gebälk liegen soll». Mir scheint dies
eine sehr ungenügende Antwort.

([2]) Es scheint, dass der Zeichner der Mon.-Tafel von dieser Vorstellung
beeinflusst war; das Grün ist lange nicht so gelblich wie es dort erscheint

deutungslos zu halten ist (mir wenigstens) unmöglich. Hat er aber
eine Bedeutung, so kann es nur die sein, dass hier ein anderes
Material, und zwar Holz, angedeutet werden soll.

Ich glaube damit hinlänglich nachgewiesen zu haben, dass
hier von einem Wandende zum anderen hellfarbiger Monumen-
talbau (zweimal, oder mit den Streifen an der Portikusschmalwand
viermal) mit dunkelfarbigem Holzwerk (dreimal) wechselt. Das Holzwerk an den Wandenden ist eigentlich weiter nichts als Decke und
Wandung eines Durchganges, durch den man auf in schillernder
Luftperspektive zurückweichende Gebäude blickt[1].

Nach alledem sind wir vollauf berechtigt, die beiden roten
Mauerstücke, die sich so entschieden von dem Uebrigen als fester
Kern abheben, für sich zu betrachten. Was sich aus ihnen ergiebt,
habe ich 1902 S. 198 ff. gesagt. Gegen die Mitte ansteigend sind
sie verständlich, wenn hier ihr Zweck lag, nämlich das Bild zu
halten, verständlich als Bildträger. Dagegen eine Wand mit Fenster
sind sie nicht: da hätte es keinen Sinn, dass sie unter einander
und mit den Ecken nur durch Holzwerk verbunden sind. Und auch
abgesehen davon, es wäre eine Wand, die sich gegen das vermeintliche Fenster steigerte, die nur des Fensters wegen da wäre, was
mir wenigstens sinnlos erscheint[2]. Und selbst dies Unwahrscheinliche zugegeben, so müsste dann doch über dem Fenster die Architektur gipfeln, während grade hier, gegenüber den monumentalen
Formen der roten Wandstücke, Holzwerk erscheint.

P. meint S. 95, die Verbindung des Bildträgers mit den
Ecken dürfe nach meiner Auffassung nicht da sein. Warum nicht?
Erstens, war ein so massives Möbel einmal aufgestellt, so konnte
man es auch durch Holzwerk mit irgend einer Wand in Verbindung setzen, ohne dass wir verpflichtet wären zu wissen, was man
damit bezweckte. Zweitens ist es gar nicht nötig, das Vorbild in
der Wirklichkeit zu suchen: der Maler konnte dies hier anbringen, weil ihm vielleicht sonst die Ecke zu leer schien, vielleicht

[1] Die 1902 S. 203 zweifelnd ausgesprochene Vermutung, der Maler
habe diese Dinge als Malerei auf der Rückwand des Portikus gedacht, gebe
ich auf, weil sie doch mit der Architekturmalerei in Widerspruch gerät. In
Betreff der allgemeinen Betrachtungen P.'s (S. 104) wäre noch einiges zu bedenken, worauf ich jetzt nicht eingehen will.

[2] Dies Argument fehlt S. 92 f. in P.'s Referat über meine Gründe.

auch rein coloristischer Wirkung halber, wovon gleich die Rede
sein wird (¹).

Noch einen Bestandteil der Decoration müssen wir erwähnen,
auf den P. (S. 94) besonderes Gewicht legt: das rote Feld, das
sich von dem Giebel über dem Bild bis an das Epistyl des Portikus erstreckt. P. meint, dies sei « ein Stück Wand, das auf der
« Nischenüberdachung hinter der *cresta* sich erhebt und sich oben
« mit dem.... Gebälk (des Portikus) verbindet ». Dadurch soll,
wenn ich recht verstehe, bewiesen sein, dass der Bildträger kein
Möbel, sondern oben festgemauert ist (²). Erstens aber ist doch die
dünne Holzdecke wenig zum Tragen einer Wand geeignet. Zweitens
fehlt es im zweiten Stil an jeder Analogie für eine solche Verbindung der Scherwand, oder was an ihre Stelle getreten ist, mit dem
Gebälk des Portikus, unter dem sie zu stehen pflegt; und vergebens fragt man nach dem Sinn, den sie haben könnte. Drittens,
wer mit der Art des zweiten Stiles einigermassen vertraut ist, wird
nimmermehr glauben, dass so eine Farbenfläche, die nirgends eine
Spur von Körperlichkeit zeigt, etwas körperliches bedeuten könne. Es
war ja so leicht, ihr irgend einen architektonischen Seitenabschluss
zu geben; durch Fehlen desselben wird die Körperlichkeit gradezu
negirt. Es ist eben ein aus rein decorativen, coloristischen Gründen,
ganz ohne Rücksicht auf die Architekturmalerei dahin gesetztes Far-
benfeld. Hierfür fehlt es nicht an Analogien, grade auf diesen palatinischen Wänden. Ein ebensolcher roter Streif ging im Triclinium (Fig. 11) vom Giebel des Mittelbaues an die Decke (der
erhaltene Rest *Gesch.* IX). Diesen freilich wird wohl P. auch für eine
Wand erklären. Aber ebenda läuft ein körperloser Zinnoberstreif
über dem Gesims des Wandschirmes entlang und an dem Eckpfeiler
in die Höhe. Und in den beiden Seitenzimmern (« *alae* ») sind im
oberen Wandteil die Vierecke zwischen dem Gebälk des Wandschirmes, den Säulen nebst Eckpfeilern und dem Epistyl von eben
solchen roten Streifen eingefasst, denen es ganz unmöglich ist ir-

(¹) Gar nicht verstehe ich, wie P. a. O. sagen kann. Ich hätte diese
Holzverbindung früher geleugnet. Etwa weil ich einmal diese Wandstücke
isolirt nenne? Das wäre doch ein Spiel mit Worten.

(²) P. S. 93: « Hier wie öfter muss ich fragen, ob Mau sich wohl ein-
« mal das als existirend vorgestellt hat was er mit seinen Argumenten zu
« erweisen glaubt ». Dieselbe Frage möchte ich an P. richten, hier wie öfter.

gend welche Körperlichkeit beizulegen. Das Zinnoberfeld über dem
Giebel hat auch das Epigrammenzimmer (Fig. 0), hier von zwei
Figuren eingefasst. Und auch Fig. 7 erhebt sich zu oberst ein
garnicht charakterisirtes rotes Feld bis zum abschliessenden Architrav, einen Einblick in die Architektur teilweise verdeckend.

In unserem Falle bietet das rote Feld erstens einen Grund,
von dem sich die hellfarbige Giebelbekrönung gut abhebt, zweitens
gehört es zum coloristischen Gesammtbild der Wand. Den dominirenden Mittelpunkt bildet ohne Zweifel das grosse Bild; neben
ihm, rechts und links, höher, auf demselben Träger, zwei kleinere
gleichartige Bilder. Also ein Dreieck mit der Spitze nach unten
und dem Schwerpunkt in dieser Spitze. Ein grösseres Dreieck bildet
das Bild mit den beiden hellen Partien oben r. und l. von dem
roten Feld; auch hier liegt der Schwerpunkt unten, nicht der Ausdehnung, aber der Fülle und dem Gewicht nach. Diese Dreiecke
kreuzen sich mit dem Dreieck der vor allem übrigen hervorleuch-
tenden Zinnobermassen — der beiden Wände und des Feldes über
dem Giebel — mit der Spitze nach oben und dem Schwerpunkt
in den beiden unteren Ecken. Das Bilderdreieck wird dann noch
flankirt von den beiden schwächer wirkenden, für das Auge zurücktretenden Prospekten an den Wandenden, das Farbendreieck
durch den roten Streif oben an der Schmalwand des Portikus. Und
mir wenigstens scheint, dass die Feinheit der ganzen Farbencomposition dadurch gewinnt, dass er bier nur oben, nicht bis auf den
Sockel hinabgehend erscheint: vielleicht verdankt die ganze son-
derbare Verkleidung des unteren Teiles der Portikuswand nur dieser
Absicht ihren Ursprung. Ob ausserdem auch das Epistyl der grossen
Säulen in seiner ganzen Länge zinnoberrot war, oder, wie der Zeichner der Mon.-Tafel zu sehen geglaubt hat, nur, im Anschluss an die
Zinnoberfläche, in seinem mittleren Teil, im übrigen aber von hel-
lerer Farbe, das kann nicht mit Sicherheit entschieden werden ([1]).
Dazwischen nun erscheinen, in den Holzpartien, dunkle, zurücktretende Farben: an den Ecken Dunkelviolett und dunkles, bläuli-

---

([1]) Ich würde unbedingt dem Zeichner glauben, wenn er nicht dem auf
der l. Seite roten Stück der Schmalwand r. dieselbe hellere Farbe gegeben
hätte; dass es rot war, ist noch jetzt kenntlich. Das von ihm hellfarbig gesehene Stück des Epistyls erscheint jetzt auf der Vorderfläche schwarz, was
auf Zinnober deuten könnte, unten von unklarer Farbe.

ches Grün, in der Mitte, etwas gesteigert, Violett und das lebhaftere Blau. Dazu die grüne Oberfläche des Sockels, durch die, zusammen mit dem Grün des unteren Epistyls, das Zinnoberrot mächtig gesteigert, dagegen die kalten Farben des Holzwerks noch abgeschwächt werden. Eine sehr glückliche Anordnung ist es endlich, dass der Sockel unter den Zinnoberpartien gelb, unter den kaltfarbigen schwarzgrundig ist. So werden die Zinnoberpartien in ihrer Gesammtheit, einschliesslich des Sockels, noch mehr durch warme, lebhafte Farben hervorgehoben — sehr schön ist das Zusammenwirken des Gelb am Sockel und am oberen Fries — während doch andererseits die coloristischen Gegensätze über dem Sockel gemildert werden, indem das Zinnober durch das Gelb abgeschwächt wird, die kalten Farben aber über dem Schwarz doch etwas lebhafter vortreten. Als Farbencomposition ist ohne Zweifel diese Wand das Feinste was uns der zweite Stil hinterlassen hat.

Hiermit glaube ich meine Auffassung der Architekturmalerei hinlänglich begründet zu haben, unter steter Berücksichtigung der von P. erhobenen Einwände (¹). Wie versteht denn nun P. die Wand? Es ist sehr merkwürdig.

Da steht (S. 95) unter dem Portikus, vom Zuschauer am weitesten entfernt, eine violette Wand, von einem Wandende zum andern, aber sichtbar nur an den Ecken, wo sich der Strassenprospekt, und in der Mitte, wo sich der Durchblick auf Io und Argos öffnet. Vor ihr, ebenso hoch wie ihr Mittelteil, steht eine rote Wand mit schwerem, reichem Gebälk. In ihr öffnet sich, vor dem Durchblick der ersten Wand, eine grössere Durchblicksöffnung, bedeckt mit Kassetten, Fries und Giebel, die als Teile dieser Wand zu fassen sind (s. dagegen oben S. 246). Wieder vor ihr, etwa 1m entfernt (natürliche Grösse angenommen), steht eine dritte, ihr ziemlich gleichartige Wand, auch rot, niedriger, mit schwächerem Gebälk, aber gegen die Ecken länger. Oder vielmehr, dies ist keine einheitliche Wand, sondern zwei Wandstücke, die in der Mitte, vor dem Durchblick, keinerlei Verbindung haben. So wird also, was ich (und ich glaube alle bisherigen Beschauer) als eine Wand

(¹) Die Sorge, wie das Bild rückwärts vor Schaden geschützt war (P. S. 93), wird wohl auch P. mir gestatten, getrost den einstigen Besitzern zu überlassen. Auch erscheint es mir als Nebensache, ob das Bild in den Rahmen «eingelassen» oder irgendwie hinter ihm befestigt war.

mit zwei Gesimsen fasse, in zwei vor einander stehende Wände
zerlegt, um den S. 245 besprochenen Widerspruch zu heben. Von
den Enden der zweiten Wand geht endlich, auf den Zuschauer
zu bis an die dritte Wand, ein kurzes Wandstück. Auf ihm setzt
sich das Gebälk der zweiten Wand fort, und noch über die
dritte hinaus; vor dieser wird es an seinem Ende von einer
Säule gestützt. So entsteht also zwischen Wand 2 und 3 jederseits
ein gegen die Ecke geschlossener, gegen das Bild offener Zwischenraum (¹). « Dass dieser Abstand dicht an der Mittelöffnung nicht
« ebenso deutlich sich darstellt, wie weiter nach aussen, ist einer
« jener Widersprüche, die uns nicht beirren dürfen ».

    P. lässt sich eben sehr schwer in Durchführung seiner Auffas-
sung beirren. Aber wohl wenige sind mit gleicher Athaumasie be-
gabt. « Nicht ebenso deutlich sich darstellt » ! Er ist vielmehr auf
das zweifelloseste negirt. Die Wandenden unten und oben stehen
senkrecht über einander, und zum Ueberfluss steht noch auf dem
unteren Gebälk eine Figur, die mit ihrem Kopf das obere stützt.
Und so etwas gleich an dem dominirenden Mittelpunkt der Wand!
Der wirkliche Widerspruch (oben S. 245) wird doch grade dadurch
erträglich, dass er an einer von der Mitte entfernteren Stelle zu
Tage tritt. Und wieder soll ich es sein, der aus Widersprüchen
« unhaltbare Schlüsse zieht » (S. 92). Dergleichen soll auf « In-
« congruenz der künstlerischen Conception und ihrer Ausführung »
hinauslaufen. Also der Urheber dieses Meisterwerkes soll im Stande
gewesen sein, das unendlich öde Motiv der drei hinter einander
in Reih und Glied aufmarschirten Wände zu ersinnen: es wäre
ja entsetzlich wenn der Zwischenraum sichtbar wäre; der vorzüg-
liche ausführende Künstler soll nicht im Stande gewesen sein, es
wiederzugeben, und die Schönheit der Decoration wäre das Product
seines Unvermögens oder Missverständnisses, ganz wie im Triclinium
(oben S. 232 ff.). Ich halte jedes weitere Wort für überflüssig.

    Und nun Wand 1, die violette. Dass sie an den Ecken Holz
ist, hat Petersen S. 95 zugegeben; das übrige soll « Holz » (sic),
also wohl festes Mauerwerk sein, was nicht ohne Schwierigkeit ist,
da das Stück über dem Ende von Wand 3 einerseits von der
Vorderfläche des hölzernen Thürsturzes gar nicht unterschieden, an-

---

(¹) Vgl. hierzu oben S. 240 Anm. 2.

dererseits dem in der Mitte gesehenen (nach mir Bildrahmen)
gleichartig ist. Aber es sei so. Diese feste Mauer also würde isolirt
stehen, wenn sie nicht mit den Wandenden durch jenes Holzwerk
verbunden wäre, ist also als » die « Wand doch kaum brauchbar.
Wand 1 soll unmittelbar an Wand 2 stehen. Aber wie so sind es
dann zwei Wände? Es ist e i n e, die unbegreiflicher Weise aus
zwei Teilen besteht, deren vorderer, rot, auf dem grünen Sockel
steht, während der zweite, violett, noch hinter ihn hinabreicht, wie
die untere Schnittfläche zeigt. Unbegreifliche Dinge, die sich bei
meiner Auffassung auf das einfachste erklären. Und überhaupt:
drei Wände, darunter eine aus zwei isolirten Stücken bestehend,
wie sollte der Decorateur darauf kommen, etwas so überaus Seltsa-
mes zu ersinnen, das dann decorativ garnicht zur Geltung kommt,
vielmehr dem Beschauer möglichst verborgen wird? P. konnte so etwas
wohl nur annehmen, weil ihm der Prospekt von vorn herein
feststand.

Aber mir scheint es ist genug. Ich überlasse ruhig dem Leser
das Urteil, wer hier » geschaut «, wer » geklügelt « und » heraus-
geklaubt « hat.

Für das Tafelbild hatte ich noch geltend gemacht (S. 201),
dass man so, nämlich so klein und doch so detaillirt, wohl ein
nahes Bild aber nicht ferne Wirklichkeit sicht, und dies erläutert
durch Vergleich mit dem wirklichen Prospekt links. Nun soll ich
» die fernende Luftperspektive in dem einen Bild ebenso übertrieben,
wie in dem anderen herabgesetzt « haben. Ich muss dies bestreiten. Dass in dem Prospektbild » die Luftperspektive und die un-
» bestimmten Formen und Farben auch der Figuren keinen Zweifel
» lassen über die Absicht dies alles entfernt erscheinen zu lassen «,
darin ist keine Spur von Uebertreibung. In Betreff des Iobildes sprach
ich nur von den Figuren, und auch da ist nichts übertrieben. P. möchte
nun gern die Sache so wenden, es seien zwar im Iobild die Figuren
deutlicher und genauer als im Strassenprospekt, in diesem aber die
Häuser conturenschärfer als die Scenerie im Iobild, so dass sich das
gewissermassen aufhöbe. Auf diesen Gedankengang eingehend müssten wir also die Figuren des Iobildes mit den Häusern vergleichen;
aber da stehen wir sofort vor derselben Tatsache, dass die Häuser
als fern, die Figuren als nah gemalt sind. Auch der Vergleich
der beiderseitigen Scenerie ist verfehlt. Nicht auf die schwer ab-

messbare Conturenschärfe kommt es an, sondern darauf, dass in dem
Strassenbild die Luftperspektive die Localfarben verschlingt und
durch ihre kalten Töne die Gegenstände in die Ferne rückt, während im Iobild auch die Basis klein aber in warmer Lokalfarbe
dicht vor uns steht. Und wenn hier die ganze Scenerie in hellen
Tönen erscheint, so hat das mit Luftperspektive nichts zu thun,
sondern das Bild stellt sich dadurch zu einer aus dem dritten Stil
sehr bekannten Classe von Bildern, in denen die Figuren ausführlich und deutlich gemalt, die Scenerie in weisslichen Tönen leicht
angedeutet ist. Das ist ganz conventionell, um die Figuren mehr
zur Geltung zu bringen. Bei der sehr geringen Zahl erhaltener
Bilder zweiten Stils ist es nicht zum verwundern, dass in ihm dies
das einzige Beispiel ist. Wenn P. meint, es sei eine « eigenmächtige
Forderung », dass die Figuren « als fern gesehen sein müssten »,
und wenn er mich belehrt, dass es nicht bloss ferne, sondern auch
nahe Wirklichkeit giebt (¹), so trifft er nicht den Kern der Frage.
Wer ein Bild malt, kann den Standpunkt in nächster Nähe
nehmen, die Dinge als aus nächster Nähe gesehen malen, dennoch
aber ihnen beliebig kleine Proportionen geben. Und das ist hier
geschehen (²). Dagegen wer einen Prospekt im Zusammenhang mit
der Architektur malt, muss das Dargestellte mit ihr in optischen
Rapport bringen; thut er das nicht, so malt er es eben nicht als
Prospekt. Dies ist in dem Strassenprospekt geschehen, in dem Io-
bilde nicht; also ist dies nicht als Prospekt sondern als Bild gemalt (³). Als solches erweist es sich auch durch das ganz willkür-

(¹) Uebrigens ist es doch auch garnicht so selbstverständlich, dass man
aus zwei Oeffnungen derselben Wand, nahe bei einander, einmal auf etwas
Fernes, einmal auf Nahes blickt. Dass das Dargestellte eher auf das entgegengesetzte Verhältniss führen könnte, kommt weniger in Betracht, und ich
muss es durchaus ablehnen, dass es grade meiner « nüchternen » Betrachtungsweise nahe liegen soll, den künstlerischen Kriterien inhaltliche zu substi-
tuiren (P. S. 99). Das ist vielmehr Petersen's Methode (S. 100).

(²) Wie sehr die Figuren aus nächster Nähe gemalt sind, zeigt vorzüglich eine im Besitz des Instituts befindliche, von Ludwig Otto angefertigte,
später von Sikkard auf das Genaueste durchgearbeitete Zeichnung.

(³) Wer in Rom ist, kann die Probe machen. Den Prospekt würde man
ohne Weiteres auch aus grösserer Entfernung als das Zimmer gestattet
zusammen mit der Architektur erfassen. Dem Iobild wird man sich unwillkürlich bis auf höchstens 2 m nähern, weil es sonst nicht genossen werden kann.
Es fehlt eben der optische Rapport.

liche und conventionelle Grössenverhältniss der Figuren zur Scenerie und durch die ebenfalls conventionelle und andeutende Behandlung der letzteren, die, wie gesagt, einer besonderen Classe von
Bildern eigen ist. Endlich ist doch diese Darstellung eine mehr
oder weniger freie Reproduction eines berühmten Gemäldes (des
Nikias? Helbig *Unters.* S. 140).

Nun wird wohl P. sagen, die oben an den Prospektmaler gestellte Forderung sei « eigenmächtig », es habe auch wohl einmal
einer einen Prospekt malen können, wie ein Bild (¹): « überhaupt
« zwischen Wirklichkeit und Bild zu scheiden lag den Alten viel
« ferner als uns » (S. 100). Ich möchte wohl wissen, auf was
sich diese Behauptung gründet: vgl. unseren Strassenprospekt; und
wie denkt denn P. über die Odysseelandschaften? Aber nehmen
wir einmal an, dass es in diesem Falle so sei. Dann wäre also die
Geschichte des Bildes diese (vgl. hierzu P. S. 101): ein berühmter
Maler malte es als Tafelbild. Dann aber kam der Wandmaler. Er
hatte einen Prospekt zu malen; statt aber dies zu thun — dass
er es konnte, hatte er an der Strassenansicht bewiesen — repro-
ducirte er an der betreffenden Wandstelle das Tafelbild, das nun
als Prospekt gefasst werden sollte. Und da wären wir ja wohl
wieder bei der « zwiespältigen » Illusion angelangt: « was soll
nun der unglückliche Beschauer thun? usw. ». Mir liegt es fern, so
zu argumentiren: wenn der Durchblick anderweitig hinlänglich feststände — wie ja P. wohl meint — so müssten wir uns auch
hiermit abfinden, und dies wäre uns erleichtert, wenn der Kontrast mit dem wirklichen Prospekt nicht wäre. Da sich aber mir
auch sonst in unzweifelhafter Weise das Tafelbild ergiebt, so finde
ich in der Darstellungsweise die beste Bestätigung. Es ist wieder
einmal so, dass ich mich mit dem, was der Maler sagt, in Uebereinstimmung befinde, P. aber allerlei Künste anwenden muss.

Und ich glaube wohl sagen zu dürfen, dass meine Auffassung
nicht auf « Klügeln » sondern auf unmittelbarer Anschauung beruht: die Strassenansicht, perspektivisch stark zurückweichend,
durch Luftperspektive und kalte Farben in die Ferne gerückt,
giebt sich als Prospekt, das Iobild wird durch seine viel wär-
meren Farben dem Beschauer nahe gebracht und erscheint auch

(¹) Darauf laufen P's. Ausführungen S. 99 f. so ziemlich hinaus.

durch das fast gänzliche Fehlen der Tiefenentwickelung (¹) als
Fläche, durch die Art, wie die Figuren gemalt sind, als Bild.
Dieser unmittelbare Eindruck absoluter Verschiedenheit ist mir
vor dem Original und auch, freilich etwas abgeschwächt (s. 1902
S. 201 Anm.), vor der Monumententafel so zwingend, dass es mir
kaum fassbar ist, wenn ein an Kunstbetrachtung gewöhntes Auge
wie das Petersen's hier anders sieht. Hier inhaltliche Kriterien
an die Stelle der malerischen zu setzen (S. 99 f.) scheint mir ganz
unzulässig; darüber ist freilich nicht gut mit Gründen zu streiten.

Mit dieser Wand geht zusammen die Schmalwand des palatinischen Triclininms (1902 S. 203 f.). Sie giebt nur die sich einander näheruden Enden der beiden Bildträger und zwischen ihnen
die violette Rahmentafel (P'.s. violette Wand), hinter deren Oeffnung
das Bild erscheint. Aber bei der Enge des Raums ist die Vorderfläche der Rahmentafel wie unten so auch seitwärts hinter den
roten Wänden verschwunden und auch hier nur die Schnittfläche
geblieben. Oben erscheint auch die Vorderfläche. Ich verstehe nicht,
wie P., nachdem ich die Sache klar gelegt, noch (S. 90 Anm.)
die Schnittfläche für den « dunkeln Strich » halten kann, « der,
« wie so oft, das Licht des Durchblicks stärker hervortreten las-
« sen sollte ». Um die Sache endgültig zu erledigen, gebe ich hierbei (Fig. 23) die Mittelpartie nach einer Zeichnung Marozzi's mit
Andeutung der Ergänzung. Hier ist deutlich sichtbar, wie der
zweifellos violette, scharf abgegrenzte Streif zusammengeht mit der
oberen Schnittfläche der Rahmentafel. Das Motiv ist fast genau
wie auf der vorhin besprochenen Wand, einschliesslich des ausspringenden Gebälkes und des kleinen Pilasters auf dem dieses ansetzt; nur fehlt das widerspruchsvolle Zurücktreten des oberen
Wandteils. Die Wand aber mit ihren zwei Gebälken ist dieselbe,
die P. dort in zwei Wände zerlegt; ob er das auch hier thun
will, darüber äussert er sich nicht. Ihre Endflächen sind mässig
belichtet, nicht durch das vermeintliche Fenster, sondern weil die
ganze Wand das Licht von vorn hat. Sie werden auch deutlich
gegen die Bildtafel dunkler, obgleich der von P. angenommene

(¹) Es ist vielleicht nicht überflüssig zu bemerken, dass das hinter
dem Götterbild sichtbare Bäume, nicht etwa Terrainfalten sind.

Zweck, das Licht des Durchblicks zu heben, hier nicht in Frage
kommt, da hierfür die violette Schnittfläche genügte. Das obere
Gebälk setzt auch hier sich auf der Rahmentafel fort; aber das
ganze Gebälk, nicht nur, wie im Mittelzimmer, das Gesims,
verliert hier seine Polychromie und wird einfarbig violett. Natürlich erkenne ich darin auch hier die Andeutung des Holzes.
Im Uebrigen verweise ich auf 1902 S. 203 f.

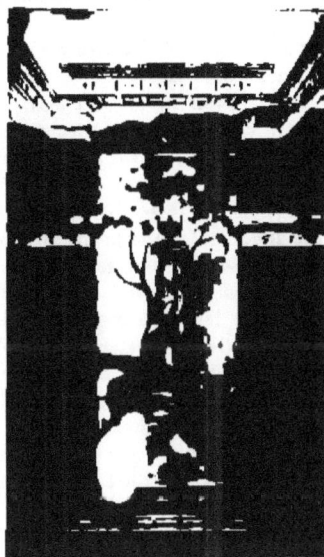

Fig. 23.

Als viertes Beispiel sicherer Tafelbilder machte ich geltend die
in eigentümlicher colorirter Zeichnung ausgeführten Bilder des
Hauses bei der Farnesina (Fig. 15. 16). P. hat *Mitth.* 1892 S. 60
ausgesprochen ([1]), dass es keine Tafelbilder seien, sondern das
Aphroditebild eine Goldelfenbeingruppe als Prospekt darstelle; von

([1]) Nicht bewiesen, wie er 1894 S. 218 sagt.

dem anderen Bilde (Fig. 15) schwieg er schon damals wie noch
jetzt. Jetzt verweist er S. 99 auf den 2. Teil seines Aufsatzes;
aber auch da sucht man vergebens eine Begründung dieser doch
keineswegs unmittelbar einleuchtenden, vielmehr einigermassen ver-
blüffenden Ansicht. So kann ich mich begnügen, auf 1902 S. 204 ff.
zu verweisen; ich unterlasse es, dem dort gesagten einiges hinzuzufügen; denn zunächst liegt jetzt P. der Beweis ob ([1]). Einstweilen
halte ich an meiner Ansicht fest und verweise weiter auf die 1902
S. 207 gegebene Uebersicht der nunmehr constatirten Tafelbilder.
Diese sind so zahlreich, dass sie die wenigen noch übrigen bis
auf Gegenbeweis nach sich ziehen.

Ein solcher Gegenbeweis ergiebt sich aber, so viel ich sehe,
nirgends. Die einzige Wand, in Betreff deren man zweifeln könnte,
ist *Gesch.* VII unten — *A.P.A.* S. 151 (vgl. P. oben S. 123 f.). Ich
gebe gern zu, dass, wenn es sich nur um diese Wand handelte,
man geneigt sein müsste, in ihrer Mittelpartie einen Durchblick
auf weiter zurück liegende Gebäude zu erkennen, so wie auch dass
das Bild durch den Rundtempel stark an die Tempelhofwände erinnert ([2]) und als selbständiges Tafelbild nicht eben wahrscheinlich
ist. Aber doch auch hier lassen die gegen das Bild dunkler werdenden Seitenflächen der beiden Pilaster dieses als Tafel, nicht als
Oeffnung erscheinen. Und nachdem nun das Tafelbild in so vielen
Fällen nachgewiesen ist und als Regel gelten darf, muss doch die
Frage so gestellt werden.: ist es nicht möglich, hier ein Tafelbild
zu erkennen? Ich glaube nach wie vor, dass dies möglich ist, und
verweise hierfür auf das 1902 S. 210 f. gesagte. Wenn aber auch

([1]) S. 102 Anm. 2 imputirt P. mir allerlei « kunstgeschichtliche Urteile »
und « bedauert » keines derselben annehmen zu können. Zu « urteilen » lag
mir fern, auch versuchte ich nicht nachzuweisen; ich constatirte nur was sich,
solange P.'s Ansicht unbegründet bleibt, jedem als das nächstliegende auf-
drängt. In welchem Sinne P. die Altertümlichkeit der Zeichnung bestreitet,
bleibt unklar. Von Unvermögen des augusteischen Künstlers habe ich nie gesprochen, und die Art wie dieser die Gruppe gemalt haben würde berührt
sich natürlich auf das Prospektbild; als Tafel konnte er sie in beliebiger
Manier malen. Von Darstellung der Gruppe in einem Gemälde sprach ich
doch nur auf Grund von P.'s mir unglaublicher Hypothese.

([2]) Die weiteren subtilen Anknüpfungen, die P. hier findet, möchte ich
mir freilich, bei aller Anerkennung des darauf verwandten Scharfsinnes, nicht
aneignen.

feststände, dass dieser Maler hier einen Durchblick malen wollte, so wäre daraus nur zu schliessen, dass ihm die Bedeutung des Bildträgers nicht mehr bewusst war und er in ihm einen beliebigen Bestandteil der gemalten Architektur sah, eine Annahme, die auf gar keine Schwierigkeit stösst. Das auf Grund weit grösseren Materials gewonnene allgemeine Resultat kann durch diese vereinzelte Wand nicht in Frage gestellt werden ([1]).

Ich will jetzt nicht in eine Diskussion eintreten, ob die niedrige Wand Wandschirm zu nennen sei. Aus welchen Gründen ich vermute, dass dies das ursprüngliche Motiv ist, habe ich 1902 S. 161 f. ausgeführt; P.'s Einwendungen (oben S. 89 f.) vermögen mich nicht zu bekehren ([2]). Dass in der weiteren Entwickelung, wo Säulen und Portiken hinter der niedrigen Wand sichtbar werden, diese nicht mehr als Wandverkleidung fungirt, ist ja selbstverständlich; ich nenne sie nach ihrer ursprünglichen Bedeutung. Für die weitere Erörterung kommt wenig darauf an, ob wir sie Wandschirm oder « Scherwand » nennen.

Es ist aber einigermassen ungenau, wenn P. meint, nur in zwei Fällen hätte ich hinter dem Schirm eine Wand erkannt; er

([1]) Vielleicht ist es nicht überflüssig zu bemerken, dass natürlich der obere Wandteil fehlt. Dies muss beachtet werden, um nicht aus der scheinbaren Aehnlichkeit mit der ihr A.P.A. S. 150 gegenüber stehenden Wand von Boscoreale unberechtigte Folgerungen zu ziehen. Vgl. oben S. 224.

([2]) « Ein Wandschirm ist nicht nachzuweisen ». Natürlich ist es eine Hypothese, durch die ich gewisse Eigentümlichkeiten zu erklären suche, über die mich gar nicht zu wundern ich nicht, wie P., im Stande bin. — Was schriftliche Ueberlieferung betrifft, so sind wir doch wirklich nicht zu einem *argumentum ex silentio* berechtigt. Und wer hat die Literatur darauf durchforscht ? — Natürlich könnte man im Wandschirm Fensteröffnungen anbringen; ich schliesse ja auch nicht von den Fenstern auf den Wandschirm (wie es bei P. scheint); da ich aber den den oberen Wandteil freilassenden Schirm aus anderen Gründen annehme, so suche ich eine Erklärung und vermute sie in den Fenstern. — Der neutrale Sockel ist nun einmal Thatsache, und auf ihm steht die eine Quadermauer andeutende Incrustation, ob nun diese Vorstellung auf einen Wandschirm zurückgeht oder nicht. — Ganz dunkel ist mir P.'s Logik, wenn er meint, weil das Wandschirmmotiv in einigen Räumen ersten Stils weniger deutlich (für P. garnicht) kenntlich ist, so könne es auch in anderen, wo ich es deutlicher erkenne, nicht zu Grunde liegen. Es ist übrigens auch *Gesch*. II deutlich genug.

hätte wohl *Gesch.* S. 157 ff. nachlesen können. Nicht alle dort
angeführten Beispiele sind ja gleich deutlich. Aber wenn ich in
dem einen Teil eines Zimmers über der niedrigen Wand den blauen
Himmel, in dem anderen eine violette Fläche sehe, so erkenne ich
zweifellos den Gegensatz von Raumöffnung und Raumschluss, also
Wand. P. denkt darüber anders: nach ihm ist es » ohne Grund «
wenn ich Fig. 6 wegen desselben Gegensatzes oben eine Wand
erkenne. Dass diese nicht öfter kenntlich ist, darf nicht Wunder
nehmen: das Streben nach grösserem Reichtum der Decoration
führte dazu, diesen Wandteil mit anderen Motiven auszufüllen.
Uebrigens ist es mir kaum zweifelhaft, dass auf Wänden wie
Gesch. III (vgl. auch Niccolini IV *Nuovi scavi* 14. 15.) nach der
ursprünglichen Vorstellung alles was über dem Gesims ist, als
oberer Teil einer weiter zurückliegenden Wand gedacht war und
nur unter Entstellung des Motivs mit dem Wandschirm zusammengewachsen ist.

Dass der Wandschirm vielfach, vielleicht immer, als Holzwerk
gedacht ist, will P. nicht glauben und meint es sei Schade, dass
ich keine Beispiele beigebracht habe. Für *Gesch.* V. VI habe ich
es ebenda S. 191 ff. ausführlich begründet. Den korinthischen Oecus
der Casa del Labyrinto (Zahn II 70) citirte ich 1902 S. 182. Dort
ist freilich der Holzbau besonders deutlich am Gebälk des Portikus; aber auch der Wandschirm, weniger gut erhalten, macht ganz
den Eindruck einer dünnen, tafelartigen spanischen Wand. Und wer
möchte unter einem Holzportikus eine massive » Scherwand « denken? Ganz derselben Art sind Niccolini IV *Nuovi scavi* 13. 15
und mehrere Wände von Boscoreale: 1902 Fig. 3. Barnabei S. 41
Fig. 8 (die Originale jetzt in Neapel). Zu den Formen kommt auf
allen diesen Wänden die gelbe Farbe hinzu, und überall ist es,
für mich wenigstens, unmöglich etwas anderes als Holz zu erkennen:
dies im Einzelnen auszuführen, wäre weitläufig; ich berufe mich
auf den Augenschein. Deshalb ist auch nach meiner Ueberzeugung
die auf diesen Wänden sehr wenig ernsthaft behandelte Marmorincrustation als auf einen Holzschirm gemalt zu verstehen: » zwiespältige Illusion! « Und dass auch durch monumentalere Formen das
Holz nicht ausgeschlossen wird, dafür ist doch das in Boscoreale
gefundene Holzgesims (Barnabei S. 24, Taf. III) vollgültiger Beweis. Ich bin überzeugt, dass, wo immer der Maler sich eine deut-

liche Vorstellung von dem Material des Wandschirmes macht, er
ihn aus Holz denkt. Auf diese Frage kann ich aber jetzt nicht
weiter eingehen.

Dagegen ist es nötig, möglichst ins Klare zu kommen über
das Verhältniss des Bildträgers zum Wandschirm (P. S. 108 ff.).
Ich betrachte ersteren als einen für sich bestehenden Bau, der vor
den Wandschirm gestellt oder in ihn eingeschoben ist (¹). P. dagegen betrachtet ihn als einen Vorsprung (« Prostasis ») der « Scherwand ». Deren Mitte mit dem Durchblick sei ausgezeichnet durch
ein von zwei Säulen getragenes Vordach in gleicher Höhe mit der
« Scherwand », deren Gebälk vorspringend sich um die « Prostasis »
erstrecke. Wo das Prostasisgebälk perspektivisch zu hoch erscheint,
da nimmt P. teils die bei ihm so beliebte Verzeichnung an, teils
Entstellung des Motivs im Anschluss an solche Verzeichnung.

Nachdem P. auf S. 109 meine Verstocktheit geschildert hat,
formulirt er S. 110 ff. um Obiges zu begründen drei Argumente oder
vielmehr Behauptungen. Nämlich erstens soll die Einheit des Sockels
« allein schon » die Einheit des auf ihm Stehenden beweisen. Zweitens die schon erwähnte Einheit der Gebälke des Mittelbaues und
der « Scherwand ». Drittens soll der Mittelbau mit Bogen ursprünglich und normal dadurch mit der Scherwand eng verbunden sein,
dass der Bogen auf ihrem Gebälk — dem obersten oder einem Zwi-
schengebälk — aufsetzt. Wir betrachten diese drei Punkte nach
einander.

1. Die Einheit des Sockels beweist garnichts. Auf dem Sockel,
genauer auf der seine Oberfläche bedeckenden Tafel, stehen doch erst
alle die Mauern, Säulen usw.; er ist nur der gemeinsame Unterbau,
durch den die Architekturmalerei in eine dem Auge angemessene
Höhe gehoben wird. Erst auf ihm beginnt sie; und P. möge doch
beachten, dass in der ganzen Deduction seines zweiten Teils der
Sockel gänzlich aus dem Spiel bleibt. Ob nun bei seiner Gestaltung
etwas mehr oder weniger auf das auf ihm Stehende Rücksicht
genommen ist, ich wüsste nicht, wie daraus etwas folgen sollte.

(¹) Weshalb ich letztere Annahme zulasse, habe ich 1902 S. 215 ff.
dargelegt. P. S. 109: « vermutlich weil es ein bischen viel des Voreinander-
stellens wird usw. » *Transeat cum ceteris.*

Und wenn doch, so müsste ja Fig. 12 die Sonderexistenz des Mittelbaues beweisen. Denn hier hat er seinen besonderen, in Form, Farben und Ornament sich deutlich heraushebenden Sockel, der mit dem der Seitenteile nur lose zusammengewachsen ist. Wie P. grade auch dies « Herausspringen mit der Prostasis » für die Einheit geltend machen kann, wird mir nicht klar. Welche dritte Art des Sockels müsste denn sein, wenn verschiedene Elemente auf ihm ständen?

2. « Die Einheitlichkeit des Gebälks ist das Normale ». Ich frage dagegen: kommt sie aber auch nur ein einziges Mal vor? Fig. 6 (sehr deutlich *Gesch.* VI) ist das Höhenverhältniss der beiden Gebälke gegeben durch die gelben Pfosten im Mittelbau, hinter denen die Bildtafel befestigt ist: sie stehen einerseits in gleicher Flucht mit dem Wandschirm, andererseits haben sie natürlich die Höhe der Säulen. Sie erheben sich bis nahe an das oberste, das Gesims vertretende Glied des Wandschirmgebälkes. Dies also ist die Höhe der « Prostase »-Säulen. Auf diesen liegen zunächst die niedrigen Seitenarchitrave, erst auf diesen das Vordergebälk des Mittelbaues, welches also fast mit seiner ganzen Höhe das Wandgebälk überragt. Demgemäss weicht auch das Seitengesims über dem Wandgebälk und hinter dasselbe zurück. Dass der Mittelbau nur wenig vor die Wand vorspringt, seine grössere Tiefe also als Zurückweichen hinter dieselbe zu verstehen ist, ergiebt sich auch noch aus dem schmalen Schatten, den die Säulen auf die Wand werfen. P. nimmt auch hier « grobe Verzeichnung » an, wozu nicht der geringste Grund ist, sobald man nicht in seiner Theorie befangen ist: ein wahres Musterbeispiel von *petitio principii*.

In Fig. 7 ragt der Mittelbau mit seinen seitlichen Anbauten hoch auf über den unteren Teil des Wandschirmes; der obere kommt gar nicht mit ihm in Berührung. Diese Wand übergeht P. mit Schweigen.

Fig. 9: Bildträger mit Pilastern und Bogen. Diese Form unterscheidet sich von der Pavillonform auch dadurch, dass hier nie unter dem Gebälk eine Kassettendecke erscheint (über Fig. 10. 11 s. oben S. 226 ff.), vielmehr Pilaster und Bogen unmittelbar hinter den Säulen stehen und nur das Epistyl vor das Zwickelfeld vortritt. Wenn nun trotzdem das Gebälk des Mittelbaues perspektivisch so hoch erscheint, dass die Unterkante seines Epistyls in gleicher Linie mit der Oberkante des Wandgesimses läuft, so muss es natürlich auch im geometrischen Aufriss bedeutend höher als dieses liegen. Nach P. wäre das Gebälk « ein wenig zu hoch geraten »: *petitio principii* wie oben.

Fig. 10. 11: Bildträger derselben Art mit aufgemaltem Innenraum (s. oben S. 226 ff.). Die Einheit des Gebälkes ist gänzlich ausgeschlossen (¹).

Fig. 12: Bildträger derselben Art. Wie P. hier Einheit des Gebälkes annehmen kann, ist ganz unverständlich; er äussert sich nicht näher darüber (²).

Zu Fig. 15 muss ich bitten, wo möglich die Mon.-Tafel XII 5ᵃ zu Hülfe zu nehmen (³). Wir haben hier, in decorativem Sinne umgestaltet, den Mittelbau mit seitlichen Anbauten (1902 S. 226 f.). Der Wandschirm setzt an in der Höhe der beiden Pilaster des engeren Bildträgers, wird also von dem ganzen oberen Teil desselben überragt. Wenn P. a. O. auch hier die Einheit des Gebälkes findet, so meint er offenbar die des engeren Bildträgers und seiner Anbauten, die sich aber weit über die niedrige Wand erheben.

Fig. 20 (oben S. 230) überragt der Mittelbau den Wandschirm nur ganz wenig; aber der Maler hat darauf gehalten, kenntlich zu machen, dass sein Gesims nicht an das des Wandschirmes anschliesst, sondern (wie in Fig. 6) über dasselbe hinweg zurückweicht, so dass der über dem Bogen angedeutete Innenraum auch aussen zur Geltung kommt. Dass dies nicht etwa Verzeichnung ist, wie P., der über diesen Wandteil nicht spricht, ohne Zweifel annehmen würde, ergiebt sich aus der Vergleichung mit dem oben besprochenen Mittelbau des längeren Teiles der Wand (Fig. 15). Dort stehen neben dem engeren Mittelbau zunächst seine seitlichen Anbauten, und demgemäss schliessen sich hier Mittel- und Seitengebälk vollkommen richtig zusammen. Es wäre wohl vermessen, diesen mit der Bedeutung der betreffenden Decorationsteile so trefflich stimmenden Un-

---

(¹) P. S. 111 unten scheint sie zu behaupten, aber statt « 13 und 14 » (S. 112 oben) ist wohl « 10 und 11 » zu lesen.

(²) Dagegen macht er die Beobachtung, dass hier wie anderswo keine Unteransicht der Decke ist. Wie schon gesagt gilt dies ausnahmslos für den Mittelbau mit Bogen (oben S. 267).

(³) Ausführliche Besprechung Ann. 1884 S. 310 ff.

terschied für zufällig oder für Verzeichnung zu halten; er ist auch
eine eindringliche Warnung, nicht so schnell mit der Annahme
von Verzeichnungen bei der Hand zu sein.

Auch für Fig. 16 wird es besser sein, die Mon.-Tafel XII
19 zu Hülfe zu nehmen, obgleich das Wesentliche doch auch in
unserer Figur kenntlich ist. Hier hat der Mittelbau eine unge-
wöhnliche Ausdehnung, mit sechs Stützen gegen vier in Fig. 15,
und der Wandschirm ist auf ein kleines Stück jederseits zusam-
mengeschrumpft; aber beide sind vollkommen deutlich unterschieden. Das abschliessende Gebälk des Mittelhauses ist natürlich in
sich eins, hat aber mit dem tiefer liegenden des Wandschirmes
keine Berührung. P.'s Auffassung ist wohl auch hier zu verstehen
wie bei Fig. 15.

Ob uns ein so grosser Bildträger « ungeheuerlich anmutet »
ist keine entscheidende Erwägung. Wir können auch dahingestellt
sein lassen, ob es solche wirklich gab — er konnte für mehrere
Bilder bestimmt sein; hier trägt er ihrer fünf — oder ob hier
die Phantasie des Wandmalers gewaltet hat.

Auf derselben Tafel haben wir wieder den dem Bettraum
entsprechenden Wandteil. Auch hier wieder Wandschirm und Mittelbau, dieser wieder mit einem Ornament statt des Bildes und
in seiner Bedeutung getrübt, zweifellos aber hoch uber die niedrige Wand aufragend, so dass die beiden Gebälke sich nicht
berühren.

Fig. 17. Ueber die eigentümliche Confusion der Motive s. 1902
S. 229. Zu oberst aber läuft das Gebälk des Wandschirmes ziemlich in gleicher Höhe mit dem der seitlichen Anbauten des Bildträgers, und es hätte nahe gelegen, sie in einander übergehen zu
lassen; aber der Maler hat darauf gehalten, sie bestimmt zu
scheiden.

Eine kleine unpublicirte im Thermenmuseum befindliche Wand
(oder Wandstück; Inv. N. 3156) aus dem Farnesinahause hat auch
den Bildträger mit Bogen. Sein Gebälk überragt das des Wandschirmes um dessen ganze Höhe.

Fig. 10 (oben S. 228). Die Wand ist sehr verblichen. Man
erkennt weissgrundige Durchblicke neben dem Mittelbau — neben-
bei ein Grund mehr, diesen selbst nicht als Durchblick zu fassen — aber das Verhältniss seines Gebälkes zu dem des Wandschirmes ist nicht kenntlich.

Die oben S. 258 besprochene Wand, *Gesch.* VII unten. nimmt
eine besondere Stellung ein, da hier der Mittelbau nicht mit dem
einfachen Wandschirm, sondern mit einer complicirten Architekturmalerei verbunden ist. Das gleich neben dem des Mittelhauses
sichtbare Gebälk ist nicht das des Wandschirmes, sondern ein
frei schwebendes; der Mittelbau reicht weiter zurück und sein
Verhältniss zu einem bei seinen Stützen sichtbaren Gebälk wird
nicht recht klar.

So bliebe nur übrig Fig. 13; vgl. 1902 S. 220 ff., Petersen
oben S. 105 ff. Es lässt sich wohl nicht gut leugnen, dass, wie immer mir den Mittelbau verstehen. sich ein Widerspruch ergiebt,
wenn wir seine Tiefe unten und wieder oben zu erkennen suchen.
Unten stehen die Säulen genau so dicht vor dem Wandschirm und
den grünen Pfeilern wie in Fig. 12 (*Mon.* XII 18), wo oben das
Epistyl nur um seine eigene Breite vor das Zwickelfeld vorspringt.
So müssten wir also auch oben dieselbe geringe Tiefe zu finden
erwarten. Statt dessen ergiebt sich hier ein Pavillon von beträcht-
licher Tiefe. Ob er nun grade, wie ich annahm, quadratisch ist,
thut wenig zur Sache; andererseits aber ist es auch nicht thunlich.
die Tiefe, wie P. will, einfach durch Zählen der Kassetten zu
ermitteln. Die Decke verschwindet ja hinter dem Vordergebälk; wir
haben die Wahl, entweder zwei Reihen quadratischer oder eine
Reihe sehr langgestreckter Kassetten anzunehmen. Wie dem auch
sei, eine beträchtliche Tiefe ergiebt sich aus dem verkürzt gesehenen
Seitengebälk und der Decke: eine genaue Schätzung ist schwer.
Dieser Widerspruch kann nicht beseitigt werden und wir müssen
uns mit ihm abfinden ([1]). Wenn wir aber fragen. wie sich der
Maler den Bau gedacht hat, so ist natürlich maassgebend das oben

---

([1]) Es war ein Irrtum, wenn ich meinte (S. 222), der Widerspruch ver-
schwinde bei isolirter Betrachtung des Mittelhauses: es ist augenscheinlich unmöglich, unten durch Annahme eines sehr niedrigen Augenpunktes eine grössere
Entfernung zu erzielen. Petersen S. 106: «kein unbefangenes Auge kann an-
«ders sehen, als dass das auf den Anten liegende Gebälk die Fortsetzung
«des Wandgebälks ist, und das Säulen wie Anten senkrecht, also oben in
«gleichem Abstand wie unten stehn ». P. verwechselt hier Sehen und Rechnen
oder Construiren. In Betreff des Gebälkes operirt er auch hier nicht mit dem
was ist, sondern mit dem was nach seiner Theorie sein müsste. Davon gleich
oben. Sehen kann man nur, dass die Stützen nach unten convergiren.

ausführlich Gemalte; unten handelt es sich doch nur um die etwas
zu geringe Breite der roten Sockeloberfläche: ein Fehler, der sich
von meinem Standpunkte leicht daraus erklärt, dass bei der Aufnahme des Bildträgers in die Wanddecoration die eigene Unterlage,
die er haben musste — *Gesch.* VII unten ist ein Rest derselben
geblieben — verloren ging und mit der den Sockel bedeckenden
Tafel verschmolzen wurde.

Wie ist nun aber das Verhältniss zwischen Mittelbau und
Wandschirm zu verstehen? Nach P. stehen die hinteren Stützen
des Mittelbaues, die grünen Pfeiler oder Pilaster, in einer Flucht
mit der «Scherwand», vor die der Mittelbau als «Prostasis» mit
seiner ganzen, sich aus Seitengebälk und Decke ergebenden Tiefe
vorspringt; die Gebälke beider liegen in gleicher Höhe, sie sind
eines; nur perspektivisch steht das des Mittelbaues höher. Für
diese Auffassung, die P. für ganz selbstverständlich zu halten scheint,
kann nur eines geltend gemacht werden, nämlich dass in der That
die grünen Pfeiler unten als mit der Wand in einer Flucht stehend
gemalt sind. Aber wir haben ja so eben constatirt, dass grade dies,
so weit es das Innere des Mittelbaues betrifft, zweifellos und unausweichlich unrichtig gezeichnet ist. Ob sich diese Unrichtigkeit
ausserhalb des Baues, vor die «Scherwand» erstreckt, also auch
diese weiter rückwärts zu denken ist, das ist bis jetzt eine offene
Frage, die zu verneinen ich von meinem Standpunkt aus schon
deshalb geneigt sein würde, weil sonst der Entstehungsgrund der
Verzeichnung innerhalb des Mittelbaues verloren geht: die Assimilirung an das richtige und übliche geringere Zurücktreten der
Wand. Aber auch abgesehen davon stösst P.'s Auffassung auf die
grössten Schwierigkeiten.

Erstens nämlich wird das Divergiren der vorderen und hinteren Stützen des Pavillons fast unerträglich, wenn sich letzteren
die Wand anschliesst. Da der Beschauer doch diese zweifellos als
aufrecht stehend empfindet, so erscheinen ihm die Säulen als vorn-
über geneigt, was sehr unbehaglich ist. Zweitens, der ganz schmale
Schatten, den die Säulen auf die Wandgebälke werfen, ganz gleich
dem der von den Kandelabern getragenen Verkröpfungen, ist dann
falsch; durch ihn wird die Wand nahe an die Säulen herangerückt.
Drittens, es müsste dann das hintere und Seitengebälk des Mittelbaues in gleicher Höhe mit dem Wandgebälk liegen; es liegt aber

grade um die Höhe des Epistyls (0,03) höher: das Wandepistyl
kann unmöglich, wie es doch müsste auf den grünen Pfeilern ruhen.
Hier Verzeichnung annehmen ist nicht möglich; denn waren die
beiden Höhen gleich gedacht, so war es viel leichter und einfacher
sie gleich zu malen als sie zu differenziren. Viertens, Mittelbau- und
Wandgebälk gleich hoch anzunehmen ist bedenklich, weil in allen
übrigen Fällen ersteres sich als höher ergeben hat. Und so drängt
sich kaum abweisbar eine andere Interpretation auf. Nichts hindert
uns anzunehmen, dass der Mittelbau nur wenig vor die « Scherwand » vorspringt, nicht mehr als der schmale Säulenschatten ergiebt, dafür aber höher ist als sie und beträchtlich hinter sie zurückweicht. Congruenz zwischen Oben und Unten im Inneren des
Mittelhauses erzielen wir freilich auch so nicht; aber nun stehen
doch die Säulen grade an dem Wandschirm und nur die viel weniger in die Augen fallenden grünen Pfeiler sind nach rückwärts
geneigt. Ich meine, wer einmal das Höhenverhältniss zwischen dem
Wandgebälk und dem der Pfeiler ins Auge gefasst hat, wird sich
schwer der Evidenz entziehen können, dass die « Scherwand » nicht
an den Hinterecken sondern an den Flanken des Pavillons ansetzt,
eher näher den Vorderecken. Ob der Pavillon Seitenwände hat, und
wie die Wand mit ihm zusammentrifft, darüber lässt uns der Maler
im Dunkeln.

Zu dem Gesagten kommt nun noch, dass die Vorstellung des
hinter den Wandschirm zurückweichenden Mittelhaupavillons keineswegs bloss hier auftritt. Wir finden sie vollkommen deutlich
Fig. 0, wo die Bildtafel haltenden gelben Pfeiler in gleicher
Flucht mit dem Wandschirm stehen, der Bau aber weiter zurückweicht, was auch aussen in seinem über den Wandschirm zurückweichenden Gesims zum Ausdruck kommt (vgl. oben S. 262). Wir
haben sie ferner Fig. 7, wo aus der über der Bildtafel sichtbaren
(nicht restaurirten) Kassettendecke eine Tiefe resultirt, die zweifellos hinter den Wandschirm zurückreicht. Kurz, es giebt im
zweiten Stil keinen Pavillonbildträger ohne diese Vorstellung. Dazu
ganz klar die Wand dritten Stils Fig. 14. Ein besonders deutliches
und genau stimmendes Beispiel vierten Stils bietet die von Stevenson *Annali* 1877 Tf. *RS* publicirte Wand beim Lateran. Auch
hier dient der Pavillon zur Aufstellung eines Kunstwerkes, zwar
nicht eines Bildes sondern einer Statue. Und endlich der den Bild-

trägern mit Bogen aufgemalte Einblick in einen Innenraum ergiebt ebenfalls, da Pilaster und Bogen in gleicher Flucht mit dem Wandschirm zu stehen scheinen, die Vorstellung des Zurückweichens hinter denselben. Dagegen ist die Einheit des Gebälkes von « Prostasis » und « Scherwand », ist eine « Prostasis » wie sie P. sich denkt und unter Annahme doppelter Verzeichnung in diese Wand hineinconjicirt, wenigstens im zweiten Stil nie und nirgends vorhanden (¹).

Woher diese Vorstellung des Pavillons als Bildträger stammt, das ist eine weitere und schwierige Frage, auf die ich jetzt nicht eingehen will. Aber in der Malerei ist sie sicher erwiesen; und da nun ein Bildträger solcher Tiefe als Zimmerschmuck nicht eben wahrscheinlich ist, so drängt sich mir die Vermutung auf, dass die ganze Tiefenentwickelung auf wirkliche Vorrichtungen dieser Art aufgemalt war, eine Vermutung, an der ich auch jetzt noch festhalte. Und wenn ich genau interpretiren will, so muss ich auch das Zurücktreten der Bildtafel hinter die grünen Pfeiler als aufgemalt betrachten, da sich die rote Fläche des Sockels nicht da hinein erstreckt (²).

Diese Annahme, dass die Tiefenentwickelung aufgemalt ist, wird bestätigt durch ein Detail, auf das ich von P. (S. 107 Anm.) aufmerksam gemacht werde: der Mittelbau hat oben keine Seitengesimse (vgl. Fig. 6), sondern nur ein Vordergesims; es ist ganz deutlich gemalt, dass sich an dieses nichts zurückweichendes anschliesst. Also hier ist die Tiefe des Baues negirt, was mit meiner Vermutung stimmt. P. nennt das eine Unachtsamkeit. Aber es war ja viel leichter, die schräge Linie bis an den Fries fortzuführen, als dies ganz eigenartige Motiv herauszubringen. Und

(¹) Von der Verschiedenheit der Farben und Ornamente (P. S. 110) habe ich nie gesprochen und lege kein Gewicht darauf. Eine Bestätigung aber ist sie immerhin.

(²) Hieran nimmt P. besonderen Anstoss. Ich sprach es zweifelnd aus und natürlich nur auf Grundlage der schon aus anderen Erwägungen angenommenen Aufmalung Uebrigens handelt es sich nicht, wie P. meint, « um den Bruchteil eines Millimeters », sondern um einen halben Centimeter, was bei einer Breite des Bildes von c. 0.49 doch nicht so verschwindend ist: P. hat nicht am Original sondern an der Publication gemessen. Es wäre wohl billig, zweimal zuzusehen, ehe man Jemanden einer solchen Absurdität beschuldigt; aber P. hält mich zu allem fähig.

jedenfalls ist es wieder einmal so, dass ich mich an das halten
kann, was gemalt ist, P. an das, was nach seiner Meinung gemalt
sein müsste.

3. Diese Behauptung P.'s bezieht sich nur auf den Bildträger mit Bogen. Es kommt ja in einigen Fällen vor, dass die den
Bogen (oder was ihn vertritt) tragenden Pilaster als die Endstücken
des Wandschirms oder seines unteren Teils erscheinen und dadurch eine Verbindung zwischen Wandschirm und Bildträger hergestellt wird, während sonst dieser ohne irgend welchen Uebergang in jenen hineintritt: Fig. 12, 15, 17, 20; vgl. auch 16; P.
möchte dies für das Ursprüngliche und Normale halten, und meint
sogar, die Bogenform sei eigens erfunden worden, « um die Verbindung der Mitte mit den Seitenteilen noch inniger zu machen » (¹).
Nach ihm soll sich diese Verbindung « in der Mehrzahl der Fälle »
finden, nämlich ausser den genannten (²) noch Fig. 11 und auf
der pompejanischen Wand *Ann.* 1882 *Y.* Ich begreife nicht, wie es
möglich war, Fig. 11 (wenn auch zweifelnd) so misszuverstehen:
der Pilaster ist in Höhenlage, Form und Farbe auf das unzweideutigste von der Wand unterschieden. *Ann.* 1882 *Y* aber gehört
absolut nicht hierher: es ist eine Wand des Kandelaberstils, in
der Motive, die an den zweiten Stil erinnern, in ganz freier und
ornamentaler Weise zur Wandteilung benutzt sind. Durch Wegfall
dieser beiden wird die Mehrzahl zur Minderzahl. Was aber wichtiger ist, die nun bleibenden fünf Beispiele finden sich alle in
zwei eng zusammengehörigen Schlafkammern des Farnesinahauses:
es ist ein einziger Maler, der diese Specialität hat. Und man
müsste ja stilblind sein, um nicht zu sehen, dass diese Wände
gegenüber Fig. 11 ein wesentlich jüngeres Stadium des zweiten
Stiles vertreten. Dazu kommt, dass sich uns dieser Maler in seiner
Behandlung der Architekturen schon mehrfach als Confusionarius
erwiesen hat, der Dinge die nicht zusammen gehören zu vermischen
geneigt ist (oben S. 229 f.). So werden wir wohl auch diese Verbindung von Wand und Pilastern nicht als das Ursprüngliche betrachten, sondern ihm zur Last legen müssen.

(¹) Indem er nämlich fälschlich annimmt, dass durch die Einheit des
Gebälkes schon eine Verbindung da sei.

(²) Von denen ihm Fig. 20 entgangen ist.

Und in der That sind noch z. T. die Commissuren sichtbar. Man beachte nur, wie an dem Bildträger mit seitlichen Anbauten Fig. 15 und an dem grossen Bildträger Fig. 16 (besser *Mon.* XII 19; vgl. auch 5ᵃ) die beiderseits abschliessenden Pilaster in ganz unmöglicher Weise vor dem von der Wand in den Bildträger hineinreichenden Gesims vorbeigehen.

Vielleicht noch lehrreicher ist Fig. 5 (besser *Mon.* XII 18). Verschiedene Dinge wirken hier recht ungünstig: die übermässige Höhe der Säulen und Pilaster im Verhältniss zu ihrer Distanz und zu ihrem Gebälk, beziehungsweise zu dem flachen und dürftigen Bogen. Und dann: es ist ja auf dieser Wand eine wahre Zinnoberüberschwemmung; namentlich störend ist die Tafel unter dem Bild und die ganze Zinnoberumgebung desselben, durch die seine Farben übermässig herabgedrückt werden. Alles dies aber ergiebt sich aus dem Bestreben, die Pilaster zu Wandenden zu machen: deshalb mussten sie und mit ihnen die Säulen so viel höher werden und musste auch das Bild vom Sockel ab in die Höhe rücken, deshalb mussten die Pilaster die Farbe der Wand annehmen, der sich dann auch das Zwickelfeld und die Tafel unten anschlossen. Da liegt es doch wirklich sehr nahe, diese Wand umgebildet zu denken aus einer, deren Mittelbau gestaltet war wie in Fig. 9, mit niedrigeren Säulen und Pilastern und voller gerundetem Bogen, das Bild gleich über dem Sockel ansetzend. Pilaster und Zwickelfeld dunkler gefärbt. Man halte nur einmal diese Wand neben die palatinische *Gesch.* IX (Fig. 11) mit ihrem klaren und kräftigen Aufbau, und schwerlich wird man zweifeln, was das Ursprüngliche sei.

Und schliesslich noch eine allgemeine Erwägung. Waren Wandschirm und Bildträger ursprünglich zwei getrennte Dinge, aber in derselben Architekturdecoration enthalten, beide architektonisch gestaltet, so musste sich im Lauf der Zeit fast unfehlbar die Neigung geltend machen, beide in Verbindung zu setzen, in einander übergehen zu lassen (¹), namentlich wenn sich, was leicht möglich,

---

(¹) Dies ist früh und allgemein unten eingetreten, wo der besondere Untersatz, den der Bildträger doch haben musste, mit der Sockelplatte zusammenwuchs. Es ist irreleitend, wenn P. S. 101 sagt, nach mir seien «diese Bildträger mit sammt ihren Fehlern nach wirklichen copiert worden». Natürlich kann jedes Exemplar frei componirt sein. Und die decorative Umbildung habe ich jederzeit betont. Wie oft werde ich das noch wiederholen müssen?

das Bewusstsein von der Bedeutung des Bildträgers verdunkelte. Waren sie aber ursprünglich eins, so wäre schwer verständlich, dass sie aus einander gewachsen sein, ihre Motive so scharf getrennt haben sollten, wie es auf den beiden palatinischen Wänden

Fig. 21.

(Fig. 10. 11), auf der pompejanischen Wand VI 13. 13 und auch in den übrigen Räumen des Farnesinahauses (¹) der Fall ist.

Die ganz vereinzelte Wand Pompeji VII 1,40 muss sich, da ein Gegenbeweis sich nicht ergiebt, der überwiegenden Mehrheit fügen; als Beweis für das Tafelbild müssen uns hier die stark und zwei-

(¹) Zu Fig. 9 kommt noch die kleine unpublicirte Wand Inv. N. 3156.

fellos beschatteten Wandungen der Bildnische genügen. Dem 1902
S. 216 gesagten füge ich hinzu, dass, wie oben Fig. 23 offenbar eine
Verkürzung von Fig. 8 ist, so diese Wand sehr wohl eine Verkürzung eines « ungeheuerlichen » Bildträgers wie Fig. 16 sein
kann. Ich gebe hierbei in Fig. 24 das Mittelstück der bisher une-
dirten Wand.

Ich glaube somit nachgewiesen zu haben, dass die ursprüngliche Trennung von Wandschirm und Bildträger mir nicht « Axiom »
ist (P. S. 109), sondern auf sorgfältiger Erwägung aller Umstände
beruht. Dass der Mittelbau ein Bildträger ist, ergiebt sich aus den
oben nachgewiesenen Tafelbildern; die vermeintliche Einheit mit
der « Scherwand » hat sich als nicht vorhanden herausgestellt.

Ich muss es ablehnen, auf das einzugehen, was P. S. 137 ff.
über die Entwickelung des « Prostase »· Motivs in den späteren
Stilen sagt; das wäre eine Aufgabe mit der ich nicht so schnell
fertig werde. Ich hätte aber 1902 S. 223 die beiden jetzt von
P. S. 137 citirten Wände Niccolini IV Nuovi scavi 16.18 (beschrieben
Mitth. 1889 S. 109 ff.) erwähnen sollen, die so viel ich sehe einzigen Beispiele dritten (nicht, wie P. meint, vierten) Stiles, in denen
das Bild die ganze Rückseite des Bildträgerpavillons einnimmt, also
anschliessend an Fig. 13. Doch steht es mit dem Pavillon in T. 16
ähnlich wie Gesch. XII: die Kassettendecke ist da, und auch
etwas den hinteren Pfosten entsprechendes, beides aber ganz ornamental auf schwarzem Grunde angedeutet. deutlich sich abhebend
von den mehr architektonisch behandelten Palmstammsäulen mit
ihrem Gebälk, die den Rahmen des Mittelbaues bilden. Und das
wird noch deutlicher auf der sonst genau entsprechenden T. 18, wo
Decke und Pfosten durch rein ornamentale Motive ersetzt sind, so
dass als Architektur nur jener Rahmen übrig bleibt; er allein ist
trotz der weniger realistischen Stilisirung zweifellos als wirklich
gedacht, das von ihm umschlossene, scheinbar zurückweichende, ist
vorhanden und doch auch nicht vorhanden, ähnlich wie der Innenraum der palatinischen Bildträger (oben S. 227), kann also auch
hier, bei Rückübersetzung in realistischere Darstellung, am ehesten
als aufgemalt verstanden werden. Damit stimmt gut, dass es in
anderen Fällen ganz fehlt, grade wie jener Innenraum auf sonst
ganz gleichartigen Bildträgern des Farnesinahauses (Fig. 9. 12).
Wenn uns mehr Bildträger zweiten Stils erhalten wären, so würden

wir vielleicht auch die Vorbilder solcher Wände dritten Stils wie *Gesch.* XII kennen: Pavillonbildträger zweiten Stils, in denen das scheinbar zurücktretende spielend ornamental behandelt wäre (¹). Sinnwidrig aber wäre es, durch solche ornamentale Motive einen Ausblick zu trennen von der Architektur, durch die hindurch er gesehen sein soll.

Im dritten und namentlich im vierten Stil sind lehrreich die Wände mit Durchbrechungen, die von den geschlossenen Teilen durch weissen, seltener schwarzen Grund unterschieden sind. Hier ergiebt sich ausnahmslos die Rückwand des Mittelbaues als geschlossen (²). An sich ist ja Umgestaltung der Motive nicht ausgeschlossen. Wenn wir aber die sich uns auf ganz anderem Wege ergebende Auffassung nachher unverbrüchlich festgehalten sehen, so dürfen wir darin eine starke Bestätigung finden.

Noch ein Wort über die Wände aus Villa Negroni. Es ist missverständlich, wenn P. (S. 137 Anm. 2) sagt, hier sei überall « die Idee des Durchblicks an der Wandlaibung noch sehr deutlich gewahrt ». Grade in Villa Negroni ist das Tafelbild besonders deutlich. Die « Wandlaibungen » sind nichts anderes als die uns aus Fig. 6 und 8 bekannten Schnittflächen des Rahmens; so wenig wie dort werden wir hier daraus auf Durchblick schliessen. Der Rahmen selbst ist überall durch seine diagonalen Eckfugen gekennzeichnet, und S. 233 Fig. 21 haben wir gesehen, wie die Bildtafel den Durchblick sperrt.

Und damit wird es wohl für diesmal genug sein. Bin nun wirklich ich es gewesen, der die Dinge auf den Kopf gestellt hat?

A. MAU.

(¹) Vgl. 1902 S. 222 ff. — P. S. 106 Anm. 2: « Wie künstlich! ». Ja, wenn das alles so einfach wäre.

(²) P. citirt als « Prostasen » mit Durchblicken Niccolini III 20 und IV *Nuovi scavi* 6. Jenes, die Ala der Casa della Caccia, ist über die ganze Wand gewucherte phantastische Architektur, mit gänzlicher Verdunkelung der ursprünglichen Motive, IV 6 hat die kleinen Architekturen des oberen Wandteils auf die Hauptfläche übertragen.

LA VIA SALARIA
NEL CIRCONDARIO DI ASCOLI PICENO.
(Tav. III)

I. — *Da S. Giusta a Fonte del Campo.*

Nel primo viaggio ch'io feci per ricercare gli avanzi della via Salaria e, seguendone le tracce, accertare il suo vero corso, limitai le indagini a tutto il circondario di Cittaducale ed a parte di quello di Aquila, incominciando da Rieti e terminando a Tufo, o meglio a Grisciano, pel tratto *Ab Urbe* — *Castrum Truentinum*, e finendo a S. Vittorino (*Amiternum*) per la traversa *Interocrium* — *Castrum Novum* ([1]).

Avendo poscia completate le ricerche su questo secondo tratto in cui la Salaria da S. Vittorino a Giulianova (*Castrum Novum*) si confonde con la via intitolata Caecilia ([2]), mi sono proposto proseguirle sulla rete principale, e le ho riprese ove le avevo lasciate, continuandole per tutto il rimanente tratto che essa Salaria percorreva nell'ambito dell'odierno circondario di Ascoli Piceno fino al mare.

Ma prima che io vada innanzi con la narrazione di quanto mi è riuscito rinvenirne durante il viaggio fatto nell'ascolano, mi si permetta che torni per poco indietro e porti a conoscenza dei cultori delle antiche cose e memorie ciò che, dalla pubblicazione del succennato mio primo lavoro sulla Salaria, per posteriori scoperte, è venuto in luce sul tronco immediatamente precedente, e cioè su quello che traversava i territori attuali di Amatrice e di Accumoli.

([1]) Cfr. Persichetti, *Viaggio archeologico sulla via Salaria nel circondario di Cittaducale*, Roma 1893, p. 34 sg.

([2]) Persichetti, *Alla ricerca della via Caecilia* (*Bullett. dell'Ist.* a. 1898, p. 191-220).

Scala 1:100.000

andamento dell'antica
via Salaria

miara naturale

Avanzi della via Salaria
in contrada Campo Madane

In riguardo a questo ramo stradale che sarebbe stato compreso tra le due mansioni della *Tabula Peutingeriana*, *Falacrinis* — ad *Martis*, esposi tutto ciò che avevo avuto la fortuna di ritrovarne fin nei pressi del villaggio di S. Giusta, ma giunto colà non potei più oltre strappare dal buio fatto dai secoli verun altro vestigio o tradizione che accennasse per dove l'antica via dalla pianura discendesse al Tronto. Mi limitai quindi ad accennare delle ipotesi (¹); ma fortunatamente una recente scoperta è venuta a fugarne le tenebre ed a rischiarare la cosa con luce meridiana.

Infatti tra i villaggi di Collemoresco, Patarico e Doma verso occidente, e S. Giorgio, S. Giusta e Poggio Vitellino verso oriente, apresi un vallone in fondo al quale scorre abbastanza grosso il torrente Neja, confluente del Tronto.

Circa due chilometri prima che il Neja sbocchi in questo fiume, sulla sponda destra, trovasi una località che si appella Fosso delle Cerrete in cui, a circa 50 metri dall'alveo del torrente, sta un molino di proprietà del sig. Antonio Guerrini.

Di fronte al detto molino, ed alla distanza di circa 10 m. da esso, gli agricoltori eransi accorti che, a poca profondità dalla superficie del suolo coltivabile, con l'aratro o con le zappe urtavano delle grosse pietre difficili a trovarsi in quei terreni ordinariamente di profondo umo argilloso e compatto, onde ne rimossero la terra per vedere di che si trattasse. Vi rinvennero dei blocchi allineati che supposero fossero resti di una strada antica, ma, per continuare la coltivazione del campo, si affrettarono a ricoprirli.

Avutane notizia, vi feci fare, sui primi di novembre dello scorso anno 1902, uno scavo che, alla profondità appena di circa cm. 80 dal piano di campagna, diede per risultato la scoperta di una fila di massi, il primo dei quali lungo m. 1.20; il secondo m. 0,55; il terzo m. 1,20; il quarto m. 0,52; tutti dello spessore di m. 0,65, costituenti il paramento di un muraglione di sostegno di una via romana, indubbiamente la Salaria.

L'altezza del muraglione non si potè constatare perchè vi si trovò dell'acqua che impedì la prosecuzione dello scavo: così pure non si potè continuare la scoperta per più lungo tratto, passando colà una

(¹) Cfr. Persichetti, op. cit. sulla via *Salaria*, pp. 93, 94.

pubblica strada mulattiera che non si poteva interrompere, per non impedirvi il transito; ma è certo che i blocchi della strada antica vi continuano, poichè il mugnaio assicura che altri ve ne sono sepolti, alla profondità di circa 70 centimetri, nell'orto vicino al molino ed a valle di esso.

I suddetti blocchi sono di pietra arenaria, come quelli che della costruzione di questa medesima via rinvenni, nel 1892, nell'antecedente tratto che passava per la località oggi chiamata Ara di Cocciante [1].

Non lungi da quel rinvenimento vedesi l'arco di un ponte a tutto sesto, di m. 2,70 di luce, che attraversa il Neja, a circa un chilometro e mezzo dal Tronto. Benchè costruito alla maniera romana, e forse con antichi conci, non è da credersi appartenente pure alla Salaria, poichè il sunnominato sig. Antonio Guerrini affermò che fu fatto fare da suo padre ad imitazione della pesantezza romana, ma che, appunto per la troppo pesantezza, fu poscia lasciato in abbandono.

Intanto l'anzidetta scoperta è riuscita di grande importanza per la nozione del vero andamento della Salaria nel territorio di Amatrice, perchè è venuta a rimuovere ogni dubbio sulla sinora ignorata discesa ch'essa faceva dai piani di S. Giorgio e S. Giusta al Tronto, accertandoci che non proseguiva verso levante per discendervi, passato l'alto paesello di Poggio Vitellino, pel vallone bagnato dal torrente Candarello, ma che invece da quei piani si abbassava gradatamente per discendervi lungo la riva destra del Neja, che percorreva nell'odierna contrada Fosso delle Cerrete poco a monte del molino Guerrini.

Il detto del Nibby che: « la Salaria raggiungeva il corso del Tronto sotto Amatrice a Ponte Vitellino » [2] — non sapendosi di qual ponte egli intendesse parlare poichè oggi non vi è alcun ponte o località che porti quel nome — faceva supporre che avesse affermata la discesa della Salaria appunto al di là di Poggio Vitellino pel vallone di Candarello, più prossimo ad Amatrice, come pure facevanla per colà supporre le odierne più favorevoli condizioni altimetriche, quantunque ne avessero allungato il cammino; ma

[1] Cfr. Persichetti, op. cit. p. 90.

[2] Nibby, *Dintorni di Roma*, III, p. 635.

la scoperta del suo tramite lunghesso il Neja ha dimostrato ancor
una volta che i Romani, pur di raggiungere al più presto il loro
obbiettivo, non si arrestavano per difficoltà altimetriche, ma sfida-
vano le erte salite — come quella al Masso dell'Orso nella valle
di Sigillo (¹), ed affrontavano le ripide discese come questa pel vallone del Neja.

Un'altra scoperta verificatasi altresì in questo stesso vallone
ci ha fatto conoscere che la Salaria, passato l'attuale molino Guerrini, proseguiva tuttavia per lungo tratto sulla sponda destra, fin
presso l'odierno ponte della strada provinciale Picente, e solo pochi
metri a monte di tal ponte attraversava il Neja, come si è rilevato
da altri avanzi dell'antica via che vennero in luce quando certo
Bartolommeo Di Pasquantonio scavò le fondazioni di un casolare
situato presso il ponte e sulla destra del Neja.

Attraversato questo torrente e passata la Salaria sulla riva
sinistra, la percorreva per circa mezzo chilometro fino all'attuale
confluenza col Tronto proseguendo lungo la riva sinistra di questo
fiume fino al Vallone di S. Giovanni, dove presso il casale di
Rocca Damiani se ne trovarono altri resti che scomparvero nella
costruzione della suddetta strada Picente.

Per lo passato ho sempre creduto — in difetto di testimo-
nianze topografiche e sulla fede della *Tab. top. Italiae Reg. IV*
del ch. Kiepert — che la Salaria si svolgesse continuamente
lungo la sponda sinistra del Tronto attraversando il Vallone di
S. Giovanni e proseguendo pel piano di S. Giovanni, Colle Fullo,
Costa di Fiume, Ceppeto, Veticajo e Piedi Macerano, fino al passello di Libertino.

Se non che, notizie recentemente avute al riguardo, mi fanno
ora dubitare dell'esattezza di tale tracciato.

Invero da persone intelligenti e pratiche della località mi si
è fatto conoscere che sulla riva destra del Tronto, nella contrada
Le Statue esistono gli avanzi di antica pila e spalla di ponte romano con lunghi muri di accompagno, i quali furono rimessi in
luce dalla gran piena del 1867 e riseppelliti da altra piena posteriore. Che i naturali dei paesi Saletta e S. Lorenzo e Flaviano
ricordano e precisano il luogo di tali avanzi che oggi si trove-

(¹) Persichetti, op. cit. p. 56 sg.

rebbero sepolti nel ghiareto a meno di 20 m. dalla strada, che
dalla contrada Statue. attraversati i poderi di Filippo Nobile,
Giovanni Cancellari e Colasante sulla stessa riva destra del fiume,
si eleva per raggiungere l'antica chiesa rurale consecrata a S. Va-
lentino, ove non sono mancate importanti scoperte di antichità (¹),
come pure se ne rinvennero nei suaccennati predi Cancellieri e
Colasante.

In seguito a tali notizie ho fatto intraprendere uno scavo per
constatare se fosse vera l'esistenza di tali ruderi stradali nell'alveo
del fiume, ma il tentativo è riuscito infruttuoso, avendo gli operai
incontrato l'acqua alla profondità di 50 centimetri. Si dovrà per
ciò deviarla una trentina di metri a monte, ma essendo ormai la
stagione troppo inoltrata per eseguirne la deviazione, mi riserbo
far ripetere il lavoro in estate e quando il fiume sarà in magra.

D'altronde non sarebbe improbabile che veramente così fosse.
imperocchè concorderebbe: 1° con ciò che scrisse in proposito il
Nibby, natìo di queste contrade e quindi di esse cognito, e cioè:
« la Salaria da Ponte Vitellino a Fonte del Campo varcava più
volte il Tronto »(²); 2° con la *Carta corografica della Sabina*
del Prosseda, annessa ai *Monumenti Sabini* del Guattani. sulla
quale egli esattamente marca la discesa della Salaria da S. Giorgio
al Tronto, e la fa poi passare sulla riva destra di quel fiume appunto nei pressi di S. Lorenzo e Saletta per la quale riva per altro
la fa proseguire fino a Fonte del Campo.

Vero è che nella seguente località Piedi Macerano, esistente
invece sulla sponda sinistra, nella costruzione della nuova rotabile
Picente, vestigi della Salaria vi riapparvero (³); la qual cosa dimostrerebbe che essa, dopo percorsa tutta la plaga pianeggiante
delle contrade Orta, Costa Romana, Castagnola e Rio Secco che
si distende sotto il Pizzo di Sevo lungo la sponda destra del
Tronto, questa abbandonava — con uno di quei vari ponti accen-
nati dal Nibby — e rivalicava il fiume presso Piedi Macerano
per riprendervi il corso sulla sponda sinistra: ma per un tratto
relativamente breve. poichè — come vedremo di qui a poco — è

_____

(¹) Cfr. Persichetti, op. cit. p. 178.
(²) Nibby, op. cit. p. 635.
(³) Cfr. Persichetti, op. cit. p. 91.

indubitato ch'essa via in prossimità dell'odierno Accumoli percorreva la sponda destra e non la sinistra del fiume medesimo, sulla quale — come lo stesso Nibby accennava — sarebbe ripassata in vicinanza dell'attuale villaggio di Fonte del Campo.

Mentre adunque su questo tratto della Salaria dal Vallone di S. Giovanni a Fonte del Campo permane l'incertezza, giova intanto conoscere che nella summenzionata località Piedi Macerano vuolsi dalla tradizione che vi fossero delle fornaci romane di laterizi, essendovisi trovati numerosi rottami di grosse tegole, teguloni e pianelle rettangolari di varie dimensioni, di m. 0,11 × 0,05; di m. 0,11 × 0,4; e di m. 0.9 × 0,9.

In nessun fabbricato di Accumoli e vicinanze furono mai rinvenute simili mattonelle, mentre a Piedi Macerano in un terreno del sig. Emidio Santolini, presso un filare di viti se ne trovarono ammonticchiate in gran numero. E coloro che fecero lo scassato per la piantagione dei filari di viti, trovarono sempre cocci di teguloni e mattonelle, ma giammai fondazioni che dessero indizio di antichi fabbricati.

II. — Da Fonte del Campo a Grisciano.

Il Tronto, grosso ed impetuoso fiume, che solca l'ampia valle di Amatrice per tutta la sua lunghezza, dopo ricevuto il contributo del Neja, non è più quieto e largo come in aperta campagna, ma gorgogliando scorre ristretto quasi in una gola essendo la sua sinistra fiancheggiata da una continua catena di colli e burroni franosi che spesso danneggia. Là dove questa valle finisce e ne incomincia un'altra più stretta rivolta verso nord-est, il fiume fa un gomito presso il quale attualmente a destra siede in pianura il villaggio di Fonte del Campo ed a sinistra, aggruppato sopra un colle, sorge il paese di Accumoli.

Fino a qualche anno fa tanto dalla parte di Fonte del Campo quanto da quella di Accumoli era scomparso ogni vestigio della Salaria.

Il Kiepert ritenne che proseguisse il suo corso sulla sinistra del fiume, e lo stesso ritenni anch'io perchè nella contrada Coste di S. Angelo ebbi la fortuna di rinvenirvene un avanzo [1]. Ma

(1) Cfr. Persichetti, op. cit. p. 99.

un'altra recente scoperta, della cui notizia, come di altre, mi professo ben grato alla cortesia dell'ing. Antonio Colucci di Accumoli, è venuta a farci lume intorno al vero andamento della via antichissima nel territorio accumolese.

Infatti percorrendo la piaga dolcemente appesa che forma la riva destra del Tronto, da Fonte del Campo si va a S. Maria delle Camere, antica e diruta chiesa, dopo la quale, andando sempre verso oriente, viene il villaggio di Illica, e dopo questo trovasi una contrada detta Campo Madano o Madama.

Quivi, a circa 150 m. a sud sud-ovest del casale Valentini — che vedesi marcato sulle tavole topografiche dell'Istituto Geogr. Militare Italiano — nei terreni di Francesco Compagnoni, Giuseppe Casini e Melchiorre Valentini sono fortunatamente tornati all'aprico indubbi avanzi della Salaria. Il più notevole e meglio conservato è quello trovato sul fondo Compagnoni, composto di quattro fila dei soliti massi uniti da grappe di ferro. La prima fila di n. quattro blocchi è intatta; la seconda è ben conservata e le altre sono più o meno deteriorate dalla corrosione degli agenti atmosferici. Vi si rinvenne pure l'intera carreggiata od aggere stradale di m. 4.20.

Se il lettore osserva con attenzione la figura 1, rileverà che tra il primo e secondo corso di pietre esiste una risega o ritiro di circa 15 o 20 centimetri, risega che pure esiste tra i corsi successivi (v. anche lo spaccato tav. III).

Questo fatto probabilmente sarà derivato da scoscendimento del suolo avvenuto per l'avvallarsi del terreno alla formazione del fosso che forse non esisteva in antico, e forse prodotto dai rilevanti diboscamenti che nel territorio di Accumoli si verificarono nei secoli XVI e XVII, e dei quali si trova notizia in un incartamento che si conserva nell'archivio comunale di Accumoli e nelle *Memorie storiche* di Agostino Cappello [1], diboscamenti che formarono numerosi fossi e di conseguenza ingrossarono il Tronto e ne rialzarono il livello.

Dei succennati avanzi stradali rinvenuti a Campo Madano, quello del Compagnoni è il più conservato perchè questo buon vecchio, considerando un sacrilegio distruggerli e servirsi di quel materiale, ne rispettò l'esistenza.

[1] Cf. Cappello, *Memorie storiche di Accumoli*, 1829, parte II, c. 3, p. 66.

Tale antica via egli la chiama la strada di Cecco d'Ascoli (Francesco Stabili), e così purtroppo la chiamano quasi tutti i vecchi di quei luoghi. Se ad essi qualcuno domanda della Salaria, parlano subito di vecchie strade mulattiere che si percorrevano quarant'anni or sono, ma se si domanda della strada di Cecco, tutti ne parlano con entusiasmo e ne indicano approssimativamente il tracciato; e così bisogna chiamarla se si vuole averne notizia.

Fig. 1.

Essi ritengono che una strada fatta con massi colossali ed in tempo remoto non poteva essere lavoro umano e che fu costruita da Cecco in una notte, per opera di magia (¹).

L'importanza poi di tali scoperte di ruderi stradali nella località Campo Madano a nessuno può sfuggire, poiché esse rivelandoci il percorso della vetusta via nell'odierno territorio di Accumoli sulla riva destra del Tronto, ci portano a ritenere che su quella plaga doveva esistere la *mansio Vicus Badies o Badiae*, la quale poteva trovarsi probabilmente in prossimità della diruta chiesa di S. Maria delle Camere, dirimpetto al paese di Accumoli, attesoché è quello il luogo che più di ogni altro abbia offerto ava-

---

(¹) Cf. Cappello, *Mem. stor. di Accumoli*, I, p. 61. — Guattani, *Mon. sab.* I, p. 35, e II, p. 268. — Carducci, *Mem. e Mon. di Ascoli*, p. 98. — Castelli, *Vita ed opere di Cecco d'Ascoli*, p. 47. — Persichetti, op. cit. p. 70.

riati ed interessanti rinvenimenti archeologici. Difatti vi tornarono in luce I ruderi della Salaria; un acquedotto in calcare; vecchie fondazioni in ogni punto; una specie di piazzale con marciapiede di grossi laterizii, di m. 0,56 × 0,56, che furono adoperati per pavimentare I forni di Francesco Vidoni e Giuseppe Spinetoli e la cucina di quest'ultimo, ove ne furono impiegati circa quaranta; oggetti di armature di bronzo che finirono venduti in Roma; nonchè utensili domestici.

Poco a valle poi dei ruderi della chiesa di S. Maria delle Camere, e precisamente nella vicinanza di una fornace, fu rinvenuto un sepolcreto con molti cadaveri allineati, di grossa statura, che si polverizzarono al contatto dell'aria.

Da Fonte del Campo alle Camere si distingue ancora l'antico tracciato dato da un sentiero che fino a 50 anni fa era pubblica strada e che ora rimane solo pel servizio di fondi privati; sentiero che procede oltre le Camere.

Da questa località la Salaria proseguiva per le contrade oggi dette Fonte della Sponga, Le Vischette o Vigne di Checca, Campo Madano e Spinaceto d'Illica, ove esistono tuttora, benchè sepolte dalla ghiaia del letto del Tronto ma da tutti conosciute, le fondazioni di una pila di ponte, mediante il quale la Salaria passava sulla sponda sin. nella ridetta località Coste S. Angelo, nella quale ne rinvenni le vestigia nel 1892 (¹).

Poco più di un chilometro dopo, la via ripassava sulla riva destra del fiume in contrada Camperone. Vi era rimasta una spalla di questo ponte con i primi conci dell'armilla dell'arco, il tutto formato di grossi massi di travertino spugnoso, uniti con grappe di ferro, ma servirono di cava a molti naturali di Fonte del Campo, d'Illica e di Grisciano, i quali, mentre il muratore Eugenio Brandi di Grisciano funzionò da demolitore di quelle venerande reliquie, accorsero a dividersene il bottino. I resti furono asportati dalla piena del 10 ottobre 1887, che segnò il *record* delle piene del Tronto, superando quella della cosidetta notte di S. Giovanni, ossia del 24 giugno 1857, che pur rimase memoranda.

Questo doppio passaggio del Tronto dallo Spinaceto alle Coste S. Angelo e dopo queste a Camperone, era reso necessario dal

(¹) Cf. Persichetti, op. cit. p. 99.

fatto che in quella zona formante la destra riva, si trova un tratto di terreno impraticabile, chiamato Lamaccia, eminentemente franoso ed acquitrinoso che non permette la costruzione di qualsiasi lavoro solido, tanto che l'odierna mulattiera che la percorre si avanza ad ogni pochi anni per tuffarsi nell'acqua del fiume che l'invade, e bisogna ritracciarla nel retrostante terreno che por lentamente si avanza.

Nel ridetto mio precedente viaggio in ricerca delle vestigia della via Salaria che ce ne avessero potuto precisare il vero andamento, dopo aver riferito della scoperta fattane alle Coste S. Angelo, accennai alla probabilità che i Romani per sottrarla ai danni del rapido e spesso violento fiume Tronto l'avessero spostata dal basso e, con una variante, portata più in alto, internandola nella gola tra i monti Cacavalli e Macchia alta, dai quali scende il torrente Capo d'Acqua ed in mezzo a cui sta nascosto il villaggio di Tufo, che ritenni poter essere probabilmente identificato con la mansione indicataci dalla *Tab. Peut.* col nome *ad Martis.*

Ma dopo queste recenti scoperte che ci fanno conoscere che la Salaria dalle Coste S. Angelo non saliva verso Tufo, ma proseguiva in basso lungo il fiume, rivalicandolo per riprendere il cammino sulla riva destra ed andando così presso l'odierno Grisciano, per le contrade Le Prata, Lingua Nera e La Valle, mi sorge nell'animo il dubbio che l'*ad Martis* non si debba ricercare verso Tufo ma bensì sulla plaga opposta, lungo la destra sponda del Tronto.

Ad accrescere questo dubbio ed a confortare tale opinione sta il fatto che poco dopo Grisciano e la contrada Le Salette, nella località detta Campo di Sotto, la quale trovasi precisamente fra il Tronto e la strada che da Grisciano conduce verso Pescara, Vezzano ed Arquata, tornarono in luce ruderi di un antico pago, fondazioni di fabbriche, pavimenti a mosaico e di piccole mattonelle romboidali, appena oltrepassato il casale Marini-Tommasi, a circa chilom. 6,500 da S. Maria delle Camere, uguali a circa 4 miglia romane; onde si avrebbero quasi le m. XVI che la *Tab. Peut.* fa intercedere tra *Falacrinae* e l'*ad Martis.*

Tutto ciò ho creduto doveroso ed utile far conoscere non solo in omaggio alla verità, ma anche per rimettere gli studiosi sulle vere tracce delle antiche località la cui ubicazione precisa è tuttora ignota.

III. — Da Grisciano e Tufo ad Acquasanta.

Mentre sino a Grisciano, paesello di confine tra la provincia di Aquila e quella di Ascoli, ho avuto la fortuna di trovare qualche traccia della Salaria, invece da Grisciano in avanti sulla riva dr. del Tronto e per un estensione di molti chilometri, non potei rinvenirne alcun vestigio e neppure potei avere notizia di qualche più o meno recente scoperta di antichità.

E con eguale rincrescimento debbo pur dire che simile risultato ho avuto da indagini, benchè pazienti, fatte lunghesso la sponda sin. del Tronto.

Tornato a Tufo, villaggio di poche case, per sapere se per avventura vi si fosse verificato, dopo la mia gita, qualche rinvenimento archeologico, che avesse potuto assicurare se colà od in quei pressi sorgesse il *fanum* o la *aedes Martis* della *Tab. Peut.*, da tutti quelli che interrogai ebbi risposte negative.

Proseguii sempre sulla sin. del fiume, e traversate le contrade Venella, Tufillo, Vene dei Corvi, Le Moglie, Coste delle Venelle, Ventura, Frasina, Costa Carosa, Frana di S. Lucia, Salvenella ed i villaggi Pescara e Vezzano, giunsi, dopo così lungo tragitto, ad Arquata, grosso paese addossato alla pendice di un monte lambito dal Tronto, che con i ruderi del suo castello ha tutto l'aspetto di fondazione medievale.

Tutta questa zona si svolge ristretta quasi in una gola serpeggiante con coste franose in forte pendio, parte di rocce calcaree disgregate e parte argillose ed acquitrinose, tanto che l'odierna strada provinciale è in pericolo di essere distrutta per lungo tratto dalla grande frana di S. Lucia, che già distrusse la rotabile comunale congiungente la Picente col paesello di S. Lucia, onde ben poco si prestava allo sviluppo di una strada come la Salaria ed ancor meno a conservarne i vestigi se vi fosse stata costruita.

Nè più conveniente a tale costruzione appare la campagna che sta di fronte, sulla riva destra del Tronto, come oggidì si presenta, poichè le coste sonvi in altrettanto forte pendio; di plaghe pianeggianti ve ne sono anche poche; ed il non esservi da quel lato sorti paesi farebbe supporre con maggiore fondamento che la via antica passasse piuttosto sulla sinistra; ond'è che di sicuro e di positivo nulla posso dirne.

Nè tampoco in Arquata mi è stato possibile sapere alcun che in riguardo all'antico *Surpicanum*. A memoria d'uomo non vi si ha notizia di rinvenimenti di antichità che si possano riferire ad esso; sicchè da Grisciano ad Arquata tanto per l'andamento della Salaria, quanto per l'ubicazione dell'*ad Martis* e di *Surpicanum* per me non si ha ancora veruna certezza.

Poco lungi da Arquata, dopo una ripida discesa di un paio di chilometri, s'incontra il paesello di Trisungo, che diviso in tre frazioni Trisungo, Ponte e Vicinato, sta già al basso disteso lungo il Tronto.

Trisungo è sulla sponda destra, e quivi sulla strada pubblica, precisamente in un larghetto innanzi la casa del sig. Luigi Laudi, all'angolo nord-ovest dell'avancorpo della casa medesima, vedesi muto ma eloquente un rocchio di colonna leggermente cuneiforme, forse così ridotta da danni sofferti. Essa è la preziosa reliquia del ben noto (¹) milliario XCVIIII della Salaria, rinvenuto nel 1831 avanti il caseggiato del paese sul letto del fiume, dove probabilmente era rotolato (²). Le sue attuali dimensioni sono: alto m. 0,70; di diametro superiore m. 0,65; di diametro inferiore m. 0,74. È di carattere piuttosto grande e bello. Vi si legge quindi chiaramente:

IMP · CAESAR · DIVI . F
AVGVSTVS · COS · XI
TRIBV · POTEST · VIII   n. c. 739-9
EX · S · C
X C V I I I

(¹) Cf. Mommsen, *C. I. L.* IX, n. 5950

(²) Non è dunque esatto ciò che in proposito scrisse il Castelli (*La via consolare Salaria*, p. 17), che « presso la borgata di Trisungo venne trovata la colonnetta coll'indicazione del centesimo miglio » e neppure che « si conserva con lodevole cura in casa del sig. Laudi ». La colonna del centesimo miglio non è stata mai rinvenuta, bensì quella del novantanovesimo; e non sta in casa Laudi ma fuori della medesima sulla pubblica via, dove se è più facilmente visibile è pure più facilmente soggetta ad essere danneggiata, ond'è desiderabile che come quella del m. CXXIII, fosse conservata nel Museo d'Ascoli.

Questo milliario è della stessa serie di quello LXVIIII da me rinvenuto nella valle di Sigillo, in contrada Masso dell'Orso ([1]): ambedue collocati lungo la Salaria sotto Augusto e forse nello stesso anno. Non pertanto per dimensione, forma, qualità della pietra e carattere essi sono diversi. Il che c'induce a credere che i Romani pei milliari non seguivano un tipo uniforme, ma vario, secondo i criteri dei direttori dei lavori ed il materiale di cui disponevano in ciascuna località.

Il rinvenimento di quel milliario nel summenzionato alto dimostrerebbe che la Salaria ivi correva sulla destra e non già sulla sinistra del fiume.

Ad ogni modo se non prima dell'attuale Trisungo, di certo poco dopo di esso la Salaria svolgevasi sulla destra, poichè nella boscosa contrada della Castagne coperte, che incomincia circa mezzo chilometro al di là del paese, sino a poco tempo fa, esistevano notevoli avanzi della vetusta via, dai quali rilevavasi che essa si sviluppava un po' più in alto non solo del livello del fiume, ma anche dell'odierno paese.

Alle Castagne coperte adunque, in mezzo al castagneto di Giambattista Torquati ne esisteva un avanzo lungo quasi 15 m., con selciato a poligoni. Un altro trovavasi più oltre in vocabolo Lu Prito, prima di giungere alla casetta nuova di certo Giuseppe Angelucci, per una lunghezza di circa m. 5, composto di massi rettangolari.

Pur troppo di queste preziose reliquie non resta traccia, e dalle informazioni assunte mi è risultato che dai proprietari dei castagneti, i quali hanno scassato a destra ed a manca, sono state distrutte per servirsi dei conci della via antica per costruire muri a secco a difesa dei loro poderi. Così pure vicino la suddetta casetta di Giuseppe Angelucci eravi una lapide iscritta che non più esiste, ma dicesi, con barbaro vandalismo, sia stata gittata nel fiume.

A levante di Trisungo poi, sulla sin. del Tronto ed a confine della frazione Vicinato, sta la località che ancora chiamasi Centesimo, dal centesimo miglio della Salaria collocato ivi presso, ma certo sulla sponda destra, donde l'indicazione *Ad Centesimum*

([1]) Cfr. Persichetti, op. cit. pp. 64 e 65.

dell'Itinerario d'Antonino. Tale indicazione, come bene osserva il Castelli « non accennò già ad un borgo determinato, ma sibbene ad un limite teorico ed ufficiale, ad una linea generica, a cui si arrestava la giurisdizione della Prefettura urbana, nel raggio di cento miglia attorno a Roma » (¹); infatti nella contrada Cantesimo non si osservano ruderi di sorta alcuna.

La Salaria, dopo percorse per circa due chilometri le Castagne coperte, dal terreno oggi di Marcantonio Andreani ripassava sulla sin. del fiume con un ponte detto di S. Paolo, che fu travolto da una gran piena. N'è rimasto un solo vestigio in un enorme masso naturale ch'esce dall'alveo del Tronto e sul quale era fondata la pila destra del ponte. Vi si veggono due grandi incavi squadrati nei quali erano incassati i primi grandi conci di sostegno di quella pila.

Per quanto dell'ulteriore andamento della via non si rinvengano tracce, tuttavia è da supporsi ch'essa proseguisse per le contrade Nova la Vite, Quercia del Salvatore, Piedi Vargarizia, La Calcara, Ponte delle Capre, La Melunia, Ponte della Vallecchia e Cima delle Tofe, a traverso le quali contrade n'è scomparso ogni vestigio.

Sotto il passello di Favalanciata invece si osservano stupendi tagli fatti sul tufo per aprirvi il passaggio di questa via che rivalicava il Tronto soltanto all'odierno paese di Quintodecimo, il quale secondo alcuni scrittori prese questo nome dal trovarsi alla distanza di quindici miglia da Ascoli verso Roma (²).

Il ponte col quale effettuavasi il valico usciva avanti la odierna chiesa della Madonna delle Grazie, ma, abbattuto ed asportato anch'esso dall'impeto di quel violento fiume, venne sostituito dal ponte attuale che non conserva nulla dell'antico.

Da Quintodecimo andando ad Acquasanta, a traverso una percorrenza di circa km. 3, neppure si ha il piacere di vedere qualche avanzo della Salaria lungo la sponda dr. del Tronto che vi corre tortuoso e gonfio, spesso incassato fra aspre rupi.

Ma ecco che, circa mezzo chilometro prima di giungere ad

(¹) Cfr. Castelli, *La via consolare Salaria*, Ascoli Piceno, 1886, p. 10.
(²) Cfr. Drandimarte, *Plinio seniore illustrato nella descrizione del Piceno*, Roma, 1815, p. 113; Garrucci, *Via Salaria e suoi rami*, « Civiltà Catt. » a. XXXII, vol. VII, s. XI, p. 729.

Acquasanta se ne ritrova finalmente uno molto bello, nascosto sotto
la strada provinciale, e del quale nessuno scrittore finora ha mai
parlato.

È un ponte ad un solo arco, sotto cui scorre il torrente Garrafo o Garaffo, affluente del Tronto. Le sue dimensioni sono le

Fig. 2.

seguenti: luce dell'arco m. 10,50, altezza dei pilastri m. 3, spessore m. 5,50 a cui è aggiunta una costruzione moderna spessa
m. 2, spessore della volta m. 0,60, blocchi medi m. 0,60 × 0,65.
I blocchi poi del muraglione che lo fiancheggia sono al solito
grandi e di varie dimensioni.

Con la sua robustezza sostiene il peso di un ponte nuovo a
sette arcate, che elevasi dal pelo dell'acqua m. 20, su di esso
innalzato pel passaggio della strada provinciale.

La conservazione di questo antico ponte sul Garrafo si deve
— bisogna dirlo a titolo d'onore — all'egregio ingegnere e cit-

ladino ascolano il fu sig. Gabriele Gabrielli il quale. costruendo
la detta nuova strada rotabile, ebbe la felice idea di sopraelevarvi
il succennato ponte a più archi sul quale oggi passa appunto
questra strada.

È della più grande importanza. in ordine alle indagini di cui
ci occupiamo, è l'esistenza di tal ponte perchè non soltanto ci
offre la dimostrazione che la Salaria percorreva la riva destra del
fiume in quel territorio, ma ancora ch'essa era tracciata più in
basso della rotabile attuale e della parte alta dell'odierno paese
di Acquasanta.

Il suo livello corrispondeva presso a poco a quello della sot-
tostante borgata dei bagni termali: con tutta probabilità quindi
è da ritenersi che l'antica mansione *ad Aquas* si trovasse in quei
pressi, e che la Salaria abbassasse in quel punto il suo livello
per toccare tale stazione balneare sin d'allora rinomata per le sue
acque minerali.

IV. — *Da Acquasanta ad Ascoli.*

Lasciata Acquasanta — dove ho ricercato invano qualche
antico rudero che indicasse il posto preciso della romana località
o pago *ad Aquas* — si procede verso Ascoli percorrendo ancora
la sponda destra del Tronto. per la quale. come la moderna rotabile. anche la Salaria continuava il suo cammino, ma per ben
lungo tratto se ne riperdono le tracce.

Se non che, ad un chilometro e mezzo circa dopo passato il
suddetto paese. trovasi una località chiamata Ficciano, nella quale.
sopra terreno del sig. Giovanni Bellini di Acquasanta, osservasi
una rupe intercisa molto probabilmente tagliata per la Salaria.
Vero è che tale rupe è più in alto del sopradescritto ponte sul
Garrafo, ma la rupe medesima dimostrerebbe che la Salaria, dopo
aver toccata la bassa mansione *ad Aquas*, avrebbe rielevata la sua
livelletta per andare più in piano verso Ascoli, il che ci vien fatto
conoscere non solamente da questo taglio in roccia, ma anche dagli
altri avanzi di essa via trovati più oltre, il cui piano stradale di
poco differisce da quello della ridetta rotabile moderna. Non avrei
quindi difficoltà a credere che la rupe intercisa di Ficciano fosse
appartenuta a quell'antica via.

Ma dopo altri pochi chilometri, eccoci finalmente innanzi ad
uno splendido e conservatissimo avanzo della Salaria, uno dei più
grandi e più meravigliosi muraglioni stradali rimastici dei Romani. Circa mezzo chilometro adunque prima di giungere al nuovo
ponte d'Arli, in una località oggi detta Vene di S. Caterina, la
Salaria, lungo la ripida china della costa che si precipita nel
Tronto, era sostenuta da un robustissimo muraglione, piantato sulla
roccia viva, all'altezza di poco più o poco meno di m. 4 dal pelo
dell'acqua di detto fiume che gli batte contro gagliardamente.

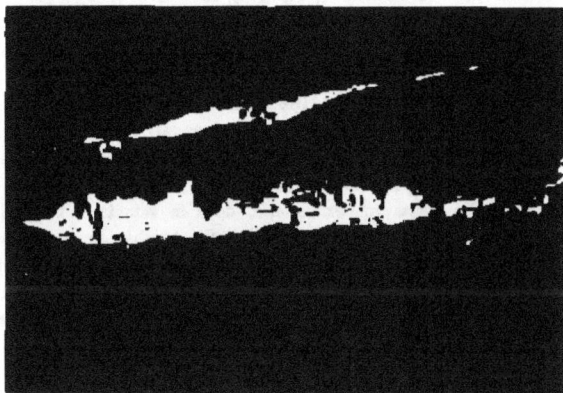

Fig. 3.

Lungo 61 metri, si eleva per circa m. 7.80 con dodici fila di
blocchi rettangolari in travertino bianco e pulito come se fosse
stato posto in opera di recente, ma la sua altezza sull'acqua è di
m. 11. Nella metà si piega in angolo alquanto rientrante, che gli
dà l'aspetto di due grandi pareti convergenti. Ogni blocco ha l'altezza di m. 0,65; ma la lunghezza è varia. Uno dei più grandi
è lungo m. 1,86, ma ve n'è qualche altro che arriva fino a m. 2,15.

La pura ed elegante struttura di questo stupendo muraglione
ad *opus quadratum isodomum* ci riporta ai tempi d'Augusto, e ci
fa credere ch'esso fosse restauro o variante dell'antica costruzione,
fatto nell'anno indicatoci dal milliario di Trisungo. Ed è conso-

lante che, servendo oggi quell'opera colossale di sostegno anche all'odierna strada provinciale, ne è assicurata la conservazione sino alle età future (¹).

Poco dopo si arriva con la detta provinciale al nuovo ponte d'Arli, col quale si passa dalla destra alla sinistra del Tronto. Nessun vestigio ci fa oggi conoscere dove la via antica avesse il suo ponte pel valico del fiume.

Infatti nella chiesa di S. Pietro in Arli, piccolo paese posto appunto sulla sinistra del fiume e di fronte al suddescritto muraglione, trovasi una colonna di cipollino che serve di sostegno al fonte battesimale, con bina iscrizione, l'una di Massenzio, l'altra di Valente, Valentiniano e Graziano. È il ben noto milliario CXIX (²). Trovandovisi da tempo remoto, avendone la prima volta data notizia l'Arduini (³) nel 1845, non è da supporsi che vi fosse stata trasportata dalla riva destra, traversandosi la corrente del fiume prima della costruzione della nuova strada e relativo ponte, ma piuttosto è da pensarsi che quella colonna fosse stata rinvenuta su quella stessa sponda sinistra, dove la vetusta via possibilmente proseguiva il suo corso. Dico ciò perchè da alcuni è stato detto e da altri ancora si crede che, fissando come capisaldi della Salaria gli avanzi delle Castagne coperte, del ponte d'Arli, ossia delle Vene di S. Caterina e di Mozzano, essa via da Trisungo ad Ascoli passasse sempre sulla dritta del Tronto.

Invece è il contrario; per qualche non breve tratto percorreva la sponda sin., non solo prima di Quintodecimo, ma anche dopo il ponte d'Arli, nel che conviene pure il ch. Kiepert, ma non è esatto che vi proseguisse sino alla chiesina di S. Giovanni (⁴).

Ed invero, dopo aver percorsi vari chilometri sulla detta sponda sin., si entra nel territorio del villaggio di Mozzano. Quivi, mezzo chilometro circa prima di giungere alla borgata che ha nome Taverna di Piccinini, sopra la ridetta sin. sponda, in vocabolo chiamato Caprafico, evvi un terreno del sig. Giovanni Piccinini di Montleprandone. Su quel terreno lambito dal Tronto, dopo aver abbandonato la provinciale ed essere sceso verso il fiume, ho riconosciuto

(¹) Cfr. Carducci, *Memorie e monumenti di Ascoli*, Fermo, 1853, p. 240.
(²) Cfr. Mommsen, *C. I. L.* IX, n. 5951 e 5952.
(³) Cfr. *Annali*. 1845, maggio, p. 61.
(⁴) Cf. Kiepert, *Tab. top. Italiae regio IV*, annessa al *C. I. L.* IX.

un resto della Salaria di cui finora nessuno ha fatto menzione. Si
compone di quattro fila di massi di arenaria, uno dei quali è lungo
m. 2,26, ed alto m. 0,81; nonchè spesso m. 0,60. L'altra parte
di quella robusta sostruzione fu asportata dal fiume, come mi disse
il colono Pietro Ciarma.

Di fronte poi, e cioè sull'opposta dr. riva del Tronto, vi è
rimasta la traccia della fondazione di un ponte, scavata in un
masso enorme di roccia viva, ossia sul limitare di una rupe che
dalla costa scende al fiume. Vi si veggono gl'incavi per sette fila
di blocchi che costituivano quella spalla di ponte, il quale in tal
punto doveva avere un arco quasi di m. 15 di luce. E forse ad
esso, oggi scomparso, si riferisce ciò che in riguardo alla Salaria
succintamente scrisse l'egregio e benemerito scrittore Giambattista
Carducci (¹) e cioè: « Ripostici a Mozzano, prima di procedere oltre
per Acquasanta, rimarcheremo un antico rudere al di là del fiume,
rimpetto il paese stesso. Io vidi in esso la spalla di un antico
ponte romano, di costruzione analoga a quella del ponte di Cecco,
la cui antichità volemmo rivendicare. Osservando che il letto del
fiume alle falde del monte, oltre il punto ove sorgono queste ve-
stigie, tanto si stringe da non rimanere possibilità veruna di
aprirvi una strada, e che invece nella sinistra sponda piano e lar-
ghissimo spazio presenta il terreno, chiaro diviene che la via Salaria dopo aver fronteggiato la destra, trapassasse su questo ponte
per trovare al di qua suolo più favorevole al suo cammino ».

Col ridetto ponte adunque la Salaria ricavalcava il fiume e
ripassava sulla riva destra, come ci rivelano pure tre splendidi
ruderi che se ne incontrano poco più oltre, quasi di fronte alla
Taverna di Piccinini, in località che chiamasi Li Murrici, dove si
va male ed a pena mettendo il piede sopra massacci e scogli che
ingombrano l'alveo del fiume il quale mormorando scorre tra essi.

Il primo rudere sta sopra terreno, in forte pendio, del signor
Marino De Sanctis di Palmarella, fondato circa 5 metri sul livello
del fiume. Si compone di quattro filari di conci di arenaria, il più
grande dei quali è alto m. 0,80. Ve n'è qualcuno sporgente in fuori
dalla perpendicolare del muro.

Il secondo avanzo sta un po' più innanzi, sopra la parata del

(¹) Cf. Carducci, op. cit. p. 239.

molino di Mozzano, su terreno, anche appeso, appartenente a don Francesco Rufini, priore di Mozzano. È lungo m. 15, e vi compone di cinque filari di blocchi anche d'arenaria, alti m. 0,94. Uno di essi è lungo m. 1,87. Più di un blocco esce pure fuori dalla perpendicolare, con uno sporto nientemeno di m. 0,85. Questi blocchi sporgenti chi più e chi meno, chi qua e chi là dalla facciata esterna del muraglione sono per me un esempio nuovo della tecnica antica. Non ho mai avuto occasione di vederne uno simile in altro posto, nè sulla stessa Salaria nè su altre strade romane, ed in verità non saprei renderne ragione. Segnalo però questo fatto non solo a complemento della breve descrizione, ma per richiamarvi sopra l'attenzione dei tecnici, i quali con maggiore competenza, potrebbero spiegare il motivo pel quale quei massi furonvi collocati così sporgenti in falso.

Dopo percorsi altri 5 o 6 metri di quella lubrica falda del colle battuta dal Tronto, trovasene un terzo rudere, scoperto sino alle fondazioni, e composto di ben otto fila di blocchi anche d'arenaria e simili ai precedenti che sono tutti di costruzione pseudo-isodoma, molto più antica e molto meno perfetta del suddescritto muraglione delle Vene di s. Caterina. Il che conferma che la Salaria, dopo la sua prima costruzione, fu restaurata più volte, ed in epoche tra loro molto lontane.

Il Colucci parlando di Mozzano (¹), accenna a varie scoperte avvenute presso quei muraglioni, verso ovest in contrada s. Abramo, e fra l'altro ad una iscrizione indecifrabile. Ne interrogai in proposito il prof. cav. Giulio Gabrielli, Ispettore dei monumenti in Ascoli, ed egli mi disse che ne aveva fatte parecchie ricerche, ma non era riuscito ad averne contezza.

Andando ancora più innanzi, sempre sulla dr. del Tronto, pochi chilometri prima di giungere ad Ascoli, presso una località detta Albero del Piccione, sino a pochi anni sono, osservavasi un bel taglio artificiale su roccia viva di travertino fatto in servizio della Salaria; ma lo stesso sig. Gabrielli mi narrò che, non ha guari, era stato trasformato e deturpato per una correzione ivi apportata alla strada provinciale.

Poco più oltre, prima di arrivare ad un ponte che attraversa

(¹) Colucci, *Antichità Picene*. tom. XIV.

un piccolo corso d'acqua che scende dal monte di Rosara, vi è
una contrada che appellasi pure Albero del Piccione o Rosara,
distante appena un miglio e mezzo da Ascoli. In essa evvi un
predio appartenente al sig. Luigi Salvati di detta città, tenuto a
colonia da certo Lorenzo Nardini, *alias* Scattolino, predio che la
detta strada provinciale divide, lasciando a sinistra la casa colonica. Circa m. 10 prima di giungere a quella casa, di fronte alla
medesima ed a destra della riconnata strada, trovasi, nascosto da
piante selvaggie, un altro avanzo della Salaria lungo m. 12, ch'è
quasi allo stesso livello della provinciale con cui confina. Ne rimane una sola fila di grandi conci non più di arenaria, ma di
travertino, sovrapposti ad una fila di pietre ordinarie. Un concio
lo misurai della lunghezza di m. 1,26 × 0,63 di altezza. Mi per-
misi far recidere parecchi di quegli arbusti che profanavano e
nascondevano quell'interessante reliquia stradale che, per allora,
fu così rimessa in vista dei viandanti.

Sulla facciata poi di quella casa colonica, prospiciente alla via
pubblica, vedesi in alto murato il frammento di una stele sepol-
crale superiormente arcuata (¹) su cui si legge:

VI
C · SATANVS
C · L · MATOGEN
ES · IN · FR · P · X
IN · AGR · P · X

Ma prima di giungere a tale casa colonica, evvi un altro
terreno appartenente pure al sig. Luigi Salvati, in contrada detta
Salvia ed anche Albero del Piccione ovvero Rosara, collivato da
certo Dajocchi soprannominato Villano, terreno diviso da quello
collivato dal Nardini dalla sola strada provinciale. Presso la casa
colonica di questo primo terreno del sig. Salvati, che trovasi a
monte della provinciale e circa un centinaio di metri distante
dall'altra casa, sta un sarcofago in travertino, lungo m. 2, largo
m. 0,60, liscio in tutte le sue facce. Vi è altresì una lapide
lunga m. 1 e larga anche m. 0,60; lapide che il più vecchio

(¹) Cf. Mommsen, *C. I. L.* IX, 5237.

della famiglia Bajocchi dice di aver udito dal fu suo padre che essa fu rinvenuta su quel sarcofago.

Una cornice rettangolare, ad alto rilievo, la chiude all'intorno, e nel mezzo reca in lettere evanide ([1]), la seguente epigrafe:

D·M
C·SATVRI·SIC///I
ATT/// SATVRIAE
ERHENNIAE
C·SATVRIVS·PICENS

Fino ad Ascoli poi non mi riuscì trovare null'altro di antico e molto meno di avanzi della vetusta strada, ma il medesimo cav. Gabrielli mi assicurò ch'egli ricordava di aver veduto altro rudere della Salaria circa mezzo chilometro prima d'arrivare ai poderi del sig. Salvati, ma che fu disfatto dal proprietario di quel terreno per farvi una piantagione di gelsi.

V. — Da Ascoli al mare Adriatico.

La Salaria giunta ad Ascoli vi entrava per la stupenda porta, fortunatamente conservatissima, che si suole chiamare Porta Romana o Porta Gemina.

Su tale ingresso convengo pienamente con quanto scrisse, con esattezza ed erudizione, il sullodato G. B. Carducci ([2]), il quale fece di quella porta e delle prossime antiche costruzioni una descrizione ampia, ond'io mi dispenso dal ripeterla, rimandando ad essa il cortese lettore.

Non è però superfluo far anche qui notare che la Porta Romana, formata di grandi massi di travertino, finamente lavorati e con eleganti sagome ai piedritti e negli archivolti, si svolge con due ampie arcate che rivelano il più puro stile di quell'epoca. Gli archi hanno nel mezzo un taglio che li traversa e che continua pei detti piedritti o pilastri, scendendo perpendicolarmente fin giù; pei quali tagli, a guisa di saracinesche, si facevano di-

---

([1]) Cf. Mommsen, C. I. L. IX, 5241.
([2]) Cf. Carducci, op. cit. p. 177 sg.

scendere le chiudende, ond'essa serviva comodamente al transito
ed efficacemente alla difesa della città. Il suo piano poi, meno
piccola differenza, era quasi identico a quello dell'odierna strada
provinciale, che le sbocca quasi di fronte; ed anche precedentemente abbiamo visto, alla non lontana contrada Rosara, che il

Fig. 4.

livello della Salaria era press'a poco eguale a quello della detta
provinciale.

Non posso quindi convenire con l'opinione espressa in proposito dal prof. Castelli, e cioè che « la Salaria si svolgesse un cen-
tocinquanta metri circa sopra la provinciale d'adesso » e che « però
non entrava dove sorge tuttora la porta gemina, ma più a sud,
dov'era sicuramente la porta urbana tra l'alto terrapieno e l'erta
del colle..... La porta gemina invece aperta sulla cinta interna,
era per uso e servizio militare (¹) ». Sicchè, secondo lui, le porte

(¹) Cf. Castelli, op. cit., p. 20.

erano due : una la gemina, per uso militare; un'altra più in su
(che si dovrebbe ritrovare) per uso stradale.

Contro tale opinione — per quanto di rispettabile scrittore —
mi permetto osservare in primo luogo che una porta come la gemina, corrispondente tecnicamente alla comodità commerciale della
Salaria, esteticamente alla importanza della città e magnificenza
dei suoi edifizi, e strategicamente ai bisogni della sua difesa, era
più che sufficiente essa sola ad una città come Ascoli, nel lato
occidentale, senza esserrene necessaria un'altra in tanta vicinanza.
Se le porte invece fossero state due, arrebbero dovuto essere quasi
identiche per corrispondere agli stessi fini. Ora, un'altra porta
come quella romana non scomparisce tanto facilmente da non aver-
sene notizia, nè traccia.

In secondo luogo, tali due porte non ci potevano essere,
perchè così vicine tra loro, si sarebbero indebolite a vicenda in
caso di offesa esterna od assalto alla città.

In terzo luogo poi, un'elevazione della Salaria circa 150
metri più in su della Porta Romana l'avrebbe spinta a fare
troppo alto volo, quasi sullo scrimone del colle vicino, dalla quale
altezza non avrebbe potuto facilmente discendere, per andare a
passare presso il teatro, dove lo stesso prof. Castelli ammette che
passasse: perchè di lassù avrebbe dovuto precipitare in modo se
possibile pei pedoni, impossibile pei carriaggi.

Ma poichè il Castelli, a sostegno della sua ipotesi, adduce
in prova che « i recenti scavi per la costruzione del campo di
tiro a segno, proprio di fronte alla porta gemina, non hanno por-
tato alla luce nessun segno di strada, confermandosi così l'opinione che la Salaria si svolgesse un 150 m. circa sopra la provinciale d'adesso », sento il bisogno di aggiungere che questo fatto
non vale a dimostrare il suo assunto, poichè tutto induce a credere
che in quelle vicinanze la Salaria fu disfatta fin dai passati secoli
per usufruire, col solito barbaro costume d'allora, dell'eccellente materiale romano per la costruzione delle nuove fabbriche. Ed in riguardo precisamente a quel posto, dove tra la porta gemina ed il
campo di tiro trovasi il gran muraglione che determina l'attuale po-
merio della città, muraglione addossato alla richiusa porta papale del
1578, che ha alla sua base cinque fila di blocchi in travertino per
una lunghezza di circa 75 metri, e sui quali è costruita la restante

fabbrica, dirò che quei blocchi appunto, essendo perfettamente romani, probabilissimamente furono tolti dalla vicina Salaria ed adoperati per sostenere e fortificare la nuova muratura.

Invero simili manomissioni riscontransi fatte anche in altre città d'Italia, quando ad esse urgeva intercettare le comunicazioni e difendersi con alte e forti mura. Così a Terni, nel murraglione che sostiene il terrapieno della pubblica passeggiata, ad Aquila di fronte alla stazione ferroviaria, ed altrove, alla base o nel mezzo delle mura di cinta, erette in epoca medievale, veggonsi incastrati massi squadrati di travertino, senza verun dubbio, tolti dalle vicine strade romane.

E benché fossi convinto di tutto ciò, non pertanto non ho voluto mancare di far delle indagini se nel colle soprastante alla provinciale ed al campo di tiro a segno, in voc. Pescara o Porta Fortezza, vi si fosse verificato il rinvenimento di qualche avanzo stradale o d'altra antichità, ma certo Giuseppe Mariotti, colono del sig. Francesco Giorgi proprietario di quel vasto terreno, mi assicurò che dal tempo ch'egli lavorava quel campo, negli svariati scavi fattivi, non aveva mai rinvenuto alcun che di antico.

Per conchiudere quindi, è da ritenersi piuttosto che la porta occidentale della città, nell'epoca romana, fosse unica, appunto quella che chiamasi Porta Romana, e che per essa la Salaria si introducesse in Ascoli; e tanto più si può ritenere ciò, in quanto che abbiamo visto non molto lungi dalla detta città, in contrada Rosara, che l'antica via aveva un andamento quasi eguale a quello dell'odierna provinciale.

Entrata la Salaria in città vi procedeva per una linea divergente alquanto dal Corso attuale, andando verso il teatro che stava circa 100 m. al di là della porta suddetta, addossato al fianco del prossimo colle. Se ne osservano oggi i ruderi in un orto del sig. Francesco Lucidi, vicino la chiesa di S. Croce. Proseguendo avanti toccava altre località dove vuolsi che fossero il foro, le terme ed il campo boario, per uscire poi dalla città, all'estremità sud-est, sull'alto e bellissimo ponte che cavalca il fiume Castellano, ponte denominato di Cecco, essendosi da alcuni attribuito a Cecco d'Ascoli e da altri attribuito ad opera di certo mastro Cecco abruzzese, che lo avrebbe fabbricato nel 1349 per ordine del Malatesta, ed a servizio della fortezza da costui posseduta. Ma colui che primo rivendicò a questo ponte il dritto ad un alta antichità fu il rilodato G. B. Carducci (¹), e dopo di lui tutti glielo hanno riconosciuto (²).

Questo ponte adunque, di costruzione certamente romana e fatto in servizio della Salaria, è giunto a noi quasi intatto per la ragione che nell'età medievale divenne una dipendenza della succennata fortezza che gli sorge dappresso, adibita di presente ad uso carceri giudiziarie. Si compone di due arcate: la maggiore di m. 14,50 di luce; la minore di m. 7,15. Dal pelo dell'acqua all'imposta dell'arco più grande è alto m. 15,40; ma l'altezza totale fino al cervello dell'arco è di m. 24.80. L'altezza poi di ogni fila di conci è di m. 0.58. La larghezza del *pavimentum* o carreggiata è di m. 6,32, comprese le crepidini.

Che la Salaria uscisse da Ascoli per questo ponte ce lo conferma anche il suo successivo andamento. Vero è che da Ascoli verso il mare se ne riperdono le tracce, e non si ha più la fortuna ed il piacere di trovarne intatto qualche avanzo di sostruzione, ma nulladimeno qualche testimonianza topografica non ne manca nel tratto da Ascoli al Marino, confluente del Tronto, che viene dalla montagna dei Fiori.

Qualche centinaio di metri dopo passato il ponte di Cecco, infilando la via delle Calcare, trovasi a sinistra un terreno appartenente al conte Corrado Saladini. Il muro che lo cinge verso la strada per una lunghezza di m. 130, si compone di varie fila di

(¹) Cf. Carducci, op. cit., p. 98 seg.

(²) Io però non convengo con lui che sia costruzione dell'epoca repubblicana, ma credo invece che sia dell'epoca imperiale, anzi dei primi tempi dell'impero. Molta differenza infatti passa tra la sua struttura, svelta, elegante e niente affatto pesante, con quella dell'antidescritto ponte sul Garrafo, appartenente di certo alla prima costruzione della via; e non poca somiglianza al contrario ha col bellissimo e gran ponte d'Augusto sulla Flaminia, presso Narni, oggi sventuratamente in gran parte diruto, ma di col ancora restano splendidi avanzi. E non è improbabile che lo stesso Augusto facesse costruire questo ponte in Ascoli quando fece fare le opere di sostruzione o di restauro sulla Salaria di cui ci fan fede i milliarii LXVIIII e XCVIIII dei quali abbiamo precedentemente fatto menzione, e più specialmente il milliario CXXIII par d'Augusto, rinvenuto appena tre miglia più innanzi tra il torrente Marino e la collina di Rocca di Morro.

conci in travertino, molto probabilmente appartenuti alle costruzioni della Salaria, del cui materiale hanno tutto il carattere e
l'impronta dell'epoca. Quel muro è rifatto in parte e restaurato
con gli stessi conci, ma spezzati e impicciòliti.

Fig. 5.

Quindi la via piegava a destra, in direzione di Rocca di
Morro, passando sul vicino ponte pure romano chiamato del Gran
Caso, su terreno di d. Camillo Garzia, a destra ed a circa m. 4
di distanza dalla strada delle Calcare. È un ponte obliquo, di cui
non ho potuto osservare le fondazioni per la forte ripidità delle
sponde laterali del fosso, e per essere quasi tutto nascosto da erbe,
spini e sterpi.

Da questo ponte del Gran Caso, secondo l'opinione molto attendibile del Castelli (¹), la Salaria andava a passare il fosso di Sarriano infilando il ponte delle Tavole, in voc. Castagneto, ma il ponte odierno essendo stato ricostruito nel 1844, non presenta oggi alcun vestigio di antichità.

Procedendo oltre, a circa km. 4,000 da Ascoli, incontrasi altro fosso detto di Folignano che la Salaria valicava con un ponte che chiamasi della Scutella (presso la fonte Scodella sul torrente Ca-

Fig. 6.

rignano), fra terreni del sig. Vincenzo Pilotti e del conte Michele Marcatili; ponte romano anch'esso ed abbastanza conservato, che sta a sinistra della rotabile d'adesso da cui dista circa 10 m.

Composto di piccoli conci di travertino ha le seguenti dimensioni: altezza sull'acqua, dal piano stradale, m. 7,10; dalla sommità della volta, m. 6,10; luce o diametro m. 10,80; carreggiata m. 4,65; blocchi dell'armilla m. 0,65 × 0,60 (²).

(¹) Cfr. Castelli, op. cit. p. 21.

(²) Le fotografie di questo ponte, di quello sul Garrafo e del muraglione alle Vene di « Caterina debbo alla cortesia dell'egregio sig. tenente Goffredo Lamponi, quelle fatte da me non essendo riuscite, a causa di circostanze contrarie.

Dopo questo ponte sventuratamente scompariscono affatto le tracce della Salaria sino all'Adriatico.

Se non che continuando il cammino in direzione della collina di Rocca di Morro, dopo qualche altro chilometro, si arriva ad incontrare il torrente Marino, poverissimo d'acqua ma invece con largo e piano letto che da pedoni e da carri si può passare senza bisogno di ponte.

Al di là di detto torrente, fatta una piccola salita, trovasi una vasta pianura a settentrione confinante col Tronto ed a mezzogiorno con Rocca di Morro, nella quale pianura, appena traversato il Marino, incontrasi un podere con chiesuola dedicata a S. Giuseppe, di proprietà del cav. Giuseppe Sajenni. In quel podere fu rinvenuta la colonna milliaria della Salaria (¹) che si conserva presentemente nel museo comunale in Ascoli e sulla quale si legge:

$$im\,P \cdot CAESAR$$
$$divi\ f.\ a\text{V/}GVSTVS \cdot PON$$
$$mAX \cdot COS \cdot XI$$
$$trIB \cdot POTES \qquad \text{u. c. } 742/3$$
$$XII\ EX$$
$$S \cdot C$$
$$CXXIII$$

Ma di essa colonna nessuno seppe indicarmi il sito preciso dov'era stata trovata.

Così pure per me rimane incerto fin dove la Salaria, dopo toccato il terreno oggi Sajenni, in voc. Marino, proseguisse in direzione di Rocca di Morro, e dove traghettasse il Tronto per spingersi innanzi verso il mare sviluppandosi sulla sinistra sponda di questo fiume, sulla quale si distende un'ampia e ridente vallata, in perfetta pianura, ricca di vegetazione ed amorevolmente coltivata. Questa larga e comoda plaga dove la via avrebbe potuto correre senza pericoli di danni è più presumibile che fosse stata prescelta pel suo tramite, anziché la sponda destra lunga e stretta dalla ininterrotta catena di colline, sul ciglio delle quali

(¹) Cfr. Mommsen, C. I. L. IX, n. 5954.

si veggono spiccare i villaggi di Ancarano, Controguerra e Colonnella, e da cui scendono ripidi fossi e burroni franosi che avrebbero potuto compromettere spesso la incolumità e sicurezza della via. Non pertanto in mancanza di dati topografici certi, mi dispenso dal far congetture e preferisco tacere, augurandomi che la verità ci sia palesata da future scoperte o da più fortunate ricerche non soltanto su questa principale arteria stradale, ma anche sulla supposta linea secondaria che, rasentando la collina di Rocca di Morro, si sarebbe spinta nella valle del Vibrata e nell'agro pretuziano.

Al contrario non v'ha alcun dubbio che la Salaria sboccava all'Adriatico a *Castrum Truentinum*. Ma quale ne era il sito?

Mentre i topografi non sono d'accordo nell'identificare l'ubicazione di *Truentum civitas*, invece concordano tutti nel ritenere che il *Castrum* fosse sulla sinistra del Tronto in prossimità dell'odierno Porto d'Ascoli. Il Cluver fu il primo che affacciò questa ipotesi — ma in modo dubitativo — facendo conoscere che alla sinistra del Tronto eravi un edifizio volgarmente chiamato Porto d'Ascoli, alla cui destra innalzavasi una torre detta *Torre Segura* o *Torre di Seguro*, da altri poi chiamato *Porto Martinicaro*. Ma non essendo ciò bastevole, ed anzi essendo troppo poca cosa, concluse non potersi affermare con sicurezza che colà sorgesse il *Castrum Truentinum*, e che anzi il suo sito *plane incertum est* (¹). Non pertanto gli scrittori posteriori hanno seguita quella ipotesi come la più probabile, benchè non vi fosse tornato in luce nulla che l'avesse avvalorata.

Essendo quindi interessante sapere, se possibile, qualche cosa di più, in occasione di queste mie ricerche sulla Salaria, ho avuto cura di fare anche delle indagini in proposito, mercè le quali sono venuto a conoscere qualche altra notizia che vale a corroborare tale supposizione, onde sono lieto di portarla a cognizione dei dotti.

La torre accennata dal Cluver esiste tuttora. Costruita a mattoni, elevasi sopra un poggio prospiciente il mare, ed oggi comunemente suole chiamasi Torre guelfa. Eretta nel medio evo, essa non era altro che una vedetta sul mare che allora arrivava di molto più vicino a quel poggio. Ora il mare è stato respinto

(¹) Cfr. Cluverius, *Italia antiqua*, libr. II, c. XI, p. 732.

in dietro per parecchi chilometri di lunghezza. L'antico lido è
ridotto coltivabile col sistema che tuttora si continua per ferti-
lizzarlo sempre più, delle così dette *colmate*, e cioè facendo degli
argini entro i quali s'immette il Tronto od il torrente Ragnola
che viene tra Acquaviva e Monteprandone e si allagano per tal
modo quei terreni sui quali le dette acque lasciano poi depositi di
terra vegetale. E così non solo la stazione ferroviaria è sorta sul-
l'antico lido, ma anche le case del nascente villaggio di Porto
d'Ascoli — che dista qualche chilometro dalla stazione — sono
sorte sulla sabbia marina littoranea poscia fertilizzata.

Tutto ciò è importante a sapersi volendosi ricostruire l'antica
topografia, quindi il romano *Castum Truentinum* è da cercarsi più
all'interno dell'attuale paese, e cioè in prossimità della succennata torre.

Infatti sulla pendice di quel poggio, poco prima di giungere
alla torre, trovasi un rudero di fabbrica romana che esce dalla
superficie del suolo per un volume di circa un metro cubo, probabile avanzo dell'antico *Castrum*. Il ridetto poggio oggi appar-
tiensi al marchese Laureati il quale di recente, in prossimità di
quella torre, ha fatto costruire un casino di villeggiatura, e prima
che questo si costruisse — come seppi dal fattore del Laureati —
di ruderi di fabbriche romane sul poggio ce-ne erano vari altri,
i quali furono poscia demoliti o ricoperti con la terra cavata per
le fondazioni del casino e per farvi l'attuale spianata ridotta a
giardino.

Questo poco adunque era quello che dell'epoca romana, sino
a non molto tempo indietro, si vedeva in tale località, e che, non
senza incertezza faceva pensare che ivi sorgesse l'antico *Castrum*.
Ma, come ho detto, fortunatamente sono riuscito ad avere notizia di
altri rinvenimenti.

Tra il poggio e la strada provinciale che mena alla stazione
si distende verso mezzogiorno una plaga pianeggiante che poscia
continua in perfetta pianura sino al Tronto. Accosto ed a valle
della provinciale evvi una chiesetta rurale dedicata all'Annunziata.
Presso la medesima vidi un mucchio di cocci romani fra i quali
frammenti di dolî, ma tutti privi di bollo. Domandai dove quei
laterizî erano stati rinvenuti, e mi fu risposto che scavandosi in
quel terreni se ne trovavano di molti.

A sinistra poi della provinciale, tra la detta chiesa ed il poggio summenzionato, che tra loro distano circa 250 metri, evvi un podere con casa colonica appartenente al sig. Eugenio Camozzi di S. Benedetto del Tronto. In quel predio, nel 1894, fu eseguito uno scavo pel quale ritornarono allo scoperto ruderi di edifizi, pavimenti di mattoni a spiga, doll. due blocchi di puddinga che ancora si conservano presso quella casa, e gran numero di mattoni, tegoli ed embrici che, in quantità di circa trenta carri, furono venduti per le fondazioni delle nuove fabbriche sorte vicino al Porto di Ascoli. Seppi inoltre dal colono di quel terreno, certo Nicola Benedetti, che in ogni anno, quando si fa il maggese, vi si trovano sempre avanzi di antichità, e che il colono precedente vi trovò pure delle fistole acquarie plumbee.

Tutto ciò adunque — che si viene a sapere ora per la prima volta — parmi che sia un dato abbastanza interessante per la topografia dell'antico *Castrum Truentinum*. Ci fa conoscere che non era unico l'edificio di cui rimanevano dei ruderi sul poggio, ma ve ne erano altri e non pochi che ne scendevano distendendosi lungo la pianura; ci precisa inoltre il luogo dove dovrebbe fermarsi l'attenzione dei cultori delle antichità e dove converrebbe fare ulteriori scavi e scoperte.

VI. — *Uno sguardo alle distanze ed alle mansioni.*

Dopo la ricerca degli avanzi della Salaria sino al lido del mare Adriatico, fatta col vivo desiderio di rinvenirne il maggior numero possibile, e dopo averne fatto quasi l'inventario onde non se ne perdessero memoria e tracce, non sarà un fuor d'opera gettare uno sguardo sugli antichi itinerari che ce ne descrissero l'andamento, per vedere se le distanze marcate tra luogo e luogo corrisponderano alla realtà, e dove, su tali distanze poteva probabilmente essere il sito delle varie mansioni o fermate indicateci da quegli stessi itinerari.

Tale indagine è inutile farla dal punto di partenza — *ab Urbe* — sino dove l'Itinerario d'Antonino e la *Tabula Peutingeriana* può dirsi che quasi vanno d'accordo, e cioè fino a *Falacrinae*

21

— come ho dimostrato nel mio precedente lavoro (¹) — ma non
sarà del pari inutile laddove tra essi havvi differenza di mansioni
e di distanze come nell'ambito di questo viaggio dianzi descritto.

Invero sulla scorta delle risultanze ottenute dai rilievi e considerazioni fatte nel mio primo viaggio sulla Salaria, ritenni e
dimostrai che, tanto per l'Itin. quanto per la *Tab.*, la distanza
da Roma a *Falacrinae* potevasi computare di r. m. 80; e che
da *Falacrinae* ad Ascoli eravi una differenza di tre miglia tra
l'Itin. (ben vero corretto), il quale ne computava 119, e la *Tab.*
che invece ne computava 122 (²).

Di qui la questione: Quale dei due dicera il vero?

Dopo avere allora fatte delle considerazioni d'indole generale
— alle quali rimando il cortese lettore — manifestai la seguente
opinione, che — salvo gli errori di scritturazione emendabili —
conveniva « in massima apprezzare sì l'Itinerario come la *Tabula*
quali veraci in rapporto al numero delle mansioni ed alla lunghezza del viaggio, avuto riguardo all'epoca che ognuno di essi fu
compilato » (³). E le risultanze del nuovo cammino da me fatto
autorizzano la conferma di tale opinione? Parmi di sì.

Infatti, prendiamo anzitutto ad esaminare l'Itinerario d'Antonino, che ci riferisce lo stato di fatto di un'epoca più remota, e
mettiamo in confronto le reali distanze che intercedono tra luogo
e luogo con i milliari più antichi che su questa linea stradale
sono ritornati in luce, e cioè quelli innalzati sotto l'impero di
Augusto, la cui autentica esattezza nella misurazione della via
non possiamo mettere in dubbio rispetto a quell'epoca.

Il primo milliario è quello da me rinvenuto nella contrada
Masso dell'Orso nella valle di Sigillo, marcante il miglio LXVIIII (⁴);
e poichè da quel luogo aspro e selvaggio sino a Collicelli (l'antica *Falacrinae*) corrono km. 16,925, uguale a circa r. m. 11,

(¹) Cfr. Persichetti, op. cit. sulla *Via Salaria*, pp. 29, 75 sg.

(²) Cfr. Otto Hirschfeld, *Lapidi miliarie della via Salaria*. Bollett.
1867, p. 154 sg.; Mommsen, *C. I. L.* IX, p. 582 sg.; Persichetti, op. cit.
p. 29 sg.

(³) Cfr. Persichetti, op. cit. p. 29.

(⁴) Cfr. Persichetti, op. cit. p. 61 e 65. Questa colonna augustea, a
mie premure, è stata rinnalzata nello stesso luogo ove fu rinvenuta giacente,
e dove era rotolata dalla sovrastante scomparsa strada.

si ha che a *Falacrinae* indubbiamente si sarebbe giunti col m. LXXX.

Il secondo è quello di Trisungo col m. XCVIIII; ed il terzo è quello di Sajenni presso al torrente Marino, col m. CXXIII.

Fermati tali capisaldi, quale era la distanza che intercedeva tra *Falacrinae* e *Vicus Badies*; tra *Vicus Badies* e la *mansio* detta *ad Centesimum*; tra l'*ad Centesimum* ed Ascoli, e, per conseguenza, come vanno corretti gli errori di scritturazione dell'Itin. d'Antonino?

Allorchè era incerto da qual parte la Salaria — uscita dal Bosco della Meta e traversati i piani di Torrita, S. Giorgio e S. Giusta in quel d'Amatrice — discendesse al Tronto, si suppose che vi andasse pel vallone solcato dal torrente Candarello; quindi ritenni che la distanza tra *Falacrinae* e *Vicus Badies* fosse di circa r. m. XII.

Ma ora che il rinvenimento al Fosso delle Cerrete (v. p. 275) ci ha rivelato che la Salaria raggiungeva prima il Tronto scendendovi pel vallone del Neja, non possiamo più ritenere che quella fosse la distanza intercedente tra le due summenzionate mansioni, donde la necessità di rettificarla.

Quale essa fosse possiamo desumerlo con tutta esattezza sviluppando la via planimetricamente ed altimetricamente sulle carte topografiche dello Stato Maggiore dell'Esercito Italiano, calcolandola a miglia romane di m. 1487, ed il risultato che se ne ha è il seguente: *Falacrinae* — Meta-Torrita, percorse m. r. 3 e passi 500; Torrita-Ara Cocciante — S. Giorgio, m. r. 2; S. Giorgio — Molino Guerrini sul Neja (contrada Fosso delle Cerrete), r. m. 1 e p. 500; Molino Guerrini — Valle del Tronto, r. m. 1; Confluenza del Neja nel Tronto — Piedi Macerano, r. m. 2; Piedi Macerano — *Vicus Badies*, r. m. 1. Totale, da *Falacrinae* a *Vicus Badies* r. m. XI.

Vero è che, abbreviato il viaggio con la discesa della Salaria pel Neja anzichè pel Candarello, la differenza del percorso dovrebbe essere maggiore di un solo miglio romano in meno di quello che prima calcolai, ma bisogna tener conto che allora si riteneva pure che la Salaria corresse sempre, quasi in linea retta, sulla sponda sinistra del Tronto, è quindi se ne abbreviava colà il corso; ma ammettendo invece ch'essa alla contrada Statue passava alla destra

e quindi — come affermava il Nibby — · varcava più volte Tronto ·
riperdeva, con lo sviluppo, delle necessarie curve, una parte della
maggior brevità guadagnata mercè la discesa pel torrente Neja.

Parmi quindi che, seguendo il nuovo tracciato desunto dalla
recenti scoperte, con molta probabilità si possa ritenere che la distanza tra *Falacrinae* e *Vicus Badies* era di circa r. m. XI, po-
nendo ben inteso. *Vicus Badies* nelle vicinanze di S. Maria delle
Camere.

La seguente fermata poi l'Itinerario ce la indica *ad Centesimum (lapidem)*. Essendo certo che il milliario XCVIIII fu rinvenuto a Trisungo, quello C poteva bene trovarsi verso l'odierna contrada della Centesimo presso il villaggio di Vicinato, a circa un
chilometro e mezzo da Trisungo.

E la distanza che intercede tra S. Maria delle Camere e Vicinato è di quasi km. 13,000, corrispondenti appunto alle r. m. 9
mancanti per raggiungere le cento, onde fino *ad Centesimum* le
distanze sarebbero così giustamente rettificate.

Da Centesimo (ossia dai pressi di Vicinato) a Quintodecimo,
essendovi molte insenature della valle nel cui mezzo il Tronto ser-
peggia rumoroso e gonfio, corrono km. 5,600 — circa r. m. 4; da
Quintodecimo ad Acquasanta km. 2,400, un po' meno di due miglia
romane; da Acquasanta al ponte d'Arli km. 6,150, un po' più di
r. m. 4; e dal ponte d'Arli ad Ascoli, traversando parte la riva sin.
e parte la riva dr. del fiume, km. 13,050 — r. m. 9 circa: sicchè, avendosi da Vicinato ad Ascoli una percorrenza totale di
km. 27,200, Ascoli sarebbe distato dall'*ad Centesimum* r. m. XIX.
non dovendosi tener conto delle piccole differenze, poichè certamente il percorso dell'antichissima Salaria non era identico a quello
della odierna strada provinciale.

.   E che la distanza di Ascoli da Roma — sempre in rapporto
all'epoca augustea — fosse appunto di r. m. CXIX — nel che con-
vengono anche il Mommsen e l'Hirschfeld [1] — ce ne fa fede il
milliario CXXIII, rinvenuto al di là del torrente Marino, sul podere del cav. Sajenni, imperocchè il predio Sajenni dista da Ascoli
circa km. 5,500, ossia quasi 4 miglia romane.

---

[1] Mommsen, *C. I. L.* IX, p. 582 sg.; Hirschfeld, *op. cit.* p. 156.

Leonde l'Itinerario di Antonino andrebbe rettificato nel seguente modo:

ab Urbe Eretum		m. p. XIX	
Ereto Vicum Novum	m. p. XIIII	ab urbe m. p. XXXIII	
Vico Novo Reate	m. p. XVI	ab urbe m. p. XLIX	
Reate ad aquas Cutilias	m. p. VIIII	ab urbe m. p. LVIII	
Cutiliis Interocrium	m. p. VI	ab urbe m. p. LXIV	
Interocrio Falacrinas	m. p. XVI	ab urbe m. p. LXXX	
Falacrinis ad vicum Badies	m. p. XI	ab urbe m. p. XCI	
Vico Badies ad centesimum	m. p. VIIII	ab urbe m. p. C	
a centesimo Asculum	m. p. XIX	ab urbe m. p. CXIX	
Asculo Castrum Truentinum	m. p. XX	ab urbe m. p. CXXXIX	
Castro Truentino Castrum Novum	m. p. XII	ab urbe m. p. CLI	
Castro Novo Hadriam	m. p. XV	ab urbe m. p. CLXVI	

In ordine poi alla *Tabula Peutingeriana* ancora non si hanno elementi sufficienti per poterne controllare l'esattezza.

È noto ch'essa da *Falacrinae* ad Ascoli sopprime due mansioni dell'Itin. e cioè *Vicus Badies* e l'*ad Centesimum*, e ne sostituisce tre diverse *ad Martis*, *Surpicanum* e *ad Aquas*, facendo distare la prima da *Falacrinae* m. XVI; la seconda dall'*ad Martis* m. VII; la terza dal *Surpicanum* m. IX; ed Ascoli dall'*ad Aquas* m. X.

Ora è da notarsi che se la *aedes* ad il *fanum Martis* (¹) si

---

(¹) Tra i dotti si è molto disputato sulla ubicazione della stazione detta *ad Martis*. Il Cluver opinò che appartenesse all'Umbria e corrispondesse a *S. Maria in Pantano*, non lungi da Massa Martana (*Ital. ant.* lib. II, c. VII p. 638-639). Sebastiano Andreantonelli ritenne che fosse *S. Maria in Marria* presso Acquasanta nel Piceno (*Historiae Asculanae*, Patavii, 1673, p. 6). Mannert la pose ad Arquata nello stesso Piceno (*Geographie der Griechen und Römer*, Nürnbg. 1790, p. 494). Reichard l'identificò con Martano (*Orbis terrarum antiquus*, Norimbergae, 1824). Prosseda la collocò a S. Lorenzo e Flaviano presso Amatrice (*Carta corografica della Sabina antica e moderna*, Roma, 1827). In quei pressi pare che la ponesse pure il Danville, poichè nella sua *Tab. Geogr. Italiae Veteris*, riprodotta dal P. Marchi tra le tavole annesse all'*Aes Grave del Museo Kircheriano*, Roma, 1839, si vede posta al di là di *Falacrinae*, sulla destra del Tronto, presso la Salaria ed in direzione di *Cratericum*. Così pure il Nibby la collocò in quei pressi e cioè a *Fonte del Campo* (*Dintorni di Roma*, III, p. 683). Il Palma poi (*Storia ecclesiastica e civile della regione più settentrionale del Regno di Napoli*, Teramo, 1834, vol. V, p. 211 e 213) ed il Guidobaldi (*L'antichissima via*

fosse trovato nei pressi del casino Marini-Tommasi, oltre Grisciano, sulla destra del Tronto. esso non sarebbe stato a r. m. XVI da *Falacrinae* — come dice la *Tab.* —, ma a XIV, poichè da S. Maria delle Camere al casino Marini corrono circa km. 4,500 pari a r. m. III.

Se invece l'*ad Martis* si fosse trovato altrove, a XVI miglia da *Falacrinae*, in tal caso bisognerebbe cercarlo o nei pressi di Tufo, se la via fosse stata variata nel suo tracciato e spinta più in alto sulla sponda sin.; o nei pressi del villaggio di Venzano, se avesse proseguito al basso sulla dr. sponda.

Nel primo caso, e cioè che l'*ad Martis* fosse stato nei pressi del casino Marini, il *Surpicanum* — alla distanza da esso di r. m. VII — si dovrebbe cercare nelle vicinanze di Favalanciata, come opinava il Borri([1]).

Se invece si fosse trovato nei pressi di Venzano, allora il *Surpicanum* avrebbe dovuto sorgere tra Quintodecimo ed Acquasanta, il che è impossibile; e per conseguenza l'*ad Aquas* non sarebbe neppure stata in prossimità dell'odierna Acquasanta, ma molto più in là verso Ascoli, il che pare anche meno probabile.

Quindi è che nella assoluta incertezza, per difetto di rinvenimenti e di tradizioni, della vera ubicazione delle tre mansioni *ad Martis*, *Surpicanum* e *ad Aquas* che la *Tab.* menziona invece di quelle menzionate dall'*Itin.*, non possiamo fare verun calcolo, con qualche approssimazione di esattezza, in rapporto alle distanze tra quei luoghi, nè veruna induzione in rapporto alla possibile ubicazione di quelle tre fermate stradali.

Salaria da Roma a Vallorino, Napoli, 1883, p. 7 e 10) la posero nel *bosco Martese*, territorio del comune di Rocca S. Maria, in provincia di Teramo. Finalmente il Castelli credè che fosse il villaggio di Tufo, sulla sinistra del Tronto, presso al confine tra le provincia di Aquila ed Ascoli (*La via consolare Salaria, con carta itineraria del Piceno*, Ascoli, 1896, p. 18).

([1]) L'ab. Borri, pratico di questi luoghi, significò al Colucci (*Antichità Picene*, t. XIV) che l'antico *Surpicanum* fosse nelle vicinanze del villaggio detto Novelle, o dell'altro chiamato Favalanciata, sulla sinistra del Tronto. Altri hanno ritenuto ch'esistesse nei pressi di Arquata. Ma se il *Surpicanum*, secondo la *Tab.*, trovavasi a 103 miglia da Roma, non poteva essere in vicinanza di Arquata che sta circa 4 chilometri prima di Centesimo, ossia Vicinato, ma doveva invece trovarsi tre miglia romane al di là del villaggio di Vicinato, andando verso Ascoli.

Non pertanto non ardisco per ciò, per così dire, gittare a mare la *Tab.* e dichiararla falsa o per lo meno inesatta, poiché in favore della maggiore lunghezza di questa via da essa accennataci in riguardo all'epoca cui si riferisce, sta il fatto che il milliario CXIII — molto probabilmente rinvenuto nei pressi di Arli, come dice il Garrucci (¹) — ci proverebbe che la via — all'epoca in che detto milliario fu innalzato sotto gl'imperatori Valente e Graziano, e cioè oltre tre secoli e mezzo dopo d'Augusto — aveva subito delle varianti che ne avevano prolungato il corso, trasformandola da Salaria vetere in Salaria nova.

Difatti dal ponte d'Arli ad Ascoli — come abbiamo di sopra veduto — essendovi altri km. 13.050 da percorrere, pari a circa r. m. IX, la Salaria non sarebbe giunta ad Ascoli con m. CXIX, ma bensì con miglia CXXII, le quali tre miglia in più sarebbero appunto cresciute lungo il tratto che intercedeva tra *Falacrinae*, ossia Collicelli, ed il ponte d'Arli. Il che ben poteva esser divenuto necessario per cambiate condizioni geologiche, topografiche, statistiche, verificatesi nel decorso di quei tre secoli e mezzo, per le quali la strada fosse stata riparata e prolungata con più comodo sviluppo che l'avesse messa anche in grado di poter toccare nuovi centri abitati.

Riassumendo adunque, mentre questo viaggio e le recenti scoperte mi hanno offerto elementi per controllare l'esattezza dell'Itinerario d'Antonino e rettificarlo nei suoi errori materiali, non così fortunato è stato in riguardo alle variazioni fattevi dalla *Tab.*, la quale per altro — salva qualche differenza emendabile che potesse derivare anche da errori di scritturazione — per me rimane un monumento importantissimo, da tenersi presente nei futuri rinvenimenti che potessero offrire qualche lume sulla ubicazione di quelle località e sulle relative distanze, che, per ora, restano tuttavia incerte.

N. PERSICHETTI.

(¹) Cfr. Garrucci. *Via Salaria e suoi romi.* « Civiltà Catt. » a. XXXII, vol. VII, serie XI, p. 727.

———

Strzygowski wird gestatten das von ihm in dankenswerter Weise gesammelte Material, das durch einige Stücke vermehrt werden konnte, noch einmal unter einem anderen Gesichtspunkt zu überblicken. Allerdings gelange ich dabei zu gerade dem entgegengesetzten Ergebniss, das somit den Kennern christlicher Archaeologie zur Prüfung empfohlen sei.

Die oben S. 185 ff. besprochenen Beispiele sind, wie auch die hier angefügten, mit einziger Ausnahme der vaticanischen Pigna sammt und sonders rein christlich. Unter ihnen nehmen einige durch ihren ornamentalen Charakter eine besondere Stelle ein (Fig. 9 ff.); die übrigen sind zum kleineren Teil wirkliche Brunnen oder Reste von solchen, und zu diesen gehört auch die römische Pigna; die grössere Zahl sind mehr oder weniger freie Nachbildungen solcher Brunnen in ideellen Scenen. Diese Bilder seien auch hier, z. T. wenigstens, vorangestellt, weil sie uns die Brunnen, wenn freier gestaltet, doch nicht blos vollständig sondern auch in eine zu ihnen gehörige Umgebung hineingestellt zeigen.

So in dem Oktateuchcodex von Smyrna und, wie oben S. 198 richtig vermutet wird, auch in zwei römischen (Vat. graec. 746 f. 246 r. und 747 f. 114 r.) in 747 mit der Beischrift περὶ τῆς ἀναθέσεως Βεσελεήλ, also bei der Berufung Beseleels, die Hütte des Stifts ' und alle Geräte der Hütten ' zu machen, darunter auch ' das Handfass, sich Hände und Füsse ' (Exodus 31, 2 ff.; 7 und 30, 19) zu waschen. Ueber zwei, bez. drei Stufen steht da auf halbhohem Fuss die Phiale, in 747 mit Henkeln, wie wenn sie tragbar wäre ([1]), aus welcher der schlanke Schaft emporsteigt;

([1]) Der Brunnen der vor dem Eingang der christlichen Kirche stand eröffnet hier die Beschreibung der Stiftshütteneinrichtung. Oben (S. 198) wird die Darstellung des Brunnens bei dieser Stelle anders, viel künstlicher erklärt.

darüber die wasserstrahlende Pigna, die namentlich in 747 mit
deutlichem Zwischenglied, also mechanisch dem Schaft verbunden
aufsitzt. So im Mosaik von S. Vitale (Fig. 7), wo das Zwischenglied jetzt kenntlicher als die Pigna, die indes nach Allem durchaus
wahrscheinlich ist. So endlich in dem Berliner Relief (Fig. 8).
Doch dieses stellt sich nach seinem Gesammtcharakter, besonders
auch durch die Anordnung der Tiere in zwei Streifen übereinander,
zu der ornamentalen Gruppe; nur dass dieser das Wasser fehlt,
das auf dem Berliner Relief aus der Pigna strömt und hier schon
den tieferen Sinn hat, der den erstgenannten Bildern abgeht oder
wenigstens in ihnen nicht deutlich genug hervortritt. Um so sicherer erkennen wir die tiefere Symbolik des Wassers in anderen Nachbildungen wirklicher Brunnen, in denen die wassergebende Pigna
nicht durch ein Zwischenstück von dem Schaft abgesondert sondern
ihm organisch verbunden, aus ihm hervorwachsend erscheint, wo
also die Frucht wieder zum lebendigen Gewächs, manchmal sogar
zur Baumkrone geworden ist. Dass beide Gestaltungen auch wieder
confundiert werden, z. B. der Schaft wohl wie Gewächs aussieht,
damit aber die Pigna mechanisch verbunden ist, versteht man.

Am einleuchtendsten ist die Umwandlung des Schaftes mit
aufgesetzter Frucht in ein Gewächs begreiflicherweise bei dem frei-
eren Formenspiel der ornamentalen Platten, so z. B. derjenigen
die am Tesoro von S. Marco eingemauert ist (Fig. 9). Statt der
Phiale hier ein Gefäss, das wir seiner Form wegen Kantharos
nennen und metallen denken dürfen. Wie in ihrem sicherlich nicht
bedeutungslosen Reliefschmuck aus dem Blattkelch eine Blüte
zwischen Ranken hervorwächst, so aus dem Gefässe selbst ein
glatter Stamm, der sich verjüngend oben, organisch daraus hervorwachsend, eine Krönung trägt, die der Pigna durchaus ähnlich,
doch die Idee eines Baumes weckt. Auch ist die Idee des Hervor-
wachsens aus dem Vasenkelch nochmals gegeben und nachdrücklich
verstärkt durch die zwei neben dem Baum aufsprossenden Rehen.
Dasselbe Bild, nochmals roher wiedergegeben, auf der Platte von
Kirk Tscheeme (Fig. 10), die, was zu betonen ist, an einem Brunnen eingemauert ist. Dazu ferner die zwei Paare von Schmuck-
platten an der Panagia Gorgopiko in Athen (oben S. 105, 1) wo je-
desmal, wie in dem Berliner Relief (Fig. 8), zwei Paare von Tieren
übereinander stehen, deren je zwei wappentierartig einander zu- oder

abgekehrt sind: einmal zwei Sphinxe, hier über, dort unter zwei
Löwen; einmal Greifen über Pfauen. Zwischen den Tieren nun
das Symbol, d. h. zwischen den Pfauen nur Schlangen, deren
wir uns später erinnern werden, zwischen den Greifen aber der
Kantharos, aus dem, hier ohne Reben, der Stamm aufsteigt, einmal
organisches Gewächs tragend, wie eine Baumkrone in Pignaform [1],
einmal, mechanisch verbunden, die deutlicher charakterisierte Pigna.
Zwischen Sphinxen und Löwen von unten (ohne Kantharos), wie
aus dem Boden erwachsend ein Stamm, dessen Krönung einmal
mehr, einmal weniger deutlich noch die Form der Pigna hat, aber
mit Einzeichnung stilisierter Ranken und Blätter, und daneben rechts
und links hinter Sphinxen und Löwen Reben, die hier aus demselben Mittelstamm erwachsen.

Dank meinem Freunde Steinmann kann ich noch einige andere
Schrankenplatten anreihen, in denen wir dieselbe Idee sich weiter
entwickeln sehen. Drei Chorschranken in der Kathedrale von Torcello [2] a b c, und drei d e f von S. Marco in Venedig. In c
allein steht in der Mitte zwischen Ranken der Pinienbrunnen unverkennbar und doch entstellt, durch eine Aenderung, die uns an
einem Brunnen Constantinopels verständlich werden wird. In den
fünf anderen Reliefs wird das ganze umrahmte Feld von den Zweigen und Ranken eines Gewächses gefüllt, das aus einer einzigen
Wurzel oder einem Kelch am Boden erwachsend sich ausbreitet,
der starke grade Mittelstamm von der Pigna gekrönt. In a f liegt
unter ihr eine doppelte Umschnürung, um den in a scheinbar
zweigeteilten Stamm zusammenhalten; in b d e dagegen erscheint
die Pigna durchaus als Frucht und Krönung des ganzen Gewächses, bei dem die Tiere, Löwen in b e (geflügelt), Rehe in d,

---

[1] Vgl. auf Reliefpfeilern der Basilika von Tebessa bei Kraus, R. E.
II fig. (538 und) 540 den Kantharos, in welchem in seltsamer Weise die kug-
lige Pigna erscheint, unterhalb des spitzen Deckels, von dem sie Rebe aufsteigt.
Musée de Constantine S. 38 wird ein Capitell beschrieben, an dessen vier Seiten 1 zwei Köpfe, 2 zwei Rosetten, 3 zwei Pinienzapfen *au dessus d'une double
patère*, 4 zwei Trauben dargestellt seien, wofern nicht in 3 die *patère* vielmehr die punische Mondsichel ist wie *Musée d'Alger* IV 1.

[2] Zwei, b c sind abgebildet bei Venturi, *Storia dell'arte* II S. 161 f.,
ebenda S. 159 eine am der Treppe zum Ambon mit nahverwandtem Motiv.
Venturi setzt sie um das Jahr 1100; a b c in Photographie Andersons vor-
liegend, b d d in solchen Alinaris 13058 ff.

Pfauen in *c f*, Tauben in *a b*. nicht fehlen. In *b* endlich fehlt
sogar das Wasser nicht, aber nicht aus der Pigna bricht es hervor,
sondern dem Fussende des Stammes entströmt es, in zwei Bächlein
sich teilend, wie wir es, nun zu den Nachbildungen wirklicher
Brunnen zurückkehrend, noch verständlicher wiederfinden werden.

In der Miniatur (Fig. 3. oben S. 188) wird der h. Anna die
Geburt Mariae bei einem Pignabrunnen von einem Engel verkün-
digt: Anna steht gegen den Brunnen gekehrt, mit bittend erhobenen
Händen; grade über der Pigna schwebt der verheissende Engel.
Aus oder hinter(?) einem viereckigen Becken steigt der von Schlangen umwundene Stamm auf, geht durch eine Phiale hindurch, und
oben recken die Schlangen, ein Kreuz bildend, die Hälse ab. Der
Stamm erweitert sich dicht darüber organisch in einer Krönung,
die mehr noch als einer Pigna dem Baume weiter rechts gleicht.
Diese Krönung entsendet nach allen Seiten feine Wasserstrahlen,
und zwei grössere speien die Schlangenköpfe hinab. Da fallen sie
allerdings über die Phiale und sogar über das viereckige Bassin
hinaus, und doch muss man denken, dass sie in dieses fallen sollten,
aus dem sich nach der sichtbaren Vorderseite zwei Ströme nach
links und rechts ergiessen. Kein Zweifel dass diese dieselben sind,
die an der Wurzel des Pignabaumes auf dem Torcellorelief *b*
entsprangen, und dass, wie auch in anderen altchristlichen Darstellungen, zu den zwei vorn gesehenen zwei rückwärts hinzuzudenken
sind, einerlei ob man auch die Schlangen oben verdoppeln will
oder nicht. Es sind die Paradiesesströme zu verstehen, die in der
Genesis 2, 9 ja unmittelbar nach den zwei Bäumen in der Mitte
des Gartens genannt werden. Wegen der Schlangen denkt man vielleicht an den Baum der Erkenntniss; gemeint ist aber der Baum
des Lebens, und mit diesem Namen dürfen wir, besonders wegen
Torcello *b*, auch das Gewächs jener Schrankenplatten nennen. In
dem Mosaik von Daphni (Fig. 2) entspringen dem Pignabaum im
Brunnen, der wieder in einem Garten steht, wirklich vier Wasserstrahlen. Es ist nicht der Garten der Genesis, den wir hier sehen,
nicht der wirkliche Baum in der Mitte Edens. Wie käme auch
Anna dahin? Baum und Wasser sind nur ein Symbol des Lebens
wie es die oben S. 205 angeführte Miniatur mit der Beischrift
arbor vitae fluens aquas kurz und deutlich ausspricht. In der
Chronik des ' Barbarus ' war dies Bild allerdings ohne tieferen

Sinn, doch als Typus der vier Urströme eingesetzt bei Aufzählung
der Ströme der Erde, an deren Spitze die vier im Garten Eden
stehen (¹). Bei der Verkündigung an Anna dagegen ist der Brunnen,
in welchem Baum und Wasser geeint sind, wirklich bedeutungs-
volles Symbol, obgleich der Brunnen, in den Garten vor Annas Thüre
eingestellt, die Starrheit des Symboles unter dem Scheine lebensvol-
ler Wirklichkeit verbirgt. Die Geburt Mariae ist die Vorbereitung
der Geburt Christi, der den Menschen das Wasser des ewigen Lebens
gibt, wie es im vierten Evangelium ausgesprochen ist 3,35, mit
besonderer Nennung des Brunnens 4,14, und auf die Ströme Edens
zurückweisend 7,38. Vorbedeutend steht darum der Lebensbrunnen
zwischen Anna und dem Boten Gottes.

Man möchte meinen das Symbol stände passender bei der
Verkündigung der Geburt Christi selbst. Indes waren deren Typen
wohl schon festgestellt, als sich jenes Symbol des Lebensbaumes
oder Lebensbrunnens bildete. Unter diesen Typen (²) ist aber einer,
der sich mit jenem der Verkündigung an Anna im innersten Gedanken zu begegnen scheint, oder gar ihn hervorgerufen hat. Es
ist der an das Protoevangelium des Jakobus anknüpfende, wo Maria
in dem Augenblicke, da der Engel mit der Verheissung zu ihr
tritt, an einem Flusse kniet um Wasser daraus zu schöpfen.

Jedenfalls ist das Symbol des Lebensborns dann in der einen
oder andern Form an den Anfang der Evangelien gestellt, ersten s
über den Kanones-Arkaden (oben S. 165 Fig. 1 und S. 169 Fig. 4-6).
Die Verbindung des Wasserspeiers mit dem Stamm, der aus Wasserbecken und Phiale aufsteigt, erscheint organisch: sonst ist weder der Baum noch sind die Paradiesesströme angedeutet, nur dass
einmal (Fig. 1) unter der Pigna zwei Queräste oder Arme ein
Kreuz bilden wie die Schlangenhälse in Fig. 3 und die Aeste unter der Krone von Bäumen in altchristlichen Darstellungen (³).
Dafür sind aber die vielerlei Tiere mit den Blumen und Zweig-
lein zwischen ihnen eine Andeutung des Paradieses und damit des

---

(¹) Was Kraus Geschichte d. christl. Kunst II, 278 vom ' Lebensbaum '
beibringt berührt sich mit den hier besprochenen Beispielen kaum.

(²) Vgl. Kraus Real-Eucyclop. unter Verkündigung, Garrucci Storia VI
447 und 454.

(³) Vgl. z. B. Garrucci arte crist. V 394, 9 und 400, 2.

Lebensbaumes und Lebensbornes (¹). Indem dieser einmal (oben
S. 188) auch unter einem Tabernakel oder Tempietto steht, ergibt
sich schon die nahe Verwandtschaft der zweiten Form, des Tabernakels, das gleichfalls zu Anfang des Evangeliars von Soissons *a*
(oben S. 199. bei Kraus Geschichte II S. 70), des Godescalc *b*
(Fig. 11) und von Etschmiadsin *c* (Fig. 12) dargestellt ist. Während dort, über den Arkaden, die alttestamentliche Idee überwiegt,
tritt hier die des Evangeliums stärker hervor. Immer ist der Tempel
die Hauptsache, gekrönt mit dem Kreuze; der Brunnen dagegen
verschwindet allmählich. In *a* bildet das ganze Innere des Tempels,
von Schranken eingefasst, ein Wasserbecken, in dessen Mitte niedrig und klein die wasserstrahlende Pigna steht; an einen Baum
würde niemand bei ihrem Anblicke denken. In *b* sind zwar die
Schranken noch geblieben, aber weder Wasser noch Pigna sind
hier zu sehen. In *c* endlich fehlen auch die Schranken, und hier
schart sich auch kein Gatter mehr um den Tempel, das in *a* und *b*
vorhanden ist, darunter, nicht miszuverstehen, beidemale der Hirsch,
er das Symbol des nach dem Wasser des ewigen Lebens verlan-
genden Menschen. Das ist deutlicher im Berliner Relief (Fig. 8),
wo der Hirsch allein an dem Pignabrunnen steht, den Kopf zum
Wasser wendend, das in zwei Strömen (statt der vier) in die Phiale
rinnt (²).

Ehe wir uns nun zu den Vorbildern dieser mehr oder weniger
symbolischen Darstellungen, also zu den wirklichen Pignabrunnen
wenden, fragen wir schon jetzt, wie kommt die Pigna dazu, mit
dem Baum des Lebens im Paradiese und den zum Wasser des
ewigen Lebens ausgedeuteten vier Strömen daselbst zu einem Symbol
vereinigt zu werden? Ging die Entwickelung etwa, wie die vorher betrachteten Ornamentplatten zu denken nahe legen könnten,
von der Pinienfrucht zum Baum und weiter zum Baum und den
Flüssen Edens? Dies scheint in der That die Meinung Strzygowskis
zu sein, der mit nachdrücklicher Betonung und wiederholt die Pi-

___

(¹) Vgl. das ebenso, mit Adam darin. dargestellte Paradies auf dem Dipty-
chon in Florenz. Garrucci *arte crist.* VI 451, Venturi *Storia* I 421.

(²) Vgl. die nicht seltenen Darstellungen der Hirsche, die an zwei oder
vier Strömen, natürlich jene wie diese die Flüsse Edens, trinken, z. B. Garrucci *arte crist.* V 332 an einem ravennatischen Sarkophag; IV 270 zweimal
je zwei in einem Deckenbild; 277. 278 zwei Hirsche an einem Kantharos mit
dem beigeschriebenen Psalmwort; VI 451 und oben Fig. 8 und 11 je ein Hirsch.

nieufrucht als Symbol der Fruchtbarkeit aus dem Mithrascult herleitet, dann in Syrien das Symbol in christlichem Sinne umgedeutet
werden lässt zu dem der ' Befruchtung durch den göttlichen Geist '
und der ' Erleuchtung '. Demgegenüber soll hier nicht gefragt
werden, warum im Mithrascult und nicht lieber im syro-phoeni-
kischen Baalskult, oder gar in dem des Bacchus den Ursprung
des Symbols suchen, wenn er einmal bei den Heiden gesucht werden
soll, wogegen doch wohl ernste Bedenken sich erheben könnten.
Aber was berechtigt die vegetabilische Fruchtbarkeit des Pinienzapfens durch das Mittelglied der selbstgeschaffenen Metapher von
der ' Befruchtung durch den göttlichen Geist ' der ' Erleuchtung '
gleichzusetzen, diese Erleuchtung wiederum dem Leben in Gott
oder Christus gleichzusetzen, und endlich als Symbol des Lebens
in Christus den Lebensbrunnen zu verstehen? Und wenn man
selbst alle diese, wie mir scheint völlig willkürlichen Gleichungen
anerkennen und auf diesem Gedankenwege die Pigna zum Lebensbaum geworden sein lassen wollte, wie kam man dann nur dazu,
die Wasser beim Lebensbaum Edens aus der Krone des Baumes
hervorstrahlen zu lassen statt sie, was doch an sich die naturgegebene und gewöhnliche altchristliche Vorstellungsweise ist, aus dem
Boden neben den Wurzeln des Baumes entspringend zu zeigen. Wenn
nicht anderes, so verrät die so ganz singuläre Vorstellung des von
der Lebensbaum-Pigna ausstrahlenden Wassers einen anderen Ent-
wicklungsgang, einen andern Ursprung des fraglichen Symbols. Ihn
wird die Betrachtung der nicht zahlreichen wirklichen Pignabrunnen
oder ihrer Ueberreste offenbaren oder sicherstellen.

Aus dem Orient sind solcher Brunnen viere oben S. 190 ff.,
alle in Constantinopel, nachgewiesen: die durchbohrte Granitpigna
im Sulu Monastir des 12. Jhdts. und drei im Theophanes conti-
nuatus beschriebene aus dem 9. Jhdt., von denen keiner unter
einem Tabernakel gestanden zu haben scheint. Bei allen dreien
wird die Pigna genannt, zweimal στρόβιλος, der eine διάτρητος, der
andre πολύτρητος, an der dritten Stelle στροβίλιον ebenfalls διά-
τρητον, doch ohne dass bei einem von ihnen das Hervorstrahlen
des Wassers aus der Pigna angegeben würde. Das Wasser ergoss
sich vielmehr bei dem einem der beiden Brunnen im Vorhof der
' Neuen Muttergotteskirche ' aus hohlen Säulchen, die durch eine
ζώνη verbunden, rings um die Phiale standen, also vermutlich

einer Balustrade vergleichbar den Rand des Beckens umgaben (¹),
bei der anderen wurde es von Hähnen, Bocken, Widdern gespiesen.
die an gleicher Stelle wie dort die Säulchen das Becken umstanden,
offenbar den Tieren vergleichbar, die den Lebensborn der Evangeliare *ab* umgeben. Nur bei dem dritten Brunnen, der im Vorhofe
eines Palastes, nicht einer Kirche stand, floss bei Festen, zur Zeit
der reifen Nüsse (δέξιμα) Wein, und dann lagen in der Phiale,
(als kämen sie von der Pigna, dem στροβίλιον), Pistazien und
andere Nüsse (²). Ob der Pigna zu anderen Zeiten gemeineres Nass
oder gar nichts entquoll wird gar nicht gesagt. — Also im Orient
ist einstweilen kein Pignabrunnen nachgewiesen, der älter wäre
als das neunte Jahrhundert, und die Nachbildungen in biblischen
Scenen sind nicht älter sondern jünger (³).

Im Westen ist auch die Aachener Pigna (oben S. 203 ff.) kaum
älter. Der wirkliche Pignabrunnen von S. Apollinare in Ravenna
(oben S. 206, 1) und der nachgebildete von S. Vitale ebda (Fig. 7)
mögen etwa drei oder vier Jahrhunderte älter sein. Weit älter
aber als diese und alle ist die römische Pigna. Sie gilt es jedoch
erst sicher zu stellen gegen die Anfechtungen oben S. 40 ff., denen
Strzygowski williges Gehör geschenkt hat.

Die Pigna des vaticanischen Gartens, war, wie ich durch Untersuchung des Originals festgestellt zu haben glaube (⁴), ursprünglich die Krönung eines Rundbaues, wahrscheinlich des älteren,

(¹) 'Säulchen, die gleichfalls für Wasserkünste verwendet sind' (oben
S. 45) entspricht dem griechischen Text nicht.

(²) Dazu muss man die oben S. 311 erwähnte Ornamentplatte r von Torcello vergleichen, wo statt des Pignagekrönten Lebensbaumes auf hohem Fuss
eine Phiale steht, aus der sich ein στροβίλιον erhebt, und die im Uebrigen
mit kleinen Kügelchen gefüllt ist, von denen die zwei rechts und links stehenden Pfauen fressen. Aehnlich in Elfenbein Venturi *Storia* II 607; eine
Pigna mit zwei Blättern in der Phiale an einem Sarkophag von Ravenna
Garrucci, *arte crist.* V 337, 2.

(³) Das Berliner Relief (Fig. 8) wird im dortigen Katalog dem 8. oder
9. Jhdt. zugeschrieben. Strz. (oben S. 192 f.) denkt es 'wohl als Spolie aus
dem Orient nach Venedig gelangt', und rückt es ins 5. oder 4. Jhdt. Man
wird es mir nicht verargen, wenn ich das Urteil der Berliner für unbefan-
gener halte. Die 'wie vom Winde umgelegte Krone' der Akanthusblätter an
dem Capitell ist an römischen Werken Augusteischer Zeit (Ara Pacis) typisch. Nicht der Wind sondern der Reliefstil verursacht das Umlegen.

(⁴) Amelung, Vatican-Katalog I S.896 ff.

von Agrippa erbauten Pantheons. Wenn dessen Dekrönung nicht
die Gestalt eines μίχεσ erhielt wie beim Philippeion in Olympia.
oder eines *flos*. wie Vitruvius vorschreibt, sondern einer Pigna, so
kann diese allerdings wegen Beziehung der Pinie zu der Götter-
mutter gewählt worden sein; notwendig indessen ist solche Annahme keineswegs. Als dann beim Brande des Pantheon im J. 80
n. C. die Pigna vom Dache herabstürzte, wobei sie vermutlich
ihrer Spitze verlustig ging, und als man nun daran dachte den
unten liegenden Erzkoloss wieder zu verwenden, da wird man doch
schwerlich irgend welche Symbolik sondern nur Grösse, Form, Material und Einrichtung des Hohlkörpers in Betracht gezogen haben. Wie die Durchbohrungen der einzelnen Pignolen zeigen,
machte man das Ding jetzt zu einem Wasserbehälter, den wir auch
ohne besondere Nachricht alsbald, seine Wasserstrahlen entsendend,
in der Mitte einer der zahllosen Brunnen Roms aufgestellt denken
möchten. Denn wie sollte man in dem Rom der Flavier den verstüm-
melten Koloss lange haben liegen lassen wo er gefallen? Dass die
Pigna in der Nähe des Pantheons blieb, wird ja durch ihren an
Platz und Strasse in des Pantheons Nähe bis heute (Piazza und
Via della Pigna), haften gebliebenen Namen zu denken nahegelegt. Und Hülsens scharfsinnige und fruchtbare Behandlung einiger
Fragmente der Forma Urbis oben S. 39 hat zwischen Pantheon
und Saepta Jul.a, eben in dem nach der Pigna benannten Stadt-
teile, einen Rundbrunnen nachgewiesen, der wahrscheinlich mitsamt
der Porticus Divorum, in deren Längenaxe der Brunnen gelegen
scheint, in Flavierzeit hergerichtet wurde, und zu dessen Centrum
die Pigna als Wasserspeier vortrefflich passen würde (¹). Wer immer dann später die Pigna als Cantharus im Atrium der alten Peterskirche aufstellen liess, den ging die Symbolik, die ja bei der
zweiten Aufstellung, im Brunnen bei der Porticus Divorum, vielleicht doch noch mitgespielt hatte, gewiss nichts an, weder wenn
er die Pigna nur von den *lavacra* bei der Porticus nach dem
Brunnen im Atrium versetzte, noch wenn dennoch er zuerst, nicht
schon Domitian, die Pigna als Wasserspeier verwendete.

(¹) Ihn zu verdoppeln sehe ich keinen Grund, auch an der bezeich-
neten Stelle keine Möglichkeit. *Lavacra*, was dem einen beigeschrieben ist,
kann füglich die vielen Plätze zum Waschen an dem viergeteilten Umkreis
des Brunnens bezeichnen.

Wer aber brachte die Pigna nach S. Peter? Wann geschah es?
Trotz Hülsens Einwendungen halte ich auch jetzt noch, ja sogar jetzt
noch entschiedener als früher, den Pignabrunnen bei der Peterskirche
mit de Rossi für einen Teil der ursprünglichen Einrichtung durch
Constantin (oder seinen Sohn Constans). Denn wenn auch alle
Anstösse, die Hülsen an der Aufstellung der Pigna unter dem Tabernakel nimmt, berechtigt wären, was hilfts? Die Pigna hat ja
tatsächlich darunter gestanden. Warum soll denn solche Aufstellung im 12. Jhdt. eher möglich gewesen sein als im vierten?
Hülsen meint, die Pigna habe im Vorhofe der Kirche gar nicht
mehr als Wasserspeier gedient. Ja, weshalb stellte man sie denn
überhaupt dahin? War an der Aufstellung unter dem Tabernakel
wirklich etwas anstössig, so wurde es doch wenigstens dadurch
entschuldigt, dass ein so merkwürdiger, alter Heidenbrunnen in den
Dienst der Kirche gestellt wurde. Was entschuldigte dagegen eine
ganz zwecklose Aufstellung? Und nicht blos zwecklos wäre es
gewesen, sondern ein Selbstwiderspruch, die durchlöcherte, zum
Wasserspeien eingerichtete Pigna wasserlos und trocken grade an
der Stelle des *cantharus* aufzurichten. Hülsen meint, die greifen-
verzierten Platten, die von den Mirabilia und Grimaldi bezeugt
werden, hätten keinen undurchlässigen Verschluss abgegeben. Au-
genzeugen jedoch, die das Bassin (Grimaldi wenigstens noch die
Platten) sahen, wenn auch nicht mehr von Wasser gefüllt, weil
sich die Leitungen wohl im Laufe der Jahrhunderte zugesetzt
hatten, zweifelten nicht an der Bestimmung des Beckens; und
wir sollten dazu berechtigt sein? Welche andere Bestimmung
könnte denn das Becken gehabt haben? Und ist nicht das Becken
des Lebensbrunnens in den Evangeliarien von Soissons und des
Godescalc (oben S. 200 und 317) trotz einiger Verzeichnungen
leicht zu erkennen als wesentlich ebenso hergestellt mit Platten
in spatiis columnarum, wie Grimaldi sagt, oder durch die *co-
lumnae tabulis marmoreis cum griphonibus conexae*, wie es in
den Mirabilia heisst? Dass diese Schranken in den Zeichnungen
de Winghes und Tassellis(¹) fehlen, kann verschieden erklärt wer-

(¹) Die Zeichnung welche oben S. 42 wieder abgebildet und für treuer
gehalten wird, ist im Gegenteil wertlos, weil sie teils interpolirt (so die aus
den Delphinschwänzen gemachten Eckakroterien), teils auslässt (so die zwei

den; gegen jene positiven Zeugnisse verfangen diese negativen nicht.
Die Grundfläche innerhalb des Tabernakels berechnet sich nach den.
oben S. 42 ermittelten Massen auf etwa 16 Quadratmeter, von denen
die Pigna. mit 2,0 m. grösstem Durchmesser noch nicht den vierten
Teil füllte. Für das Spiel der Wasserstrahlen blieb rings mindestens 1 m., also weder zu wenig für den Wasserdruck, noch
zu viel für diejenigen, welche aussen standen, begierig die Strahlen
aufzufangen; und dass das beständig vom Wasser überspülte Erz das
Wasser habe beschmutzen können wird man kaum glauben. Die
drei *tubones* endlich, die, als man die Pigna entfernte, *apparuerunt
immediate sub ipsa*, nicht mit der Pigna sondern mit einem älteren *cantharus* in Beziehung zu setzen, scheint mir Willkür.

Wer sich nun die Pigna nach den Zeichnungen oder Beschreibungen unter dem Tabernakel mit seinem ehernen Kuppeldach ([1])
stehend vorstellt, wird es doch an und für sich gewiss weit na-
türlicher finden, dies Tabernakel ursprünglich über der Pigna erbaut als diese nachträglich unter jenes geschoben zu denken. Was
könnte uns also nöthigen trotzdem letzteres anzunehmen? Der
Magliabecchianus (oben S. 44) sagt. die Pigna sei erst von Innocenz II (1130-1142) nach dem Vatican überführt worden. Ist es
jedoch zulässig einem so unglaubwürdigen Auctor mehr Glauben
zu schenken als den Mirabilia, wo es sich um etwas handelt das
den Mirabilia gleichzeitig war, hinter dem Magliabecchianus dagegen dreihundert Jahre zurückliegt? Die um 1150 geschriebenen
Mirabilia aber bezeugen die Pigna als längst schon dort im Atrium
stehend. Vor ihren Zeiten hatten die Päpste Stephanus II (752-7)
und Symmachus Verschönerungen am Cantharus vorgenommen, ohne
dass aus den Angaben des Liber Pontificalis klar würde, welche.

seitlichen Lünetten über dem Gebälk, die mitsammt den zwei anderen erst
unter Paul V zerstört worden).

([1]) Dem Stephanus werden acht marmorne Säulen unter dem Erzdach
zugeschrieben. Doch wird die eherne *tholus* schon von Paulinus a. a. O. genannt und die Säulen heissen porphyrne, wie bei Grimaldi und den Mirabilia,
so auch schon im Liber Pontificalis unter Symmachus. Michon in den Mélanges Boissier S. 271 erkennt in den zwei Porphyrsäulen des Louvre eine
der vom Cantharus und eine derer, die nach Grimaldi vor S. Peter standen.
Bedenken erregt das gleiche und selbst für den cantharus, geschweige denn
für den Eingang der Kirche, zu geringe Maass von 2,50 m. für den Schaft.

Nur so viel ist gewiss dass der Cantharus, also der eigentliche
Born auch vor Symmachus schon vorhanden war. Schon Paulinus
von Nola schildert (ep. XIII), ihn, kaum zwei Generationen nach
Constantin, unter der ehernen vergoldeten *tholus* stehend. Er nennt
den Wasserbehälter allerdings nicht *pinea* sondern *cantharus*, aber
den Worten mit welchen Paulinus das Ausfliessen des Wassers charakterisiert, entsprechen so sehr diejenigen, mit denen Grimaldi,
allerdings lediglich aus phantasievoller aber dazu völlig ausreichen-
der Anschauung der trockenen Pigna, die zwiefache Art des Aus-
strömens aus dieser beschreibt, dass der *cantharus* des Paulinus
eben nur die Pigna Grimaldis gewesen sein kann. Paulinus nennt
zuerst *cantharum ... fluenta ructantem*, danach spricht er von
aquae salientes; Grimaldi unterscheidet *magnum aqude fontem
egredientem de pinnaculo pineae*, und die *alii fontes in singulis
nucum nodis grato aspectu scatentes*. Letztere sind ja eben des
Paulinus *aquae salientes;* auf dieselben und ihren *gratus aspectus*
kann sich das *ructari* unmöglich beziehen, sondern nur auf die
oben (wo jetzt die moderne Spitze ansetzt, und wo der antike
Druckbrand (vom Sturze) natürlich bei der Neuaufstellung abgeglei-
chen war) abfliessende, und wie es bei der unvermeidlichen Wel-
lenbewegung notwendig, stossweise überströmende Wassermasse.

Bevor wir den Schluss ziehen, nur ein Wort noch zur Beant-
wortung von Hülsens Frage (S. 40): « wie kann ein Monument
das beim Vatican stand einem Teile des Marsfeldes den Namen
gegeben haben? » Natürlich bildete sich der Name, als die Pigna
sich noch im Marsfelde befand; das dauerte etwa drittehalb Jahrhunderte, gewiss lang genug, damit ein solcher Name sich bilden
konnte. Und wenn einmal ein Brunnen von der Pigna seinen Namen erhalten hatte, so konnte derselbe am Brunnen und Platze
haften bleiben, auch nachdem die Pigna selbst entfernt und durch
einen andern ähnlichen oder indifferenten Körper ersetzt worden
war. Den weiteren Einwendungen darf man mit der Gegenfrage
begegnen: sollen die Leute mit der Benennung des Platzes und
Stadtteils etwa tausend Jahre gewartet haben, bis zu dem Zeitpunkt wo zufällig der Name zuerst in unsern Urkunden auftaucht?

Genug, die römische Pigna wurde als Cantharus vor der Peterskirche bereits von Constantin (oder seinem Sohne) aufgestellt,
nachdem sie an anderer Stelle wahrscheinlich schon vorher ein paar

Jahrhunderte als heidnischer Brunnen gedient hatte. Sie ist nicht allein weitaus der älteste aller Pignabrunnen, sondern an ihr erkennen wir auch, was weder durch Mithrascult, noch anderswoher verständlich wird, wie die Pigna überhaupt dazu kam ein Wasserspeier zu werden, nämlich lediglich durch den Zufall, der sie ihrer eigentlichen Bestimmung entführte und für beliebige Verwendung frei stellte. Wären ältere Pignabrunnen nachzuweisen, so könnte ja auch Domitian oder Constantin durch sie zu solcher Verwendung des Pantheonsknaufs veranlasst worden sein; aber sie selbst ist eben das älteste, erste Beispiel und diese vom Dach gefallene Pigna zum Brunnen und Wasserspeier zu machen genügte, wie gesagt, ihr Material, Umfang, Hohlraum und die in Rom häufige Gelegenheit für Brunnenausstattung zu sorgen.

Wo nun weiter der Pignabrunnen Symbol wird geht die Entwickelung des Symbols auch nicht von der Pinienfrucht aus, die dafür nur secundäre Bedeutung hat, sondern von dem Wasser als dem Symbol des ewigen Lebens und von dem Baume des Lebens mit den vier Strömen in der Mitte des Paradieses. Beide Ideen hafteten an oder verbanden sich mit dem Kantharos im Atrium. Dessen Wasser, zu körperlicher Reinigung bestimmt, glich man, seit es aufkam das Atrium Paradisus zu nennen, den Flüssen in der Mitte Edens und dem Wasser des ewigen Lebens, also die an vier Seiten von dem ausfliessenden, (vielleicht auch nach vier Seiten abfliessenden) Wasser umspülte Pigna dem Baume des Lebens, wozu die äusserliche Aehnlichkeit (natürlich nur dieser Riesenpigna) mit einem jungen Baum, auch die Aehnlichkeit des Namens (im Griechischen den Baum und auch die Frucht, bezeichnend) im Lateinischen, pinus und pinea, mitwirken konnte. Dass diese Auffassung des Pignabrunnens bei der Peterskirche in Rom lebte, zeigt die Uebertragung nach Aachen. Denn Material, Grösse, Gestalt der Pigna im Kantharus der Aachener Kathedrale und die mitgewanderte Sage, wonach auch die Aachener Pigna vom Dache gefallen sein sollte, zeigen — von den Beziehungen der fränkischen Könige zu Rom ganz abgesehen — dass der Aachener Pignabrunnen von dem römischen entlehnt ist. Bei ihm aber hat die Idee der Paradiesesströme sogar in vier kleinen Flussgöttern um die Pigna, mit den in Versen beigeschriebenen Namen der Genesis Ausdruck gewonnen (oben S. 204). Und jetzt verstehen wir, was

bel andrem Ausgangspunkt und Gedankenwege rätselhaft blieb,
weshalb der Lebensbaum, und wäre es auch nur jener *arbor
vitae fluens aquas* (oben S. 205 und 315), die Wasserströme aus
seiner K r o n e entsandte, statt dass sie an seinem Fusse hervor-
quollen, und weshalb in den Verkündigungsbildern (Fig. 2 f.), aber
auch in den Arkaden (Fig. 1, 4) und auf den Schrankenplatten
(Fig. 9 f.) die Form des Lebensbaumes am Lebensbrunnen bestimmt ist durch die Pigna.

Sollte aber nicht, dürfen wir weiter fragen, auch der ganze *cantharus in paradiso S. Petri*, wie er im Liber Pontificalis heisst, das
Vorbild geworden sein für das Tabernakel der Evangeliare, besonders derer von Soissons und des Godescalc (oben S. 317 ab)? Die
Zahl der Säulen und die Einrichtung des Bassins durch Schrankenplatten wurde schon oben verglichen. Bei den Tabernakeln
der Evangeliare ist es freilich rund, aber das vaticanische run-
dete sich oben in der *tholus*. Und nun sehe man die Pfauen: In
den Miniaturen rücken sie, bei der veränderten Dachbildung, etwas
höher, in *a* noch etwas weiter ab als in *b*, und doch ist ihr Platz
wesentlich derselbe wie bei S. Peter, wo sie vor der Lünette
gleichfalls auf dem Gebälk standen ([1]). Ja auch die vielen anderen Pfauenpaare, z. B. iu Fig. 8 und 10, nicht minder die
Greifen von Fig. 9, um nur einige Beispiele zu nennen, und
selbst der Kantharus, aus welchem die zum Baum sich wandelnde
Pigna sich erhebt, möchten von dem Weihebrunnen vor S. Peter,
dem schwerlich ein anderer an Berühmtheit sich vergleichen
konnte, herstammen, z. T. mehr durch Wort und Ohr als durch
Bild und Auge vermittelt. Am wenigsten erklärt sich vielleicht,
dass die Pigna meistens so klein ist, und dass sie häufig so viel
höheren Fuss hat. Die Ornamentplatten liessen erkennen, dass die

---

[1] Ein merkwürdiges Detail ist das Halsband, das die Pfauen z. B. in
Fig. 8, 11 und dem Relief von Torcello (oben S. 314 c.) tragen. An den vaticanischen Pfauen (s. Vatican-Katalog 1 S. 804) ist bei dem einen zwischen
Hals und Rumpf ringsum, bei dem andern teilweise ein modernes Stück eingesetzt, das, nicht vergoldet, von den vergoldeten antiken Teilen sich abhebend, leicht die Vorstellung eines Halsbandes wecken konnte. Sollte übrigens für die christliche Symbolik des Pfaues nicht das A und O in seinem
lateinischen und griechischen Namen (*pavo*, *ταώς*) von Bedeutung gewesen sein ?

Umwandlung der Pigna in den Baum daran beteiligt ist. Doch scheint hier noch ein zweiter 'Zufall' im Spiele zu sein, und ihm nachgehend finden wir vielleicht im Osten einen Pignabrunnen, der wenigstens dem vatikanischen, nicht dem bei der Porticus Divorum gleichzeitig heissen darf. Freilich muss hier Vermutung eine kleine Lücke ausfüllen, aber dieser Weg führt uns nun auch in klassisches Altertum zurück.

Der Pignabrunnen im Verkündigungsbilde der vaticanischen Miniatur, Fig. 3, der in Metallfarbe leuchtet (oben S. 187), mit seinen Schlangen, die bei genauerem Zusehen nicht allein oben als Wasserspeier vorhanden sind, sondern von unten auf den Stamm umwinden, bekundet unwidersprechlich seine Abstammung von der berühmten Schlangensäule des Atmeidan, des Hippodroms. Da hatte Constantin selbst den τριμάρηνος ὄφις des Siegesanathems von Plataiai aufgestellt, den er aus Delphi entführt hatte, nachdem der goldene Dreifuss lange vorher davon genommen worden. Ueber den drei Köpfen der Schlangen, deren auch nur zwei zugleich gut sichtbar waren, und die sich bis zum Ende des 17. Jahrhunderts erhielten, lag nach Fabricius wohlgegründeter Herstellung (¹) der Kessel des Dreifusses, ebenda wo in der Miniatur die wasserstrahlende Pigna sitzt (²).

Nun wurde bekanntlich, als Newton im J. 1855 das untere Ende der Schlangensäule auf dem Atmeidan freilegte, unten um den Sockel derselben ein nicht grosses Becken constatiert. Newtons Worte (*Travels and discoveries* II 35, vgl. S. 27): *on digging round the base of the serpent I came to a pavement, which ap-*

(¹) Jahrbuch I, 1886, 186 f. Man darf dafür auch die archaischen Dreifüsse und Kessel geltend machen. So springen an dem 'Stabdreifuss' von Garenne (*Mon. d. Lincei* VII fig. 10 in Savignonis schöner Studie), auch in einem vaticanischen aus dem Grabe Regulini-Galassi (Fig. 15 Sav.) unter dem Kessel, Schlangenköpfen nicht unähnlich, die umgebogenen Enden der graden Stäbe heraus, und noch mehr ähneln den Köpfen des τριμάρηνος ὄφις die vom Kessel selbst dräuend vorgereckten Greifenköpfe (vgl. Herod. IV 152), die mit jenen den weitgeöffnten Rachen (vgl. Dethier und Mordtmann Wiener Denkschriften 1864 XIII, 2 S. 44 und Taf. 1, 17) und die Ohren, wenn auch nicht emporgerichtete (ebda Fig. 14 c) gemein hatten. Vgl. Röm. Mitt. 1897, 20; Pernice im Jahrbuch 1901, 62 ff.

(²) Die von Springer-Michaelis, Kunstgesch. I S. 174 nach Pomtow gegebene Herstellung macht einen wenig organischen Eindruck.

peared to be the bottom of a small tank and which suggested the idea to me that the serpent had been used as a fountain, dazu namentlich etwas weiterhin: the tank in front of it (the serpent), lassen unklar, ob das Bassin nur an einer Seite lag (wie es auch in der Miniatur Fig. 3 scheinen könnte) oder, was doch bei drei speienden Schlangenköpfen vorauszusetzen ist, ringsum ging. Newton entdeckte ferner im Inneren der Säule (inside the serpent) noch ein Stück einer Bleiröhre mit griechischer Inschrift (C. I. G. IV 8811). In welcher ein Stadtpraefect von Constantinopel genannt war. Da solche erst vom J. 359 an existierten, und die Wasserleitung nach dem Hippodrom erst unter Kaiser Valens, also noch etwas später gelegt wurde, setzte Frick (Jahrb. f. class. Philol. Suppl. III 551) die Herrichtung der Schlangensäule zur Fontäne unter Valens (364-378) (¹). In dem hier erörterten Zusammenhang wird nun die Scheu Fricks, Constantin selbst schon die Verwendung der Schlangensäule zur Fontäne oder wenigstens den Gedanken zuzuschreiben, minder berechtigt erscheinen; ebenso, auch von hier aus, die Scheu Hülsens, der Pigna so frühe Aufstellung bei S. Peter zuzugestehen. Ist es doch derselbe Constantin, dem wir, der Zeugnisse halber, die Ueberführung der classischen Pigna nach S. Peter zuschreiben mussten, zu keinem andern Zweck als dort als wasserspeiender Cantharus zu dienen; derselbe der ein anderes klassisches Heidenwerk, die Schlangensäule nach Neu-Rom überführt — zu welchem Zweck? Kann man denn nun umhin zu denken, dass er schon die Absicht gehabt, sie dort zu dem zu machen was sie bald darauf wirklich wurde? Um so mehr als sich auch die andre Vermutung uns aufnötigt, dass die Schlangensäule nach der vaticanischen Miniatur zu ergänzen ist, also Constantin schon (oder sein Nachfolger) sie mit einer wasserspeienden Pigna krönte, die gewissermassen die Stelle des Dreifusskessels einnahm. Weist doch auch einer der Strobilos- oder Pigna-Brunnen im Vorhof der neuen Muttergotteskirche in Constantinopel (oben S. 190 und 318) in den Schlangen, welche die Phiale mit dem Strobilos umgaben, eine Analogie mit Fig. 3 (was Strzygowski bemerkte), und der Atmeidanfontäne

(¹) Dethier u. Mordtmann S. 6 gingen bis Theodosius, also noch etwas weiter hinab.

auf; nur dass des Theophanes cont. Worte (¹) nicht genau ermessen
lassen, wie weit sie ging. Schwächere Nachklänge des Schlangen-
motivs treffen wir auch noch anderswo im Osten, so die Schlangen
unter der Cantharus-Pigna auf den zwei Tafeln von der Panagia-
Gorgopiko (oben S. 311) (²), oder gar die Spiralumschnürung des Le-
bensbaumstammes auf dem andern Plattenpaar ebenda, oder die
nur ganz leicht angedeuteten ähnlichen Spiralen an dem Schaft
des Pignabrunnens in dem Arkadenbild Fig. 1. Von den Schlangen im Atmeidan berichtet Bondelmonte (1422) dass an Festtagen
bei den Spielen Wein Milch und Wasser aus den drei Mäulern
geflossen sei. Man hat das für eine Fabel erklärt, aber Theophanes cont. (oben S. 108) berichtete ja von dem Pignabrunnen im Pa-
lasthof Sigma Aehnliches.

Wird man nun meinen, dass mit Annahme eines schon von
Constantin im Hippodrom gegründeten Pignabrunnens sich die hier
vorgetragene Ansicht über die Entwicklung dieser Brunnenform in
Strzygowskis Sinne ändere? Gewiss nicht; nur wäre dann schon
viel früher als bisher nachweisbar war, von Constantin selbst das
Vorbild des Vaticanischen Pignabrunnens auch im Osten nachgeahmt worden und zwar hier in einer Form, die nun den schlanken,
mit einer kleineren Pigna gekrönten Stamm so mancher Nachbil-
dung besser erklären würde. Das Vorbild aller Pignabrunnen bleibt
auch so der zum Wasserspeier eingerichtete Knauf des Pantheons.

E. PETERSEN.

(¹) S. 327: περὶ ἧς (φιάλης) καὶ θμιλοντος ἐστιν ἰδεῖν, ὡς ἡ ἱπ3οῖδος
τέχνη φύσεται διημόργωσεν. Also von Stein, und doch möchte man des besonderen Lobes wegen sie mit freigearbeiteten Köpfen denken. Die φιάλη die,
wie eine Reminiscenz des delphischen Dreifusskessels, zwischen den Schlan-
genstäben und der Pigna liegen musste, gab ihnen Halt.

(²) Ob damit die *dracones ad vas bibentes* in Grimaldis Beschreibung
des Zophorusschmucks am Kantharostabernakel zu schätzen sind, lasse ich
dahingestellt. De Rossi (*Inscr. Chr.* II, S. 429) wollte *pavones* daraus machen.

FUNDE.

Bevor über die Ara Pacis Neues berichtet wird, sei kurz auf einige wichtigere sonstwo in Italien gemachte Funde hingewiesen.

Rom steht auch hier billig voran mit den so merkwürdigen ältesten Gräbern am Westabhang der alten Velia. Brand- und Leichengräber sind dicht in einander gedrängt, doch so, dass die Brandgräber des öfteren von den andern angeschnitten sind, wie auch durch den Inhalt die Leichengräber sich als die jüngeren zu erkennen geben, doch auch sie kaum über das siebente Jhdt. herabgehend (Notizie d. scavi S. 123 und 304).

In Villanovazeit reicht die Nekropole von Caracupa, zwischen Norba und Sermoneta in der Ebene; merkwürdig unter den vier Brandgräbern (von 81) eines, weil die Form des Ossuars die Brandbestattung unverkennbar von Cuma herstammend erweist (N. 289 und 304)

Hier in Cuma sind in nächster Nähe eines Kuppelgrabes, das trotz altertümlicher Construction nicht älter als das III. Jhdt. zu sein scheint, drei Gräber aus Cumas Frühzeit entdeckt, davon eines die Brandreste in silbernem Ossuar (eben der in Caracupa nachgeahmten Form) barg. Von hervorragender Wichtigkeit sind die Beigaben wegen ihrer grossen Uebereinstimmung mit dem was in den berühmten Gräbern Etruriens aus dem 7. Jhdt. (Regulini-Galassi u. s. w.) gefunden wurde (Mon. Lincei XIII).

Schwarzfigurige attische Vasen, darunter mehre signierte (Kaulos (?) ἐποίησε neben Sakonides ἔγραψε, Thrax, Tleson) wurden in und bei Tarent, z. T. früher gefunden. Gegenständlich merkwürdig ist eine Kylix, welche auf Danaos und den Chor seiner Töchter und die reisigen Aegyptiaden zu beziehen nahe liegt (N. 33, 205).

Ein archaisches in Kupfer getriebenes Gefäss mit Darstellungen von Pferden und Eseln ward in Gela gefunden (N. 431).

In Norba wurde die Untersuchung der alten Stadt weitergeführt und zu drei früher untersuchten Tempeln noch ein vierter

erforscht, nach Inschriften der Juno Lucina (s. o. S. 338) gehörig.
Das verhältnissmässig junge Datum der Tempel, auch der Mauern,
nicht älter als das 5. Jahrhdt., bestätigte sich aufs neue (N. 229).

Auch in Spoleto und bei Bolsena kamen ältere Mauern
zutage (N. 156 und 351).

In Sassoferrato ergänzte sich der frühere interessante Fund
von Thonfiguren eines Frieses: plündernde Gallier von den delphischen Göttern bestraft (N. 177).

Ein Grab bei Viterbo ist wegen der grossen Zahl von Nen-
frosarkophagen mit Deckelfiguren und etruskischen Inschriften bemerkenswert (N. 116).

In Boscoreale wieder eine Villa; darin Wandgemälde mit
Athletendarstellungen (N. 64).

Bei der Ara Pacis Augustae hat die Forschung des Ar-
chaeologen längere Zeit den Constructionen des Technikers weichen
müssen. Daher ist wenig Neues zu berichten. Die oben S. 167 f.
(vgl. auch Arch. Anz. 1903 S. 182) bereits erschlossene Orientierung
der Friese, des linken als des nördlichen, des rechten als des südlichen, ist vollauf bestätigt durch den, soviel zu sehen, vortrefflich
erhaltenen aber seit drei Monaten noch nicht ganz freigelegten,
geschweige gehobenen Block XVII im Grundriss APA. S. 36.
(Ebda S. 104 ist anders numeriert.) Die daselbst gemachte Zählung
sei hier beibehalten, obgleich sich ergeben wird, dass nicht allein
XVIII a und b, durch a* und b* ergänzt, zwei besondere Blöcke
waren, sondern zwischen b und XIX noch in Block c lag ([1]).

Der Block XVII fand sich nämlich ziemlich genau bei der
Mitte des Südfrieses und, soweit schon jetzt sich urteilen lässt,
schliessen sowohl die Figuren der Vorder- wie der Feston der Rückseite an XVI an. Von den sechs Figuren des c. 1.18 m. langen
Blocks ist die erste 14 auf APA. Taf. VI ein dritter Flamen,
vor dem auch noch ein vierter schreitet. Also trägt Augustus seinen, übrigens ja auch etwas abweichenden *apex* nicht (was oben
S. 168, 1 zugegeben wurde) als Flamen des Divus Julius ([2]), da

---

[1] Abweichend von dem sonst bei der Ara geübten Brauch ist der Fries
hier am l. Ende der Südseite nicht aus wanddicken Blöcken gearbeitet, sondern bilden ihn zwei nebeneinander liegende Platten, vielleicht wegen nach-
träglicher Aenderungen.

[2] Wie v. Domaszewski (Jahreshefte 1903 S. 58, 7) aus Lucan I 604
und Scholien folgern konnte, dass Augustus Flamen des Divus Julius gewesen
sei, blieb mir unverständlich.

dies vielmehr einer von den vieren sein muss, sondern als *pontifex maximus*. Dass an XVII sodann XVIII a anschliesst, kann der Augenschein, wegen der Unzugänglichkeit des Blockes XVII, noch nicht lehren; es wird aber zur Notwendigkeit dadurch dass alles weitere, das trotz seiner Lückenhaftigkeit doch in den Köpfen oder Kopftheilen wenigstens die Hauptsache bereits vollständig erkennen lässt, nur vor dem Princeps (auf XVIII a) am Platze scheint.

Zu XVIII a mit seinen fünf Liktoren bietet ein Stück a*, mit linkem Schnitt, das L Ende, den *fascis* zu Fig. 7 (Taf. VI APA.), nicht freilich den Kopf von 8, sodann noch zwei Liktoren, deren einer sich vorn, der andere hinten herum nach rechts dreht, endlich am Schnitt einen Hinterkopf, dessen Gesicht (eines Camillus) auf XVIII b*, am rechten Schnitt, nach links gerichtet ist, vor diesem der Kopf des achten Liktors und ein Kopfstück. Zu diesem rechten Blockende stellt ferner XVIII b das linke dar. Auf ihm ist das 'Publikum' jetzt, wie billig, durch mehrere Liktoren vom Princeps geschieden, ohne dass doch sein Staunen auf einen andern als den Princeps zu beziehen wäre. Am l. Schnitt (?) verglich sich die gehobene Hand schon früher mit den das Kopftuch fassenden Händen von Frauen (wie im linken Fries 35 und 43). Hier muss sie der priesterlichen Person gehören die auf XVIII c am rechten Schnitt steht, mit über den Kopf gezogener Toga und Kranz darüber. Mit einem Nebenmann, der sich gegen ihn kehrt nur um seine Bedeutung hervorzuheben, ist er der Erste im Zuge nach links, vermutlich der *rex sacrorum*. Am rechten Schnitt und der Bewegung des vorgestreckten Armes kenntlich, gehört auch noch ein Bruststück zu der Figur. Vor ihm und seinem Begleiter noch vier Liktoren, keiner nach links schreitend; vielmehr alle stehen wartend, teils mehr links, teils mehr rechts gewandt. Dies sowie ihre nun volle Zwölfzahl und das jedenfalls mit diesen Köpfen gefüllte Maass des Seitenfrieses:

XVII	ungefähr	m.	1.18
XVIII	a	»	1.10
»	a*	»	0.55 minus
»	b*	»	0.51
»	b	»	0.78 minus
»	c	»	1.17 plus

also alles zusammen ungenau   m. 5.29 statt der genauen 4.705

(s. APA. S. 104). beweist dass nichts Wesentliches in dieser Serie fehlen kann, vielmehr die Stücke zusammenzuschieben sind. Erst durch wirkliches Zusammenpassen auch der vom Stuck befreiten Teile in Villa Medici freilich wird diese hypothetische Aufreihung, zunächst nur des oberen Teile mit den Köpfen, mit denen es jetzt allein möglich ist, zur Gewisheit erhoben werden können.

Eine neue Ueberraschung brachte der zweite neben XVII liegend gefundene Block. An das Tellusopfer im Thermenmuseum (VIII) anschliessend, muss er einer der heiden Fronten des Altarbaus gehören. Sein Fundort war der Ostfront ungefähr ebenso nahe wie der westlichen.

Wenn aber das Sauopfer mit der Tellus an dieselbe Front gehört, und zwar jenes wegen der Linkswendung des Opferers an das rechte, dieses wegen der Rechtswendung der Tellus an das linke Ende der Front, dann gehört der neue Block seiner Fundstätte halber an die Westfront, da er vom rechten Ende der Ostfront durch das ganze Fundament des Altarbaus getrennt lag. Damit weist sich also die Tellus und ihr Opfer an die Westfront und nach diesem, nicht nach der Pax sind die Festzüge gerichtet, wodurch die Wesensverwandtschaft der heiden Göttinnen Tellus und Pax noch deutlicher wird.

Wie erwartet war, hebt der Opferer die Rechte (mit der Patera) über den Altar. Doch nicht Augustus ist es sondern eine bärtige, mehr griechisch als römisch anmutende Idealfigur; barfuss, im Mantel, der, mehr Pallium als Toga, über das bekränzte Haupt gezogen ist. Besonders wegen des kurzen Scepters werden wir in ihm den Senatus erkennen, obgleich dieser auf der Münze des Hadrian (Cohen II 2 1406 vgl. oben 1892 S. 255) weit römischer geworden ist. Wieder in anderer Weise abweichend vom Populus derselben Münze ist der hinter dem 'Senatus' Stehende, in langärmliger Tunica und Sagum, ob bärtig oder jugendlich ist nicht zu sagen, da der Kopf mit dem r. Teil der Figur abgesplittert ist. Auf einen langen Knotenstock gestützt, ist er nur Zuschauer, wie denn im *Monumentum Ancyranum* der Senat allein als Stifter der Ara erscheint. Auf der Domitianischen Münze (APA Fig. 60, 5) freilich sind beide, Senatus und Populus, die wir nicht umhin können in den rechts und links von der Ara Pacis stehenden Figuren zu erkennen, wie mit der Patera libierend dargestellt. Hat Domitian, wie es danach scheint, solche Statuen neben dem Al-

tarhau aufstellen lassen, so werden ihre Spuren wenigstens sich
finden müssen.

Für die Ostfront erübrigen also, da für die Tempel des
Mars und der Mater kein Raum bleibt, die zwei Stierreliefs in Villa
Medici, die oben S. 172 noch der Westfront zugewiesen wurden,
Natürlich links der geführte, rechts der schlachtbereite. Zu ihrer Ergänzung ist nichts Neues hinzugekommen; und es bleibt bei dem
was oben S. 172 dargelegt wurde: rechts wird im Lupercal geop-
fert, links erreicht der Opferzug die Ara Pacis. Die Liktoren die
hinter dem Stiere rechts erhalten sind, links danach ergänzt werden
können, müssen, so allein gesehen, dem Beschauer wie die Spitzen
von um die Ecke herumkommenden Festzügen erscheinen. In Wirklichkeit sind diese ja freilich nach der entgegengesetzten Seite gerichtet, vielleicht um als von der via Flaminia herkommend zu
erscheinen: zu den beiden Stierbildern bleibt es also der Phantasie
überlassen dieselben oder ähnliche Züge hinzuzudenken. —

Vom Gebälk der Einfriedung ist nun doch auch ein freilich
sehr verstümmeltes Stück gefunden, dessen ganze Höhe 0.735 m.
beträgt: vorn drei Fascien 0.32 hoch, über abgehacktem Kyma
dann der glatte Fries, ähnlich hinten.

Vom Tuffkern des Altarhaus wurden auf drei Seiten vorüber-
gehend Stufen sichtbar, in Ost und Süd vier, in West sogar sechs,
also mit Marmoreinlage, die nur zu unterst teilweise erhalten ist,
sieben. Der Auftritt scheint östlich am geringsten, grösser südlich
(und nördlich), am grössten westlich gewesen zu sein. Der eigentliche
Aufgang zum Altar selbst und der Standplatz des Opferers, die πρό-
θυσις, lag danach, den Ritualvorschriften entsprechend, im Westen.
Aus Messungen und Rechnungen ergaben sich mir ungefähr 3 ¼ m.
Länge und 2 ¼ m. Breite oder Tiefe für den Altar mit dem Standplatz dahinter, der sich etwa 1 ¼ m. über dem rings um die Al-
tarstufen reichlich 1 m. breiten inneren Fussboden erhob. Diese
nur annähernden Maasse werden gewiss durch die mit aller Musse
und Freiheit ausgeführten exakten Messungen der Techniker be-
richtigt oder genauer bestimmt werden.

Von der Marmorverkleidung des Altars selbst, von der Basis
sowohl wie von dem Gesims möchten ein par sehr zierlich ausge-
führte Stücke herrühren, die für die Einfriedung zu fein sind.

8. Februar.

E. PETERSEN.

Neue Inschriften.

Unter den zahlreichen in der zweiten Hälfte des Jahres 1903 in Rom gefundenen Inschriften (*Notizie degli scavi* S. 203-288, meist christlich; 460-468; 509-513; *Bull. comun.* 274-302; 365-379 seien zwei als historisch und topographisch wichtig hervorgehoben.

Das Museo delle Terme erwarb eine, wahrscheinlich von einem Altar abgeschnittene Marmorplatte, auf der in schönen Buchstaben geschrieben ist:

```
c. marci   S·L·F·  CENS orinus
           augu; R          cos
  l  ]DOS · VUTIVOS ·   PRO reditu
imp. c AESARIS · DIVI·F·AVG usti
     pont.  MAXIMI
  iovi opti O ·  MAXIMO    fecit
  cum c. as NIO · GALLO    conlega
           EX ·  S·C
```

(Vaglieri *Bull. comun.* S. 249 ff.). Die Ergänzungen (¹) werden, wie der Herausgeber bemerkt, vollkommen gesichert durch die beiden entsprechenden, schon seit dem sechzehnten Jhdt. bekannten Inschriften CIL. VI, 386: [*P. Quinctilius Se*]*x. f. Varus* [*pontifex*] *cos.* [*ludos votivos pr*]*o reditu* [*Imp. Caes. di*]*vi f. Augusti* [*Iovi optimo m*]*aximo fecit* [*cum Ti. Claudio Ner*]*one conlega* [*ex s. c.*] und 385: *Ti. Claudius Ti. f. Nero pontifex cos. iterum imp. iterum ludos votivos pro reditu imp. Caes. divi f. Augusti pontificis maximi Iovi optimo fecit cum Cn. Calpurnio Pisone conlega ex s. c.*. Die erste bezieht sich auf die Rückkehr des Kaisers von seiner langen Abwesenheit in Spanien und Gallien, welche auch durch die Gelobung der Ara Pacis (4. Juli 741/13 v. Chr.) gefeiert wurde: diese *ludi* sind also sicher *pro reditu facto* gefeiert. Die in der zweiten Inschrift erwähnten Spiele hat

(¹) Das Auguralt des Marcius Censorinus wird auch bezeugt durch die Inschrift von Aquinum C. X, 5356 und seine Münzen (Cohen *Marcia* 27. 2); der Name des Asinius Gallus hat, wie z. B. regelmässig auf den Cippen der Tiberregulierung von demselben Jahr (C. VI. 31451) ausradiert, aber später wieder hergestellt.

Mommsen (zu C. VI s. s. O.) unter Vergleichung von Cass. Dio 55, 8 mit denen identifiziert, die Anfangs des J. 747 für die im Spätherbst 748 erfolgte Rückkehr des Kaisers gefeiert sind. Zu der neu gefundenen Inschrift giebt die beste Erläuterung Cassius Dio LV, 5 : τότε μὲν (im Spätherbst 745, nach dem am 14. September erfolgten Tode des Drusus) ἐθέλησεν (ὁ Ἀγουστος) ἐς τὴν πόλιν ... ἐσελθεῖν, τῷ δὲ ἐξῆς ἔτει, ἐν ᾧ Ἀσίνιός τε Γάλλος καὶ Γάϊος Μάρκιος ὑπάτευσαν, τήν τε ἄρξιν ἐποιήσατο καὶ τὴν δάφνην ἐς τοῦ Διὸς τοῦ Φερετρίου πυρὰ τὸ νομιζόμενον ἐσήνεγκε. Καὶ αὐτὸς μὲν οὐδεμίαν ἐπὶ τούτοις ἑορτὴν ἤγαγε ..... οἱ δὲ δὴ ὕπατοι τά τε ἄλλα ὅσα ἐπὶ τοῖς τοιούτοις γίγνεται ἐποίησαν, καὶ ἐκ τῶν αἰχμαλώτων τινὰς ἀλλήλοις συνέβαλον.

Der Fundort der neuen Inschrift ist nicht bekannt: die Angabe der Verkäufer, sie sei *in un terreno privato non lungi dal Colosseo* gefunden, verdient keinen Glauben: wenn Seguier (cod. Paris. f. 25) ein Exemplar von n. 385 gesehen hat *dans la rue qui va de l'arc de Constantin au circo Massimo, au mur d'une vigne*, und dies Exemplar als *inscription fort suspecte* bezeichnet hat, so weist Vaglieri es mit Recht zurück, dies als Stütze für die obige Fundangabe zu verwerthen: es dürfte sich dabei um eine moderne Copie auf Stein gehandelt haben. Die *ludi votivi* haben ohne Zweifel im Campus Martius stattgefunden, und in dessen nördlichem Teile, bei S. Apollinare, sind i. J. 1548 die beiden Inschriften VI, 365. 366 gefunden. Wahrscheinlich stammt auch die neue aus derselben Gegend.

Etwa 200 m. vor Porta Maggiore ist, bei Anlegung einer Cloake für die Via Labicana ein Meilenstein aus Travertin (h. 1,80 m.) gefunden worden, dessen Inschrift lautet:

I

```
IMP · CAESAR
VESPasIANVS·AVG
   POn TIF·MAX
TRIBVniC POTEST·VIIiI        (77 n. Chr.)
   IMp XVIII·P·P
CENsor COS · VIII
```

(Gatti *Not. d. scavi* 1903, 513, *Bull. comun.* 1903, 371 f.). Meilensteine aus der nächsten Umgebung Roms sind bekanntlich äusserst selten: von der Tiburtina, Praenestina, Nomentana giebt es überhaupt keine, von der Laurentina keine vor dem elften (Dessau CIL. XIV p. 457), auch von der Ostiensis nur den uralten CIL. VI, 31585 mit der Ziffer XI. Von der Appia ist zwar der erste vorhanden (C. X, 6812/13), doch nicht an seinem alten Platz gefunden: die ersten an der *regina viarum* zu constatirenden sind der fünfte (C. X, 6816) und siebente (C. X 6817/18). Von der Via Latina haben wir wahrscheinlich den zehnten Stein (C. X, 6881). Von weiteren Meilensteinen der Via Labicana kennen wir den dritten (C. X. 6882) und wahrscheinlich den siebenten (CIL. X, 6886, vgl. Rhein. Mus. 1890, 284). Der erste erhaltene Meilenstein der Via Salaria trägt die Ziffer XXXI (C. IX, 5943/44). Was die rechtstiberinischen Landstrassen betrifft, so haben wir von der Via Flaminia (oder Tiberina) keinen Stein vor dem dreissigsten (CIL. XI, 6010); an der Cassia ist der vierte (C. XI, 6666 = X, 6814) gefunden *in villa Syrorum in Monte Mario*, d. h. in der Tenuta l'Insugherata (Nibby *Dintorni di Roma* 2, 156); an der Aurelia haben wir zunächst der Stadt einen zifferlosen, wahrscheinlich die elfte Meile bezeichnenden Stein (C. XI, 6662). Der neuen Stein ist leider auch nicht ganz an seiner ursprünglichen Stelle gefunden sondern *rovesciato in mezzo a terra di scarico*, aber doch wohl nicht weit verschleppt. Die Entfernung von der Fundstelle bis zur Porta Esquilina beträgt, auf Lancianis Plan gemessen, er. 1450 m.

In der Nähe von Castiglione in Teverina (östl. von Orvieto) sind in dem *terreno S. Maria in Paterno* zwei Marmorplatten mit Inschriften in schönen Buchstaben gefunden, deren Abschriften mir Hr. Dr. Nogara gütigst mitgeteilt hat. Die erste, quadratisch (0,45 Seitenlänge), mit Rand, lautet:

GERMANVS · AVG ·
LIB ◇ PROC
CAESAREVM FECT
ET ◇ OMNI · CVL
5   TV ◇ EXORNAVIT

Die zweite, 0.75 m. lang, 0.25 hoch, hat die Form eines Epistyls, mit Perlstab unter der ersten Zeile:

APOLLINI · AVG · EPAPHRO|*ditus aug. lib. proc.*

APOLLINI · AVG · HYACINTHVS   AVG · LIB · P|*roc. aediculam vetustate*
DELAPSAM · SVA ·   PECVNIA ·|*refecit*

Z. 2. 3 sind von anderer Hand als Z. 1. — Nach den wahrscheinlichen Ergänzungen fehlt rechts etwa ein Drittel, also mag die Platte, die zur Verkleidung eines Gebälks diente, im Ganzen eine Länge von 1, 20 m. (4 röm. Fuss) gehabt haben. — *Caesarea* haben wir, abgesehen von dem bekannten der Arvales an der Via Campana, auf italischem Boden noch in Ateste (C. V, 2533), Benevent (C. IX, 1556), Mutina (C. XI, 048) und Volcei (C. X, 415). Bei der Fundstelle im Tiberthal werden grosse kaiserliche Güter gelegen haben, deren Verwalter den Herrschern und dem Schutzgotte der Residenz, dem Apollo, Kapellen errichteten.

Aus dem Gebiete der Vestiner kommt folgende, auf einer grossen Platte aus Kalkstein (h. 0.82, br. 0.70, d. 0.21) geschriebene Inschrift:

SEX · VITVLASIVS · L · F
QVI · NEPOS · COS
AQVAM · AVGVSTAM · ADIECT
FONTIBVS · NOVIS · SVA · PEC
PERDVXIT · ET · ARCVS
NOVOS · FECIT ·

(N. Persichetti, *Not. d. scavi* 1003, 514). Dieselbe ist gefunden in der Campo Famè benannten Oertlichkeit, 2 Km. von den Ruinen von Ansidonia (Peltuinum): der Hügel Campo Famè wird von dem Stadthügel von Ansidonia durch ein enges aber tiefes Thal, Valle Badarci, getrennt, welches, wie der Herausgeber bemerkt, wahrscheinlich von einem Aquäduct auf Bogen durchquert wurde. — Der Dedicant ist Consul suffectus i. J. 68 n. Chr., und zwar im Monat August, gewesen. Seinen Namen habe ich *Eph. epigr.*

VIII p. 328 — CIL. VI, 32305 in den Arvalacten dieses Jahres aus früher falsch gelesenen Spuren hergestellt. Er findet sich ausserdem noch in der Inschrift einer Bleiröhre, welche Lanciani im römischen Kunsthandel copiert hat, die aber sehr wohl aus Mittelitalien stammen kann (Lanciani *Acque* 592 = CIL. XV, 7565); ferner in einer Inschrift aus Paganica (Farfa), die eine Sklavin desselben nennt (CIL. IX, 3587). Die Tribus Quirina, welche ihm die neue Inschrift heilegt, ist die der Vestiner (und Marser): er wird in seiner Heimatprovinz Güter besessen haben.

Den von Savignoni und Mengarelli vortrefflich geleiteten und publizierten Ausgrabungen von Norba verdanken wir zwei interessante Bronzeplättchen mit archaischen Weihinschriften:

1) *Iunone Locina | dono pro | C. Rutilio P. f.*

2) *P. Rutilius M. f. | Iunonei Loucina | dedit meretod | Diovos castud*

(*Not. d. scavi* 1903, p. 255, woraus die Facsimiles mit freundlicher
Erlaubnis der Redaction wiederholt sind; die Originale jetzt im
Thermenmuseum). Beide Inschriften dürften dem sechsten Jhdt. der
Stadt angehören, und zwar macht die erste einen noch altertümli-
cherem Eindruck als die zweite: es ist deshalb, wie der Herausgeber hervorhebt, wenig wahrscheinlich, dass der P. Rutilius von
Nr. 2 der Vater des C. Rutilius in Nr. 1 sei. Besonders interessant ist die Formel *Diovos castud* am Ende von 2. Sie kommt
ganz ähnlich vor in der Inschrift einer im Museum zu Bologna befindlichen, aber vielleicht auch aus Rom oder Umgegend stammenden kleinen Bronzeplatte (C. VI, 357): *Iunone Loucinai Diovis
castud facitud*. Die Vermutung Mommsens, *Diovis* gehöre zum vor-
hergehenden (*Iunoni Lucinae Iovis, sc. coniugi*), nicht zum folgenden, ist hiernach nicht mehr haltbar: dass ein « Juppiter - Fasten » in einem sehr alten und uritalischen Cult auftritt, ist
merkwürdig und widerlegt die Ansicht Wissowa's (R. E. III, 1780),
wonach solches Fasten nur in später recipierten Culten auswärtiger
Götter denkbar sei.

In Civita d'Antino (*Antinum Marsorum*) wurde Ende
August 1902 bei Anlage einer Wasserleitung, etwa 400 m. ober-
halb des Ortes in einer Tiefe von cr. 3 Metarn ·ein rechteckiger
Block (Höhe 1.20 m.) gefunden, mit der Inschrift

<pre>
                        F
      C · POMPONI   N
         A N C I T I E
         D O N O M
           D E D I T
         l V B E N S
         M E R E T O
</pre>

Die Abschrift verdanke ich Hrn Maler Julius Reif aus Taormina (¹):
einen Abklatsch zu erlangen war mir leider nicht möglich. — Der
Name des Dedicanten ist ohne Zweifel zu lesen *C. Pomponi(us)*

_____
(¹) Die Buchstaben c Z. 1 Anf. und F am Ende bezeichnet Hr. Reif als
unsicher; Z. 5 giebt seine Abschrift IVBENS.

N(umeri) f(ilius): die Abwerfung der Endung des Gentiliciums, das verschiedene Praenomen des Vaters und Sohnes machen es, ebenso wie die Sprachformen, wahrscheinlich, dass die Inschrift der republikanischen Zeit angehört. — Die Angitia ist als Göttin der Marser und Paeligner bekannt (Vergil Aen. VII, 759 und Servius z. d. St.; Wissowa RE. I, 2191, Rel. d. Römer 44): eine Hauptstätte ihres Cultus war Lucus Angitiae am Südufer des Fucinus, nur etwa 10 Km. nördl. von der Fundstätte des neuen Steines. Aus Luco stammt die erst in neuerer Zeit vandalisch zerstörte alte Bauinschrift CIL. 3685 (s. Mommsen CIL. IX p. 367). Auf einer Inschrift aus Sulmo kommen *Angitiae* im Plural vor (CIL. IX, 3074).

Aus dem Gebiete des alten A e c a e in Apulien (Troia) kommt folgende Inschrift, auf einem grossen Kalksteinblock gefunden beim Castellaccio della Baccarezza:

```
T·TERENTIVS·T·F·  TARAVOS
   VIXIT · ANNOS ·   LXXXIIII
 T·TERENTIVS·T·F·CLA· TARAVOS
   DICTATOR · FIDENIS · QVATER
 P·TERENTIVS·T·F·VIXIT·ANNOS·XXI
 T·TERENTIVS·T·F·VIXIT·ANNOS·XXVII
```

(L. Manzi *Not. d. scavi* S. 345). Der Z. 3. 4 genannte hat wahrscheinlich seinen Vater (Z. 1. 2) und zwei Söhne (5. 6) begraben. Dass der eine Sohn ein vom Vater verschiedenes Praenomen, der andere kein Cognomen hat, weist in die letzte republikanische oder frühe Kaiserzeit: dazu stimmt auch das, soviel ich sehe, sonst nicht belegte Cognomen *Taravos*. — Dass die Magistrate von Fidenae den Titel *dictator* führten, war bisher nur aus der Inschrift CIL. XIV, 4058 (Zeit des Gallienus) zu belegen; dass Fidenae zur Tribus Claudia gehörte, ist neu.

CH. HUELSEN.

11. Dezember 1903, zur Feier von Winckelmanns Geburtstag:
HUELSEN, Zum Gedächtnis Theodor Mommsens (oben S. 177-
184). — PETERSEN, Die Ausgrabungen der Ara Pacis.
18. Dezember: PETERSEN, Ueber Pigna-Brunnen (oben S. 312-326).
Dazu HUELSEN.
8. Januar 1904: MAU, Neue Ausgrabungen im Theater von Pompei. Dazu PETERSEN.
22. Januar: STAEHLIN, Die Reliefs an der Thensa Capitolina. —
PETERSEN, Ueber Alexander-Porträts.
5. Februar: ALTMANN, Der Hermes des Alkamenes. Dazu PE-
TERSEN. — HUELSEN, Ein Monument des Augustischen
Kaiserhauses auf dem Forum Romanum. Dazu PETERSEN.

Zum Palilien-Tage 1903 wurden ernannt

zu Ehrenmitgliedern die Herren:

v. BILDT	in Rom.
KLUGSMANN	in Berlin.
v. NELIDOW	in Rom.

zu ordentlichen Mitgliedern die Herren:

W. AMELUNG	in Rom.
P. HALBHERR	in Rom.
F. HARTWIG	in Rom.
B. SAUER	in Giessen.

zu correspondirenden Mitgliedern die Herren:

H. v. PRITZE	in Berlin.
GIANNOPULOS	in Almyros.
PRIDIK	in St. Petersburg.

Zum Winckelmannstage 1903 wurden ernannt

zu ordentlichen Mitgliedern die Herren:

F. GRAEBER   in Bielefeld.
B. KEIL   in Strassburg i. E.
M. ROSTOWZEW   in St. Petersburg.
J. STRZYGOWSKI   in Graz.
U. WILCKEN   in Halle.
R. ZAHN   in Berlin.

zu correspondirenden Mitgliedern die Herren:

CONRADS   in Haltern.
J. KROMAYER   in Czernowitz.
H. SCHONNE   in Königsberg i/Pr.
M. SIEBOURG   in Bonn.

REGISTER.

Br. = Bronze.   Rel. = Rellef.   St. = Statue.   Wgm. = Wandgemälde.

Aachen, Pinienäpfen Br. 204.
ABC-Denkmäler 73 ff.
P. Aeilius Attianus, Praetorianerpräfect 64.
ad Centesimam 286.
ad Martis 283. 309.
Adonaea auf der Forma Urbis Romae 20.
Aecae (Apulien) Inschr. 340.
Aedem Divi Titi in templo Divorum 21.
Agram, Rel. im Museum 59.
Agrippa, Grab im Marsfelde 50.
Alba Fucens, Tempel 146. Kapitell 161.
Alexander mit der Lanze 207.
Alexander, Br.-St. im British Museum 208.
Amiternum, Monumente 154.

Ammonshörner an Alexanderköpfen 211.
Amphiareion, Köpfchen aus dem. 10.
Sant'Anatolla, Polygonalmauer 148.
Angitia 339.
Antinum Marsorum, Inschr. 339.
Aphrodite 217.
Apollo Augustus 837.
Apollon Pourtalès, St. 13.
Aquinum, Basilica 143. Kapitell 159.
Ara Pacis 91. 330 ff.
Architekturmalerei 87.
Areo di Camigliano 51.
Areus Tiburti 30.
Arezzo, Rel. im Museum 60.
Arkade 111.
Artemis 130.
Ascoli Piceno 295 f.
Asklepios 1 ff.

Athena Parthenos in Pergamon 10.
Athleten, Wgm. 330.
Attianus, Namensform 85.
Avenches, l'Iolenzapfen, flr. 205.
Barking Hall, Suffolk, Alexander, Br.-St. 209.
Berlin, Museum, Rel. aus Venedig 193.
Bildträger 92 ff. 109. 112. 201 ff.
Borgo Collefegato, Tempelpodium 149. Kapitelle 161.
Boscoreale, Wgm. grande triclinio 114. triclinio ordinario 118. tricl. d'estate 119. 131. 241. cubicolo 122. 131. Neue Villa 330.
Bovianum vetus, Tempel, 153 ff.
Brandgrab 329.
Brücken, römisches: über Torrente Garraffo 268; ponte di Cervo 299; ponte della Scutella 301.
Brunnen der Stiftshütte 312, beim Serapeum 39, mit Pigna 185. 312; s. Konstantinopel.
Caesareum 336.
Caesars Grab im Marsfelde 53.
Calvi, Denkmäler 146.
Canones-Krönungen 157 f.
Caracupa, Nekropole 329.
Castiglione in Teverina 336.
Castrum Truentinum 303.
Cicolano, Denkmäler 147.
S. Ciriaco di Camigliano 31.
Civitella, Tempelreste (?) 149.
Claudia, Tribus von Fidenae 340.
Claudius-Tempel auf der Forma Urbis Romae 10.
Collaraeteri, römische Burg 150.
Coronium, Monumente 154 161. 163.
Cori, Tempel 145.
Cuma, Gräber 329.
Danaos (?) 329.
Daphni bei Athen, Mosaik 187.
Demetrios Poliorketes 215.
Dibaro, Diburio 28 f.
Dietator in Fidenae 340.
Diocos castud 338.
Divorum 17 ff.
S. Elpidio 151. 159. 161. 163.
Eros 117.
Etschmiadsin-Evangeliar 201.
Ferentinum, Mauern 142.
Flamignano, Tempel 153.
Fidenae, Dictator 340.
Flamines 330 f.
Fondi, Mauern 146.
Galliersfiguren 330.
Gartenanlagen, Darstellung auf der Forma Urbis 20.

Gela, Dr.-Gefäss 329.
S. Giovanni Incarico 144. 158. 161.
Godescalc-Evangeliar 200.
Grotta del Cavaliere bei S. Elpidio 151.
Herakles mit Telephos 12.
Herculaneum, Marmorgemälde aus 58.
Hercules-Altar 63.
Heiligtümer in Wgm 136. 225.
Hekate (?) 130.
Hermaphrodit, St. aus Pergamon 11.
Hirsch, 317.
Illusion, zwiespältige 101.
Iuno Lucina 329. 338.
Kanopos der Hadriansvilla 39.
Kantharos 314 f. 325.
Kapitelle aus Mittelitalien 158 ff.
Konstantinopel: Relief am Brunnen Kirk Tscheschme 195. Brunnen b. der Nea des Basilios 45. 190. 318 im Sigma 191. 198.
Levacra beim Serapeum 39.
Lebensbrunnen 199.
longurii 126.
S. Lorenzo in Vallibus 152. 161.
Lodi votivi für Heimkehr des Augustus 234.
Lysipp, Alexander-Porträts 207.
C. Marcius Censorinus 334.
S. Maria della Strada, Ausgrabungen bei 25.
Marmorgemälde aus Herculaneum 58.
Meilensteine bei Rom 336.
Nikeratos 10.
Paeus's Grab im Marsfelde 52.
Paradies 316. 324. - Ströme 315 ff.
Pfauen 314. 325.
Phyromachos 1 ff.
Peltainum, Inschr. von 337.
Pietrabbondante, Tempel 151 ff.
Pigna, symbolisch 197. 318, vatikanische 319 ff., mittelalterl. Standort 39 f.
Pignabrunnen 185 ff. 312, in Konstantinopel 318. 328, Aachen 319, Vatikan 310.
Pigna-Lebensbaum 313. 315 ff.
Porta Romana in Ascoli Piceno 296.
Porticus Divorum 17.
Pozzuoli, ABC-Denkmal gef. in 73.
Prospekt oder Tafelbild 222.
Prusias II von Bithynien 9.
Psyche 118.
Ptolemaios II Philadelphos 217.
Ravenna, Mosaiken von S. Vitale 192.
Rex sacrorum 331.

Rom, archaische Gräber 329; neue
   Inschriften 334 f.
Sarkophage 330.
Sassoferrato, Thonfries 830.
Schattengebung in der Wandmalerei
   97-237.
Scherwand 90 f. 111 ff. 127 ff.
Schlange 314 f. 326. Schlangensäule
   220 ff.
Seccheto (Elba) 63.
Senatus und Populus dargestellt 332.
Serapeum 32.
Sesse, Mauern 145.
Silen, trunken, auf Rel. 58.
S. Stefano del Cacco, Ausgrabun-
   gen 34 f.
Spin-Momastir, Kpl., Pigna aus Gra-
   nit 202.
Tabernakel 317. 321. 325.
Tafelbild oder Prospekt 222.
Tarent, sfg. Vasen 329.
Teano, angebl. Tempel 146.
Tleistratos, Bildhauer 216.
Triton, St. im Vatican 13.
Vasen, sfg. 329, Silber 329.
Venedig, S. Marco, Itel. 194.
Viterbo, etrusk. Grab 330.
Via Labicana, erster Meilenstein 335.
Via Salaria 274 ff.
Villa 330.

Villa publica 49.
Vespasianus, Inschr. v. J. 77, 335.
Vitrasius Pollio, Inschrift 26.
Sex. Vitrasius Nepos, Consul suff.
   68 n. Chr.
Vorhang 119, 2.
Wandmalerei, 1. Stil 89. 2. Stil 90 ff.
   Man Gesch. Taf. I-II : 111, IV : 132
   V-VI : 102 ff. 111. 238. VII : 111.
   133. 258. 265. VIII : 99. 109. 1.
   261. IX : 107. 226. 236. X : 137.
   XV f.: 137. Mon. ined. XI 22 (Palatin, lo-Wand) 92. 111. 134. 139.
   237. 242. 23 : 107. XII 3 : 133. 3a :
   139. 229. 203. 17 : 134. 18 : 135.
   270. 19 : 134. 264 23 : 110. 131.
   265. 24 : 103. 110. 262. Villa Negroni Taf. II. IV. V. VII : 110. VIII :
   120, 2. 232 ff. 273. Nicrolini III
   2 XX : 138. IV 2 VI : 138. IV 2
   XVI XVIII : 137. 372.
Wandschirm 88 f. 109. 112. 259.
Weibliche Köpfe aus Villa Ludovisi 11; weiblicher Kopf aus Pergamon 12; in der münchener Residenz 15.
Weibliche Statue im capitol. Museum 12.
— — im Pal. Colonna 14.
Zeus Ammon, St. aus Pergamon 11.

TAFELN.

I. Fragmente der Forma Urbis Romae.
II. Südlicher Theil des Marsfeldes.
III. Lauf der Via Salaria im Thale des Tronto.

Abgeschlossen am 25. Februar 1904.